Barbarossa,
Botticelli
und die Beatles

HELGE HESSE

Barbarossa, Botticelli und die Beatles

Das Who is who
der Welt- und Kulturgeschichte

1. Auflage 2011

© Eichborn AG, Frankfurt am Main, August 2011
Umschlaggestaltung: Christina Hucke
Abbildungen vorn:
Hintergrund und Foto Ramses II (Abu Simbel): © istockphoto; Foto
Beatles: © ullsteinbild; Elisabeth I. von England: Portrait von Isaac Oliver;
Napoleon: Portrait von Evert A. Duykinck; Friedrich II: Portrait von Anton
Graff
Abbildungen hinten:
Martin Luther King, Jr.: Library of Congress; Bischof Jakob Fugger:
unbekannter Künstler; Sandro Botticelli: Selbstportrait (Ausschnitt aus
»Anbetung der Könige«); Martin Luther: aus H. F. Helmolt (ed.) »History
of the World«
Lektorat: Dr. Barbara Werner van Benthem
Ausstattung, Typografie: Susanne Reeh
Satz: Greiner & Reichel, Köln
Druck und Bindung: CPI – Clausen & Bosse, Leck
ISBN 978-3-8218-6537-9

MIX
Papier aus verantwor-
tungsvollen Quellen
FSC
www.fsc.org   FSC® C083411

Eichborn Verlag, Kaiserstraße 66, 60329 Frankfurt am Main
Mehr Informationen zu Büchern und Hörbüchern aus dem Eichborn Verlag
finden Sie unter www.eichborn.de

Inhalt

Zu diesem Buch

Jeder von ihnen ist einzig, doch keiner steht für sich allein. Leibniz wollte den Sonnenkönig Ludwig XIV. zu einem Ägyptenfeldzug überreden. Napoleon griff die Idee auf und hatte, als er nach Ägypten aufbrach, Goethes Werther im Gepäck. Beethoven dachte darüber nach, eine seiner Sinfonien Napoleon zu widmen, Katharina die Große kaufte Diderots Bibliothek, Schiller plante, Ludwig XVI. persönlich vor der Guillotine zu retten, die Beatles veränderten nicht nur die Musik, sie brachten nach der Ermordung John F. Kennedys den Amerikanern wieder Freude in den Alltag. Barack Obama berief sich während seines Wahlkampfs auf den Geist Abraham Lincolns.

Dieses Buch reist mit den wichtigsten Protagonisten der Welt- und Kulturgeschichte über 5000 Jahre von den Pharaonen bis heute durch die Zeit und damit zu den entscheidenden Momenten der Menschheitsentwicklung auf dem gesamten Globus. Neben vielen spannenden Episoden der Geschichte eröffnen sich dabei oft vollkommen überraschende Einblicke und der Leser begegnet auch Persönlichkeiten, die in Europa vielleicht weniger bekannt sind, die aber die südamerikanische, afrikanische oder asiatische Geschichte wesentlich geprägt haben. So wird die eurozentrische Sicht zumindest ein wenig aufgebrochen.

Natürlich kann ein einzelnes Buch, egal wie umfangreich es ist, weder die zahlreichen, oft mehrbändigen historischen und biografischen Werke zu den hier geschilderten Personen und Ereignissen ersetzen noch eine umfassende oder gar erschöpfende Darstellung der Welt- und Kulturgeschichte vorlegen. Dieses Buch soll vielmehr helfen, Wissen aufzufrischen, weiße Flecken zu tilgen und auf Verbindungen zu stoßen, die man noch nicht kannte. Und wer weiß, so mancher neu entdeckte Zusammenhang führt vielleicht in die ein oder andere ungeahnte Tiefe.

Wen können wir zu den wichtigsten Menschen der Geschichte zählen? Das Ergebnis wird immer eine Auswahl sein, die zum Widerspruch reizt. Wichtigstes Kriterium war, dass die jeweilige Person die Menschheit auf eine neue Stufe geführt hat oder beispielhaft für eine Epoche steht. Die Ereignisse, an denen sie teilhatten, sind vielfältig: der Bau der Pyramiden, das erste chinesische Kaiserreich, die Wahrheiten und Mythen der Bibel, der Beginn des Buddhismus, der Streit von Kaisern und Päpsten, das neue Menschenbild in der Renaissance, die Aufklärung, die künstlerische Revolution des Impressionismus, die Anfänge der Bakteriologie, die ersten Augenblicke des Jazz und des Films, die Erfindung des Automobils, der Raketentechnik, des Internets … Doch wo anfangen? Ich mache es mir einfach und starte mit dem Moment, an dem alles begann:

Prolog – Vom Urknall bis zum Beginn der geschriebenen Geschichte

Aus einem kosmischen Partikel, so winzig, dass der kleinste Teil der uns bekannten Materie dagegen so groß wie ein Universum erscheint, entstehen in Sekundenbruchteilen die Dimensionen Raum und Zeit. Das ist der Urknall.

Im Raum, der sich schneller als das Licht entfaltet, verteilt sich die Materie. Die Zeit ist es nun, die den Dingen und dem Leben die Gelegenheit zur Entfaltung gibt. Dabei sind die Zeiträume, in denen sich das Universum entwickelt, gigantisch. In den nächsten etwa neun Milliarden Jahren verdichten sich Gase durch die Anziehungskraft der Massen zu Planeten und Planetensystemen. Vor etwa 4,55 Milliarden Jahren beginnt die Erde Form anzunehmen. Zwei Milliarden Jahre braucht sie, um eine Atmosphäre zu bilden. Fast noch einmal die gleiche Zeit geht dahin, bis sie zusammen mit einem allmählich ansteigenden Sauerstoffgehalt vor etwa 700 Millionen Jahren eine Ozonschicht bildet. Weitere rund 200 Millionen Jahre später beginnt sich Leben zu entwickeln. Aus Einzellern werden Mehrzeller. In Jahrmillionen entstehen unzählige Arten, auch die Dinosaurier. Dann schlägt vor fast 65 Millionen Jahren ein Asteroid mit einem Durchmesser von zehn Kilometern in der Gegend des heutigen Golfs von Mexiko ein. Viele Arten sterben aus. Die Dinosaurier gehören dazu. Das Zeitalter der Säugetiere beginnt. Auch das der Affen.

Unsere Vorfahren spalten sich vor etwa sieben Millionen Jahren von den Menschenaffen ab. Aus verschiedenen Frühmenschenarten geht der *Homo erectus* hervor. Sein Gehirn vergrößert sich. Bis zum aufrechten Gang vergehen erneut Hunderttausende von Jahren. Schließlich, vor etwa 300 000 Jahren, entsteht aus dem *Homo erectus* der *Homo sapiens*, der sich bis vor etwa 100 000 Jahren zum heutigen modernen Menschen entwickelt.

60 000 Jahre später haben sich die Menschen über weite Teile der Erde verbreitet. Sie schaffen Höhlengemälde, fertigen aus Knochen Musikinstrumente und nach dem Ende der vorerst letzten Eiszeit vor etwa 12 000 Jahren entwickeln sie den Ackerbau und werden in größerer Zahl sesshaft. Vor etwa 9400 Jahren bauen sie erste Städte, noch einmal 4000 Jahre später verarbeiten sie erstmals Metall, ab 3500 v. Chr. entsteht die erste Schrift.

Nahezu 13,7 Milliarden Jahre sind nun schon seit dem Urknall vergangen. Wir haben kaum mehr als eine Seite dafür gebraucht. Jetzt nutzen wir die nächsten 350 Seiten für die Geschehnisse der anschließenden »nur« 5000 Jahre bis heute. Wie selbstverständlich bedienen wir uns dafür der Schrift. Denn mit ihr beginnt die eigentliche Geschichte. Erst durch sie kann das, was geschah, kann Geschichte überhaupt erst aufgeschrieben werden.

1. Die ersten Hochkulturen

Aha macht den Anfang

Aha lebt um 3000 v.Chr.

Er ist nicht der erste König in Ägypten. Doch über die Identität von Ahas Vorgängern, die wegen ihrer Symbole als König »Skorpion«, »Krokodil«, »Elefant«, »Falke« oder »Doppelfalke« bezeichnet werden, streiten die Ägyptologen. Auch was Aha betrifft, sind die Fachleute in manchem uneins. So diskutieren sie darüber, ob man in ihm auch den mythischen König Menes, Gründer der Stadt Memphis, sehen kann oder ob Menes eher identisch ist mit Ahas mutmaßlichem Vater, dem letzten altägyptischen König Narmer.

Sicher ist, unter Aha gelingt erstmals eine dauerhafte Vereinigung von Oberägypten, dem südlichen Nilgebiet bis zum Sudan, und Unterägypten, dem Gebiet des Nildeltas. Aus diesem Grund geht Aha als erster König der ersten Dynastie des Ägyptischen Reichs in die Geschichte ein.

Aha herrscht über eine der ersten Hochkulturen der Menschheit. Dass sie in Ägypten entsteht, ist vor allem dem Wasser des Nils und dem fruchtbaren schwarzen Schlamm zu verdanken, den der Fluss bei der jährlich wiederkehrenden Schwemme über die Ufer spült. Am grünen Streifen des Nilufers gedeihen zur Zeit Ahas Dattelpalmen, Maulbeerbäume und Akazien, jagen Löwen, grasen Antilopen und finden Giraffen Nahrung im dichten Blattwerk der Bäume.

Die Menschen sind schon Jahrtausende vor Aha am Nil sesshaft geworden. Sie beobachten den Lauf der Sonne, erstellen Kalender, können die Wiederkehr der Nilschwemme errechnen, teilen das Jahr bereits in Monate zu 30 Tagen ein und fügen Schalttage hinzu. Um das Wasser zu verteilen, bauen sie Kanäle,

und um es zu speichern, legen sie Seen an. Das überall am Nil
wachsende Papyrusgras beginnen die Ägypter seinerzeit zu pa-
pierähnlichen Bögen zu verarbeiten und zum Beschreiben zu
nutzen.

Für sein Volk ist Aha eine Institution, kein Mensch, sondern
Mittler zur Götter- und Totenwelt. Kein gewöhnlicher Sterb-
licher darf ihn anschauen oder ansprechen. Er ist *Per-o*, »der
Himmel« oder »das große Haus«. Diese Bezeichnung wird ein-
einhalbtausend Jahre nach Aha unter König Thutmosis III. Ver-
breitung finden und später in seiner hebräischen Abwandlung als
»Pharao« in der Bibel zum allgemeinen Begriff der Herrscher des
Alten Ägypten. Aha ist der Erste in der Liste der Pharaonen, de-
ren Reich 3000 Jahre überdauern wird. Und nicht nur das: Sein
Name ist auf Tonscherben und Elfenbeintäfelchen erhalten.

Imhotep baut die erste Pyramide

Imhotep
lebt um
2700 v. Chr.

Drei Jahrhunderte fließen nach König Ahas Regierungsantritt
den Nil hinunter. Kanalbau, Schiffsbau, Töpferhandwerk und
Hieroglyphenschrift entwickeln sich und immer aufwendiger gestalten die Ägypter die Bestattung ihrer Könige.

König Djoser regiert als der zweite Herrscher der 3. Dynastie,
mit der das sogenannte Alte Reich beginnt. Einer von Djosers
wichtigsten Ratgebern ist Imhotep (sinngemäß: »Der in Frieden
kommt«).

Manche Bildnisse von Imhotep haben Vermutungen genährt,
er sei Schwarzafrikaner gewesen. Seine Talente und Tätigkeiten
sind vielfältig. Während einer Hungersnot rät er als Priester zu
einer Opfergabe an den Gott der Nilfluten. Als hoher Beamter
verhindert er durch die Errichtung von Bewässerungsanlagen
weitere Dürren. Als Arzt begründet er die ägyptische Medizin.
Auch als Verfasser von Gesetzen wird er tätig. Doch als Baumeister vollbringt er sein Meisterstück.

In der Totenstadt Sakkara, wo schon unter Aha Bestattungen
stattgefunden haben, baut Imhotep für König Djoser aus Kalkstein die erste Pyramide, eine Stufenpyramide. Dies gelingt vor
allem, weil Imhotep neue Steinbearbeitungstechniken einsetzen
lässt. Mit gehärteten Kupferwerkzeugen brechen die Arbeiter
den Stein geschickt entlang seiner Bruchstellen.

Bis zu Imhotep war es üblich, Königsgräber als große qua-
derförmige Bauten anzulegen, Mastabas genannt. Auch für Djoser hat Imhotep ursprünglich nur eine Mastaba geplant. Doch
da ihm wegen der Langlebigkeit seines fast 20 Jahre regierenden
Königs viel Zeit zur Verfügung steht, erweitert er den Bau und
stapelt in Stufen über den ersten bald fertig gewordenen Grab-
quader weitere kleiner werdende Mastabas, sodass schließlich
die erste Stufenpyramide über 62 Meter hoch in den ägyptischen
Himmel ragt.

Nach Imhoteps Tod verschwindet sein Name zunächst aus
den Annalen. Erst Jahrhunderte später, im Neuen Reich, erinnert man sich in Ägypten wieder des großen Mannes und beginnt ihn als Gott zu verehren. Bevor nun ein Schreiber seine
Arbeit aufnimmt, opfert er einen Tropfen Tinte für Imhotep, den
ersten Erbauer einer Pyramide und den ersten großen Universal-
gelehrten, den die Geschichte kennt.

Cheops errichtet das einzig erhaltene der sieben Weltwunder

Cheops regiert von ca. 2620 bis ca. 2580 v. Chr.

Als besonders eifrige Pyramidenbauer erweisen sich die Könige
der 4. Dynastie. König Snofru lässt ab etwa 2670 v. Chr. in einer 30-jährigen Regierungszeit gleich drei davon errichten: eine
Stufenpyramide, eine Knickpyramide und die erste auch in ihrer
Form echte Pyramide: die über 100 Meter hohe sogenannte Rote
Pyramide in Dahschur. In welcher der König sich bestatten lässt,
weiß man nicht. Die Bauten sind vermutlich Teil seines Versteck-
spiels mit Grabräubern. Eine Pyramide ist nicht nur ein überwäl-
tigendes Symbol von Macht, sondern auch eine Grabfestung, in
der der Herrscher ungestört seinen Weg in die Ewigkeit nehmen
soll. Außer Nahrung und Kleidung werden ihm Schmuck und
kostbare Handwerksarbeiten mitgegeben. Oft müssen auch Diener und Beamte den König begleiten. Durch Mumifizierung versucht man den königlichen Körper zu erhalten, denn die Seele
soll ihn nach dem Tod im Totenreich wiederfinden.

Snofrus Nachfolger Chufu nutzt die vier Jahrzehnte seiner
Herrschaft und lässt eines der größten Bauwerke der Mensch-
heit errichten: die Cheops-Pyramide. Wir nennen sie so, weil wir
Chufu mit seinem griechischen Namen Cheops kennen. Sein

Grabmonument, ursprünglich etwa 146 Meter hoch, zusammengesetzt aus über 2,5 Millionen Steinblöcken und in seinen baulichen Ausmaßen das nach wie vor größte Gebäude der Welt, gehört zu den drei Pyramiden von Gizeh. Ursprünglich ist die Cheops-Pyramide mit poliertem Kalkstein verkleidet und glatt.

Die Pyramidengruppe von Gizeh, zu denen neben der Cheops-Pyramide die Grabmonumente der Könige Chephren und Mykerinos aus der gleichen Dynastie gehören, ist das einzige der vormals sieben antiken Weltwunder, das erhalten geblieben ist. Die anderen, der Koloss von Rhodos, die Hängenden Gärten der Semiramis in Babylon, das Grab von Mausolos II. in Halikarnassos (Namensgeber aller Mausoleen), die Zeus-Statue in Olympia und der Artemistempel in Ephesos, existieren nicht mehr.

Huangdi »erschafft« die chinesische Kultur

Huangdi lebt vermutlich um 2600 v. Chr. Während am Nil die ersten Pyramiden errichtet werden, entfalten sich in anderen Teilen der Welt ebenfalls erste Hochkulturen. Auch dort spielen Flüsse eine entscheidende Rolle. In Mesopotamien sind es der Euphrat und der Tigris, in Indien gibt der Indus der dortigen Kultur seinen Namen. Um 2600 v. Chr., als Cheops in Ägypten gerade seine gewaltige Pyramide erbauen lässt, ist in Mesopotamien die Entwicklung der Keilschrift zu ihrer Vollendung gelangt. Am Indus erreicht die Harappa-Kultur mit ihrer in Straßenblöcken gegliederten Stadt Mohenjo-Daro, in der etwa 40 000 Menschen leben, ihren Höhepunkt.

In China beginnt vieles am Gelben Fluss, wo zu jener Zeit womöglich Kaiser Huangdi regiert, auch der »Gelbkaiser« genannt. Bei ihm erlauben sich Wissenschaftler zum ersten Mal die Frage, ob es ihn tatsächlich gegeben hat. Gegen Huangdis Existenz spricht, dass er erst in der Zhou-Zeit, 2000 Jahre nach seinem Tod, als historische Gestalt erwähnt wird. Zuvor ist er nur Legende. Huangdi wird für die Chinesen zum Identitätsstifter, zum Schöpfer ihrer Kultur. Noch im 20. Jahrhundert behauptet Chiang Kai-shek, alle Völker Chinas seien Nachfahren Huangdis.

Huangdi ist eine Art Übermensch. Die Legende berichtet, er habe schon als Säugling gesprochen, mit 15 Jahren wird er der Anführer seines Stammes, und schließlich gelingt es ihm, durch seine Erfolge in zahlreichen Kriegen zum Kaiser aufzusteigen.

Die Lobpreisungen auf Huangdi lassen kaum etwas aus. Er soll die Schriftzeichen und den Kompass erfunden haben, die Landwirtschaft, den Wagen, das Schiff, die Musik und die Heilkunde. Seiner Frau Leizu wird zudem die Erfindung der Seidenherstellung zugeschrieben, und als Huangdi den Pavillon erfindet, kontert Leizu, so heißt es, mit der Erfindung des »wandelnden Pavillons«, dem Regenschirm.

In einem Grabbau in der Provinz Shaanxi, umgeben von Bäumen, soll Huangdi ruhen. Auf seine Herrschaft folgt um 2200 v. Chr. im Osten Chinas (neue Vermutungen gehen von der Zeit um 2000 aus) die erste dokumentierte Dynastie Chinas, die Xia-Dynastie.

Gilgamesch und die ersten großen Städte der Menschheit

Gilgamesch lebt vermutlich um 2600 v. Chr.

Wenn sie tatsächlich gelebt haben, dann waren Huangdi in China und Gilgamesch, König der sumerischen Stadt Uruk in Mesopotamien, Zeitgenossen.

Die Frühzeit im Zweistromland zwischen Euphrat und Tigris, das heute im Wesentlichen zum Irak und Syrien gehört, ist geprägt von dem geheimnisvollen Volk der Sumerer. Weder ihre Herkunft noch die Zugehörigkeit ihrer Sprache konnte man bisher klären.

Im 5. Jahrtausend v. Chr. gründen die Sumerer Uruk und noch zahlreiche andere Städte, die zu Stadtstaaten wachsen, wie Lagasch, Kisch und Ur, woher der biblische Stammvater Abraham stammen soll. Die Stadt Eridu, nur wenige Kilometer südlich des späteren Ur, ist vielleicht die erste große Stadt der Welt und hat ihre Anfänge vermutlich sogar um 5600 v. Chr. Laut der sumerischen Königsliste soll Eridu die Residenz der ersten sumerischen Könige gewesen sein.

Alle diese Städte beherbergen bald mehrere 10 000 Einwohner und sind geometrisch um die Tempel von Gottheiten wie den Himmelsgottheiten An oder Ischtar angelegt. Ab etwa 3500 v. Chr. beginnen die Sumerer diese als Stufentempel (Zikkurate) zu gestalten, so wie den späteren Turm von Babel. In die gleiche Zeit fällt die Entwicklung der sumerischen Keilschrift, die bis heute älteste bekannte Schrift. Die Sumerer vervollkommnen sie bis etwa 2700 v. Chr. Weil die Texte von Urkunden, Briefen, Verwaltungsschriften und Erlassen oft in Tontafeln geritzt werden, sind viele bis zum heutigen Tag erhalten.

Auch erste Literatur verfassen die Sumerer, darunter das Gilgamesch-Epos, das älteste erhaltene Werk der Weltliteratur. Es entsteht wohl um 2400 v. Chr. und wird im Laufe der Jahrhunderte mehrfach bearbeitet und in mehreren Sprachen Mesopotamiens niedergeschrieben. Das Epos erzählt von Gilgamesch, der als bedeutendster frühdynastischer König der Sumerer um 2600 v. Chr. die legendäre zehn Kilometer lange Stadtmauer um die Stadt Uruk gebaut haben soll. Mit dem von den Göttern »in der Stille der Steppe« aus Lehm erschaffenen Jüngling Enkidu, dessen Aufgabe es eigentlich ist, Gilgamesch zu bekämpfen, schließt dieser enge Freundschaft. Als Gilgamesch die Liebe der Göttin Ischtar zurückweist, lassen die Götter Enkidu durch eine Krankheit sterben. Der verzweifelte Gilgamesch beschließt die Unsterblichkeit anzustreben. Eine Schlange aber stiehlt ihm die Pflanze, die ihm dazu verhelfen soll. Gilgamesch bleibt nur der Stolz auf seine Taten und die Gewissheit, dass die Götter die Menschen zu einem endlichen Leben bestimmt haben.

Sargon von Akkad gründet in Mesopotamien den ersten Territorialstaat

Sargon von Akkad
lebt um 2356 bis 2300 v. Chr. nach der mittleren Chronologie

Sargon, der Name bedeutet »der wahre König«, stammt vermutlich aus der mesopotamischen Stadt Kisch, gehört nicht dem vorherrschenden Volk der Sumerer an, sondern ist ein Semit. Spätere Legenden erzählen, seine Mutter sei Priesterin gewesen und habe ihn als Säugling in einem Bastkorb in einem Fluss ausgesetzt. Womöglich bediente sich die Moses-Geschichte später dieses Motivs.

Am Hof des Königs Ur-Zababa von Akkad, einer Stadt im Zentrum Mesopotamiens, erhält Sargon den hoch angesehenen Beamtentitel des Mundschenks. Er stürzt Ur-Zababa, besteigt selbst den Thron, bricht die Macht der Sumerer und begründet die Vorherrschaft der Akkader in der Region.

Wie Sargon sind die Akkader Semiten. Ihre dem Hebräischen verwandte Sprache löst nun als Amtssprache das Sumerische ab. Sargon, der 56 Jahre regiert haben soll, schickt sein Heer gen Süden und die Beweglichkeit der mit Pfeil, Speer und Bogen kämpfenden Akkader ist der schwerfälligen Lanzenphalanx der Sumerer überlegen. Sie erobern die Städte Ur und Uruk, Umma und Lagasch. Auch die auf dem Gebiet des heutigen Iran liegende Stadt Elam zwingt Sargon unter seine Herrschaft. Dann dringt seine Streitmacht gen Norden bis nach Syrien vor. So errichtet Sargon den ersten mesopotamischen Territorialstaat, in dem er allerdings immer wieder Aufstände niederschlagen muss.

Die früheste Erwähnung der noch unbedeutenden und später so mächtigen Stadt Babylon stammt von einer Tafel aus Sargons Zeit, die davon erzählt, dass der mächtige Herrscher Babylon zerstören ließ. Die Stadt wird wieder aufgebaut und etwa 500 Jahre später eine weit größere Macht über die Region ausüben als einst Akkad. Doch das erste eigentliche Reich in dieser weltgeschichtlich bedeutsamen Region schuf Sargon.

Hammurabi, der Aufstieg Babylons und in Stein gemeißelte Gesetze

Hammurabi regiert von 1792 bis 1750 v. Chr. nach der mittleren Chronologie

Dass die Griechen das gesamte Zweistromland später Babylonien nennen, ist der Herrschaft seines Königs Hammurabi zu verdanken. Mit ihm beginnt Babylons Aufstieg und seine weit über ein Jahrtausend andauernde wechselvolle Geschichte, in der es zeitweise die größte Stadt der Welt ist.

Als Hammurabi 1792 v. Chr. in Babylon den Thron besteigt, schaut die Stadt wohl schon auf eine 600-jährige Geschichte zurück, ist aber im Vergleich mit den anderen großen Metropolen zwischen Euphrat und Tigris noch unbedeutend. Hammurabi ist der sechste König der Dynastie der Amurriter. Das semitische Volk erringt in jenen Jahren dank des Expansionsdrangs von Hammurabi die Vorherrschaft im mittleren Mesopotamien.

Hammurabi, »Heilender Vater des Volkes«, regiert vier Jahrzehnte. Sein Reich sichert er durch erfolgreiche Feldzüge, geschickte Diplomatie, ein ausgeklügeltes Agentennetzwerk und eine straffe Verwaltung. Hammurabi baut das Bewässerungssystem Babylons aus, errichtet Tempel und kümmert sich um Landwirtschaft und Handel. Die Stadt erlebt eine goldene Zeit. Wie einst Sargon nimmt Hammurabi den Titel »König von Sumer und Akkad« an.

Berühmtheit erlangt eine erhaltene, über zwei Meter hohe
Stele aus dunklem Dioritstein. Sie zeigt an ihrer Spitze ein Re-
lief, auf dem der thronende Sonnengott Schamasch Gesetze an
Hammurabi übergibt. Auch Moses wird später in der Bibel die
Zehn Gebote von Gott empfangen. Unter dem Relief ist auf der
Stele in Keilschrift in 282 Rechtssätzen eine der ältesten Geset-
zessammlungen der Welt eingemeißelt. Zwar hat bereits König
Urnammu von Ur etwa 300 Jahre zuvor Gesetze schriftlich fixie-
ren lassen, doch Hammurabis Gesetzessammlung ist die umfas-
sendste und umfangreichste, die erhalten blieb.

Der sogenannte Codex Hammurabi regelt Usancen des Handels, des Erbrechts, Besitzverhältnisse, Diebstähle, Körperver-
letzung, Heirat und Scheidung. Man liest vom Auge-um-Auge-
Prinzip, das sich später in der Bibel wiederfindet.

Zwar sind die Gesetze auf der Stele vermutlich nur eine Fest-
schreibung des seinerzeit geltenden Rechts oder eine Leitlinie,
die bedingt befolgt wird. Die Fachleute streiten. Aber Hammurabi festigte damit seinen Status als oberster Gesetzgeber.

Das Reich des Hammurabi findet wenige Generationen nach
seinem Tod ein Ende. 1595 v.Chr. plündern die Hethiter unter
ihrem König Murschili II. Babylon.

Hatschepsut: Eine Königin legt das Fundament für die Machtentfaltung Ägyptens

Hatschepsut regiert von ca. 1479 bis 1458 v.Chr. Seit Aha, dem ersten König der 1. Dynastie, sind bereits 1500 Jahre vergangen. Hatschepsut ist die fünfte Königin der 18. Dynastie, die mit der Gründung des Neuen Reiches durch Ahmose I. begann. Der konnte 1532 v.Chr. nach zwei Jahrhunderten Fremdherrschaft das rätselhafte Volk der vermutlich semitischen und aus Palästina stammenden Hyksos aus dem Nildelta vertreiben. Zuweilen wird spekuliert, ob die Hyksos Basis des Mythos vom Auszug aus Ägypten und der biblischen Josephs-Erzählung sind. Der letzte Herrscher der Hyksos in Ägypten soll Joseph geheißen haben.

Hatschepsuts Name bedeutet »die erste der vornehmen
Frauen«. Ein wohl später verfasster Text soll sie als weiblichen
Pharao legitimieren. Dieser berichtet, Amun-Re, »der König«
der ägyptischen Götter, habe die Gestalt von Hatschepsuts leib-

lichem Vater, dem Pharao Thutmosis I., angenommen und mit dessen Frau Ahmose ein Mädchen gezeugt, das Königin Ägyptens werden sollte.

Hatschepsut wird als »Große Gemahlin« ihrem Halbbruder Thutmosis II. zur Seite gegeben. Als dieser 1479 v. Chr. stirbt, folgen ihm auf dem Thron seine minderjährigen Kinder Thutmosis III., den seine Nebenfrau Isis geboren hat, und Neferure, deren Mutter Hatschepsut ist. Anstelle der Kinder übernimmt Hatschepsut die Regentschaft und erklärt sich nach zwei Jahren zur Alleinherrscherin.

Während ihrer fast 22-jährigen Amtszeit erlebt Ägypten eine Epoche des Friedens und des Wohlstands. Hatschepsut sendet große Handelsexpeditionen nach Sinai, Assuan und nach Punt, dem sagenhaften Weihrauch- und Goldland, das wahrscheinlich an der heutigen somalischen Küste oder im Jemen lag. Mit ihrem Totentempel in Deir el-Bahri, der sich noch heute am Nilufer gegen die steilen Felsen harmonisch in die Landschaft fügt, errichtet sie einen der bedeutendsten Monumentalbauten des Neuen Reiches.

Nach Hatschepsuts Tod wird ihr Stiefsohn als Thutmosis III. zum Nachfolger. Er profitiert vom neu gewonnenen Reichtum des Landes und kann damit seine späteren Feldzüge finanzieren. Der »Napoleon der Pharaonen« dehnt die Macht Ägyptens mit Pferden und Streitwagen bis an den Euphrat aus. Berühmt wird die Schlacht bei Meggido, dem biblischen Armageddon, Symbol der Endzeitschlacht zwischen Gut und Böse, in der Thutmosis 1457 v. Chr. auf der alten Handelsstraße zwischen Ägypten und Mesopotamien aufständische Fürsten aus Kanaan besiegt.

Seiner Stiefmutter dankt er die Vorarbeit nicht. Thutmosis III. lässt ihren Namen aus zahlreichen Schriften und Tempeln tilgen und sogar Statuen und Obelisken stürzen.

Echnaton und die Verehrung nur eines Gottes

Der einst unter Hatschepsut einsetzende wirtschaftliche und kulturelle Aufschwung hält noch an, als Amenophis IV. ein Jahrhundert nach dem Ende der Regentschaft der Pharaonin den ägyptischen Thron besteigt. Er wird als Echnaton in die Geschichte eingehen.

Echnaton
regiert von
ca. 1351 bis
ca. 1334 v. Chr.

Schon während der Regentschaft seines Vaters Amenophis III. rückt unter den vielen Göttern Ägyptens, von denen Osiris, Isis und Anubis zu den wichtigeren gehören, der Sonnengott Aton stärker in den Mittelpunkt der religiösen Verehrung. Amenophis IV. wagt nun das Ungeheuerliche. Er macht Aton, so nehmen viele Historiker an, zum einzigen Gott. Sollte er dies getan haben, ist er der Begründer einer der ersten Religionen der Menschheit, die nur einen Gott verehrt. In der Wüste lässt Amenophis IV. in dreijähriger Bauzeit eine neue Hauptstadt mit Tempeln, Bibliotheken und Palästen errichten und nennt sie Achet-Aton, heute Armana. Er selbst gibt sich den Namen Echnaton, sinngemäß »der, der Aton dient«. Der ganze Hofstaat zieht in die neue Kapitale. Womöglich will Echnaton auf diese Weise der Macht der Priester in Theben entfliehen, die wie das Volk den Aton-Kult ablehnen.

Echnatons Regierungsweise bleibt rätselhaft. Womöglich kümmert er sich vor allem um die Errichtung neuer Bauten, die Förderung der Kunst und überlässt die Außenpolitik seiner Mutter Teje. Die zweite starke Frau in seinem Reich ist seine Hauptehefrau Nofretete, mit der er sechs Töchter bekommt. Reliefs zeigen das Paar, wie es mit seinen Kindern spielt.

Nofretetes Macht scheint größer als die aller Pharaonenfrauen zuvor. Sie wird sogar gleichrangig mit Echnaton dargestellt. Doch eines Tages verschwindet sie aus den Darstellungen. Starb sie an einer Krankheit? Wurde sie verstoßen oder ermordet? Als Echnaton wenige Jahre nach ihr stirbt, erlischt der Aton-Kult des »Ketzerpharaos« und die Ägypter kehren unter seinem Nachfolger, dem viele Jahrhunderte später wegen seines Grabes weltberühmt werdenden Tutenchamun, zu den alten Kulten zurück.

Ramses II. führt Ägypten zu seiner höchsten Macht

Ramses II.
lebt von
ca. 1303 bis
1213 v.Chr.

Es ist Ramses I., der Großvater von Ramses II., mit dem etwa 40 Jahre nach Echnatons Tod um 1300 v. Chr. die 19. Dynastie, die Epoche der Ramessiden, beginnt. Ramses I. trägt ursprünglich den Namen Paramesse. Obwohl nicht königlichen Blutes, stammt er aus einer bedeutenden Familie. Als General und Wesir folgt er dem Pharao Haremhab nach, als dieser keinen leiblichen Nachfolger hat.

Ramses heißt so viel wie »Re hat ihn geboren«. Die Ramessiden beseitigen endgültig die Erinnerungen an den ungeliebten Echnaton, betonen den Ahnenkult und verweisen auf die lange Linie der ägyptischen Geschichte. Cheops' Pyramide steht immerhin schon seit fast 1400 Jahren. Auf Ramses I. folgt bald Sethos I., der das Ägyptische Reich weiter festigt. Dessen Sohn Ramses II. wird erheblich davon profitieren und in seiner Regierungszeit die Epoche der Pharaonen zu ihrem letzten großen Höhepunkt führen.

Im Jahr 1279 v. Chr. besteigt Ramses II. den Thron. Sein Charakter wird als brennend ehrgeizig, eitel, rastlos und tatkräftig beschrieben. Er führt erfolgreiche Feldzüge in Palästina und im Libanon. Doch er muss auch Rückschläge einstecken. In der Schlacht bei Kadesch im heutigen Syrien, einem der berühmtesten Waffengänge der frühen Menschheitsgeschichte, wird er 1274 v. Chr. im Kampf gegen den hethitischen König Muwatalli umzingelt und muss den Rückzug antreten. Zurück in Ägypten lässt er die Ereignisse in seinen Tempeln als Sieg darstellen. In den nächsten Jahren unternimmt Ramses noch weitere, jedoch erfolglose Versuche, die Hethiter zu bezwingen. 1260 v. Chr. schließt er mit dem Hethiterkönig Hattušili III. den ältesten erhaltenen Friedensvertrag und heiratet dessen Tochter.

Ramses, der fast 90 Kinder zeugt, hinterlässt einige der bedeutendsten Bauwerke des Alten Ägypten. Berühmt ist vor allem der gewaltige Felsentempel in Abu Simbel. Wie manche Historiker meinen, hat Ramses II. seine außerordentlich lange Regierungszeit vor allem genutzt, um ein möglichst schillerndes Bild von sich für die Nachwelt zu hinterlassen. Anhand seiner Mumie stellte man fest, dass er – ungewöhnlich für einen Ägypter – ursprünglich rothaarig war. In seinen letzten Jahren geht er wegen einer Versteifung der Wirbelsäule tief gebückt. Er stirbt im Alter von etwa 85 Jahren nach 66 Jahren Regentschaft.

Moses: Religionsführer, Gesetzgeber, Prophet

Der Sturm der Seevölker, eine bis heute rätselhafte Völkerwanderung, zerstört um 1200 v. Chr., wenige Jahrzehnte nach Pharao

Moses

lebt vermutlich
um 1200 v. Chr.

Merenptah, einem Sohn von Ramses II., die großen Reiche der Minoer und der Hethiter. Auch Ägypten und Mesopotamien geraten in tiefe Krisen.

In die Zeit des Merenptah fällt die erste Erwähnung des Namens Israel. Die Israeliten, Vorfahren der Juden, wandern um 1200 v. Chr. in Kanaan ein. Dort streiten die Phönizier und die gerade eingedrungenen Philister, die später der Gegend den Namen Palästina geben, um die Macht. Es sind die Israeliten, die zum ersten Mal in der Geschichte Ereignisse schriftlich festhalten. Auch gründen sie die erste dauerhafte monotheistische Religion, vorangetrieben von Propheten wie Elias, Jesaja oder Ezechiel. Der wichtigste der israelitischen Propheten ist Moses. Ob er je gelebt hat, kann nicht belegt werden. Vielleicht bekleidet er in der Zeit der Regentschaft des Pharao Sethos II. ein hohes Amt an dessen Hof. Auch wurde schon vermutet, Moses sei identisch mit Sethos' Vorgänger Amenmesse.

Moses ist eine der zentralen Figuren in der Tora (im Alten Testament die fünf Bücher Mosis). Die wichtigste Schrift des Judentums erzählt von der Erschaffung der Welt, von den ersten Menschen Adam und Eva, deren Vertreibung aus dem Paradies, von der Sintflut und den Erzvätern Abraham, Isaak (Sohn Abrahams) und Jakob (Sohn Isaaks), der nach einem Kampf mit einem Engel den Namen Israel (»der mit Gott gekämpft hat«) erhält. Aus den Nachkommen von Jakobs zwölf Söhnen soll das Volk der Israeliten entstanden sein, das schließlich von den Ägyptern versklavt wird. Als der Pharao befiehlt, alle männlichen Kinder der Israeliten töten zu lassen, wird ein Kind aus dem Stamm Levi in einem Korb im Schilf ausgesetzt und von einer Pharaonentochter gefunden und adoptiert. Moses wächst am Hofe des Pharao auf und flieht, als er einen Soldaten erschlägt, der einen Israeliten auspeitscht. In der Wüste offenbart sich ihm der Gott Abrahams in einem brennenden Busch und nennt sich JHWH (Jahwe: »Ich bin, der ich bin«).

Moses führt sein Volk aus Ägypten heraus. Auf dem Berg Sinai übergibt Gott ihm die Gesetzestafeln mit den Zehn Geboten. 120 Jahre alt soll er laut Bibel geworden sein.

David und das Königreich Israel

David regiert vermutlich um 1000 v. Chr.

Der erste König Israels war um 1000 v. Chr. Saul. Doch außer einer Erwähnung in der Bibel gibt es keine weiteren Zeugnisse seiner Existenz. Ähnlich verhält es sich mit seinem Nachfolger David. Ob er eine historische Person ist oder nur eine Legende, wissen wir nicht.

Die Bibel berichtet, dass David am Hofe Sauls lebt, Soldat ist, aber auch Musiker. In jener Zeit üben die Philister die Vorherrschaft in der Region aus, die sie sich nach dem Niedergang Ägyptens vor allem durch ihre Waffen aus Eisen erkämpfen. Als David den stärksten Krieger der Philister, den riesenhaften Goliath, nur mit seiner Schleuder besiegt, soll dies die Eifersucht Sauls erregt haben. David muss in den Süden von Kanaan fliehen. Dann wird Saul von den Philistern im Kampf getötet.

David einigt sich mit dem Stamm Juda und wird zuerst, so heißt es, im Jahr 1003 v. Chr. zu dessen König gesalbt, bevor er zum Herrscher von ganz Israel aufsteigt. Umstritten wie diese Berichte ist auch, ob David später den Stadtstaat Jerusalem auf der Grenze von Israel und Juda besetzt und zu seiner Residenz ausbaut und danach Syrer, Philister und weitere Völker unterwirft und eine Art Großreich errichtet. Davids Nachfolger wird der ebenfalls als historische Person nicht belegte weise Salomo.

Im Judentum entwickelt sich während der Gefangenschaft in Babylon durch König Nebukadnezar II. der Glauben, dass aus den Nachkommen des einst gesalbten Königs David der Messias hervorgeht. Messias und Christus sind die hebräischen und griechischen Worte für »Der Gesalbte«. So wird Jesus von Nazareth später als Nachkomme Davids bezeichnet.

Nebukadnezar II. entführt die Juden und baut den Turm zu Babel

Nebukadnezar II. lebt von ca. 640 bis 562 v. Chr.

Nebukadnezars Vater Nabopolassar ist Heerführer der Assyrer. Der zerschlägt 625 v. Chr. deren seit nahezu 1000 Jahren bestehendes Großreich, dessen Kernland das heutige Syrien war. Die Assyrer hatten seit etwa drei Jahrhunderten ganz Mesopotamien brutal unterdrückt. Nun erobert Nabopolassar die Städte Assur und Ninive und begründet 615 v. Chr. in Babylon das Neubabylonische Reich. Sein Sohn Nebukadnezar, der Nabucco in

der gleichnamigen Oper von Giuseppe Verdi, besiegt zehn Jahre
später die Ägypter, die zuletzt noch einzig verbliebenen Konkurrenten der Babylonier. Ein Jahr darauf folgt er seinem Vater als
Nebukadnezar II. auf dem Thron.

Unter Nebukadnezar entfaltet Spätbabylonien seine größte
Macht. Das Herrschaftsgebiet erstreckt sich von der Mündung
des Euphrat im Osten bis zum Mittelmeer im Westen. Die Stadt
Babylon ist in diesen Tagen, mehr als ein Jahrtausend nach der
Regentschaft Hammurabis, mit rund einer Million Einwohnern
die mit Abstand größte Metropole der Welt. Ihr Zentrum wird
von einer 18 Kilometer langen Stadtmauer umfasst, an deren
Nordabschnitt Nebukadnezar das prächtige Ischtar-Tor errichten lässt. Bei den bis heute nicht gefundenen Hängenden Gärten, eines der sieben antiken Weltwunder, handelt es sich vermutlich um Nebukadnezars Palastgarten.

597 v. Chr. befiehlt Nebukadnezar, das aufständische Jerusalem zu plündern, zehn Jahre später wird es völlig zerstört,
der Tempel niedergebrannt, der Vasallenstaat Juda hört auf zu
existieren. Nebukadnezar lässt einen großen Teil der Israeliten
nach Babylonien verschleppen. Um ihre Identität zu bewahren,
beginnen die Juden während der Babylonischen Gefangenschaft
ihre Geschichte aufzuschreiben. Daraus entstehen später das jüdische Tanach und das Alte Testament der Bibel ebenso wie der
Glaube an den einen Gott und die Verheißung von der Ankunft
eines neuen Königs, des Messias.

Die Bibel lässt an dem angeblich lasterhaften Babylon und
dessen Mischkultur kein gutes Haar. Das gipfelt in der Geschichte vom Turmbau, durch den die Babylonier zu Gott hin-
aufgelangen wollen. Der aber setzt dem Treiben durch die von
ihm gesandte Sprachverwirrung ein Ende. Tatsächlich wird unter
Nebukadnezar der 91 Meter hohe Zikkurat mit dem Tempel des
Stadtgottes Marduk auf seiner Spitze errichtet.

Kaum zwei Jahrzehnte nach Nebukadnezars Tod zerfällt sein
Reich mit dem Einzug des Persers Kyros II. in Babylon.

2. Das erwachende Griechenland und die Macht Persiens

Homer, der erste große Geschichtenerzähler

Als Homer seine Dichtungen im 8. Jahrhundert v. Chr. aufschreibt oder diktiert, blicken die Menschen seiner griechischen Heimat bereits auf Jahrhunderte der Hochkultur zurück. In mehreren Einwanderungswellen sind seit etwa 1600 v. Chr. frühgriechische Stämme wie Achaier, Danaer, Ionier und später die Dorer in die Region gekommen. Sie vermischen sich mit den altmediterranen Völkern, bringen mit Zeus als Göttervater eine an Personal umfangreiche Götterwelt mit und übernehmen die um 1750 v. Chr. entstandene phönizische Schrift. Sie ist die Basis der meisten heute verbreiteten Alphabete wie das griechische, lateinische, hebräische, kyrillische und arabische.

Homer lebt vermutlich im 8. Jahrhundert v. Chr.

Noch vor der Ankunft der Griechen hatte sich in der Inselwelt der Region von ca. 3000 bis 2000 v. Chr. die Kykladenkultur mit ihren minimalistischen Menschenabbildungen in Marmor entfaltet. Als erste Hochkultur auf dem europäischen Festland entwickelt sich ab etwa 1600 v. Chr. mit der wichtigsten Stadt Mykene die nach ihr benannte Kultur. In Homers Epos *Ilias* ist Mykene die Heimat des Agamemnon. In etwa über die Dauer dieser beiden Kulturen erstreckt sich auf Kreta die minoische Kultur. Sie gipfelt in dem labyrinthischen Palast von Knossos und findet durch eine Naturkatastrophe, vermutlich durch eine Vulkanexplosion auf der Insel Santorin, um 1700 v. Chr. ihr jähes Ende. Das Ereignis mag Ursprung des Atlantis-Mythos sein. An der Nordwestküste Kleinasiens beginnt der Aufstieg des sagenhaften Troja (Ilion). Die Belagerung und Eroberung der Stadt durch die Griechen ist Gegenstand von Homers Epos *Ilias*. Von der anschließenden zehnjährigen Irrfahrt, zu der die Heimreise des Helden Odysseus gerät, erzählt Homer in seinem zweiten Epos, der *Odyssee*.

Homers *Ilias* und *Odyssee* gelten als zwei der frühesten Epen der Weltliteratur. Nach klassischer Sicht beginnt mit diesen beiden Werken des ersten großen Dichters Europas die europäische Kultur- und Geistesgeschichte.

Aber sind die *Ilias* und die *Odyssee* das Werk eines einzelnen Dichters? Gab es Homer überhaupt? Oder ist er nachträglich erfunden worden? In der Antike wird Homer als blinder alter Wandersänger beschrieben. Doch was ist überhaupt wahr an den von Homer besungenen Ereignissen? Sind es nur Mythen?

Ein Junge namens Heinrich Schliemann ist zwei Jahrtausende später von Homers *Ilias* so überwältigt, dass er nicht glauben kann, dies sei nur Fantasie. Als Erwachsener wird er Mykene, Knossos und Troja ausgraben. Trotzdem liegt noch immer im Dunkeln, was sich von Homers großartigen Berichten tatsächlich ereignete und wie.

Solon Solon und der Weg zur Demokratie

lebt von ca. 640 bis ca. 560 v. Chr. Vermutlich wäre Athen nicht die Wiege der Demokratie geworden, hätte es Solon nicht gegeben.

Die Griechen entwickeln zwar nach und nach sprachlich und kulturell eine Einheit, doch kein einheitliches Reich. Stattdessen entstehen in der verkarsteten Inselwelt unabhängige Städte, in denen schließlich die freien Bürger die öffentlichen Angelegenheiten selbst in die Hand nehmen.

In Athen befestigen Mykener um 1300 v. Chr. den Burgberg, die Akropolis, und bald schon herrschen Könige über die Stadt. Doch die mächtige Adelsschicht, reich geworden durch den Seehandel, die im Rat die hohen Beamten stellt, verdrängt das Königtum. Dem Gesetzesreformer Drakon gelingt der erste Schritt, das Gewaltmonopol eines Staatsgebildes und nicht das einer Person festzuschreiben. Er erlässt ein allgemeingültiges Recht: die für ihre Härte bekannt gewordenen drakonischen Strafen.

Doch Arm und Reich driften auseinander, immer größere Teile des einfachen Volkes geraten in Schuldknechtschaft, weil

Erbteilung den Besitz stetig verkleinert und Geld zu Wucherzinsen verliehen wird.

Der sich dieser Sache bald annehmende adelige Solon hat zuvor schon durch seine Dichtungen zu politischen Fragen auf sich aufmerksam gemacht. Seine Familie zählt den letzten König Athens zu ihren Ahnen. Als 594 v. Chr. die sozialen Spannungen wieder eine tiefe Krise auslösen, wählen die Athener Solon zum obersten Beamten der Stadt.

Solon schafft die Schuldknechtschaft ab und streicht die Hypothekenschulden der Bauern. Die Bevölkerung unterteilt er nach ihrem Einkommen in vier Klassen. Anders als zuvor ist es nicht Stand oder Abstammung, aus dem sich der Umfang an gewährter politischer Teilhabe ergibt, sondern das Vermögen. Selbst Lohnarbeiter erhalten das aktive Wahlrecht, und auch einfache Bauern haben nun theoretisch Zugang zu politischen Ämtern. Solons Gesetze werden auf Tafeln öffentlich ausgestellt. Jeder Bürger darf sein Recht einklagen.

Die umfassenden Reformen markieren das Ende des Adelsstaates und den Beginn der Polis, des Stadtstaates. Solons Reformwerk ist der Grundstein für die spätere attische Demokratie. Aber zunächst errichtet sein Nachfolger Peisistratos um 561 v. Chr. eine Alleinherrschaft (*tyrannis*), die sich unter seinen Söhnen Hipparchos und Hippias fortsetzt, bis Hipparchos ermordet und Hippias vertrieben wird und der Adelige Kleisthenes 510 v. Chr. aus dem Exil nach Athen zurückkehrt. Ihm gelingen ab 508 v. Chr. wichtige Schritte zur politischen Gleichheit der Vollbürger.

Thales, der erste Philosoph

Thales erscheint wie auch Solon auf den Listen der sogenannten Sieben Weisen der antiken griechischen Welt. Die dehnt sich seit dem 8. Jahrhundert v. Chr. durch Kolonisation im gesamten Mittelmeerraum aus. Es entstehen Städte in Italien, auf der Iberischen Halbinsel, an der Nordküste Afrikas und in Kleinasien. Thales lebt in Milet, eine der seinerzeit wichtigsten Städte im Mittelmeerraum, an der heutigen Südwestküste der Türkei.

Seine wohlhabende Familie hat vermutlich phönizische Wurzeln. Als erfolgreicher Kaufmann reist Thales viel, und in seiner

*Thales
lebt von
ca. 625 bis
ca. 547 v. Chr.*

freien Zeit legt er – während Solon in Athen die Grundlagen für die spätere Demokratie schafft – in Milet das Fundament für die Philosophie. Aristoteles wird Thales später als Begründer der Wissenschaft bezeichnen.

Wie umfangreich und tiefgründig das Denken des Thales war, können wir nicht mehr ermessen. Nur Fragmente seiner Schriften sind erhalten, auch Verklärungen. Überliefert ist, dass er nach Ägypten reist und dort die Höhe der Pyramiden anhand der Länge ihrer Schatten errechnet. Thales ist zwar zerstreut – er fällt in einen Brunnen, als er einmal nachts die Sterne betrachtet –, aber auch lebenstüchtig. Als er eine gute Olivenernte kommen sieht, kauft er Olivenpressen und vermietet sie. Er wird reich.

Thales berechnet das Eintreten einer Sonnenfinsternis für den 23. Mai 585. Sie findet statt. Erstmals ist es einem Menschen damit gelungen, ein Naturereignis rational und nicht mit mythisch-göttlichen Kräften zu erklären. Thales ist in diesem Sinne der Wegbereiter der Physik, wie es später Demokrit für die Chemie und Pythagoras für die Mathematik sein werden.

Das große Thema von Thales und der Philosophie vor dem Denkrevolutionär Sokrates ist die Frage nach dem Ursprung, dem Wesen allen Seins der Natur. Deshalb nennt die Philosophiegeschichte die Denker beginnend mit Thales bis zu Sokrates die Naturphilosophen oder auch die Vorsokratiker.

Der Beginn der Philosophie, die mit Thales ihren ersten bedeutenden Protagonisten hat, ist auch der Anfang der Naturwissenschaft. Die Antwort auf die Frage nach dem Ursprung allen Lebens findet Thales im Wasser. Alles ist für ihn aus dem Wasser entstanden. Doch damit steht er erst am Anfang einer langen Suche, die die Physik bis ins 21. Jahrhundert über die Entdeckung der Quarks zur Stringtheorie führt.

Pythagoras: Begründer des mathematischen Beweises

Pythagoras lebt von ca. 570 bis ca. 495 v. Chr. Er ist angeblich der erste Denker, der sich Philosoph – »Liebhaber der Weisheit« – nennt. Während für den um einige Jahre älteren Thales das Wasser der Ursprung allen Lebens ist, ist es für Pythagoras die Zahl. »Alles ist Zahl!«, soll er gesagt haben.

Pythagoras, geheimnisumwittert und legendenumrankt, wird auf der Insel Samos unweit von Milet geboren. Er soll einer der schönsten Menschen seiner Zeit sein, erwirbt sein Wissen über zwei Jahrzehnte auf weiten Reisen vermutlich bis Britannien und lernt von Ägyptern und Babyloniern. Im griechisch besiedelten Süditalien lässt er sich in der Stadt Kroton nieder. Der reichste Mann der Stadt und der wohl stärkste Athlet seiner Zeit, Milon, wird sein Mäzen. Er ist mehrfacher Sieger bei den Olympischen Spielen.

Pythagoras gründet in Kroton eine Schule mit etwa 600 Schülern, in der Zusammenhalt und bescheidenes Leben gepflegt werden. Milons Tochter, die schöne Theano, wird Pythagoras' Lieblingsschülerin und schließlich seine Frau. Die Gemeinschaft pflegt seltsame Regeln und Pythagoras benimmt sich wie der Guru einer Sekte. Kein Wissen darf nach außen dringen. Bei seinen Reden verbirgt er sich hinter einem Vorhang. Viele Schüler sehen ihn leibhaftig erst nach fünf Jahren.

Aus Babylonien hat Pythagoras vermutlich den dort schon seit Jahrhunderten bekannten, aber später nach ihm benannten Satz ($a^2+b^2=c^2$) mitgebracht. Dieser behauptet, dass in einem rechtwinkligen Dreieck ein Quadrat entlang der längsten Seite immer das gleiche Volumen aufweist wie die Quadrate über den beiden anderen Seiten. Pythagoras beweist dessen Richtigkeit und weist so der Logik den Weg: Wissen und Beweis verdrängen nun Vermutungen.

Auch in der Harmonie der Musik sucht Pythagoras die Rolle der Zahl. Er geht dem Phänomen nach, dass eine frei schwingende Saite, die auf halber Länge und auf Dritteln, Vierteln, Fünfteln der Länge festgehalten wird, immer harmonische Töne zum Grundton erzeugt, und führt die Proportionen der Hauptintervalle in der Musik ein: Oktave, Quinte, Quarte.

Mit Pythagoras kommt der Gedanke in die Welt, wonach sich alle Vorgänge und Erscheinungen der Natur mathematisch darstellen lassen. Während eines Aufstands in Kroton, bei dem sich der Zorn gegen die obskuren und zu mächtig gewordenen Pythagoreer richtet, soll Pythagoras ums Leben gekommen sein.

Heraklit ## Heraklit und das Werden und Vergehen

lebt von Heraklits Heimat ist die griechische Stadt Ephesos, nicht weit ent-
ca. 570 bis fernt von Milet. Der Philosoph ist adeliger Herkunft und Nach-
ca. 495 v.Chr. fahre des Stadtgründers. Die Königswürde lehnt er ab, Politik und
Gemeinschaft sind ihm zuwider, seine Mitbürger verachtet er.
Heraklit wird Eremit und verfasst das Buch *Über die Natur.*
Kaum jemand versteht die orakelhaften Sätze des Eigenbröt-
lers. Dennoch lassen sich Schlüsse über sein Denken ziehen.
Für Heraklit besteht die Welt aus Gegensätzen: Tag und Nacht,
Feuer und Wasser, Erde und Himmel. Sie bestimmen den Lauf
der Welt, den Wandel, das Werden und Vergehen. So ist Heraklit der erste Verfechter von These und Antithese als Triebkräfte
der Veränderung und damit Urvater des dialektischen Denkens,
das knapp zweieinhalb Jahrtausende später mit Georg Wilhelm
Friedrich Hegel auf den Höhepunkt gebracht werden wird. Mit
seiner Sicht, die sich in dem berühmten Satz »Der Kampf ist der
Vater aller Dinge« verdichtet, nimmt Heraklit die Gegenposi-
tion zu seinem Zeitgenossen Parmenides ein, der behauptet, alles bleibe im Grunde gleich, nichts verändere sich. Parmenides
meint, denke man konsequent zu Ende, müsse man erkennen,
dass es nur Sein oder Nichtsein gebe. Heraklit hingegen fasst die
ständige Veränderung allen Seins in die Worte »Wir können nicht
zweimal in denselben Fluss steigen«, woraufhin ihm später Platon die Kurzform »Alles fließt« in den Mund legt.

Mit Heraklit geht die naturphilosophische Suche nach dem
Ursprung allen Seins weiter. Und wie nicht anders zu erwarten,
hat er eine Idee, die sich von denen seiner Philosophenkollegen
absetzt. Heraklit sagt, der Urstoff allen Seins sei das Feuer. Doch
was diese Angelegenheit betrifft, bleibt auch sein Vorschlag nur
eine Etappe: Empedokles schlägt wenige Jahrzehnte später vier
Urstoffe vor: Feuer, Luft, Wasser, Erde.

Zarathustra ## Zarathustra, der erste Prophet der Weltgeschichte

lebt vermutlich In welchem Jahrhundert er lebt und lehrt, ist noch immer um-
um 1700 oder stritten. Nach äußerst unsicheren Quellen soll ihn Pythagoras
1000 v.Chr., auf seinen Reisen getroffen haben. Einige Wissenschaftler ver-
andere Quellen muten, er sei dem Perserkönig Kyros II. begegnet. Stimmt das,
vermuten seine wäre er der Epoche um 500 v. Chr. zuzuordnen, die Karl Jas-

pers die »Achsenzeit der Weltgeschichte« nennt. Der Zauber von Aberglauben und Magie verliert an Kraft. In den vier am weitesten entwickelten Kulturkreisen treten jene Männer auf, die die Fundamente des bis heute wirksamen Denkens legen: Konfuzius, Siddhartha (Buddha), die Vorsokratiker, die jüdischen Propheten und Zarathustra.

Lebenszeit um 600 v. Chr.

Er lebt womöglich im Osten des heutigen Iran. Über seine Herkunft und sein Leben weiß man wenig, im Grunde nur das, was er in der heiligen Schrift *Avesta* von sich berichtet. Zarathustra kommt demnach aus bäuerlichem Umfeld und wird zunächst Priester, bis ihm ein Engel erscheint. Fortan lehrt er als erster Prophet der Weltgeschichte die Idee eines einzigen Gottes, des Schöpfergottes Ahura Mazda. Sechs gute Geister gehen von Ahura Mazda aus: Tugend, Wahrhaftigkeit, Gesinnung, Demut, Besitz und Gesundheit. Der böse Geist Angra Mainyu, Zwilling des guten Geistes Spenta Mainyu, setzt ihnen das Gegenteil entgegen.

Zarathustra predigt die Selbstverantwortung des Menschen. Der Schöpfergott Ahura Mazda zwingt ihn zu nichts, da der Mensch als einziges Lebewesen die Fähigkeit hat, sich zu entscheiden. Durch eigene Einsicht und freie Entscheidung soll er dem Guten zum Sieg über das Böse verhelfen, indem er sich an die drei wichtigen Grundsätze der Lehre Zarathustras hält: gute Gedanken, gute Worte, gute Taten.

Zarathustras Dualismus von Gut und Böse hat die jüdische Religion ebenso geprägt wie die lange Zeit einflussreiche Religion des Manichäismus. Die Lehre Zarathustras findet Eingang in das Werk des Augustinus von Hippo, bestimmt dessen Gedanken über das Verhältnis von Gott und Satan und wirkt so in das Christentum und später auch in den Islam.

Krösus und die Erfindung des Geldes

An der Westküste der heutigen Türkei regiert in jenen Tagen der König Alyattes das kleine Königreich Lydien. Unter seiner Herrschaft bringen die Lyder, die mit den Griechen regen Handelskontakt pflegen, Zahlungsmittel in Umlauf, die man als Münzgeld bezeichnen kann, auch wenn sie noch nicht wie Münzen aussehen. Es sind kleine Klumpen aus Elektron, einer Legierung

Krösus lebt von ca. 595 bis ca. 541 v. Chr. oder später

aus Gold und Silber, die immer das gleiche Gewicht aufweisen und in die als Garantie des Metallgehalts und damit des Wertes das königliche Siegel geprägt worden ist.

Mit den frühen Münzen gelangt eine der erstaunlichsten Erfindungen der Menschen in die Welt: das Geld. Nun beginnt eine völlig neue Form des Wirtschaftens. Geld ersetzt als Träger eines universellen Wertes die umständliche Tauschwirtschaft. Rasch verbreiten sich die lydischen Münzen im ganzen Mittelmeerraum. Und Krösus, der seinem Vater Alyattes auf dem Thron nachfolgt, erlangt bald den Ruf sagenhaften Reichtums.

Im Jahr 547 v. Chr. will Krösus gegen die aufstrebenden Perser und deren König Kyros II. ziehen, von dem er sich bedroht fühlt. Er befragt das Orakel in Delphi, das ihm zur Antwort gibt: »Wenn du den Grenzfluss Halys überschreitest, wirst du ein mächtiges Reich zerstören.« Daraufhin verbündet sich Krösus mit den Ägyptern und den Babyloniern und zieht gegen Kyros. Die Mehrdeutigkeit des Orakelspruchs erkennt er, als sein eigenes Reich untergeht, denn es ist der Perserkönig Kyros, der 541 v. Chr. Sardes, die Hauptstadt Lydiens, erobert und das Reich zerstört. Krösus war dessen letzter König. Ob Kyros ihn hinrichten lässt oder ihn auf dem Scheiterhaufen begnadigt, nachdem Krösus verzweifelt nach dem Weisen Solon gerufen hat, ist unklar. Herodot erzählt rund hundert Jahre später in seinen *Historien*, Krösus sei zum Berater von Kyros geworden. Glaubt man Herodot, dann hat eine Empfehlung des von ihm besiegten Lyderkönigs schließlich zu Kyros' Ende geführt. Der unternimmt auf Krösus' Rat einen Feldzug gegen das Reitervolk der Massageten östlich des Kaspischen Meeres und kommt dabei ums Leben.

Kyros II. begründet das Persische Weltreich

Kyros II.
lebt von ca. 590
bis 530 v. Chr.

Kyros II. ist der Sohn des Perserkönigs Kambyses I. und Enkel von Kyros I. Er wird 560 v. Chr. König des kleinen persischen Königreichs von Ansan, einer Region im Südwesten des heutigen Iran.

Die Perser sind ein indoarischer Stamm aus dem iranischen Hochland und ihr Reich ist noch klein. Doch Kyros gelingt es, die Hegemonie der Meder im Nordwesten des heutigen Iran nicht nur abzuschütteln, sondern 549 v. Chr. deren Reich zu un-

terjochen. Danach erobert er 541 v. Chr. Lydien und schließlich
ganz Kleinasien. Zwei Jahre später wendet sich Kyros II. gegen
Süden nach Mesopotamien und zieht in Babylon ein. Er wird begeistert begrüßt, denn Nabonid, der letzte babylonische König,
war verhasst.

Einige Historiker lassen die Geschichte des Alten Orients mit
dem Einzug von Kyros in Babylon enden. Tatsächlich endet die
Eigenständigkeit des Zweistromlands. Es folgen fast zweieinhalb
Jahrtausende des Einflusses fremder Mächte. Erst im 20. Jahrhundert findet es im Irak wieder eine eigene Staatlichkeit.

Zunächst wird die Region Teil des von Kyros II. gegründeten Perserreichs. Kyros nimmt den Titel eines babylonischen
Königs an. Er gewinnt das Wohlwollen der Priesterschaft, indem
er die einheimische Religion nicht nur toleriert, sondern durch
Bauten unterstützt. Auch die Verwaltungsstrukturen ändert er
nicht. Lediglich das Militär und die Statthalter werden von Persern gestellt. Die Israeliten, die noch immer in der sprichwörtlich
gewordenen Babylonischen Gefangenschaft leben, dürfen nach
Jerusalem zurückkehren.

Vermutungen, Kyros II. habe sich dem Glauben seines
Landsmanns Zarathustra angeschlossen, sind nicht hinreichend
bestätigt.

Dareios I. baut das Persische Reich aus und beginnt den Kampf mit den Griechen

Dareios I. lebt von ca. 550 bis 486 v. Chr.

Erst für Dareios I., der sieben Jahre nach dem Tod von Kyros II.
den persischen Thron besteigt, ist das Bekenntnis zum zoroast-
rischen Glauben belegt. Er nennt sich König von Ahura Mazdas
Gnaden.

Dareios ist der Sohn von Hystaspes, dem persischen Statthalter in Parthien, und wird 522 v. Chr. als Nachfolger von Kyros II.
und dessen Sohn Kambyses persischer König. Nach der historischen Beurteilung ist er ein weiser und toleranter Herrscher, er
habe »weder dem Schwachen noch dem Starken unrecht getan«,
lässt er festhalten.

Zu Beginn seiner Herrschaft flammt der Unabhängigkeits-
wille der Babylonier auf. Zweimal verteidigt Dareios seine Macht
erfolgreich gegen Usurpatoren, die sich beide Nebukadnezar

nennen. Sein durch den Kampf kurzzeitig geschwächtes Reich stärkt er durch die Straffung der Verwaltungsstrukturen. Insbesondere die unter Kyros II. begonnene Reichseinteilung in Satrapien (Statthalterschaften) setzt er fort. Zur Förderung des Handels und zur Überwachung der Satrapien baut er das Straßennetz aus. Dareios erobert im Osten das Tal des Indus, zieht im Westen nach Ägypten und überschreitet 513 v. Chr. mit einem gewaltigen Heer über eine dafür errichtete Schwimmbrücke den Bosporus.

Die persische Kultur führt Dareios mit der Errichtung der Residenz Susa und der Gründung der Hauptstadt Persepolis zu einem Höhepunkt. Die prächtigen Bauten der Stadt werden nicht von Sklaven, sondern von freien Arbeitern gegen Entlohnung errichtet. Den Juden genehmigt Dareios, der die vielfältigen Religionen in seinem Reich toleriert, den Aufbau des zweiten Tempels in Jerusalem, den die Römer 70 n. Chr. zerstören werden.

Als in Kleinasien 499 v. Chr. ein Aufstand der griechischen Ionier von Athen unterstützt wird, rüstet Dareios eine Strafexpedition aus. Es ist der Beginn der Perserkriege, dem Generationen andauernden erbitterten Kampf zwischen Persern und Griechen. Dareios will Athen zu einer persischen Satrapie machen und Hippias, den Sohn des Peisistratos, in Athen wieder als Tyrann einsetzen. Ein griechischer Sklave hat die Aufgabe, Dareios vor jedem Essen zuzurufen: »Herr, gedenke der Athener!«

Die persische Flotte geht 492 v. Chr. im Sturm bei Athos unter, gegen das athenische Heer verliert der Perserkönig zwei Jahre später in der berühmten Schlacht bei Marathon. Ironie der Geschichte: 150 Jahre nach dem Tod von Dareios I., dem vielleicht größten Herrscher der Perser, wird mit einem König gleichen Namens, mit Dareios III., das Persische Weltreich tragisch enden, zerschlagen von Alexander dem Großen, dem neuen Anführer der Griechen.

Xerxes I. gegen den attischen Seebund

Xerxes I.
lebt von 519 bis
465 v. Chr.

Kyros II. gründet das Persische Weltreich, Dareios II. führt es zu seinem Höhepunkt, mit Xerxes I. beginnt der allmähliche Abstieg. Das verheerende Bild, das Xerxes in der Geschichtsschreibung meist abgibt, ist geprägt von den antiken Quellen seiner griechischen Feinde, die verständlicherweise kein gutes Haar an ihm lassen.

Xerxes ist der Sohn von Dareios I. und einer Tochter von Kyros II. Er wird im Jahr 486 v. Chr. Großkönig des Perserreichs und nimmt auch den Titel eines ägyptischen Pharaos an. Er baut Persepolis aus, vollendet die von Dareios I. begonnene Audienzhalle Apanada und lässt den berühmten Hundertsäulensaal errichten.

Auch auf militärischem Gebiet will Xerxes das Werk seines Vaters weiterführen und versucht endlich die Griechen zu unterwerfen. Mit einem gewaltigen Heer von vermutlich etwa 50 000 Mann zieht er los. Als ein Brückenbau an den Dardanellen wegen eines Sturms scheitert, soll Xerxes angeordnet haben, das Meer zur Strafe auszupeitschen.

Am 11. August 480 v. Chr. stellt sich Xerxes' Soldaten an der Landenge der Thermopylen ein zahlenmäßig weit unterlegenes griechisches Heer entgegen. Die Kämpfer unter Führung ihres Königs Leonidas I. halten tagelang einen Engpass gegen die zigfache Übermacht. Erst durch Verrat können Xerxes' Soldaten siegen. Nahezu alle Griechen sterben.

Xerxes, der nie selbst in den Kampf zieht, sondern seine Truppen nur begleitet und seine Heerführer die Schlachten schlagen lässt, hat nach dem Sieg freien Weg nach Attika. Sein Heer plündert die Halbinsel und auch Athen.

Aber die Griechen haben die Zeit genutzt und Athen evakuiert. Nun erwarten sie Xerxes mit ihren Kriegsschiffen, die sie auf Betreiben des Feldherrn Themistokles gebaut haben. Alle Männer Athens müssen als Ruderer dienen. Frauen und Kinder sind in Salamis, vor dessen Küste die Griechen Xerxes' Flotte am 29. September des Jahres 480 v. Chr. vernichtend schlagen. Xerxes wird aus der Ferne auf seinem Prunkthron Zeuge der Niederlage und kehrt in sein Reich zurück. Sein in Griechenland zurückgebliebenes Heer verliert im Jahr darauf auch die Schlacht bei Plataiai. Der Traum von der Eroberung Griechenlands ist endgültig zerplatzt. Um die Perser künftig dauerhaft fernzuhalten, gründen die Griechen den Attischen Seebund.

Zurück in seinem Reich lässt Xerxes im rebellischen Babylon die Tempel zerstören und besiegelt damit endgültig das Ende der großen Zeit der Stadt. Bei einer Palastrevolte wird er von seiner Leibwache ermordet.

3. Die große Zeit Griechenlands

Aischylos, Pionier der griechischen Tragödie

In seiner Tragödie *Die Perser* lässt im Jahr 472 v. Chr. der Athener Aischylos die griechischen Soldaten angesichts der Schiffe des Perserkönigs Xerxes vor Salamis ausrufen:»Ihr Söhne der Hellenen, auf! Befreit unser Vaterland!« Mit diesem Satz verdeutlicht der Dramatiker, der schon 18 Jahre zuvor in der Schlacht bei Marathon mitgekämpft hat und der auch bei Salamis auf einem der attischen Schiffe dabei ist, die plötzliche Einigkeit der sonst so zerstrittenen Griechen. Das panhellenische Bewusstsein ist geboren.

Aischylos ist 15 Jahre alt, als der Tyrann Hippias 510 v. Chr. aus Athen gejagt wird. Dessen Vater Peisistratos war dem Reformer Solon nachgefolgt und hatte Athen trotz Tyrannis zu einer Blütezeit geführt. Peisistratos führte das Münzwesen ein – berühmt wird die Münze mit der Eule –, stiftete das Panathenäen-Fest und Festspiele zu Ehren des Gottes Dionysos, die Dionysien. Bei Letzteren führt 534 v. Chr. der Dichter Thepsis die erste Tragödie auf.

Angeblich wird Aischylos, der Sohn eines wohlhabenden Großgrundbesitzers, vom Gott Dionysos im Traum dazu berufen, Dramatiker zu werden. Die Charaktere, die in seinen Bühnenstücken auftreten, sind außergewöhnlich und übermenschlich und sie sprechen eine überhöhte, bildgewaltige Sprache. Auf diese Weise führt Aischylos den Mythos in die griechische Tragödie ein. Nun spiegeln sich die Fragen und Gedanken der Griechen um den unabänderlichen Lauf der Dinge im »Kosmos« nicht nur in der Philosophie, sondern auch im Drama.

Musik spielt im Schauspiel eine große Rolle. Nur ein Darsteller tritt auf. Chöre erhöhen die dramatische Wirkung, Dichter und Komponist sind noch eine Person. Aischylos führt einen zweiten Schauspieler ein. Durch den nun möglichen Dialog beginnt die enge Bindung von Musik und Wort aufzubrechen. Musik und Poesie verlaufen fortan auf getrennten Gleisen. Darauf, dass sie einst zusammengehörten, verweist der von dem Saiteninstrument Lyra stammende Begriff Lyrik.

Mit Sophokles und Euripides ist Aischylos einer der drei großen griechischen Tragödiendichter. Sieben seiner zahlreichen Stücke sind erhalten. Vor allem *Die Perser* und *Orestie* werden noch zu Beginn des 21. Jahrhunderts weltweit aufgeführt.

Die Legende erzählt, Aischylos habe den Tod gefunden, weil ein Raubvogel eine Schildkröte aus großer Höhe auf seinen kahlen Schädel fallen ließ.

Perikles: Athens goldene Zeit und der Weg an die Grenze der Demokratie

Perikles lebt von ca. 500 bis 429 v. Chr.

Als Aischylos Geld für die Einübung und Ausstattung eines Chors in einer Dramenreihe braucht, finanziert dies der erst 22 Jahre junge Perikles. Mit viel finanziellem Einsatz und dank seiner herausragenden Staats- und Redekunst wird er bald der bestimmende Mann Athens.

Perikles entstammt dem Adelsgeschlecht der Alkmeoniden. Der mit ihm verwandte Kleisthenes hat acht Jahre vor Perikles' Geburt das attische Staatsgebiet in zehn Verwaltungseinheiten eingeteilt. Diese entsenden Abgeordnete in den Rat der Fünfhundert, der die Bürgerschaft, den *demos*, repräsentiert. Die Bürger und nicht mehr die Oberschicht üben nun im Wesentlichen die Macht aus.

Im Jahr 463 v. Chr. gelangt Perikles an die Spitze des *demos*. 443 v. Chr. wird er in das Amt des Strategen, eines Militärführers, gewählt und danach jedes Jahr bestätigt. Unter ihm erlebt Athen seine goldene Zeit: das Perikleische Zeitalter.

Perikles baut die Demokratie weiter aus, führt die Besoldung von Beamten ein, beteiligt auch die freien Bauern an der politischen Willensbildung und entwickelt in Athen eine Art Radikaldemokratie. Der von Perikles gestärkte Rat der Fünfhundert rekrutiert seine Mitglieder nicht durch Wahl, sondern durch Los.

Nur die Strategen und die hohen Beamten werden gewählt. Da nun fast jeder Bürger bei nahezu jeder Entscheidung abstimmen darf, entwickelt sich eine Diktatur der Mehrheit. Diese trifft Entscheidungen, die unrecht sind, wie etwa später das Todesurteil für Sokrates.

Unter Perikles etabliert Athen seine Vormachtstellung im Attischen Seebund. Hemmungslos bedient sich Perikles aus der Bundeskasse der griechischen Staaten und bezahlt damit unter anderem den glanzvollen Ausbau der Akropolis. Der Architekt Mensikles errichtet die Propyläen, den monumentalen Torbau am Eingang des heiligen Bezirks der Akropolis; und der Bildhauer Phidias leitet den Bau des Parthenon, des Tempels der Athene, dessen Säulenskelett noch im 21. Jahrhundert den Burgberg dominiert.

Das Goldene Zeitalter unter Perikles endet, als 431 v. Chr. zwischen Athen und Sparta der Peloponnesische Krieg ausbricht. Es ist auch der Konkurrenzkampf zweier Gesellschaftsentwürfe. In Sparta lebt wie zuvor in Athen eine kleine Oberschicht von den Erträgen des breiten Volkes und der Kult des Militärischen dominiert die Gesellschaft. Nach zwei Jahren Krieg stirbt Perikles an einer Seuche. Der Krieg aber dauert noch nahezu 30 Jahre und endet 404 v. Chr. mit der vollständigen Niederlage Athens und einem Sparta als ausgeblutetem Sieger.

Phidias: Götterstatuen und das Bild vom Menschen

Phidias lebt von ca. 500 v. Chr. bis 432 v. Chr. Dem Gold, das Perikles aus der Bundeskasse der griechischen Bundesstaaten nimmt, verdankt Athen eine Blütezeit der Kunst. Der Bildhauer Kresilas fertigt eine Statue von Perikles mit einem korinthischen Helm, Myron erschafft seinen berühmten Diskuswerfer. Phidias errichtet die Kolossalstatue des Zeus an dem Ort, an dem der Diskuswerfer Myron gekämpft hat, dem antiken Olympia. Das Gelände mit dem Heiligen Hain und den angrenzenden Sportstätten ist etwa so groß wie 30 Fußballfelder und wird immer weiter ausgebaut.

Die Olympischen Spiele, die wichtigsten der panhellenischen Spiele, halten die Griechen in festem Turnus zu Ehren der Götter ab. Ein Olympiasieger ist ein gefeierter Held und wird bei der

Rückkehr in seine Heimatstadt meist mit wertvollen Geschenken bedacht. Die Zeit zwischen zwei Spielen, Olympiade genannt, ist sehr hilfreich für die Geschichtsschreibung, da die Griechen der Antike den Lauf der Zeit in ihrer Abfolge zählen. Mit dem Jahr 776 v. Chr. beginnen die Siegerlisten.

In dem 456 v. Chr. fertiggestellten Tempel in der Mitte der Kampfstätten steht ab 430 v. Chr. die von Phidias gestaltete Zeus-Statue, eines der sieben antiken Weltwunder. Später legen Ausgrabungen die Werkstatt des Phidias frei.

Phidias wird in seiner Jugend umfassend in der Bildhauerei und im Bronzeguss ausgebildet. Vermutlich ist er nicht nur der bedeutendste Künstler seiner Zeit, sondern steht mit seiner Arbeit beispielhaft für die Demokratie im Athen unter Perikles, mit dem er wahrscheinlich befreundet ist.

Als Leiter der Arbeiten am Parthenon in Athen vermittelt Phidias zwischen der Volksversammlung und den ausführenden Künstlern. Er selbst schafft für den Tempel die goldverzierte, fast zwölf Meter hohe Statue der Schutzgöttin Athene, von der Kopien erhalten sind. Phidias verarbeitet 1000 Kilo Gold. Perikles meint, falls es für Athen finanziell zum Schlimmsten komme, könne man das Gold einschmelzen.

Obwohl Phidias' Darstellungen des Zeus und der Athene für die religiöse Verehrung vorgesehen sind, zeugen sie wie der Diskuswerfer des Myron davon, wie intensiv der Mensch ins Blickfeld der Griechen rückt, wie lebensecht der menschliche Körper nachempfunden wird und wie weit sich die griechische Kunst von einer starren schematischen Darstellung entfernt hat, die auch sie unter dem Einfluss der ägyptischen Kultur einst pflegte.

Herodot, der Vater der Geschichte

Herodot lebt von ca. 485 bis 425 v. Chr.

Was für eine Zeit das Perikleische Zeitalter doch ist! Perikles baut die Demokratie aus, Aischylos revolutioniert das Schauspiel, Phidias und seine Mitstreiter führen die Bildhauerei zu neuen Ausdrucksformen und Herodot begründet die Geschichtsschreibung.

Aufgewachsen ist Herodot in der griechischen Stadt Halikarnassos an der Südwestküste der heutigen Türkei. Seinerzeit steht dort noch eines der Weltwunder der Antike, das Grabmal des Mausolos.

Im Jahr 447 v. Chr. kommt Herodot nach Athen, dessen Demokratie er bewundert. Er pflegt engen Kontakt mit den Größen der Stadt, darunter Sophokles und Perikles, und hält bald bezahlte Vorträge. Sein umfangreiches Wissen, so gibt er an, hat er auf ausgedehnten Reisen durch Syrien, Babylonien, Persien und Kleinasien gesammelt.

Berühmt wird sein vielleicht einziges schriftliches Werk: die fünf Bücher umfassenden *Historien*. Sie sind als dichte Aneinanderreihung von Buchstaben auf Dutzenden von Papyrusrollen erhalten. Kein Wort, kein Satz ist getrennt in dem endlosen in altgriechischer Schrift verfassten Text. Vom Vergangenen will Herodot berichten, weil er will, dass die Nachwelt erfährt, warum Kriege geführt werden. Hauptthema der *Historien* sind die Kriege der Perser gegen die Griechen, die für Herodot vor allem ein Kampf der Athener für Freiheit und Demokratie sind.

Herodot geht über die Rolle des Chronisten hinaus, bekennt, es sei seine Pflicht, alles zu berichten, jedoch nicht alles zu glauben. Damit gibt er die Vorgehensweise für den Historiker vor. Auch bemüht er sich um Fairness, versucht die Barbaren und ihre Könige zu würdigen, zu denen er im Grunde alle Nichtgriechen zählt wie den Lydier Krösus oder die Perser Dareios und Xerxes.

Doch Herodot verwebt auch Tatsache mit Sage, Fakt mit Interpretation, weshalb es in der Geschichtsforschung immer wieder zum Streit über ihn kommt.

Eine tragische Grundeinstellung durchzieht sein Werk, denn »das Schicksal gebietet über die Menschen, nicht aber die Menschen über das Schicksal«. Für Herodot sind es die Götter, die die Menschen bestrafen, wenn diese moralische Grenzen überschreiten. Schuld und Sühne sind für ihn bedeutende Faktoren der Geschichte. Er sagt: »Was du auch tust, tu es klug und bedenke das Ende!«

Die Ausstrahlung seines Werkes in der Antike ist groß. Die bedeutenden Geschichtsschreiber Thukydides und Plutarch reiben sich später an ihm.

Sokrates: Eine entscheidende Wende der Philosophie

Sokrates lebt von ca. 470 bis 399 v. Chr.

Sokrates ist knapp über 40 Jahre alt, als Perikles stirbt. Athen steht im Krieg mit Sparta. Der jahrzehntelange Kampf, der die goldene Zeit des Stadtstaates beendet, hat gerade begonnen.

In der von Perikles begründeten Demokratie ist die Geisteswelt beherrscht von der traditionellen Naturphilosophie und den Gedanken der Sophisten, deren Schule der Redekunst unabdingbar für jeden ist, der in der Politik Macht ausüben will. Auch Sokrates, Sohn eines Steinbildhauers und einer Hebamme, gehört zunächst zu den Sophisten, doch bald schon sieht er in ihnen gewissenlose Advokaten, denen es nicht um die Wahrheit, sondern nur um die beste Darlegung jedweden Standpunkts geht. Die Sophisten mit ihrem wichtigsten Vertreter Protagoras fördern in Sokrates' Augen eine unberechenbare Gesellschaft, in der kurzfristige Stimmungen und die beste Rede entscheiden. Er stellt den Monologen der Sophisten Dialoge entgegen, die den Widerstreit und die Vielfalt der Meinungen widerspiegeln, und er führt seine Gesprächspartner mit den berühmt gewordenen sokratischen Fragen zu Fehlern in ihrer Argumentation.

Sokrates geht es um Logik und Moral. Statt der Natur rückt er den Menschen in den Mittelpunkt des Denkens. Vor allem die Religion reicht ihm für moralische Fragen nicht mehr aus. Stattdessen soll jeder sich und das eigene Handeln frei von einem Bezug zur Götterwelt hinterfragen. Mit dieser Sokratischen Wende beginnt im Grunde die Ethik.

Etwas Schriftliches hinterlässt Sokrates nicht. Er beschränkt sich auf das Unterrichten, hält Leute auf offener Straße an und verwickelt sie in philosophische Gespräche. Seine Ideen und seine Person kennen wir heute aus den Dialogen Platons und den Schriften Xenophons, die beide seine Schüler waren.

Vielen sind die von Sokrates aufgeworfenen Fragen zu unbequem. Eines Tages wird er der Gotteslästerung angeklagt. Trotz seiner geistreichen Verteidigungsrede lautet das Urteil: »Schuldig!« Als er eine Strafe für sich nennen soll, schlägt er eine Belohnung vor: lebenslang freie Speisung. Düpiert verurteilt man ihn zum Tode. Obwohl Sokrates die Gelegenheit dazu hätte, flieht er nicht. Man müsse sich an die Gesetze halten, sagt er. Sokrates trinkt den Giftbecher. Es ist wie ein Opfertod für Wahrheit und Erkenntnis.

Demokrit erkennt, dass die Welt aus Atomen besteht

Demokrit lebt von ca. 460 bis ca. 371 v.Chr.

Demokrit ist der Entdecker und Lehrer von Protagoras, der Leitfigur der Sophisten. Beide stammen aus der damals bedeutenden Stadt Abdera an der ägäischen Nordküste des griechischen Festlands.

Nach Protagoras, einem Meister und Lehrer der Redekunst, bestimmt die individuelle Sicht jedes Menschen dessen Erkenntnis und Urteil. »Der Mensch ist das Maß aller Dinge«, lautet sein berühmter Satz. Sokrates, dessen Gegner, gibt sich damit nicht zufrieden. Für ihn ist der Mensch als Maßstab unzuverlässig, denn im besten Falle weiß er, »dass er nichts weiß«.

Diese Streitigkeiten sind nicht Demokrits Thema. Und doch ist die Frage, die er stellt, eine fundamentale. Wie die anderen Naturphilosophen vor ihm treibt ihn die Suche nach dem Urstoff um, der die Welt im Innern zusammenhält. Es ist im Grunde das, was die Menschen noch heute suchen: die Weltformel.

Für Thales war der Urstoff das Wasser, für Heraklit das Feuer. Für Demokrit ist es so einfach nicht. Wie sein Lehrer Leukipp von Milet meint er, dass keines der vier qualitativ so verschiedenen Elemente Feuer, Erde, Wasser, Luft das Wesentliche allen Seins sei. Vielmehr würden kleine Bausteine, Atome (wörtlich: »Unteilbare«), verschieden groß und verschieden schwer, alle Dinge zusammensetzen. Sie bilden Pflanzen, Feuer, Wasser oder einen Menschen. Fallen sie auseinander, vergeht der Gegenstand oder das Wesen, das sie zuvor geschaffen haben. Auch die Seele bestehe aus Atomen, sei aus Materie zusammengesetzt. Insofern nennt man Demokrits Atomismus auch einen konsequenten Materialismus.

Sein umfangreiches Werk, von dem nur Bruchstücke erhalten sind, stellt einen bedeutenden Schritt hin zum naturwissenschaftlichen Denken dar. Es hat großen Einfluss auf das Denken des Aristoteles ausgeübt, auch wenn dieser – Ironie des Schicksals – die Vier-Elemente-Lehre des Empedokles (Feuer, Erde, Wasser, Luft) popularisiert. Sie wird erst im 17. Jahrhundert durch den Iren Robert Boyle überwunden, der als einer der Wegbereiter der modernen Chemie zur Suche nach den chemischen Elementen aufruft, die es seiner Ansicht nach gibt. Daraus entsteht im Laufe der Jahrhunderte das moderne Periodensystem.

Hippokrates von Kos und der Beginn der wissenschaftlichen Medizin

Hippokrates lebt von ca. 460 bis ca. 370 v. Chr.

Die Herkunft bietet oft außerordentliche Startvoraussetzungen für den späteren Beruf. Die Familie des Hippokrates von Kos, der zum berühmtesten Arzt des Altertums aufsteigen wird, führt ihr Geschlecht auf niemand Geringeren als den griechischen Heilgott Asklepios zurück.

In die Heilkunst wird Hippokrates von seinem Vater eingeführt. Auch Demokrit von Abdera, Vater des Atomismus, gehört zu Hippokrates' Lehrern. Hippokrates reist als Arzt durch Griechenland und Kleinasien und erwirbt sich in der gesamten griechischen Welt einen herausragenden Ruf.

Die von ihm begründete koische Ärzteschule wendet sich vom Schamanismus ab. Krankheiten sind für ihn nicht göttlichen Usprungs, sondern haben ihre Ursache in einer mangelhaften Balance der vier Körpersäfte (Schleim, Blut, gelbe und schwarze Galle). Dieser Gedanke lehnt sich an die Vier-Elemente-Lehre des Empedokles an, die Aristoteles später aufgreift. Hippokrates lehrt eine gesunde Lebensweise, rät zu Hygiene, Bewegung, Diät und Bädern.

Mit der Lehre von den vier Körpersäften verknüpft Hippokrates seine Temperamentenlehre. Danach sind Menschen entweder durch schwarze Galle dominierte Melancholiker, von gelber Galle beeinflusste Choleriker, vom Blut dominierte heitere, eher leichtsinnige Sanguiniker oder von Schleim beeinflusste Phlegmatiker.

Nicht nur durch die Einführung des Ursache-Wirkungs-Zusammenhangs bei Krankheiten wird Hippokrates zum Vater der wissenschaftlichen Medizin. Auch seine Forderung nach persönlicher Integrität des Arztes, besonderer Beachtung der Hygiene, hoher Wertschätzung und sorgfältiger Befragung und ausführlicher Untersuchung eines Kranken wirkt bis in die moderne Medizinethik. Daher ist es nur folgerichtig, dass ihm der berühmte hippokratische Eid zugeschrieben wird, der die Schweigepflicht enthält und das Gebot, Kranken keinen Schaden zuzufügen. Ob der Eid tatsächlich von ihm stammt, wird allerdings bezweifelt.

Platon **Platon sucht die Idee im Sein**

lebt von ca. 428 bis 348 v. Chr. Nachdem an Sokrates im Jahr 399 v. Chr. in Athen das Todesurteil vollstreckt wurde, verlässt sein Schüler Platon die Stadt. Für ihn, den Spross reichen alten attischen Adels, ist die Demokratie der Grund allen Leids. Er ist überzeugt, der Wankelmut der »Masse«, der sich im demokratischen Staat gegen die Urteilskraft der »Weisen« immer wieder durchsetzt, hat nicht nur seinen geliebten Lehrer getötet, sondern auch zum Niedergang der Stadt geführt. Platons Traum ist ein Staat, der auf der »Herrschaft der Besten« aufbaut. Gedanklich bereitet er damit den Boden für eine autoritäre Staatsauffassung.

Platon ist 28 Jahre alt, als Sokrates stirbt. Er geht auf Reisen, berät beim Versuch, seine Staatsideen in die Praxis umzusetzen, zeitweise den Tyrannen von Syrakus und wird vermutlich zwischenzeitlich versklavt. Um 387 v. Chr. kehrt er nach Athen zurück und erwirbt einen Garten im Hain, in dem das Grab des Helden Akademos liegen soll. Dort gründet er eine Schule. Sie wird fast 1000 Jahre bestehen. Der Name des Hains überträgt sich mit der Zeit auf die Schule, und so entsteht die erste Akademie, Vorbild für spätere Universitäten und Denkschulen.

Der Nachwelt hinterlässt Platon ein umfangreiches schriftliches Werk. Fast alles ist in Dialogen verfasst, in denen zahlreiche Personen auftreten. Aus deren Worten filtert die Nachwelt Platons Überlegungen heraus wie auch aus denen seines Lehrers Sokrates. Platon ist der Philosoph der Ideen und bringt das Ideal in die Philosophie. Für ihn gibt es eine Welt des Ewigen (der Ideen) und eine Welt der wechselnden Erscheinungen. Dies verdeutlicht er im Höhlengleichnis, das uns als Beobachter einer Höhlenwand sieht, auf der wir nur die von einem Feuer geworfenen Schatten der tatsächlichen Dinge erkennen. Platon sagt: Wir sehen nur die Abbilder der Ideen und somit auch nur Abbilder des Vollkommenen.

Einem besseren Sein können wir nahekommen, indem wir den Ideen nachspüren. Zu Annäherungen verhelfen uns die Kunst und die Musik, noch mehr aber die Philosophie, da sie sich direkt mit den Ideen beschäftigt. Durch seine Art der Auseinandersetzung mit den Ideen begründet Platon die Metaphysik. Er teilt ein in das, was wir glauben zu erkennen, und in das, was tatsächlich existiert. Die Erforschung der Dinge, der Körper, ist für ihn zweitrangig.

Aristoteles untersucht das System des Seins

Einer der Musterschüler Platons ist Aristoteles aus dem thrakischen Provinzstädtchen Stageira. Aristoteles ist 20 Jahre lang an der Akademie ein enger Vertrauter seines Lehrers, bleibt aber auch ein Außenseiter. Er liest weit mehr als die anderen Schüler und pflegt anders als diese einen den Genüssen zugewandten Lebensstil.

Aristoteles lebt von ca. 384 bis 322 v. Chr.

Vor allem aber: Aristoteles zieht aus den Lehren seines Meisters vollkommen andere Schlüsse. Während Platon die Menschen eher skeptisch sieht, sind sie für Aristoteles im Grunde gut. Die von Platon als Sinnbild des Vollkommenen gesehenen Ideen bezeichnet Aristoteles als allgemeine Begriffe. Aristoteles vertraut den Sinnen und der Beobachtung der einzelnen Dinge. Er ist überzeugt, durch Erforschung des tatsächlich Vorhandenen werden wir die Welt, das Leben, das Dasein besser begreifen. Überspitzt gesagt, betrachtet Aristoteles die Welt, wie sie ist, und nicht, wie sie sein soll.

Und so ist Aristoteles auch Beobachter, Forscher und Kategorisierer, während Platon ganz und gar Denker ist.

Mit dem Widerstreit der Ansichten von Aristoteles und denen Platons entsteht die Schlüsselfrage der abendländischen Philosophie und Wissenschaft: Spüren wir der Betrachtung des Einzelnen nach oder folgen wir dem Allgemeinen, den Ideen?

Platon ernennt schließlich nicht Aristoteles, sondern einen anderen, weniger bedeutenden Schüler zu seinem Nachfolger als Leiter der Akademie. Tief verletzt verlässt Aristoteles Athen, geht nach Atarneus, einer Stadt in Kleinasien, und heiratet die Tochter des dortigen Herrschers. Um 342 v. Chr. wird er am Königshof des aufstrebenden Makedonien, wo bereits sein Vater als Arzt tätig gewesen war, Lehrer des jungen Prinzen Alexander, den man später den Großen nennen wird. Zwei Jahre darauf kehrt Aristoteles nach Athen zurück. Er gründet seine eigene Schule, das Lykeion, das sich im Wort Lyzeum wiederfindet.

Aristoteles hinterlässt ein Werk, das im Umfang das seines Lehrers Platon weit übersteigt und dessen Einfluss auf das Denken der Menschheit unübertroffen ist. Kaum ein Wissensgebiet auslassend, ordnet er nicht nur die Philosophie, sondern die gesamten Wissenschaften. Das über 300 Jahre nach Aristoteles entstehende Christentum wird das Denken von Aristoteles in den Klöstern des Mittelalters aufgreifen und die abendländische

Welt bis ins 17. Jahrhundert auch zu einer aristotelischen machen. Dabei hilft seine Auffassung von Gott als Geist, der über
die menschliche Vernunft hinausgeht, und seine Ansicht, dass
das höchste Gut des Menschen, die Glückseligkeit, durch einen
tugendhaften Lebenswandel erreicht wird.

4. Hellenismus und wichtige Weichen in Asien

Jimmu, der mythische erste japanische Kaiser

Jimmu lebt vermutlich von 711 bis 585 v. Chr.

Alte japanische Mythen und die bis zum frühen 8. Jahrhundert verfassten ersten japanischen Geschichtsbücher *Kojiki* und *Nihonshoki* erzählen von einem göttlichen Abkömmling, der im Jahr 660 v. Chr. Teile der größten japanischen Hauptinsel Honshu erobert und das Reich Yamato gründet. Die Geschichtsschreibung ist der Ansicht, diese legendäre Person sei eine Zusammensetzung mehrerer Fürsten des japanischen Altertums.

Er wird bärtig dargestellt und es heißt, er sei der Ururenkel der das Licht und die Sonne verkörpernden wichtigsten Shinto-Gottheit Amaterasu. Als Jimmu-Tenno geht er als erster japanischer Kaiser in die Annalen ein. 126 Jahre alt soll er geworden sein.

Vermutlich haben schon Menschen der Frühzeit auf den japanischen Inseln gesiedelt. Steinwerkzeugfunde legen dies nahe. Im Lauf der Jahrtausende entwickelt sich die japanische Kultur in beständigem Austausch mit der chinesischen. Einwanderungswellen aus China und aus Korea bringen immer wieder neue Volksgruppen auf die Inseln.

Etwa 300 Jahre nach der mutmaßlichen Regentschaft des Jimmu-Tenno beginnt ab etwa 300 v. Chr., wohl stark beeinflusst von chinesischen Einwanderern, die das in Turbulenzen geratene chinesische Han-Reich verlassen haben, eine neue Epoche in Japan, die sogenannte Yayoi-Zeit. Erst an ihrem Ende, rund 600 Jahre später, regiert vermutlich der erste tatsächliche Tenno das erste größere Reich auf japanischem Boden. Man vermutet, es sei durch den Zusammenschluss mehrerer Clans unter Führung einer Sippe entstanden, die ihre Herkunft auf die Sonnengottheit Amaterasu zurückführt. Die Geschichtsbücher *Kojiki* und *Nihonshoki* werden daher womöglich später vor allem angefertigt, um den gerade regierenden Herrscher zu legitimieren. In Auftrag gegeben wird das ältere *Kojiki* vom 40. Tenno Temmu im Jahr 680.

Das japanische Kaiserhaus bezieht sich in seinem Anspruch auf den Thron auf die Abstammung von Jimmu. So ist der Mitte des 19. Jahrhunderts auf den Thron gelangte Meiji-Tenno Mutsuhito der für die weitere Entwicklung Japans vielleicht wichtigste Kaiser, der 122. Tenno seit Jimmu.

Laozi und der Sieg des Sanften über das Harte

Laozi lebt vermutlich im 4. Jahrhundert v. Chr. Laut Legende arbeitet Laozi (auch Laotse oder Lao-tzu) viele Jahre als Bibliothekar für die Könige der chinesischen Zhou-Dynastie. Doch weil das Reich zerfällt, beschließt er, obwohl schon betagt, das Land zu verlassen. Ein Grenzwächter erkennt ihn und bittet den weisen Mann, all sein Wissen niederzuschreiben. Wie viel Druck der Wächter ausübt, sei der Fantasie überlassen: Laozi kommt dem Wunsch nach und hinterlässt das dünne Büchlein *Daodejing* (auch: *Tao Te King*), sinngemäß auf Deutsch: »Vom Sinn und der Kraft«. Er diktiert es dem Wächter angeblich in einer Nacht. Am nächsten Tag verschwindet Laozi im Dunkel der Geschichte.

Es ist tatsächlich eine unruhige Zeit in China. Die Dynastie der Zhou hatte 1122 v. Chr. die Hauptstadt Yin der herrschenden Shang-Dynastie erobert und ein neues Reich errichtet, das sich auf das Lehnswesen stützt. Mit dem Niedergang der Zhou-Dynastie brechen Kämpfe aus. Regionen, in denen sich Provinzfürsten bald zu Königen erheben, ringen um die Macht. Und so beginnt um 475 v. Chr. die bis um 221 v. Chr. andauernde Zeit der streitenden Reiche. Der Zerfall des Zentralstaats geht jedoch einher mit einer Blüte der Kultur. Nicht nur Laozi, sondern auch Konfuzius wirkt in jener Epoche.

Man weiß wenig über Laozi, manche Quelle vermutet seine Lebenszeit sogar im 6. oder 7. Jahrhundert v. Chr. Letztlich ist noch nicht einmal sicher, ob es ihn überhaupt gab und ob er nicht eine mythische Idealgestalt ist und das angeblich von ihm hinterlassene Buch mehrere Autoren hat. Laozi bedeutet »Alter Meister«. Eigentlich soll er Li Er geheißen haben: »der Alte«.

Laozis Lehre ist eng verbunden mit der Natur. Sie steht im Gegensatz zur Lehre des Konfuzius, die sich dem praktischen Alltagsgebrauch in der Gesellschaft verpflichtet. Seine Lehre ist ein »Wirken durch Nichtwirken«. Der Mensch soll sich durch Nichteinmischung dem Dao, dem Ursprung und dem Wesen aller Dinge, dem Sein und dem Nichts, zugleich nähern.

Siddhartha Gautama wird Buddha

Siddhartha Gautama lebt vermutlich von 560 v. Chr. bis 480 v. Chr.

Siddhartha: Sein Name bedeutet in der altindischen Sprache Sanskrit: »Der sein Ziel erreicht hat«. Nichts, was man über ihn berichten kann, ist historisch belegt.

Der Vater herrscht, so heißt es, über ein kleines nordindisches Fürstentum an der Grenze zu Nepal. Angeblich erscheint seiner Mutter vor Siddharthas Geburt im Traum ein weißer Elefant, der sie begattet. Brahmanen prophezeien, ein Junge werde geboren, der einst ein großer König oder ein Heiliger sei. Der Vater jedoch will, dass Siddhartha König wird, und hält ihn von jeglicher religiöser Ausbildung fern. Auch das Leid in der Welt soll sein Sohn nicht sehen.

Siddhartha wächst in sorglosem Reichtum auf und wird 16-jährig verheiratet. Nach weiteren Jahren im goldenen Käfig sieht er im Alter von etwa 29 Jahren während mehrerer Ausflüge in der Umgebung des Palastes nacheinander einen Greis, einen Kranken, eine verwesende Leiche und einen Asketen. Es sind die Zeichen von Alter, Krankheit, Tod und Schmerz, die Siddhartha als untrennbar von der Vergänglichkeit des Lebens erkennt. Aller Reichtum ist für ihn plötzlich nichtig.

Siddhartha beschließt, einen Ausweg aus Leid und Endlichkeit zu suchen, und verlässt noch in der Nacht nach der Geburt seines Sohnes das Reich der Eltern. Er begibt sich in die Lehre zweier brahmanischer Eremiten und lebt fortan in solch strenger Askese, dass er bis auf die Knochen abmagert und ihm die Haare ausfallen. Kurz vor dem Hungertod erkennt er, dass ihm die asketische Selbstkasteiung bei seiner Suche nicht weiterhilft, und wendet sich der Meditation zu. Das besitzlose Leben eines Bettelmönchs führt er weiter.

Nach sechs Jahren findet Siddhartha eines Nachts unter einem Baum die Erleuchtung. Er erkennt die »vier edlen Wahrheiten« vom Leid, seinem Ursprung, der Beseitigung seiner Ursache und dem dahin führenden Weg. Fortan nennt er sich Buddha, »der Erleuchtete«. In Sarnath bei Benares predigt er seine Erkenntnis fünf Asketen. Aus deren Zusammenschluss entsteht der den Lehren Buddhas verpflichtete bettelnde Mönchsorden.

Buddha selbst zieht fortan als Wanderprediger durch Nordindien, verkündet seine Lehren und stirbt 80-jährig. Er hinterlässt die Anfänge einer Weltreligion, die etwa 300 Jahre nach seinem Tod vor allem von dem indischen Herrscher Ashoka entscheidend gefördert werden wird. Dem Buddhismus, einer Religion ohne Gott, die in der Selbstverantwortung des Menschen und seiner Suche nach Harmonie mit dem Sein gründet, gehören zu Beginn des 21. Jahrhunderts bis zu 500 Millionen Menschen an.

Konfuzius und die Harmonie der Hierarchie

Konfuzius lebt vermutlich von 551 bis 479 v. Chr.

Angeblich begegnet er 518 v. Chr. Laozi. Wir nennen ihn Konfuzius nach der lateinisierten Form seines Namens, der auch als K'ung Chiu, Kong Zi oder auch K'ung-fu-tse überliefert ist. Der »Meister aus dem Geschlecht Kung« stammt aus einer armen Adelsfamilie, sein Vater stirbt früh. Durch Selbststudium erfährt Konfuzius eine umfassende Bildung, während er viele Jahre seinen Lebensunterhalt mit einfachen Amtstätigkeiten verdient und auch schon Schüler unterrichtet. Angebote, in den Staatsdienst zu treten, lehnt er ab. Erst mit 50 Jahren übernimmt er einige Ämter in seinem Heimatstaat Lu, um seine Lehren in die Tat umzusetzen. Er wird unter anderem Justizminister und schließlich sogar Vizekanzler. Doch enttäuscht von der Politik geht Konfuzius wieder ins Exil. »Wenn in einem Lande Chaos herrscht, ist es eine Schande, reich und ein Beamter zu sein«, soll er gesagt haben.

Nach Jahren der Wanderschaft kehrt Konfuzius 484 v. Chr. nach Lu zurück und stirbt in dem Glauben, seine Gedanken würden bald vergessen sein. Er irrt, denn er bleibt einer der bedeutendsten Denker der Geschichte.

Wie Sokrates in Griechenland hinterlässt Konfuzius keine eigenen Schriften. Seine Schüler zeichnen die Lehren auf, die er zum Teil wohl redigiert, etwa die »Fünf Klassiker«, die zusammen mit anderen Büchern wie das *Lunyu* den Kanon der konfuzianischen Lehre bilden.

Konfuzius lehrt ein klares Hierarchiesystem der Pflichterfüllung und Unterordnung. Ausgangspunkt seines gesellschaftlichen Denkens ist die Familie. Das richtige Zusammenleben in Familie, Gesellschaft und im Staat sieht Konfuzius in der Harmonie der »fünf Beziehungen« erfüllt. Dazu gehören die Harmonie zwischen Fürst und Beamten, Mann und Frau, Vater und Sohn. Nur in der klaren Ordnung der Harmonie kann sich laut Konfuzius Freiheit entwickeln. Den Weg dorthin weist vor allem Bildung.

Konfuzius' Lehren nehmen im Laufe der nachfolgenden Jahrhunderte eine bedeutende Rolle im chinesischen Staatswesen und der chinesischen Gesellschaft ein und erfahren im China des 21. Jahrhunderts eine Renaissance.

Alexander III. der Große erobert ein Weltreich

Alexander III. der Große lebt von 356 bis 323 v. Chr.

Wäre Alexander mit seinem Heer bis nach China vorgedrungen, wenn seine Soldaten nicht in Indien den Weitermarsch verweigert hätten?

Indirekt ist Alexander ein Nutznießer des Niedergangs von Athen und Sparta nach dem Ende des verheerenden Peloponnesischen Kriegs. Es ist Alexanders Vater Philipp II., Monarch im bis dahin kleinen und unbedeutenden Makedonien, der schließlich in jahrzehntelangen Feldzügen die zerrüttete griechische Staatenwelt unter seiner Führung im Korinthischen Bund wieder eint. Doch im Jahr 336 v. Chr. wird er ermordet. Ist der ihm nachfolgende 20-jährige Alexander darin verwickelt? Die Historiker streiten.

Alexander – dessen Lehrer zwischenzeitlich Aristoteles war – sichert seine Macht in Feldzügen gegen die Thraker und Illyrer und macht das abtrünnige Theben dem Erdboden gleich. Danach beginnt er mit einem beispiellosen jahrelangen Eroberungsfeldzug. Zuerst zieht er gegen das Perserreich. Mit 30 000 Soldaten überquert er die Dardanellen, besiegt im Jahr 334 v. Chr. den persischen Großkönig Dareios III. bei Granikos zum ersten Mal, zieht weiter ins Binnenland Kleinasiens und zerschlägt mit seinem Schwert symbolträchtig den Gordischen Knoten, den laut einer Weissagung nur der lösen kann, der einst Asien beherrschen wird.

Im Jahr darauf siegt Alexander bei Issos erneut gegen Dareios, später bei der Belagerung von Tyros auch über die mit Dareios verbündeten Phönizier. Alexander erobert nach und nach die vom Persischen Reich abhängigen Gebiete: Kleinasien, den Nahen Osten und Ägypten. Dort lässt er sich zum Pharao krönen und gründet 331 v. Chr. die Stadt Alexandria.

Noch im gleichen Jahr trifft Alexander in Mesopotamien ein letztes Mal auf Dareios III. In einer der größten Feldschlachten der Antike schlägt er das fünfmal größere Heer des Perserkönigs in der staubigen Ebene bei Gaugamela. Dareios flieht, sein Ansehen ist dahin, er wird ermordet. Alexander lässt sich zum »König von Asien« ausrufen. Von den Babyloniern beim Einzug in die Stadt begeistert empfangen, kann er auch Susa und Persepolis kampflos einnehmen. Der Palast von Persepolis wird niedergebrannt. Den Thronschatz lässt Alexander einschmelzen.

Noch immer ist Alexanders Eroberungshunger nicht gestillt. Er zieht weiter nach Osten, wo er am Fluss Hydaspes (dem heutigen Jhelam) 326 v. Chr. Poros besiegt, den Herrscher des indischen Königreiches Paurava. Dann erreicht das Heer das Indus-Tal, doch die Soldaten wollen zurück und zwingen Alexander zur Umkehr. In Babylon stirbt der Eroberer, nur 33 Jahre alt, nach einer durchzechten Nacht an Fieber. Zurück bleibt ein Weltreich, das mehr als die Hälfte der seinerzeit den Europäern bekannten Welt umfasst und in dem die griechische Kultur und die des Nahen Ostens zur hellenistischen Weltkultur verschmelzen.

Epikur Epikur und das gute Leben

lebt von 341 bis 271 oder 270 v.Chr. Als Alexander der Große 323 v. Chr. stirbt, versuchen die Athener sich von der Herrschaft der Makedonier zu befreien. An der Spitze des Aufstandes steht der Staatsmann und Redner Demosthenes, der bereits gegen den Machtanspruch von Alexanders Vater seine berühmten Kampfreden, die Philippiken, gehalten hatte. Die Revolte wird niedergeschlagen. Demosthenes begeht Selbstmord.

Kurz zuvor hat der junge Epikur, Sohn eines attischen Sied-
lers auf der ägäischen Insel Samos, seine vormilitärische Ausbildung in Athen abgeschlossen und ist zum Vollbürger geworden.
Doch nach dem misslungenen Aufstand verliert Epikurs Vater
den Familienbesitz, der Sohn selbst geht auf Reisen und lehrt
vermutlich an verschiedenen Orten als Philosoph. Im Jahr 306
v. Chr. kehrt Epikur nach Athen zurück, kauft den Garten Kepos
und eröffnet dort eine Schule, die auch Frauen, Ehepaare, Hetä-
ren (Prostituierte) und Sklaven aufnimmt. Nahezu zur gleichen
Zeit gründet in Athen der ehemalige Kaufmann Zenon von Ki-
tion die Schule der Stoa, die nach dem Namen einer Säulenhalle
benannt ist.

Nachdem es den Athenern doch noch gelungen ist, die ma-
kedonische Herrschaft abzuschütteln, versuchen sie die alte Demokratie wieder aufleben zu lassen. In der Frage nach der besten
Art der Lebensführung des Einzelnen suchen sowohl Stoiker als
auch Epikureer nach dem richtigen Weg zum Seelenheil.

Während Zenon eine ganzheitliche Weltauffassung lehrt, in
der jeder als Teil der Gesellschaft durch Selbstbeherrschung, Ge-
lassenheit und Weisheit die Seelenruhe sucht, propagiert Epikur
ganz im Sinne seines berühmtesten Ausspruchs »Lebe im Verbor-
genen« die Weltabgewandtheit. Alles Glück liegt für ihn im Au-
genblick. In diesem seien die Balance und das richtige Maß des
Wohlbefindens zu suchen.

Bis heute leidet der Ruf der epikureischen Schule unter einem Missverständnis. Nicht das Streben nach Lustbefriedigung,
sondern das Meiden des Unglücks ist Ziel von Epikurs Ethik.
Begierde, Furcht und Schmerz seien daher zu überwinden. Jeder
Tag soll genossen und der Seelenfrieden so wenig gestört werden wie möglich. Epikur selbst lebt bescheiden. Brot und Wasser
reichen ihm. Einen Freund bittet er, Käse zu schicken, damit er
»schwelgen« könne.

Die Vorstellung von richtenden Göttern ist für Epikur Aber-
glaube. Gottesfurcht lehnt er ab. Es gebe zwar Götter, in das
Schicksal einzugreifen sei ihrer aber unwürdig. Auch die Existenz
einer unsterblichen Seele negiert Epikur, weshalb die Furcht vor
dem Tod unbegründet sei: »Solange wir da sind, ist der Tod nicht
da, wenn aber der Tod da ist, dann sind wir nicht da.«

Chanakya: Ein Brahmane betreibt die Einigung Indiens

Als Alexander der Große in Indien vor dem Willen seiner Soldaten kapitulieren muss und davon ablässt, weiter vorzudringen, schlägt die Stunde des Brahmanen Chanakya.

Die Brahmanen sind ursprünglich ein Volk am Oberlauf des Ganges, die aus den Überlieferungen der Veden, der ältesten religiösen Texte der Menschheit, den Hinduismus entwickeln. Die Veden wurden ab 1750 bis 1200 v. Chr. in einer Vorläuferform der späteren Gelehrtensprache Sanskrit verfasst. In der spätvedischen Zeit zwischen 1000 und 600 v. Chr. entstehen die *Brahmanas* und die *Upanishaden*, die mit den Lehren von der Tatenvergeltung (Karma) und der Erlösung (Nirwana) die frühesten Texte der indischen Philosophie enthalten. In dem sich entwickelnden Kastenwesen, das seine Wurzeln in der frühen Zeit der Veden hat, etablieren sich die Brahmanen als die oberste Kaste, die der Priester.

Die Legende erzählt, Chanakya habe bei seiner Geburt bereits alle Zähne gehabt, ein Zeichen, dass er einst als König herrschen werde. Doch da er nicht dem hohen Adel angehört, sondern der Kaste der Brahmanen, prophezeit man ihm, er werde einst durch einen anderen herrschen. Diesen findet Chanakya in dem jungen Chandragupta Maurya.

Chanakya verhilft seinem Schützling zu Macht und militärischer Stärke, und Chandragupta, einem illegitimen Spross der Nanda-Dynastie, gelingt es in mehreren Feldzügen, das in zahlreiche konkurrierende Königreiche zersplitterte Indien für kurze Zeit zum Maurya-Reich zu einen. Ein Teil des Heeres rekrutiert sich womöglich aus Soldaten, die von Alexanders Indienfeldzug zurückgeblieben sind.

Chanakya wird Chandraguptas Premierminister. Darüber hinaus bringt man ihn in Verbindung mit dem *Arthashastra* (sinngemäß »Lehrbuch der Macht«), das als frühes bedeutendes staatstheoretisches Werk gilt. Er soll identisch mit Kautilya sein, einem der beiden Autoren des Werkes. Das *Arthashastra* stellt Machterwerb und Machterhalt in den Mittelpunkt aller zu treffenden politischen Entscheidungen. Die Nachbarländer eines Reiches sind demnach natürliche Feinde, deren Feinde wiederum die eigenen Freunde. Wie später Niccolò Machiavelli lehrt das *Arthashastra*, dass der Zweck die Mittel heilige.

Ashoka: Das größte Reich der indischen Antike und die ethische Läuterung seines Herrschers

Ashoka lebt von 304 bis 232 v. Chr.

Ashoka soll nach den strikten Regeln und Ratschlägen zum Machterwerb und Machterhalt Chanakyas gehandelt haben. Auch wird erzählt, dass der Maurya-König Bindusara auf dem Totenbett anstatt seines hässlichen Sohnes Ashoka einen von dessen zahlreichen Brüdern zum Nachfolger benannt hat. Daraufhin hat Ashoka, so will es die Legende, alle seine 99 Brüder nach und nach getötet.

Im Jahr 268 v. Chr. ist Ashoka König. Zur Erweiterung und Sicherung des Maurya-Reiches führt er rücksichtslos Kriege, 261 v. Chr. nimmt er im Osten Indiens Kalinga ein. Eine Frau in der zerstörten Stadt ruft ihm zu:»Mächtiger König, der du so viele Menschenleben nehmen kannst, kannst du dann wenigstens eines geben? Das des toten Kindes in meinen Armen?«

Schließlich stürzt die Grausamkeit seiner Feldzüge den Feldherrn in eine seelische Krise. Ashoka konvertiert zum Buddhismus, betreibt fortan eine Außenpolitik des Friedens und tritt für Toleranz unter allen Religionen ein. Wer andere Religionen geringschätze, lautet seine Überzeugung, missachte letztlich auch die eigene. Die buddhistischen Prinzipien seiner Politik lässt Ashoka als Mitteilungen des Friedens im ganzen Reich auf Säulen verbreiten.

Ashoka fördert gerechte Landverteilung und Bildung. Um 250 v. Chr. lässt er ein buddhistisches Konzil in der Hauptstadt Pataliputra abhalten, seinerzeit mit über 100 000 Einwohnern eine der größten Städte der Welt. Das Konzil beschließt, den Buddhismus in die Welt zu tragen. Gesandtschaften verbreiten die friedfertige Botschaft und knüpfen Kontakte bis nach Kleinasien, Athen und Alexandria im Westen und bis nach Burma im Osten.

In der breiten Bevölkerung Indiens stößt Ashokas buddhistische Missionierung jedoch auf Widerstand. Eine tiefe Reformierung der Gesellschaft gelingt nicht. Auch das Kastenwesen wird nicht erschüttert. Nach Ashokas Tod verfällt das Reich durch einen Bürgerkrieg.

In Indien gilt Ashoka als Vorbild für die heutige Republik und als Sinnbild für den geläuterten, friedlichen und toleranten Herrscher, der als einer der Ersten ethische Prinzipien in die Politik einbrachte.

Ptolemaios I. Soter, Begründer der ägyptisch-hellenistischen Mischkultur

Ptolemaios I. Soter
lebt von ca. 367 bis ca. 283 v. Chr.

Auch König Ashoka in Indien erhält wohl den Brief, den Ptolemaios I. Soter aus Alexandria durch Gesandte an alle erreichbaren Herrscher der damals bekannten Welt schickt.

Der Philosoph Demetrios von Phaleron hat Ptolemaios für die Idee gewonnen, alle existierenden Schriften der Welt zu sammeln. Ein solcher Wissensschatz, so das Argument des Gelehrten, würde die bedeutenden Köpfe aus aller Welt in die noch junge Metropole Alexandria locken. Und in der Tat, die gewaltige Bibliothek, die ab 288 v. Chr. entsteht, umfasst schließlich bis zur Zeit Julius Caesars über 700 000 Schriftrollen. Wenige Jahrzehnte später müssen unter Ptolemaios III. Besucher der Stadt alle mitgeführten Schriften abgeben. Immerhin erhalten sie eine Abschrift als Entschädigung.

Ptolemaios ist einer der Diadochen (»Nachfolger«) Alexanders des Großen. Auf dem Sterbebett soll der Eroberer gemurmelt haben, dem Besten solle sein Reich zufallen. Unter seinen Feldherren beginnen daraufhin die Kämpfe um den Anteil am Erbe. Einer der fähigsten ist Ptolemaios, ein alter Weggefährte Alexanders, der mit diesem bereits von Aristoteles unterrichtet wurde. In dem in mehrere Diadochenreiche zerfallenden ehemaligen Weltreich Alexanders sichert sich Ptolemaios den Thron von Ägypten.

Als Ptolemaios I. Soter residiert er in Alexandria, der noch von Alexander auf einer Halbinsel am westlichen Nildelta gegründeten neuen, gewaltigen Hauptstadt. Ptolemaios ist es, der die Metropole zu ihrer eigentlichen Pracht und kulturellen Bedeutung führt. Während seiner Herrschaft entsteht eine erste Art von Universität, das Museion, Haus der Musen, daher unser Wort Museum. In dem Komplex von Gebäuden mit angeschlossener Bibliothek trifft man sich vor allem, um zu forschen. Auch der Beginn des Baus des Leuchtturms von Pharos im Jahr 299 v. Chr. fällt in die Regentschaft des Ptolemaios. Der Turm wird in den Kanon der sieben Weltwunder aufgenommen werden. Die Ptolemäer-Dynastie endet über 200 Jahre nach Ptolemaios' Tod mit dem Selbstmord seiner wohl berühmtesten Nachfahrin: Kleopatra VII.

Euklid: Mathematiklehrer der Menschheit

Euklid

Der erste Leiter für Mathematik an der Universität Alexandrias ist Euklid. Man weiß wenig über ihn. Vermutlich ist er in Athen geboren und besucht dort die von Platon gegründete Akademie.

lebt ca. 360 bis 280 v. Chr.

Einen Großteil seines Lebens widmet er seinem aus 13 Büchern bestehenden Werk *Die Elemente,* einem der einflussreichsten Lehrbücher der Menschheit. Bis ins 19. Jahrhundert ist es das meistverbreitete Buch nach der Bibel. Euklid systematisiert darin die Arithmetik und Geometrie seiner Zeit. Darüber hinaus erweitert er die von Pythagoras begründete logische Beweisführung und macht die Mathematik endgültig zur exakten Wissenschaft. Mit der Vorgehensweise, eine Grundaussage zu treffen und anschließend dazu eine Beweisführung zu liefern, wirkt Euklid bis heute in alle Wissenschaftsdisziplinen hinein. Berühmt werden die Worte *quod erat demonstrandum* (»was zu beweisen war«), die er ans Ende einer von ihm geführten Beweisführung setzt.

Euklid beweist die Existenz der irrationalen Zahlen, die weder eine ganze Zahl noch ein reiner Bruch sind, etwas, was schon Pythagoras erkannt hatte, aber nicht wahrhaben wollte. Pythagoras soll sogar einen seiner Schüler, einen gewissen Hippasus, zum Tode durch Ertränken verurteilt haben, als dieser herausfand, dass die Wurzel von 2 eine irrationale Zahl ergibt. Die bekannteste dieser Zahlen ist Pi.

Von Euklid stammt die älteste erhaltene Beschreibung des Goldenen Schnitts als »Teilung vom inneren und äußeren Verhältnis«. Sein Parallelaxiom, wonach durch einen Punkt neben einer Geraden nur eine einzige weitere Gerade gezeichnet werden kann, die zur ersten Geraden parallel verläuft, wird die Wissenschaft Jahrhunderte vor Probleme stellen, da man es nicht aus den übrigen Axiomen herleiten kann. Erst als in der ersten Hälfte des 19. Jahrhunderts unabhängig voneinander der Deutsche Carl Friedrich Gauß, der Ungar János Bolyai und der Russe Nikolai Lobatschewski die nichteuklidische Geometrie entwickeln und an die Stelle von Euklids »geradem Raum« den »gebogenen Raum« setzen, der auch zur Basis von Albert Einsteins Relativitätstheorie werden wird, bekommt die Mathematik eine neue Dimension über Euklid hinaus.

Archimedes # Archimedes, der bedeutendste
lebt von ca. 287 # Naturwissenschaftler der Antike
bis 212 v. Chr. Archimedes, einer der größten Erfinder und Mathematiker der Menschheit, ist sieben Jahre alt, als Euklid stirbt. Sein Vater ist Astronom am Hof des Königs Hieron von Syrakus.

Als junger Mann hält sich Archimedes längere Zeit in der Wissensmetropole Alexandria auf und begegnet dort den bedeutendsten hellenistischen Wissenschaftlern jener Tage. Schon früh entwickelt er die Archimedische Schraube, eine Röhre mit spiralartigen Windungen, die Wasser durch Drehen nach oben transportiert.

Archimedes legt mit den Hebelgesetzen die theoretische Grundlage für die spätere Mechanik. Als Erstem gelingt es ihm auch, sich mathematisch der unendlichen Zahl Pi zu nähern und damit das Verhältnis von Umfang und Durchmesser eines Kreises zu beschreiben.

Eines Tages soll Archimedes den Goldgehalt der Krone von Hieron II. prüfen, ohne sie zu beschädigen. Er kommt auf die Lösung, als er ein Bad nimmt und das Wasser überschwappt: Minderes Metall ist leichter als Gold und verdrängt daher weniger Wasser. Man kann also die Echtheit durch die Wasserverdrängung testen. Das Archimedische Prinzip ist gefunden. Er springt aus der Wanne und läuft mit lautem *Heureka!* (»Ich hab's gefunden!«) nackt durch die Straßen der Stadt.

Schließlich gerät Archimedes in einen Konflikt seiner Heimatstadt Syrakus, die in die Machtkämpfe zwischen Karthago, seit Jahrhunderten die führende Macht im westlichen Mittelmeer, und dem aufstrebenden Rom hineingezogen wird. Die Römer nennen die Karthager Punier.

Auf den Ersten Punischen Krieg von 264 bis 241 v. Chr. folgt von 218 bis 201 v. Chr. der Zweite. Syrakus verbündet sich mit den Karthagern unter der Führung Hannibals. Der römische Feldherr Claudius Marcellus beginnt die Stadt zu belagern. Archimedes erfindet Waffen zur Verteidigung. Gigantische Hohlspiegel sollen die Sonnenstrahlen bündeln und über weite Entfernungen Feuer entfachen, riesige Katapulte den Feind fernhalten und gewaltige Greifarme Galeeren aus dem Meer heben.

Doch im Jahr 212 v. Chr. dringen die Römer in die Stadt ein. Archimedes, der tief in Überlegungen versinken konnte, soll auf Linien im Sand gestarrt haben, als ein römischer Soldat ihn auf-

fordert, ihm seinen Namen zu nennen. Der entgegnet ihm nur,
er solle seine Kreise nicht stören. Der Soldat erschlägt ihn mit
dem Schwert.

Qin Shi Huangdi, der eigentliche Gründer des chinesischen Kaiserreichs

Qin Shi Huangdi

lebt von 259 bis 210 v.Chr.

Ursprünglich heißt er Yíng Zhèng. Er besteigt 246 v. Chr. bereits
mit 13 Jahren den Königsthron des Reiches Qin. Einer seiner
Lehrer warnt vor Yíng Zhèngs Herrschaft. Keinen freien Menschen werde es mehr geben, wenn er an die Macht komme.

Mit außergewöhnlicher Brutalität vernichten Yíng Zhèngs
Soldaten alle konkurrierenden Fürstentümer und beenden so
die in China seit über zwei Jahrhunderten andauernde Zeit der
streitenden Reiche. Der grausame Feldherr lässt sich als Qin Shi
Huangdi zum ersten historisch belegten Kaiser Chinas ausrufen
und begründet damit nicht nur die Qin-Dynastie, sondern auch
das chinesische Kaiserreich.

Der »erste erhabene Gottkaiser von Qin«, wie sein Name zu
übersetzen ist, regiert mit harter Hand, unterdrückt den Kon-
fuzianismus, verachtet die Bildung und ordnet sogar Bücher-
verbrennungen an. Die schon über 1200 Jahre alte chinesische
Schrift aber lässt er, um die Verwaltung zu erleichtern, standar-
disieren.

Der Einzelne zählt nichts in dem riesigen Reich, in dem vermutlich 20 Millionen Menschen leben. Die Staatsräson ist wichtiger als alles andere. Gestützt wird dies durch die Lehren von
Qin Shi Huangdis Zeitgenossen Han Fei, dem Hauptdenker der
staatsphilosophischen Schule des Legalismus, der die Unterordnung unter den Staat verlangt.

Qin Shi Huangdi opfert Zehntausende von Menschenleben,
vor allem bei den gigantischen Bauprojekten, die während seiner Regentschaft in Angriff genommen werden. So lässt er zur
Sicherung des Reiches nach Norden bereits bestehende Befesti-
gungswälle ausbauen. Die kilometerlangen Lehmmauern mit auf
Sichtweite aneinandergereihten Wachtürmen sind die ersten ausgedehnten Baumaßnahmen an dem in den nächsten Jahrhunderten zur Chinesischen Mauer erweiterten und mit fast 9000 Kilometern längsten und voluminösesten Bauwerk der Menschheit.

Zu den anderen bedeutenden Projekten Qin Shi Huangdis gehören weitverzweigte Straßennetze und Kanäle. Vor allem aber
lässt der Kaiser ein riesiges Mausoleum für sich errichten. In der
von langen Mauern umgebenen Grabanlage, in deren Mitte sich
ein gewaltiger Grabhügel erhebt, entsteht ein Modellreich mit
Pavillons, Türmen, Amtsgebäuden und Flüssen aus Quecksilber.
Gleichzeitig aber sucht Qin Shi Huangdi nach dem ewigen
Leben, sendet Expeditionen aus, die im Osten die sagenhaften
Inseln der Unsterblichen finden sollen. Vergeblich. Schließlich
muss auch der erste Kaiser von China sterben. 1974 entdecken
Bauern beim Graben eines Brunnens Scherben aus gebranntem
Ton. Es sind die ersten Artefakte eines der größten archäologi-
schen Funde des 20. Jahrhunderts. Ausgerüstet mit 130 Kampf-
wagen und 150 Kavalleriepferden bewachen 8000 lebensgroße
Terrakotta-Krieger, jede Figur ein Unikat, das Mausoleum Qin
Shi Huangdis.

Han Wudi ## Han Wudi erweitert den Horizont
lebt von 156 ## der chinesischen Kultur
bis 87 v. Chr. Die Han-Dynastie und deren bedeutendster Herrscher Han
Wudi prägen die Kultur und Identität Chinas entscheidend.
Noch heute bezeichnen sich über 90 Prozent der Einwohner
Chinas als »Menschen des Han-Volkes«.

Die vorangehende Qin-Dynastie endet 206 v. Chr. mit Zi-
ying, einem Enkel Qin Shi Huangdis. Aufstände vor allem von
Bauern gegen die brutale Unterdrückung versetzen ihr binnen
weniger Jahre den Todesstoß. Im Westen Chinas erhebt sich der
Bauernsohn und kleine Beamte Liu Bang zum Kaiser, gibt seinem Reich den Namen Han und begründet so die bis 220 n. Chr.
herrschende Han-Dynastie. Die Macht über den Ostteil Chinas
kann er allerdings nicht erringen. Dort zerfällt das Land erneut
in zahlreiche kleine Reiche.

Han Wudi ist der siebte Kaiser der Han-Dynastie. Geboren
als Liu Che, übernimmt er im Alter von 15 Jahren von seinem
Vater Han Jingdi einen gefestigten Zentralstaat, den er nach konfuzianischen Prinzipien ausbaut und in seiner 54-jährigen Regierungszeit um große Gebietsgewinne erweitert. Erst 1800 Jahre
darauf wird Kaiser Kangxi länger regieren. Han Wudi gelingt es,

die seit Qin Shi Huangdi bestehende Bedrohung durch Reiternomaden zu beseitigen, indem er sie nicht wie mancher seiner
Vorgänger durch Tributzahlungen zu beschwichtigen versucht,
sondern indem er gegen sie in den Krieg zieht. Das »Wu« in seinem Namen bedeutet »der Martialische«.

Durch diplomatisches Geschick und erfolgreiche Ausdehnung seines Machtbereichs bis nach Zentralasien belebt Han
Wudi den Handel. Eine seiner Gesandtschaften erreicht 120
v. Chr. den Hof des Königs Mithridates II., der über das Großreich der Parther vom heutigen Iran bis zum Mittelmeer herrscht.
Unter den Parthern beginnt die alte Ost-West-Karawanenstraße
aufzublühen, und so entsteht entlang der Oasenstädte zwischen
China und dem Mittelmeer die Seidenstraße mit Samarkand als
einer wichtigen Zwischenetappe. Der Handel über die Seidenstraße erweitert das Weltbild der bislang nach innen gerichteten
chinesischen Kultur. Indische Kaufleute bringen beispielsweise
den Buddhismus in das Reich der Mitte.

Han Wudi ist wie seine Landsleute, die seit Jahrhunderten
keine Götter verehren, sondern dem Magischen und der Fabel-
welt mit ihren Drachen verbunden sind, ein Anhänger des Ok-
kulten. Wie sein großer Vorgänger Qin Shi Huangdi sendet er
erfolglos Expeditionen aus, um die Inseln zu suchen, auf denen
man Unsterblichkeit erlangt.

5. Das Römische Reich dehnt sich aus

Hannibal
lebt von ca. 246
bis 183 v.Chr.

Hannibal stemmt sich gegen Rom

Die Stadt Karthago wird vermutlich im 9. oder 8. Jahrhundert v. Chr. an der Küste des heutigen Tunesien gegründet. Etwa drei Jahrhunderte später ist sie mit rund 400 000 Einwohnern die reichste Stadt des westlichen Mittelmeerraums. Schließlich geraten die Karthager, die von den Römern Punier genannt werden, mit dem zur Großmacht aufsteigenden Rom in Konflikt.

Im Ersten Punischen Krieg von 264 bis 241 v. Chr. verliert der karthagische Staatsmann und Feldherr Hamilkar Barkas gegen die römische Militärmaschinerie. Karthago muss seine Gebiete auf Sizilien, später auch auf Korsika und Sardinien abtreten. Die Stadt versucht die Verluste unter Führung von Hamilkar Barkas und seinen Söhnen Hannibal und Hastrubal durch Machtausdehnung auf der Iberischen Halbinsel wettzumachen.

Hannibal ist neun Jahre alt, als er seinem Vater in einem feierlichen Akt schwören muss, ewig ein Feind Roms zu bleiben. Er wird den Schwur halten und zu einem der größten Militärstrategen der Geschichte aufsteigen.

Der Zweite Punische Krieg entbrennt, nachdem Hannibal im Oktober 218 v. Chr. in Spanien die Stadt Sagunt erobert, die laut Vertrag mit Rom zu Karthagos Machtbereich gehört. Rom erklärt den Krieg. Hannibal sammelt ein Expeditionsheer mit über 40 000 Fußsoldaten, fast 9000 Reitern und 37 Kriegselefanten und überquert die Pyrenäen und die Alpen. Drei Monate später kommt es an der Trebia zur ersten größeren Schlacht in Italien, in der Hannibal die römischen Truppen schlägt. Ein halbes Jahr später siegt er auch am Trasimenischen See und im Sommer 216 v. Chr. in einer der berühmtesten Schlachten der Weltgeschichte, der sogenannten Umfassungsschlacht von Cannae.

In den nächsten Jahren zieht Hannibals Heer durch Italien, doch sein Kriegsglück schwindet. Keine Schlacht verliert er, aber manche endet mit einem Patt. Nach und nach besiegen römische Expeditionsheere die Karthager in Sizilien und in Spanien. Dann setzt der römische Feldherr Scipio Africanus, der Ältere, mit seinen Truppen nach Karthago über. Hannibal eilt hinterher und unterliegt 202 v. Chr. in der Entscheidungsschlacht bei Zama.

Innenpolitisch setzt sich Hannibal für Reformen ein. Das nutzen seine Gegner, um ihn in Rom der Konspiration zu verdächtigen. Hannibal muss fliehen, versucht noch einmal erfolglos, Verbündete gegen Rom zu gewinnen, und nimmt sich schließlich in Kleinasien mit Gift das Leben.

Tiberius und Gaius Gracchus: die Widersprüche Roms

Was die Geschichte Roms betrifft: Gegründet wird es laut Marcus Terentius Varro im Jahr 753 v. Chr. Historisch gesichert aber ist die Republik erst ab etwa 490 v. Chr., als die Bürger der Stadt den letzten König der Etrusker vertreiben, die seit 1000 v. Chr. von dem nordwestlich an Rom grenzenden Etrurien aus das Land dominierten. Die Römer übernehmen nun selbst die »öffentliche Angelegenheit« (*res publica*). Sie gründen die Republik.

Tiberius und Gaius Gracchus leben von 162 bis 133 v.Chr. bzw. von 153 bis 121 v.Chr.

Die Brüder Tiberius Sempronius Gracchus und Gaius Sempronius Gracchus sind noch im jugendlichen Alter, als Rom 146 v. Chr. im Dritten Punischen Krieg Karthago zerstört und zur unangefochtenen Macht im Mittelmeerraum aufsteigt.

Die Römische Republik wird im Wesentlichen von der Grund besitzenden Oberschicht der Patrizier regiert. In der gesellschaftlichen Pyramide darunter steht die sehr heterogene Menge der Plebejer: Bürger, Bauern, Handwerker. Sie stellen Soldaten und haben Stimmrechte. Dem Senat als zentralem Entscheidungsgremium gehören Angehörige des Adels an und vom Volk gewählte Volkstribune, die als Gegengewicht der Plebejer zu den Patriziern fungieren.

Tiberius und Gaius stammen aus einer Plebejerfamilie, jedoch aus einer vornehmen und hoch angesehenen. Ihre Mutter

Cornelia ist eine Tochter des Hannibalbezwingers Scipio Africanus. Tiberius, 133 v. Chr. zum Volkstribun gewählt, versucht
die zunehmenden wirtschaftlichen und sozialen Konflikte jener
Tage mit einer Landreform zu lösen. Das römische Heer wird
noch in großem Umfang aus den Bauern rekrutiert, deren Äcker
während der Kämpfe brach liegen. Die Bauern verarmen und
Großgrundbesitzer kaufen das Land billig auf. Der Niedergang
der Bauern droht die Armee zu schwächen und er bedroht die
Versorgung Roms.

Tiberius will durch Landverteilung die Macht der Großgrundbesitzer brechen. Doch er stößt auf Widerstand. Als er,
verfassungswidrig, seine Wiederwahl zum Volkstribun erzwingen
will, wird er bei ausbrechenden Unruhen getötet und zahlreiche
seiner Anhänger mit ihm.

Zehn Jahre später greift Tiberius' zum Volkstribun gewählter
Bruder Gaius die Landreformidee wieder auf. Auch seine Wie-
derwahl scheitert und er lässt sich während der Unruhen, die der
Abschaffung seiner Reformen folgen, von seinem Sklaven töten.

Mit den gescheiterten Reformen der »Gracchen«, die beide
bald zum Idealbild sozialer Volkstribune verklärt werden, die ihre
Macht einzig zum Wohle des Volkes einsetzen, beginnt in Rom
die Auseinandersetzung zwischen den konservativen, die Senats-
herrschaft verteidigenden Optimaten und den sich auf das Volk
berufenden Popularen. Es ist zugleich der Auftakt des Zeitalters
der Römischen Bürgerkriege (133 bis 30 v. Chr.), die schließlich
zum Untergang der Römischen Republik führen.

Marcus Marcus Tullius Cicero:
Tullius Reden für die Römische Republik

Cicero Die lateinische Sprache verdankt ihren Namen dem Stamm der
lebt von 106 Latiner, einem Volk, das um 1000 v. Chr. aus dem Norden auf die
bis 43 v.Chr. italienische Halbinsel einwandert.

Einer der größten Meister des Lateinischen in Wort und
Schrift ist Marcus Tullius Cicero. Der redegewandte Anwalt entstammt dem römischen Ritterstand, macht sich schnell einen
Namen, geht in die Politik und amtiert umsichtig als Verwalter
in Sizilien. Zurück in Rom durchläuft er die verschiedenen Ämter der höheren politischen Laufbahn, den *cursus honorum*, und

wird 63 v. Chr. Konsul. Während dieser Zeit zerschlägt er die Verschwörung des Senators Lucius Sergius Catilina. Doch wegen der formal ungesetzlichen Hinrichtung der Catalinarier macht sich Cicero, der der Partei der republiktreuen Optimaten angehört, die Partei der Popularen zum Feind.

Im Jahr 58 v. Chr. wird er verbannt, im Jahr darauf zurückgerufen. Mittlerweile bedroht der absolute Machtanspruch des von Julius Caesar, Gnaeus Pompeius Magnus und Marcus Licinius Crassus geschmiedeten Triumvirats die Republik. Cicero will retten, was zu retten ist, und versucht die Gunst der drei Männer zu gewinnen. Eine Teilnahme an dem Bündnis lehnt er ab, und als Caesar nach der Alleinherrschaft strebt, stellt sich Cicero auf die Seite von Pompeius. Der im nachfolgenden Bürgerkrieg siegreiche Caesar verschont Cicero, der sich nun der Schriftstellerei zuwendet.

Cicero verfasst sein Buch *De re publica* (*Über den Staat*) und Jahre später in Briefform sein Buch *De officiis* (*Über die Pflichten*). Zwischenzeitlich amtiert er als römischer Statthalter in Kilikien, doch ab 46 v. Chr. verliert er an politischem Einfluss. Caesar brandmarkt er als Tyrannen. Nach dessen Ermordung kehrt Cicero noch einmal in die Politik zurück und verfasst gegen den nach der Macht greifenden Marcus Antonius die *Orationes Phillipicae*. Der jedoch lässt ihn am 7. Dezember 43 v. Chr. von seinen Häschern ermorden.

Cicero, dessen ethisches und staatspolitisches Denken von der Stoa und Platon beeinflusst ist, hinterlässt als der berühmteste Redner Roms zahlreiche Reden und Schriften, darunter auch Übersetzungen griechischer Philosophen ins Lateinische, die das abendländische Denken der nächsten Jahrhunderte tief beeinflussen. Rätselhaft in der Wahl seiner Bündnisse, geht Cicero als der letzte bedeutende Republikverteidiger Roms in die Geschichte ein.

Gaius Julius Caesar auf dem Weg zum Kaiserreich

Gaius Julius Caesar, Spross einer alten römischen Adelsfamilie, die nur noch wenig Einfluss und kaum Geldmittel besitzt, weiß sich im römischen Intrigenspiel zu bewegen. Er will ganz nach oben. Als 18-Jähriger gerät er in den Machtkampf zwischen Gaius Marius,

Gaius Julius Caesar lebt von 100 bis 44 v. Chr.

dem Anführer der Popularen, und Lucius Cornelius Sulla Felix, Anführer der Optimaten. Sulla steigt zum grausamen Diktator auf, der seine Gegner verfolgt. Caesar verlässt Rom, leistet Militärdienst in Kleinasien und kehrt sechs Jahre nach dem Rückzug Sullas 73 v. Chr. zurück.

Auf der Seite der Popularen positioniert er sich als Alternative zu den Konservativen der Republik. Als Ädil veranstaltet er Feste für die Massen, wird populär, verschuldet sich aber gewaltig. Nun verbündet er sich mit Marcus Licinius Crassus, dem reichsten Mann Roms, geht nach Spanien und wird Statthalter. Wie andere nutzt auch Caesar dieses Amt zur hemmungslosen Selbstbereicherung. Als er 60 v. Chr. nach Rom zurückkehrt, besitzt er ein stattliches Vermögen. Um die Herrschaft in der kriselnden Republik an sich zu reißen, bildet er mit Crassus und dem seinerzeit erfolgreichsten Feldherrn Gnaeus Pompeius das Erste Triumvirat. Im Jahr darauf wird Caesar Konsul, am Ende seiner Amtszeit erhält er durch den Einfluss seiner Freunde die Statthalterschaft über drei Provinzen. Von 58 bis 51 v. Chr. unterwirft der geniale Feldherr Gallien. Einen Auftrag des Senats dafür hat er nie erhalten, weshalb Rom schließlich Caesars Entmachtung betreibt.

Daraufhin überschreitet Caesar im Jahr 49 v. Chr. den Rubikon und entfacht damit einen Bürgerkrieg. Bei Pharsalos besiegt er den rivalisierenden Pompeius, der in Ägypten Zuflucht sucht, wo König Ptolemaios XIII. ihm einen Gefallen tun möchte und Pompeius töten lässt. Caesar jedoch nimmt den Mord zum Vorwand, Ägypten zu unterwerfen. Ptolemaios' bisherige Mitregentin Kleopatra VII. wird seine Geliebte und neue Alleinherrscherin von seinen Gnaden.

Nach seinem endgültigen Sieg im Bürgerkrieg lässt Caesar sich zum Diktator auf Lebenszeit ernennen. Seine Gegner fürchten, dass er die Republik abschaffen will und die Königswürde anstrebt. Verschwörer im Senat unter Führung von Gaius Cassius Longinus und Marcus Iunius Brutus erdolchen ihn am 15. März 44 v. Chr.

Caesar ist Wegbereiter des Römischen Kaiserreichs, das sein Großneffe Octavian als Augustus begründet. Sein Name bleibt der Menschheit erhalten in den Titeln »Kaiser« und »Zar«. Der Monat Juli ist nach ihm benannt.

Kleopatra VII., die letzte Pharaonin

Kleopatra VII. lebt von 69 bis 30 v. Chr.

Kleopatra ist die Tochter des Ptolemaios XII. Auletes. Als Geliebte Gaius Julius Caesars gelingt es ihr, den Thron Ägyptens zurückzugewinnen, von dem sie zugunsten ihres Bruders Ptolemaios XIII. vertrieben worden war.

Als von Caesar eingesetzte Königin regiert sie zunächst mit ihrem jüngeren Bruder Ptolemaios XIV. Noch im Jahr 47 v. Chr. bringt sie einen Sohn Caesars zur Welt: Ptolemaios XV. Caesar, obwohl Caesar selbst nicht so recht an seine Vaterschaft glaubt.

Von 46 bis 44 v. Chr. hält Kleopatra Hof in Rom, wirkt aber auf viele Römer hochmütig und arrogant. Cicero schreibt: »Ich hasse diese Königin!«

Nach Caesars Ermordung kehrt Kleopatra nach Ägypten zurück, wo sie ihren Bruder vermutlich durch Gift töten lässt und ihren Sohn zum Mitregenten erhebt.

Derweil setzen sich in dem nach Caesars Tod im Römischen Reich ausgebrochenen Bürgerkrieg die verbündeten Octavian (der spätere Augustus) und Marcus Antonius im Oktober 42 v. Chr. in den beiden Schlachten von Philippi gegen die Heere der Caesar-Attentäter Gaius Cassius Longinus und Marcus Iunius Brutus durch. Anfang 41 v. Chr. bestellt Marcus Antonius Kleopatra zu sich nach Tarsos in Kilikien, wo er einen Feldzug gegen die Parther plant. Sie erscheint auf einer Prachtgaleere. Aufreizend verkleidet als Aphrodite, nimmt sie Marcus Antonius für sich ein. Wie zuvor Caesar wird er ihr Geliebter. Sie werden Eltern von Zwillingen. Doch Marcus Antonius heiratet, um sein mittlerweile zerrüttetes Bündnis mit Octavian zu erneuern, dessen Schwester Octavia.

Drei Jahre später kehrt Marcus Antonius zu Kleopatra zurück. Sie bringt 36 v. Chr. ein drittes Kind von Marcus Antonius zur Welt, er schenkt ihr Teile Kretas, Syriens und Kilikiens. Als Kleopatra vier Jahre darauf auch die Scheidung Antonius' von Octavia erreicht, erklärt Octavian seinem alten Kampfgefährten den Krieg.

Am 2. September 31 v. Chr. erleidet die gewaltige Flotte von Marcus Antonius und Kleopatra in der Seeschlacht bei Actium im Ionischen Meer eine vernichtende Niederlage. Sie fliehen. Octavian setzt nach und stellt Marcus Antonius in einer Schlacht vor Alexandria. Als dieser nach erneuter Niederlage die Nachricht erhält, Kleopatra habe sich das Leben genommen, stürzt er

sich in sein Schwert und lässt sich sterbend zu Kleopatra bringen. Die Geliebte jedoch lebt und Marcus Antonius stirbt in ihren Armen. Kleopatra gerät in die Gefangenschaft Octavians, wo
sie dann doch nach einigen Tagen Selbstmord begeht. So endet
das jahrtausendealte Pharaonenreich.

Augustus gründet das römische Kaiserreich

Augustus
lebt von
63 v.Chr.
bis 14 n.Chr.

Mit dem Sieg Octavians über Marcus Antonius und Kleopatra
und der Einverleibung Ägyptens in das Römische Reich enden
der Hellenismus und auch der Bürgerkrieg, der Caesars Ermordung folgte.

Octavian, Großneffe und Schützling Caesars, hält sich im
illyrischen Apollonia im heutigen Albanien auf, als sein Förderer 44 v.Chr. ermordet wird. Auf dem Weg nach Rom erfährt er,
Caesar habe ihn per Testament adoptiert und als Haupterben
seines Vermögens eingesetzt.

In der Hauptstadt aber hat sich bereits Marcus Antonius an
die Spitze der ehemaligen Gefolgsleute Caesars gesetzt, die nun
gegen die republikanisch gesinnten Attentäter Cassius und Brutus vorgehen. Marcus Antonius weigert sich, Caesars Vermögen
an Octavian herauszugeben, worauf Octavian ein Heer aus Caesars Veteranen sammelt und sich erst 19-jährig, unterstützt von
Cicero, zum Konsul ernennen lässt. Tatsächlich besiegt Octavian
den die Republik bedrohenden Marcus Antonius, verbündet sich
dann aber mit ihm und dem wenig bedeutenden Lepidus zum
Zweiten Triumvirat. Nachdem Lepidus ausgeschaltet ist, teilen
Octavian und Marcus Antonius die Macht im Römischen Reich
unter sich auf. Octavian erhält den Westen, Marcus Antonius den
Osten. Die Republik besteht nur noch pro forma.

Nach der entscheidenden Seeschlacht vor Actium und der
Niederlage sowie dem anschließenden Selbstmord des ehemaligen Verbündeten Marcus Antonius ist Octavian der alleinige
Herrscher im Römischen Reich. Im Jahr 27 v.Chr. lässt er sich
zum *Princeps* (»Ersten«) erheben, nimmt den Ehrentitel und Namen Augustus (»Erhabener«) an und begründet damit das römische Kaiserreich.

Flankiert von einem Senat, der nur noch begrenzte Mitspra-
che hat, schafft es Augustus als Alleinherrscher, Ruhe und Ord-

nung wiederherzustellen. Damit trägt er der Machtverschiebung von Adel und Senat hin zu den Heerführern der Legionen Rechnung, wahrt aber in gewisser Weise die Tradition der Republik.

Tatsächlich gelingt es ihm, die Bürger Roms in eine Zeit jahrzehntelangen Friedens (*Pax Augusta*) im Innern zu führen. Er dehnt das Reich aus, fördert die Künste und Dichter wie Vergil und Horaz, den Geschichtsschreiber Titus Livius oder den Architekten Vitruv. Auch Ovid und Properz wirken zu jener Zeit.

Es heißt, Augustus habe es nicht hinnehmen wollen, dass ein Monat nach Julius Caesar, aber keiner nach ihm benannt sei. So gibt es heute den August. Und da er nicht weniger Tage als der Juli haben soll, hat auch er einen 31. Tag.

Vitruv und der Goldene Schnitt

Vitruv lebt im 1. Jahrhundert v. Chr.

Das Römische Reich macht Griechenland zu seiner politischen Kolonie. Doch Wissen, Denken, Baukunst, Literatur, Musik und Bildung der Griechen erobern die römische Welt.

Der Philosophie widmen die Römer weniger Aufmerksamkeit. Das Spekulative liegt ihnen nicht besonders. Sie sind dem Praktischen und Greifbaren zugetan, insbesondere allem, was das Alltagsleben verbessert. Auf den Griechen aufbauend, erreichen Rechtspflege, Medizin, Geschichtsschreibung, Literatur und Architektur neue Höhen.

Die Römer selbst sind Meister der Ingenieurskunst und der Architektur. Sie bauen mehrstöckige Häuser, überspannen Flüsse mit kühn konstruierten Brücken, errichten kilometerlange Aquädukte zur Wasserversorgung, kennen in ihren Wohnungen fließendes Wasser und Fußbodenheizung.

Der Bedeutendste der römischen Ingenieure und Architekten ist Vitruv. Er wird als Marcus Vitruvius Pollio vermutlich um 70 oder 60 v. Chr. als Sohn freier römischer Bürger in Kampanien geboren. Nach seiner Ausbildung baut er im Bürgerkrieg für Julius Caesar Kriegsgeräte. Später begleitet er den Feldherrn auf dessen Kriegszügen durch Spanien, Gallien und Britannien. Nach Caesars Ermordung tritt Vitruv in die Dienste Octavians, des späteren Augustus. Nach 33 v. Chr. wirkt er als Architekt und Ingenieur für die Stadt Rom und führt unter anderem neue Rohrnormen für das Abwassersystem ein.

Als Erster beschreibt Vitruv Töne als Bewegungen in der Luft. Sein wichtigstes schriftliches Werk *Zehn Bücher über Architektur* widmet er seinem Förderer Kaiser Augustus, der ihm im Alter eine lebenslange Pension zuweist. Die Schrift geht später vorübergehend verloren, bis sie 1414 wieder auftaucht. Noch im 21. Jahrhundert ist sie die »Bibel« der Architekten.

Das ideale Verhältnis von Proportionen ist laut Vitruv das harmonische Verhältnis der Einzelteile: der Goldene Schnitt, dessen älteste erhaltene Beschreibung von Euklid stammt. Jahrhunderte nach Vitruv findet der Goldene Schnitt in der Fibonacci-Folge, bei der sich die nächste Zahl durch Addition der beiden vorhergehenden ergibt, eine mathematische Entsprechung. Proportionen und Geometrie gelten nach Vitruv nicht nur für Gebäude, sondern auch für den »wohlgeformten Menschen«. Wenn ein Mensch sich hinlege und seine Arme und Beine abspreize, sei sein Nabel im Mittelpunkt eines imaginären Kreises, den die Fingerspitzen und Fußspitzen berühren. Berühmt wird Vitruvs Proportionsschema der menschlichen Gestalt später durch die Zeichnung Leonardo da Vincis.

6. Stürme und Übergänge

Jesus von Nazaret: Sohn Gottes?

Augustus ist Kaiser, als Jesus von Nazaret zur Welt kommt, und als Augustus stirbt, wird er im Römischen Reich zum Gott erhoben. Zu jener Zeit ist Jesus vermutlich 18 Jahre alt. Der Gott, von dem Jesus erzählen wird, ist allerdings ein vollkommen anderer.

Jesus von Nazaret lebt vermutlich von 4 v. Chr. bis 30 oder 31 n. Chr.

Über Jesus weiß man im Grunde nur das, was die Bibel über ihn berichtet. Die Quellen außerhalb des Neuen Testaments sind dürftig. Dennoch gehen die meisten Historiker heute davon aus, dass er eine historische Person ist.

Geburtsort ist Nazaret mit etwa 400 Einwohnern. Dort wächst Jesus als Sohn einer frommen jüdischen Handwerkerfamilie mit vermutlich vier Brüdern und mehreren Schwestern auf. Wie sein Vater wird er Bauhandwerker.

Jesus' Sippe zählt sich zu den Nachkommen Davids. Aus ihr, so sagen die Mythen, solle dereinst der Messias, der Heilsbringer und Erlöser, hervorgehen. Jesus studiert die heiligen jüdischen Schriften und beginnt ab 29 n. Chr. öffentlich zu predigen. Mit seinen Jüngern zieht er durch Galiläa und Umgebung, predigt, verkündet das nahende Reich Gottes, ruft die Juden zur Bekenntnis ihrer Sünden auf und wettert gegen die Pharisäer, die Schriftgelehrten, die nur äußerlich der Religion verbunden zu sein scheinen. Auch auf Kranke und Ausgestoßene geht Jesus zu. Frauen erhalten bei ihm eine für die damalige patriarchalische Gesellschaft außergewöhnliche Aufwertung.

Seine Angriffe auf die etablierten Mächte, die jüdischen Hohepriester, römischen Besatzer und Wucherer bleiben nicht unbemerkt. Um das Jahr 30 n. Chr. zieht Jesus wenige Tage vor dem heiligen Passahfest in Jerusalem ein, wo man ihn verhaftet und dem römischen Statthalter Pontius Pilatus ausliefert. Der verhört ihn und verurteilt ihn zum Tod am Kreuz. In einem Felsengrab setzt man Jesus bei. Drei Tage später ist seine Leiche verschwunden.

Seine Jünger verkünden seine Auferstehung und verehren ihn mit einer wachsenden Anhängerschar als Messias und Sohn Gottes. Jesus wird zu Jesus Christus (der »Gesalbte«), der sich im Namen der Menschheit für deren Sünden geopfert hat. Aus diesen Glaubensfundamenten entsteht eine neue Religion: das Christentum. Um Simon Petrus, den Wortführer, schart sich die Christengemeinschaft in Jerusalem. Petrus wird zum »Fels«, auf den der Bibel nach Jesus seine Kirche bauen wollte.

Paulus von Tarsus, der Missionar des Christentums

Paulus von Tarsus

stirbt nach 60 n. Chr.

»Vom Saulus zum Paulus werden«? Die Redewendung führt in die Irre. Denn Paulus wird zwar als Saulus geboren, trägt aber von Anfang an auch den Namen Paulus. Mit seiner späteren Bekehrung zum Christentum hat der vermeintliche Namenswechsel also nichts zu tun.

Paulus stammt aus einer strenggläubigen jüdischen Familie in der damaligen römischen Provinz Kilikien in der heutigen Türkei. Er erbt von seinem Vater das römische Bürgerrecht und erfährt in der Jugend eine Ausbildung zum Toralehrer. Zum Broterwerb lernt er das Handwerk des Zeltmachers.

Als überzeugter Anhänger der jüdischen Pharisäer bekämpft und verfolgt Paulus die neue Sekte der Christen, die sich vom Judentum entfernt und sogar unter Juden missioniert. Paulus ist Zeuge der Steinigung des heiligen Stephanus, dem ersten Diakon der urchristlichen Gemeinde in Jerusalem und vermutlich ersten Menschen, der wegen seines Bekenntnisses zu Jesus getötet wird. Paulus ist beeindruckt, denn Stephanus betet für seine Feinde.

Auf dem Weg nach Damaskus erscheint ihm um das Jahr 32 oder 33 n. Chr. in einer Vision Jesus, woraufhin er sich taufen lässt. So wird der ehemalige Freund der Pharisäer zum entscheidenden Mann des Urchristentums. Paulus ist der Missionar, der die Basis für die künftige Weltreligion legt und ihr das theologische Fundament bereitet. In Jerusalem begegnet er Petrus. Danach lebt er zwölf Jahre im syrischen Antiochia. Rastlos und energisch betreibt er durch das Abfassen unzähliger Briefe die Verbreitung des Christentums. Auf einem Apostelkonzil zwischen 44 und 49 n. Chr. in Jerusalem setzt er die für dessen weitere Ausbreitung wichtige Entscheidung durch, dass für die Bekehrung nur der Glaube an Christus entscheidend ist. Er stellt bekehrte Nichtjuden den bekehrten Juden gleich und eint so ursprünglich jüdische und ursprünglich heidnische Christen. Missionsreisen führen ihn nach Griechenland und Kleinasien.

Dann wird er in Jerusalem festgenommen. Nach zwei Jahren Haft in Caesarea bringt man ihn nach Rom, wo er um 60 n. Chr. während der Herrschaft Kaiser Neros mit Simon Petrus den Märtyrertod erlitten haben soll.

Nero und der Irrsinn in Rom

Im Jahr 50 n. Chr. wird der fast 13-jährige Knabe von Kaiser Claudius adoptiert. Bereits den 14-Jährigen erklärt man für volljährig, ernennt ihn zum Senator und Prokonsul. Seine Mutter Agrippina die Jüngere, eine Schwester des wenige Jahre zuvor ermordeten Kaisers Caligula, lässt Claudius im Herbst 54 n. Chr. vergiften und Nero Claudius Caesar Augustus Germanicus – kurz: Nero – zum neuen Kaiser ausrufen.

Nero
lebt von 37
bis 68 n. Chr.

Mit Nero erreicht das von Augustus begründete julisch-claudische Kaiserhaus einen weiteren Höhepunkt des Irrsinns. Auf die Blütezeit Roms unter Augustus war 14 n. Chr. mit Tiberius ein schwächerer Kaiser gefolgt. Schlimm wird es unter dessen Nachfolger, dem wahnsinnigen und grausamen Caligula. Mit dem ihm nachfolgenden rätselhaften Claudius gelingt ab 37 n. Chr. eine gewisse Konsolidierung. Aber dann kommt Nero.

Die ersten fünf Jahre regiert er maßvoll. Zur Seite stehen ihm dabei Männer wie der Prätorianerpräfekt Burrus und der Philosoph Seneca. Die allmähliche Wandlung Neros zum Tyrannen können sie jedoch nicht aufhalten, und sie ziehen sich zurück, als Nero seine Mutter und seine Frau ermorden lässt. Der Prätorianerpräfekt Tigellinus übernimmt nun weitgehend die Regierungsgeschäfte. Nero gibt sich fortan seinen künstlerischen

Neigungen hin, tritt öffentlich in Rom auf und lässt sich vom Publikum feiern. Die Jubler sind bezahlt oder haben Angst.

Die zunehmenden Ausschweifungen Neros kosten Geld. Hochverratsprozesse mit Konfiszierung der Vermögen der Angeklagten bringen neue Einnahmen. In der Nacht vom 18. auf den 19. Juli 64 n. Chr. zerstört ein verheerender Brand große Teile Roms. Schnell verbreitet sich das Gerücht, Nero habe das Feuer legen lassen. Der aber schiebt die Schuld an dem Brand den Mitgliedern der neuen jüdischen Sekte zu, die sich Christen nennen. Viele von ihnen lässt er öffentlich verbrennen oder im Circus Maximus wilden Tieren zum Fraß vorwerfen. Auch die Apostel Paulus und Petrus sollen zu den Opfern gehören.

Als Nero im Jahr 66 n. Chr. nach Griechenland reist und im Rausch seiner erkauften Festspieltriumphe den Griechen Steuerfreiheit gewährt, erheben sich zahlreiche Provinzstatthalter, die Prätorianer und der Senat. Nero flieht.

»Welch ein Künstler geht mit mir zugrunde!« Er ruft die berühmt gewordenen letzten Worte, wie Sueton berichtet, mehrfach aus und stößt sich schließlich mithilfe seines Sekretärs einen Dolch in die Kehle.

Es folgt das Vierkaiserjahr. Vier Herrscher kämpfen um die Macht. Sieger ist Titus Flavius Vespasianus, kurz: Vespasian. Er konsolidiert das Römische Reich, ordnet die Finanzen und begründet die Dynastie der Flavier.

Mark Aurel, stoisch durch die Tiefen des Regierens

Mark Aurel
lebt von 121
bis 180

Schon als Junge weckt Mark Aurel, der bei seinem Großvater, einem mehrfachen Konsul, aufwächst, die Aufmerksamkeit Kaiser Hadrians. Der ist vor allem beeindruckt vom ernsten und wahrheitsliebenden Wesen des Knaben.

In der Epoche der römischen Adoptivkaiser stellen die Regenten eine klare Anforderung für ihre Nachfolge: Derjenige, der am ehesten geeignet scheint, soll es werden. Allerdings spielt auch die Kinderlosigkeit der Kaiser jener Tage eine wesentliche Rolle.

Die Reihe beginnt mit Nerva, der im Jahr 96 n. Chr. auf Domitian, den letzten Kaiser der Flavier-Dynastie, folgt. Nerva, der lange Jahre Senator war, adoptiert bereits im Jahr nach seiner

Amtsübernahme den Spanier Trajan, macht ihn damit zu seinem künftigen Nachfolger und beginnt ihn auf die Regentschaft vorzubereiten. Mark Aurel wird schließlich der vierte jener »fünf guten Kaiser« (Nerva, Trajan, Hadrian, Antoninus Pius, Mark Aurel), die in vielem eine vorbildhafte monarchische Regentschaft ausüben. Nach Hadrians Tod zieht er 17-jährig zu seinem Adoptivvater Kaiser Antoninus Pius. Noch Hadrian hatte ihn zu dessen Nachfolger bestimmt. Um Mark Aurel zeitig in die Politik einzuführen, ernennt Antoninus Pius ihn früh zum Konsul.

Als Kaiser versucht Mark Aurel, seine von seinen Lehrern übernommenen, seit früher Jugend gelebten philosophischen Grundsätze, die sich eng an die Schule der griechischen Stoa und deren Tugenden Wahrhaftigkeit und Gleichmut anlehnen, in die Regierungspraxis umzusetzen. Seine fast 20-jährige Regentschaft ist eine gute Zeit für das Römische Reich. Mark Aurel regiert umsichtig, das Reich bleibt im Innern und nach außen weitgehend stabil.

Doch schwere Krisen und auch die Ursachen für dessen späteren Verfall kündigen sich an: Die Christen gewinnen immer mehr Anhänger. Noch werden sie durch spontane und oft grausame Verfolgung unterdrückt. Von außen bedrohen fremde Völker das Reich. Die letzten zehn Jahre seiner Regentschaft verbringt Mark Aurel fast nur im Feldlager.

Dort verfasst er auch seine autobiografischen Monologe *Selbstbetrachtungen*. Das Werk zählt heute zur Weltliteratur und enthält philosophische Übungen und Richtlinien, die Mark Aurel für sich selbst aufstellt. Man könne nicht lehren, wie man recht leben soll, wenn man es nicht selber tut, hält er fest und ermahnt sich, die eigenen Grenzen, auch in der Urteilsfähigkeit, nie zu vergessen.

Die Regierungszeit von Mark Aurels Nachfolger Commodus bildet für den Geschichtsschreiber Cassius Dio den Übergang von einem »Goldenen Zeitalter« in eines von »Rost und Eisen«. Wie einst nach Nero folgt ein Vierkaiserjahr. Diesmal setzt sich Septimus Severus durch. Das militärische Element nimmt zu und wirft seinen Schatten auf die Ära der Soldatenkaiser voraus.

Diokletian und der Beginn der Spätantike

Diokletian
lebt von
ca. 240 bis 312

Die sechs Jahrzehnte während Zeit der seit 235 regierenden Soldatenkaiser sieht 24 Kaiser und noch mehr Gegenkaiser. Soldatenkaiser werden sie genannt, da sie sich in den Legionen hochgedient haben und ihre Macht vor allem auf ihre Soldaten stützen. Die sind es auch meist, die sie zum Kaiser ausrufen.

Diese unsichere Zeit überwindet erst Diokletian. Diokletian ist kein Römer, heißt eigentlich Diocles, stammt aus Illyrien im Westen der Balkanhalbinsel und wird in einfache Verhältnisse geboren. Er steigt im Militär zum Befehlshaber einer Gardeeinheit auf. 284 rufen ihn seine Soldaten zum neuen Kaiser aus. Auch er ist also erst einmal ein Gegen- und ein Soldatenkaiser. Als er im Jahr darauf den legitimen Kaiser Carinus besiegt, der danach von den eigenen Männern ermordet wird, ist er Alleinherrscher.

Anders als seine Vorgänger kann Diokletian seine Macht festigen, dies vor allem durch die Einrichtung der Tetrarchie, der Herrschaft von vier Kaisern, die den Teufelskreis der Ausrufung von Gegenkaisern durchbricht. Zunächst beruft er seinen alten Kameraden Maximian zum zweiten Kaiser, später ernennt er zwei erfahrene Soldaten, Constantius Chlorus und Galerius, zu untergeordneten Mitkaisern.

Diokletian gelingt es, die Grenzen des Reiches zu sichern, er reformiert das Heer, trennt die militärische und die zivile Verwaltung, führt ein Steuersystem ein und veranlasst eine Münzreform. Die Macht der Statthalter wird beschnitten. Denn fortan gibt es statt einiger großer viele kleine Provinzen. Wer Diokletians Anordnungen zuwiderhandelt, wird drastisch bestraft. Bei Missachtung der festgesetzten Höchstpreise droht die Hinrichtung.

Während Diokletians Regentschaft tritt der Einzelne hinter der Gemeinschaft zurück. Seine Porträts sind stilisiert und tragen keine individuellen Züge. Das alte Rom ist vergangen. Die Spätantike hat begonnen und an ihrem Anfang steht Diokletian.

Um 303 leitet er eine brutale Welle der Christenverfolgung ein. In der Nähe des heutigen Split, seinem Geburtsort, lässt er einen labyrinthartigen Palast errichten, in den er sich in seinen letzten Lebensjahren ab 305 zurückzieht. Er ist der einzige römische Kaiser, der freiwillig aus dem Amt scheidet.

Antonius, der Vater der Mönche

Antonius
lebt von
ca. 251 bis 356

Eine der Reaktionen auf die Christenverfolgung unter Kaiser Diokletian ist der Rückzug. In der Weite der Wüste des Nahen Ostens suchen einzelne Männer Zuflucht, um dort in der unwirtlichen Einsamkeit ihrem Glauben treu zu bleiben. Viele leben als Eremiten, manche finden sich zu Gemeinschaften zusammen.

Auch der Ägypter Antonius lebt in der Wüste. Nach dem Tod der Eltern verschenkt er den geerbten Hof und geht dorthin, »wo die Dämonen wohnen«. Zeitweise haust er in einer altägyptischen Grabkammer.

Viele, die Antonius in der unwirtlichen Einöde aufsuchen, berichten von Teufelsaustreibungen und Wunderheilungen. Schüler siedeln sich in seiner Nähe an. Wiederholt erscheint dem heiligen Mann der Teufel und versucht ihn in verschiedenen Gestalten von seiner Keuschheit abzubringen. Doch Antonius widersteht den Versuchungen und wird zu einem der Helden der Entsagung.

Um das Jahr 305 gründet er die erste christliche Einsiedlergemeinschaft. Sein Zeitgenosse und Landsmann Pachomios gründet die ersten Klöster. Als unter Konstantin die Christenverfolgungen ihr Ende finden, werden viele der in die Wüste geflüchteten christlichen Männer bei ihrer Heimkehr als Feiglinge beschimpft. Einige von ihnen beginnen nun die Entsagung von Familie und Frau zur Heldentat zu stilisieren und sich mit den ersten Märtyrern zu identifizieren. Seitdem gehört die Weltabkehr zu den Merkmalen des frühen Christentums; Antonius in seiner Askese ist ihr Vorbild. Entgegen seinem ausdrücklichen Wunsch erheben seine Anhänger seine sterblichen Überreste zu Reliquien.

Konstantin der Große verhilft dem Christentum zum politischen Aufstieg

Konstantin
der Große
lebt von
ca. 280 bis 337

Als einer von Diokletians Nachfolgern, Kaiser Constantius I., im Juli 306 stirbt, bedrohen Ansprüche verschiedener Heerführer auf den Kaisertitel das Machtgefüge der Tetrarchie. Bei der Kaiserkonferenz im Jahr 308 in Carnuntum an der Donau versucht der Pensionär Diokletian zwischen den Fronten zu vermitteln. Vergeblich.

Zwischen Konstantin, dem Sohn und Nachfolger von Constantius, und seinem Mitkaiser Maxentius kommt es 312 im weströmischen Teil des Reiches zum Krieg und in der Schlacht an der Milvischen Brücke vor den Toren Roms zum Entscheidungskampf. Konstantin soll in der Mittagssonne am Himmel ein Kreuz erschienen sein, auf dem zu lesen stand: »In diesem Zeichen wirst du siegen!« Konstantin siegt tatsächlich.

Ein Jahr später verfügt Konstantin mit Licinius, einem der beiden Kaiser des Ostteils des Reiches, im Toleranzabkommen von Mailand die Duldung des Christentums im ganzen Römischen Reich. Es ist eine Erweiterung des von Kaiser Galerius bereits 311 erlassenen Toleranzedikts, dem auch der besiegte Rivale Maxentius zugestimmt hatte. Daher war die Schlacht an der Milvischen Brücke kein Kampf um Wohl und Wehe des Christentums.

Nachdem Licinius im Ringen um den Ostteil des Reiches über den zweiten Kaiser Maximus Daja siegt, wird er im Jahr 324 bei Adrianopel von Konstantin geschlagen.

Konstantin, nun alleiniger Kaiser in einem geeinten Reich, verlegt aus machtpolitischen Gründen seinen Regierungssitz von Rom in den Osten nach Byzantion, dem heutigen Istanbul, und macht es zur neuen Hauptstadt Konstantinopel. Vor allem im Osten nutzt der Kaiser das Christentum und dessen Expansionswillen zur Machtsicherung. Er erhebt es quasi zur Staatsreligion, Bischöfen verleiht er richterliche Befugnisse. Bei dem von ihm geleiteten Konzil von Nicäa wird im Jahr 325 die Lehre von der Dreifaltigkeit (wonach Gott, Jesus und der Heilige Geist von gleichem Wesen sind) zum Kirchendogma. Im Westen des Reiches hingegen bekennt sich Konstantin nicht offen zum Christentum. Er nimmt Rücksicht auf die noch immer mächtigen alten römischen Riten. Erst auf dem Sterbebett lässt er sich taufen.

Trotz der politischen Einigung des Römischen Reiches beginnt nun die tiefe kulturelle und religiöse Spaltung in eine west- und oströmische Sphäre. Nach Konstantins Tod teilen seine drei Söhne als Konstantin II., Constantius II. und Constans das Reich untereinander auf.

Theodosius I. der Große und die endgültige Teilung des Römischen Reiches

Theodosius I. der Große lebt von 347 bis 395

Im Jahr 378 verliert der oströmische Kaiser Valens die Schlacht bei Adrianopel und sein Leben gegen die Westgoten, die sich unter ihrem Anführer Fritigern auf der Flucht vor den Hunnen befinden. Im Römischen Reich spürt man, dass man den von Osten eindringenden Völkern nicht mehr standhalten kann.

Der weströmische Kaiser Gratian ernennt den Heerführersohn und General Theodosius, einen Spanier aus christlicher Familie, zu Valens' Nachfolger. Im Jahr 382 schließt er Frieden mit den Eindringlingen, worauf sich erstmals Goten im römischen Herrschaftsgebiet ansiedeln. Als sogenannte Föderaten sind sie zum Wehrdienst im Reich verpflichtet. Jahrzehnte später werden sie in der Schlacht auf den Katalaunischen Feldern 451 helfen, den Ansturm der Hunnen unter Attila zu stoppen.

Anders als die meisten seiner christlichen Vorgänger, die mit dem Arianismus sympathisierten, der nur Gottvater als Gott sieht und eine Dreifaltigkeit verwirft, bekennt sich Theodosius 380 in dem Dreikaiseredikt *Cunctus populos* ausdrücklich zum Glauben des Konzils von Nicäa und macht diesen damit zur Staatsreligion, was das Erste Konzil von Konstantinopel im Jahr darauf bekräftigt.

Im Jahr 389 befiehlt Theodosius dem Bischof von Alexandria, alle heidnischen Monumente zu zerstören. Fast alle Schriften der berühmten Bibliothek werden wohl vom christlichen Mob vernichtet. Unter dem Einfluss des Mailänder Bischofs Ambrosius, durch den zu jener Zeit Augustinus von Hippo zum Glauben findet, verbietet Theodosius alle heidnischen Zeremonien, wozu auch die Olympischen Spiele gehören, die vermutlich 393 zuletzt ausgetragen werden.

Als sein Mitkaiser Gratian 394 stirbt, gelingt es Theodosius, den neuen Westkaiser Eugenius zu besiegen. So ist er von September 394 bis Januar 395 für wenige Monate der letzte Alleinherrscher des Römischen Reiches.

Theodosius verfügt nun aber die Aufteilung des Reiches nach seinem Tod. Die Reichsteilung 395 auf seine Söhne Arcadius und Honorius bedeutet die endgültige Aufspaltung in Weströmisches und Oströmisches Reich. Letzteres wird als Byzantinisches Kaiserreich noch über 1000 Jahre bestehen. Ersteres geht im Chaos der Völkerwanderung schon acht Jahrzehnte nach der Reichsteilung unter. Dort werden die römische Kirche und christliche Fürsten, beginnend mit Karl dem Großen, vier Jahrhunderte später das Kaisertum unter völlig anderen Bedingungen erneuern.

Das religiöse Auseinanderdriften von Ost und West mündet im Jahr 1054 im Morgenländischen Schisma, der Spaltung der Kirche in die römisch-katholische Kirche im Westen und orientalisch-orthodoxe Kirche im Osten.

Augustinus von Hippo und der Gottesstaat

Augustinus von Hippo lebt von 354 bis 430

Ambrosius, Hieronymus und Augustinus. So heißen die wichtigsten Kirchenväter der katholischen Kirche. Sie alle werden um die Mitte des 4. Jahrhunderts geboren.

Im nordafrikanischen Thagaste kommt mit Augustinus 354 der vielleicht Bedeutendste dieser drei Männer zur Welt. Seine Mutter Monica ist eine strenggläubige Christin, der Vater ein heidnischer Bauer. Trotz ihrer Armut ermöglichen die Eltern ihrem Sohn eine gute Ausbildung und ein Studium. Doch zum Kummer seiner Mutter führt Augustinus als Student der Rhetorik ein ausschweifendes Leben, zeugt einen unehelichen Sohn und hat mit dem Christentum nichts im Sinn. Der junge Augustinus bewundert Ciceros Schriften, aus denen ihn später vor allem die Ethik inspirieren wird.

Als er als Lehrer der Redekunst an den kaiserlichen Regierungssitz in Mailand geht, lernt er Bischof Ambrosius kennen. Der beeindruckt ihn so tief, dass er sich fortan unter dessen Anleitung intensiv mit der Bibel beschäftigt. Nach einem Bekehrungserlebnis entsagt Augustinus der Ehe, dem Beischlaf und seinem Beruf. Ostern 387 lässt er sich mit seinem Sohn taufen.

Augustinus kehrt nach Nordafrika zurück, lebt dort einige Jahre in einem Kloster und empfängt 391 die Priesterweihe. Seit 395 Bischof von Hippo Regius (dem heutigen algerischen Annaba), stemmt er sich gegen die allgemeine Endzeitstimmung jener Jahre. Es ist die Zeit der Völkerwanderung, in der die Hunnen, aus Asien kommend, die ost- und mitteleuropäischen Goten, Burgunder, Vandalen, Markomannen und Langobarden durch Europa treiben. Die Vandalen kommen zunächst bis Spanien, die Langobarden bis Italien. Die Angeln und Sachsen fallen in England ein.

Augustinus verfasst mehr als 100 Werke. In den berühmten *Confessiones* erzählt er sein Leben; bis 426 entsteht *De civitate dei*, worin er die Welt erklären und neue Wege aufzeigen will. Im Mittelpunkt seines Werkes steht der ewige Gegensatz zwischen dem vollkommenen Reich Gottes und dem irdischen Reich der Menschen, in dem das Böse zu finden ist. Die Geschichte, davon ist Augustinus überzeugt, läuft auf das Reich Gottes zu. Daraus leitet die katholische Kirche über Jahrhunderte ihren Anspruch auf Vorrang vor der weltlichen Macht von Staaten, Kaisern und Königen ab.

Augustinus stirbt während der Belagerung von Hippo Regius durch die Vandalen unter Geiserich, die von Spanien übersetzend in Nordafrika ein Reich aufbauen, das fünf Jahrhunderte bestehen wird, mit Karthago als Hauptstadt.

Leo I. der Große, der Bischof von Rom als Stellvertreter Christi

Leo I. der Große lebt von ca. 400 bis 461

Als Geiserich und die Vandalen im Jahr 455 zwei Wochen lang Rom plündern und von dort unschätzbare Reichtümer über das Mittelmeer in ihr nordafrikanisches Reich schaffen, gelingt es Leo I. als römischem Bischof, den Vandalenführer von Gewaltanwendung weitgehend abzuhalten. Drei Jahre zuvor war die Stadt dank Leo von Attila und den Hunnen verschont geblieben. Vor Mantua hatte er sich dem hunnischen Heer entgegengestellt und Attila durch hohe Geldzahlungen zur Umkehr überredet.

Leo wird 440 einstimmig zum Bischof von Rom gewählt. Davor diente er mehreren seiner Vorgänger als Diakon. Seinerzeit betonen die Bischöfe von Rom nachdrücklich ihre Vorrangstellung gegenüber anderen Patriarchen der Kirche, etwa denen in Antiochia, Jerusalem oder Alexandria. Sie begründen das vor allem damit, dass sie die Hüter über das Grab des Apostels Simon Petrus seien, den Jesus zu seinem Nachfolger ernannt hatte.

Der römische Bischof Siricius, vor Leo von 384 bis 399 im Amt, nennt sich erstmals *Papa* (»Papst«).

Leo ist ein mitreißender Prediger und außergewöhnlicher Stilist. Das zeigt sich insbesondere in seinen zahlreichen Briefen, in denen er das christliche Denken verbreitet. Er kämpft für die Einheit der Kirche, kann aber im Konzil von Chalkedon im Jahr

451 den Machtanspruch Roms nicht entscheidend gegen das Partiarchat von Konstantinopel durchsetzen. Die spätere Spaltung in orthodoxe Ost- und katholische Westkirche ist wieder ein Stück näher gerückt. Aber Leo unterstreicht unmissverständlich, dass er als Bischof von Rom Nachfolger von Simon Petrus und damit Oberhaupt der gesamten Kirche sei. Der Symbolik nicht genug, gibt er sich als erster Patriarch der Stadt den Titel *Pontifex Maximus*, »oberster Brückenbauer«. Kaiser Theodosius überlässt ihm diesen Titel aus der Römischen Republik, den bereits Julius Caesar zwischenzeitlich trug.

So gelingt es Leo in einer äußerst unsicheren Zeit, die Vorrangstellung des Bischofs von Rom als Papst der Kirche durchzusetzen. Als einziger Papst neben Gregor I. erhält er den Beinamen »der Große«.

Attila
lebt von
ca. 410 bis 453

Attila und die Hunnen erzwingen die Völkerwanderung und verändern Europa

Um 375 brechen die Hunnen, vermutlich nomadische Turkvölker, im Osten Europas ein und verdrängen vor allem die Germanen in den Westen des Kontinents.

Einer ihrer Herrscher wird im Jahr 434 Attila, zusammen mit seinem Bruder Bleda. Tobsüchtig soll Attila sein, unnachgiebig in Verhandlungen, beutegierig und grausam. 445 tötet er Bleda. Attila geht es nicht um Eroberung und Machtentfaltung in einem zu sichernden Reich, sondern um Raub und Plünderung. Der Kernraum des Hunnenreiches, das sich zwischenzeitlich vom Kaspischen Meer bis zur Ostsee und den Alpen erstreckt, liegt in der ungarischen Tiefebene. Am Fluss Theis errichtet Attila sein Hauptlager. Zum Weströmischen Reich pflegt er zunächst gute Beziehungen, wie auch mit dem Heermeister Flavius Aëtius, der den Großteil seiner Jugend als Geisel bei den Westgoten und dann bei den Hunnen verbracht hat. Als Kinder sind sie Freunde gewesen. Dank hunnischer Hilfstruppen wird Aëtius einer der mächtigsten Männer im allmählich zerfallenden Römischen Reich. In der Region von Worms zerstört dieser »letzte Römer« mithilfe der Hunnen 436 das Burgunderreich, das zum historischen Kern des späteren *Nibelungenlieds* wird, in dem Attila als König Etzel (deutsch »Väterchen«) erscheint.

Das Oströmische Reich zahlt Tribute an Attila, verweigert diese aber eines Tages. Attila greift zu den Waffen und dringt mit seinen Horden im Jahr 451 in Gallien ein. »Die Geißel Gottes«, wie er sich selbst nennt, kommt bis zur Loire. Dort stellt sich ihm Aëtius entgegen, der ihn mit einem Heer aus weströmischen Soldaten, angesiedelten Westgoten und mehreren anderen Völkergruppen besiegt. Jene Schlacht auf den Katalaunischen Feldern fand vermutlich in der Nähe des heutigen nordostfranzösischen Châlons-en-Champagne statt. Der besiegte Hunnenherrscher macht kehrt und plündert im Jahr darauf mehrere Städte im Norden Italiens. Die Kräfte seiner Truppen aber sind erschöpft. So fällt ihm die Entscheidung wohl nicht schwer, als ihm Papst Leo I. im Jahr 452 ein hohes Lösegeld bietet, um vom Weitermarsch auf Rom abzusehen.

Im Jahr darauf stirbt Attila plötzlich in der Nacht der Hochzeit mit der schönen Gotin Ildikó. Vielleicht ist es Mord. Das Reich der Hunnen, die Europas Geschichte eine dramatische Wendung gegeben haben, löst sich auf. In Ungarn ist Attilas Name wie auch der Ildikós noch immer populär.

Der ehrgeizige und zu mächtig gewordene Aëtius wird nach Attilas Tod auf Geheiß des weströmischen Kaisers Valentinian III. bei einer Audienz ermordet.

Theoderich der Große: Neubeginn nach dem Ende des Römischen Reichs

Theoderich der Große lebt von ca. 451 bis 526

Dies ist der Prolog zu Theoderichs Taten: Das Volk der ostgermanischen Goten spaltet sich in West- und Ostgoten. Die Namen haben nichts mit den Himmelsrichtungen zu tun. Die Ostgoten (*Ostrogothi*, »glänzende Goten«), die sich im Norden des Schwarzen Meeres ansiedeln, erobern unter ihrem König Ermanarich große Landstriche, werden aber 375 von den Hunnen unterworfen. Die Westgoten (*Visigothi*, »edle Goten«) sickern in der ersten Hälfte des 3. Jahrhunderts nach Süden wandernd in den Donauraum ein. Um 395 erscheinen sie in Dalmatien, wenige Jahre später im Norden Italiens. Die Römer rufen ihre Truppen aus dem fernen Britannien zurück, um die Hauptstadt zu schützen. Es hilft wenig. 410 plündert Alarich mit seinen westgotischen Kampfgefährten die Stadt. Schon neun Jahre zuvor hat der weströmische Kaiser Honorius seine Residenz in das wegen der umgebenden Sümpfe als uneinnehmbar geltende Ravenna verlegt.

Theoderich (der Dietrich von Bern im *Nibelungenlied*) verbringt als junger Königssohn der Ostgoten zehn Jahre als Geisel am Hof des oströmischen Kaisers Leo I. in Konstantinopel. 488 zieht er angeblich im Auftrag des oströmischen Kaisers Zenon mit 100 000 Menschen, darunter 20 000 Krieger, nach Italien.

Es geht gegen Rom und gegen die neue Hauptstadt Ravenna, wo der Heerführer Odoaker vom ostgermanischen Stamm der Skiren residiert, der am Hofe Attilas aufgewachsen sein soll. Odoaker hat den letzten weströmischen Kaiser Romulus Augustulus 476 abgesetzt, den kaiserlichen Ornat nach Konstantinopel gesendet und nennt sich »König von Italien«. Das Weströmische Reich existiert nicht mehr.

Theoderich belagert Ravenna zwei Jahre lang. 493 versucht Odoaker in der sagenumwobenen Rabenschlacht vergeblich den Ausbruch. Ein anschließendes »Friedensmahl« nutzt Theoderich, um Odoaker eigenhändig zu ermorden. Auch dessen Familie bleibt nicht verschont.

Als Stellvertreter des oströmischen Kaisers – 491 war auf Zenon Anastasios I. gefolgt – errichtet Theoderich nun in Italien und entlang des Balkans ein Reich der Ostgoten. Er behält die römische Verwaltung bei, toleriert den katholischen Glauben und verschafft durch seine Regierungszeit dem von jahrelangen Verheerungen geschundenen Land einen neuen Aufschwung.

Nach Theoderichs Tod zerfällt das ostgotische Reich um 550 unter dem Ansturm der oströmischen Truppen Kaiser Justinians I. Seine Herrschaft, in der es zu einer Verschmelzung germanischer und römischer Kultur kommt, gilt als letzte goldene Epoche der Spätantike.

Chlodwig I. legt den Grundstein für das christliche Abendland

Chlodwig I.
lebt von
466 bis 511

Im Laufe der Jahre wird Chlodwig I. zum hartnäckigsten Konkurrenten von Theoderich, dem Herrscher über das Ostgotenreich. Die beiden stehen an der Spitze der zwei Imperien, die in Mitteleuropa nach dem Ende des Römischen Reiches entstehen.

Chlodwig gehört dem Volk der Franken an, was wörtlich die »Kühnen« oder die »Freien« bedeutet und im 2. Jahrhundert aus dem Zusammenschluss mehrerer westgermanischer Stämme am Niederrhein hervorgeht. Aus dem Haus der Merowinger stammend, erbt Chlodwig 482 von seinem Vater Childerich I. die Königswürde des kleinen Reiches der Salfranken, worauf er den letzten römischen Teil Galliens besetzt und grausam alle Gegenspieler beseitigt. In der Schlacht bei Zülpich unterwirft er 496 die Alemannen.

Historiker streiten, ob Chlodwig sich vor dieser Schlacht hat taufen lassen oder danach. Angeblich schwört er während des Gemetzels, im Falle seines Sieges zum katholischen Glauben überzutreten. Doch es sind am Ende wohl vor allem politische Gründe und der Einfluss seiner katholischen Frau, der Burgunderprinzessin Chlothilde, die ihn zum Christentum bringen.

Getauft wird Chlodwig vom katholischen päpstlichen Bischof Remigius von Reims – und er wird der neue Schutzherr des Papstes. 509 macht er Paris zur neuen Hauptstadt und zum Regierungssitz, weil es besonders verkehrsgünstig liegt und eine schnelle Verbindung in die steuerlich wichtigen Gegenden des Reiches bietet. Chlodwig ist der Gründer des Fränkischen Reichs, das seine größte Machtentfaltung unter Karl dem Großen erleben wird. Die unter dem Frankenherrscher übliche Taufe im Stammesverband beschleunigt die Christianisierung im Europa nördlich der Alpen. Germanische und römische Bevölkerung wie auch Kultur beginnen miteinander zu verschmelzen. Die Spätantike geht in das Frühmittelalter über.

Chlodwigs kirchliche Legitimierung seines Königtums markiert den Anfang der engen Verbindung von Königen, Kaisern und Päpsten, aus der sich ein Kampf um den Vorrang der politischen Macht entwickelt, der die nächsten Jahrhunderte in Mitteleuropa prägen wird.

Benedikt von Nursia, Vater des Klosterwesens

Einer der hohen Beamten und Gelehrten, die während der Regierungszeit Theoderichs des Großen ausgleichend zwischen den Volksgruppen der Ostgoten und der alteingesessenen Römer wirken, ist Benedikt von Nursias Zeitgenosse Cassiodor. Der

Benedikt von Nursia lebt von ca. 480 bis 547

gründet im Jahr 554 in Kalabrien das Kloster Vivarium und gibt den Mönchen dort den Auftrag, antike Schriften zu sammeln und abzuschreiben, denn die großen Bibliotheken wie die in Alexandria oder die in Pergamon existieren nicht mehr. Wann und wie sie in der Spätantike zerstört wurden, darüber streiten die Historiker. Weitere Gründe für die dramatischen Bücherverluste in der Zeit der Völkerwanderung sind neben Zerstörung vor allem die Beseitigung »heidnischer« Schriften durch die Christen, aber auch die Verrottung von alten Papyri. Klöster gibt es bereits seit Pachomios, der um 325 die erste Klostergemeinschaft gründet. Doch sie alle bestehen mehr oder minder für sich isoliert und unterliegen keinen gemeinsamen Ordensregeln. Während Cassiodor als Gründer der Klosterbibliotheken gelten kann, muss man Benedikt von Nursia als Vater des Klosterwesens bezeichnen. Benedikt organisiert das Leben in den Klöstern und unterwirft es festen Regeln.

Man weiß nicht viel über die historische Person. Papst Gregor I., der Große, befragt nach Benedikts Tod einige seiner Schüler zu dessen Leben. Diese berichten, Benedikt sei in seiner Jugend nach Rom geschickt worden, wo er von dem ausschweifenden Leben so schockiert gewesen sei, dass er sich in die Hügel vor der Stadt zurückzog und einige Jahre in einer Höhle lebte, in die ihm jeden Tag ein Mönch mit einem Seil ein Brot hinabließ.

Bald spricht sich herum, Benedikt sei ein heiliger Mann. Askese und Eremitendasein sind in jenen Tagen sehr hoch angesehen. Man bittet ihn, ein Kloster zu gründen, er legt aber so strenge Regeln an, dass einige der Mönche versuchen, ihn zu vergiften.

Im Jahr 529 zieht Benedikt nach Süden und gründet auf dem Berg Monte Cassino zwischen Rom und Neapel ein neues Kloster. Für die Klostergemeinschaft verfasst er sein berühmtes Regelwerk, die *Regula Benedicti*. Besitzlosigkeit und Keuschheit gehören für ihn ebenso zum Leben eines Mönchs wie ein geregelter Tagesablauf mit klar terminierten Gebetsstunden. Benedikts Regeln werden in der nie explizit von ihm niedergeschriebenen Maxime *Ora et labora!* (»Bete und arbeite!«) zusammengefasst. Körperliche Arbeit wird nun zur frommen Tat.

Papst Gregor I. fördert das benediktinische Mönchtum. Klöster verbreiten sich im Fränkischen Reich bis hinüber nach England. Durch ihre Vordenker Benedikt und Cassiodor werden sie zu Zentren der Bildung, des Denkens, der Philosophie und der Wissenschaft des beginnenden christlichen Abendlandes.

Justinian I., das Byzantinische Reich und das abendländische Recht

Justinian I.
regiert von
527 bis 565

Für viele markiert das Jahr 529 einen historischen Wendepunkt. Während Benedikt von Nursia sein Kloster in Monte Cassino gründet, veranlasst der christliche oströmische Kaiser Justinian I. in Athen die Schließung der seit über 900 Jahren bestehenden Akademie Platons.

Justinian residiert in Konstantinopel, ist der letzte oströmische Kaiser, dessen Muttersprache Latein ist, und versucht mit aller Macht, das Römische Reich im gesamten Mittelmeerraum wieder aufzubauen. Insbesondere das zerfallene Weströmische Reich will er restaurieren. Doch er setzt dabei neue Akzente. So lässt Justinian mit der Hagia Sophia die für lange Zeit größte Kirche des Christentums errichten. Gleichzeitig zerschlägt er letzte Reste des alten römischen Staatswesens, schafft unter anderem das Amt des Konsuls ab und stützt das Kaisertum nun endgültig auf eine von Gottes Gnaden gegebene Macht. Die Auffassung des Kaisers als »Erster unter Gleichen«, mit der Augustus einst das Kaiserreich begründete, ist passé.

Als Justinian im Jahr 532 während des gegen ihn in Byzanz ausgebrochenen Nika-Aufstandes kurz davor ist zu fliehen, überzeugt ihn seine Frau und kluge Beraterin Theodora zu bleiben. Justinians geniale Heerführer Belisar und Narses schlagen den Aufstand nieder und erobern danach für Justinian ein Reich, das in seinen Ausmaßen dem frühen römischen Weltreich ähnelt. Justinians Nachfolger, sein Neffe Justin II., verliert die meisten Gebiete zwar wieder, doch das Byzantinische Reich überdauert noch knapp 900 Jahre und geht erst endgültig unter, als Konstantinopel 1453 vor den Osmanen kapituliert.

Eine besondere Maßnahme Justinians wirkt noch weit länger und nachhaltiger als das Reich, das er regiert. Im Jahr 528 gibt er einer Gelehrtengruppe unter der Leitung seines Justizministers Tribonianus den Auftrag, die seit dem 5. Jahrhundert v. Chr. tradierte römische Rechtsprechung schriftlich zu sammeln. Das Konvolut wird bis 534 fertiggestellt, vieles davon gerät aber über die Jahrhunderte in Vergessenheit. Erst im 12. Jahrhundert entdecken Gelehrte in Bologna wichtige Teile wieder und bearbeiten sie für das Heilige Römische Kaiserreich. Das sieht sich in der römischen Tradition und braucht für die Verwaltung einheitliche Rechtsvorschriften. Die so entstehende Sammlung bürgerlichen

Rechts *Corpus iuris Civilis* wird die gesamte europäische Rechtsprechung bis ins 21. Jahrhundert mit Prinzipien wie *in dubio pro reo* (»im Zweifel für den Angeklagten«) und *bona fides* (»Treu und Glauben«) tief beeinflussen.

7. Das Frühmittelalter

Mohammed, der Gesandte Gottes

Mohammed lebt von ca. 570 bis 632

Viele lassen im Osten die Spätantike mit Justinians Tod enden. Andere geben noch einige Jahrzehnte hinzu und sehen die Expansion der islamischen Araber vom heutigen Saudi-Arabien aus als Beginn der Epochenwende.

Am Anfang des Islam steht Mohammed (»der Gepriesene«). Er stammt vermutlich aus einem angesehenen arabischen Stamm, verliert früh seine Eltern und wächst bei Verwandten auf. 595 heiratet er Chadidja, die wohlhabende Witwe eines Kaufmanns. Mohammed unternimmt ausgedehnte Handelsreisen, kommt in Kontakt mit Christen und Juden und hört von dem einen Gott, an den sie glauben.

Nach seinen Erzählungen erscheint ihm um das Jahr 610 in der Einsamkeit des Berges Hira der Erzengel Gabriel. Mohammed sei auserwählt, die Menschen zu bekehren und sie zum Glauben an den einen Gott Allah zu führen, teilt dieser ihm mit. Der Erzengel gibt Mohammed einen beschriebenen Stoff und befiehlt ihm zu lesen. Mohammed wird Prophet und Lehrer der neuen Religion des Islam.

Schon bald feindet man ihn in seiner Heimatstadt Mekka an, worauf er mit seiner Gefolgschaft im Jahr 622 die Flucht antritt. Mohammeds *Hedschra* nach Medina steht am Beginn der islamischen Zeitrechnung. In Medina soll ihm Allah den Koran Wort für Wort diktiert haben, in 114 der Länge nach geordneten Suren. Es ist die Botschaft vom barmherzigen und einzigen Gott, der über Ungläubige schrecklich richtet. Neben dem Koran wird der in der arabischen Mentalität wurzelnde »Hadith« zur Anleitung für das Handeln des gläubigen Muslims im Alltag.

Mohammed heiratet mindestens neun Frauen, bleibt politisches und geistiges Oberhaupt des Islam und dessen uneingeschränkte Autorität. Es gelingt ihm, die zerstrittenen Araberstämme unter seiner Führung zu einen und ein fanatisch kämpfendes Heer aufzubauen, mit dem er für den Glauben in den Krieg zieht. 630 erobert Mohammed Mekka. Die schon von Heiden verehrte Kaaba, ein würfelförmiges Steingebäude, das einen schwarzen Meteoriten beherbergt, macht er zum weltweiten Mittelpunkt des Islam.

Umar ibn al-Chattab, die Epoche der Kalifen und die Ausbreitung des Islam

Umar ibn al-Chattab

lebt von 592 bis 644

Als Mohammed 632 in Medina stirbt, hinterlässt er weder eine Nachfolgeregelung noch einen männlichen Erben. Die muslimischen Führer wählen nun Abu Bakr, einen Schwiegervater und Vertrauten Mohammeds, zu seinem Nachfolger. Dieser nennt sich *chalifat rasul Allah*: »Nachfolger des Gesandten Gottes«. Der Titel des Kalifen ist geboren.

Unter dem zweiten Kalifen Umar ibn al-Chattab (Omar) beginnt ab 634 die Ausbreitung des Islam. Umar, ein Kaufmann und Krieger aus angesehener Familie, ist zunächst ein erbitterter Feind der Muslime, wird aber 618 von seiner Schwester bekehrt und zu einem langjährigen Gefährten Mohammeds. Als Vertrauter des ersten Kalifen Abu Bakr folgt er diesem nach.

Schon zu Beginn von Umars Kalifat fallen fast zeitgleich arabische Armeen in Palästina, Ägypten und das Gebiet des heutigen Irak ein. In der entscheidenden Schlacht am Jarmuk in Jordanien im Jahr 636 besiegen sie die Truppen des Byzantinischen Reiches, erobern Syrien und beenden den christlich-römischen Einfluss im Nahen Osten. 638 erobert Umar Jerusalem, wo Mohammed auf einem Pferd seine Reise in den Himmel angetreten haben soll. Der Kalif Abd al-Malik lässt dort wenige Jahre später den Felsendom errichten und macht Jerusalem nach Mekka und Medina zum dritten wichtigen Heiligtum des Islam.

Im Jahr 642 lässt Umar in Alexandria die Verbrennung aller Schriften anordnen, die dem Koran angeblich widersprechen. Es ist der endgültige Todesstoß für die einst bedeutendste Bibliothek der Menschheit. Auf dem Zenit seiner Macht, auch weite Teile Persiens sind erobert, wird Umar 644 von einem persischen Sklaven ermordet.

Seine Nachfolger erobern Nordafrika und islamisieren auch die nordafrikanischen Berber und die schwarzafrikanischen Mauretanier (Mauren). Der muslimische Berber-Heerführer Tariq ibn Ziyad fällt mit Berber- und Maurentruppen zu Beginn des 8. Jahrhunderts in Spanien ein und vernichtet das Reich der Westgoten. Nun herrscht der Islam in einem Gebiet, das sich von Zentralasien bis nach Spanien erstreckt. Politisch sehr heterogen, da es sich in mehrere Staaten unterteilt, bleibt es durch die arabische Sprache, die auch die Sprache des Koran ist, in der jeder Muslim die Heilige Schrift lesen und zitieren können muss, kulturell vergleichsweise homogen.

Karl der Große und die Einheit des christlichen Europa

Karl der Große lebt von 747 bis 814

Die Franken stellen sich dem Ansturm des Islam entgegen. Fünfzehn Jahre vor der Geburt Karls gelingt es seinem Großvater Karl Martell 732 in der Schlacht von Tours und Poitiers, den Vormarsch der vordringenden muslimischen Arabertruppen zu stoppen. Karl Martell ist kein Fürst, sondern Hausmeier, und damit der eigentlich mächtigste Mann im Frankenreich, der das wichtigste Amt am Hofe bekleidet, über dem nur noch die Königswürde als höchster erreichbarer weltlicher Titel steht. Sein Sohn Pippin III. lässt sich daher auch zum König der Franken krönen. Ihm folgt Karl im Jahr 768 gemeinsam mit dem jüngeren Bruder Karlmann.

Als Karlmann 771 stirbt, wird Karl zunächst Alleinherrscher. Er sichert seine Reichsgrenze im Südwesten gegen die Araber, und wie sein Ahnherr Chlodwig kommt er dem Papst in Rom zu Hilfe. Karl besiegt die Langobarden, nennt sich ab 774 auch deren König, übernimmt die Schutzherrschaft über den Kirchenstaat und dehnt seine Macht auf nahezu ganz Italien aus.

In blutigen Feldzügen verleibt Karl dem Reich im Osten das Gebiet der heidnischen Sachsen ein und lässt 782 beim sogenannten Blutgericht in Verden einen großen Teil des sächsischen Adels enthaupten. Es sollen über 4500 Männer gewesen sein. 788 wird Bayern ins karolingische Reich eingegliedert.

In der Zeit Karls entsteht in Mitteleuropa, vor allem aber im Frankenreich aus altem germanischen Gefolgschafts- und tradiertem römischen Klienteldenken der Feudalismus: Karl vergibt Lehen und Güter an treue Gefolgsleute und an die Kirche und nimmt sie in die Verwaltungspflicht, um seine Macht zu festigen. Begünstigt wird die schnelle Ausbreitung dieses Feudalsystems von der politischen Schwächung der Städte während der Völkerwanderung und von Heerführerinteressen, die ihre Gefolgschaft binden müssen.

Im Jahr 800 lässt Karl sich von Papst Leo III. zum Kaiser krönen. Sein Großvater war Hausmeier gewesen, der Vater König. Karl ist Kaiser. Er steht auf dem Höhepunkt seiner Macht. In einem Gebiet, das einst zum Weströmischen Reich gehörte, begründet er das Gegengewicht zum byzantinischen Kaisertum. Amts- und Kirchensprache ist Latein.

Karls Regierungszeit wird zur Epoche der »karolingischen Renaissance«. Kunst, Wissenschaft und Bildung blühen auf, insbesondere durch die Erneuerung und Stärkung des Klosterwesens. Sein Reich regiert Karl ohne feste Hauptstadt. Er reist von Pfalz zu Pfalz.

Das Frankenreich Karls des Großen, das nach dem Ende des römischen Imperiums das größte Staatsgebiet in Mitteleuropa umfasst, wird Europa im Mittelalter entscheidend prägen.

Otto I. der Große und das Heilige Römische Reich Deutscher Nation

Otto I.
der Große

lebt von
912 bis 973

Otto I. hat mit der Teilungsfreudigkeit seiner Vorfahren zu kämpfen. Jahrzehnte vor seiner Geburt haben im Jahr 843 die drei überlebenden Enkel Karls des Großen und Söhne Ludwigs I., des Frommen, in dem Vertrag von Verdun die Teilung des Fränkischen Reiches beschlossen. Karl der Kahle erhält das Westfrankenreich, aus dem Frankreich entsteht, Ludwig der Deutsche bekommt das Ostfrankenreich, aus dem das Heilige Römische Reich Deutscher Nation, das spätere Deutschland, hervorgehen wird, Lothar I. fällt das Mittelreich zu. Das teilt er unter seinen Söhnen auf, weshalb schließlich die Reste des zusammengeschrumpften Gebietes als Lothringen zum Zankapfel zwischen Frankreich und Deutschland werden. Das Kaiserreich Karls des Großen zerfällt.

Otto wird 936 nach dem Tod seines Vaters Heinrich I. in Aachen mit einer Zeremonie, die an Karl den Großen anknüpft, zum König des Ostfrankenreichs erhoben. Gerade 24 Jahre alt, muss er nun gegen seine adeligen Gegenspieler kämpfen. Er unterwirft die widerspenstigen Herzöge der Franken, Bayern und Lothringer und ersetzt sie durch Familienmitglieder. Mit seinem »ottonischen Regierungssystem« überträgt er, ganz wie einst Karl der Große, zur Festigung seiner Macht Verwaltungsaufgaben an Kirche, Klöster und Bischöfe und stattet sie im Gegenzug mit Besitz und Hoheitsrechten aus. Um die Reichsgrenzen zu festigen, richtet er, wie etwa in Magdeburg, neue Bistümer ein. Auch Otto zieht es in Feldzügen nach Italien, wo er an Macht gewinnt. Durch die Ehe mit der Königswitwe erhält er 951 den Thron der Langobarden. Als Otto vier Jahre darauf in der Schlacht auf dem Lechfeld einen überwältigenden Sieg über die seit Jahrzehnten das Reich bedrängenden Ungarn erringt, ist seine herausragende Stellung und Hegemonie in Mitteleuropa gesichert. Den Höhepunkt seiner Regentschaft erreicht er 961 mit seinem Heereszug nach Rom. Papst Johannes XII., bedroht vom italienischen König Berengar II., hat ihn zu Hilfe gerufen. Otto zieht in Rom ein, Berengar zieht sich zurück und der Papst krönt Otto zum Kaiser.

So ist 150 Jahre nach Karl dem Großen das abendländische Kaisertum wiederhergestellt. Um das konkurrierende Byzanz zu beschwichtigen, verheiratet Otto I. 972 seinen Sohn, den späteren Otto II., mit der byzantinischen Prinzessin Theophano.

Mit Otto I. erlebt das Heilige Römische Reich Deutscher Nation seinen Anfang und ersten Höhepunkt. Schon zu Lebzeiten nennt man ihn »den Großen«. Der Zusatz »Deutscher Nation« erscheint erstmals unter Albrecht II. im Jahr 1438.

Quetzalcoatl und die frühen Hochkulturen im mittleren Amerika

Quetzalcoatl lebt im 10. Jahrhundert

Von herausragenden Persönlichkeiten der frühen Hochkulturen Mittelamerikas geben historische Quellen vergleichsweise spärlich Auskunft. Ce Acatl Topiltzin Quetzalcoatl, der vermutlich zu jener Zeit lebt, in der in Mitteleuropa Otto I. das Heilige Römische Reich Deutscher Nation gründet, ist eine der wenigen Personen, die aus dem Dunkel der Geschichte heraustritt. Sein Beiname Quetzalcoatl ist der Name eines Gottes.

Die frühen Hochkulturen in Mittelamerika beginnen mit den ersten Siedlungen der Maya um 3000 v. Chr., deren Kultur noch immer fortdauert, als 1511 die ersten Spanier auf Yucatán landen. Zwischendurch entsteht und vergeht in der Region von 1500 bis 400 v. Chr. die Welt der Olmeken. Ihre eindrucksvollen monumentalen Steinköpfe sind erhalten.

Zwischen 100 und 650 n. Chr. ist Teotihuacán, gelegen im Gebiet des heutigen Staates Mexiko, die bedeutendste Metropole mit rund 200 000 Einwohnern. In der Stadt entstehen Paläste, Wohnkomplexe und Pyramiden. Um 750 wird sie aus ungeklärten Gründen verlassen. Zurück bleibt ein Machtvakuum, das im 10. Jahrhundert die Tolteken füllen. Sie bringen den Obsidianhandel, einst Quelle des Reichtums von Teotihuacán, unter ihre Kontrolle. Obsidian ist ein vulkanisches Gesteinsglas, aus dem vor allem Schmuck gefertigt wird. Zu Klingen geschliffen, setzen die Azteken Obsidian auch auf ihren Hiebwaffen, den Obsidianschwertern, ein.

Ce Acatl Topiltzin Quetzalcoatl ist der Sohn des Toltekenherrschers Mixcoatl, der die Hochebene des Tals von Mexiko erobert und später von einem seiner eigenen Soldaten ermordet wird. Quetzalcoatls Mutter stirbt bei der Geburt. Ab 980 regiert er als Priesterkönig in der Hauptstadt Tollán (später hispanisiert zu Tula). Quetzalcoatl läutet ein Goldenes Zeitalter ein, reformiert die Religion, indem er die Menschenopfer abschafft, und setzt auf ethische Ideale wie die Hingabe an die Natur und das Höhere im Menschen. Das Streben nach Schönheit und gesellschaftlicher Harmonie wird zur Triebkraft des sozialen und kulturellen Lebens.

Schließlich, so heißt es, sei Quetzalcoatl von Dämonen heimgesucht worden und habe mit Gefolgsleuten die Stadt verlassen. Dann entschwindet er über das Meer, berichtet eine Version der Legende. Laut dem *Kodex Chimalpopoca* soll er 53 Jahre alt geworden sein.

Auch die Tolteken verschwinden wieder aus der Geschichte. Ebenso ergeht es der hoch entwickelten Kultur der Maya mit ihren zahlreichen bedeutenden Städten wie Chichén Itzá und Tikal, die um das 9. Jahrhundert einen plötzlichen Niedergang erfährt. Liegen die Ursachen in Kriegen oder Naturkatastrophen? Man rätselt.

Wladimir I. der Heilige und das Christentum in Russland

Wladimir I. der Heilige lebt von ca. 956 bis 1015

Wladimirs Vater Swjatoslaw I. ist Fürst der Rus, des Volkes, das das heutige Russland in seinem Namen trägt. Er steht mit Kaiser Otto I. in diplomatischem Kontakt. Sie haben den gleichen Gegner: Byzanz.

Die Herkunft der Rus ist umstritten. Vor allem russische Forscher halten sie für Slawen, andere Theorien vermuten in ihnen eingewanderte Wikinger (Waräger). Der mythische warägische Fürst Rurik begründet laut Überlieferung im Jahr 862 in der blühenden Handelsstadt Nowgorod die Dynastie, auf deren Herkunft sich die Fürsten des Kiewer Rus-Reiches berufen, weshalb sie auch Rurikiden genannt werden.

Wladimir ist das Kind der Liaison seines Vaters Swjatoslaw mit einer Hofdame. In Wladimirs Kindheit dehnt dieser das Kiewer Rus-Reich durch die Eroberung des Khanats der Chasaren nach Osten bis an den Don und an die Ostküste des Asowschen Meeres aus. Im Jahr 969 entsendet er den 13-jährigen Wladimir als Fürst nach Nowgorod, wo er zunächst unter der Vormundschaft seines Onkels residiert. Kurz darauf gerät Swjatoslaw bei seinen Eroberungszügen in Bulgarien in Konflikt mit dem Byzantinischen Reich unter Kaiser Johannes I. Tzimiskes und muss schließlich in einem Friedensvertrag 971 die bulgarischen Eroberungen an Byzanz abtreten. Bei seinem Rückzug versäumt Swjatoslaw, die Durchzugsgenehmigung beim Khan der türkischen Petschenegen einzuholen. Der lässt ihn töten und aus seinem Schädel einen Trinkbecher anfertigen.

Nun streitet Wladimir mit seinen Brüdern um die Nachfolge. Zwischenzeitlich flieht er nach Schweden, kann aber letztlich dank eines Söldnerheeres aus Warägern 979 die Alleinherrschaft erringen. Von Kiew aus festigt er das Reich im Innern, nach außen sichert er es gegen Bedrohungen durch die Polen, die Wolgabulgaren und Reiternomaden. Um sich militärische Unterstützung zu sichern, heiratet Wladimir 988 die Schwester des byzantinischen Kaisers Basileios II. Bulgaroktonos. Die Heirat ist ihm so wichtig, dass er die ihm gestellten Bedingungen erfüllt: Er lässt sich taufen und führt in seinem Reich das Christentum unter anderem durch eine Massentaufe im Dnjepr ein. Zwar war bereits seine Großmutter getaufte Christin, doch erst unter dem unreligiösen Wladimir, der mehrere Ehefrauen und Hunderte von Mätressen hat, verbreiten sich das griechisch-orthodoxe Christentum und die byzantinische Kultur in Russland. Wladimir wird heute als Heiliger verehrt.

Avicenna
und die Blütezeit der islamischen Wissenschaft

Der vielleicht bedeutendste islamische Wissenschaftler ist der Perser Ibn Sina, latinisiert lautet sein Name Avicenna.

Islamische Gelehrte erkennen im Frühmittelalter den Wissensschatz anderer Völker und der Antike und wollen sich diesen aneignen. Sie bedienen sich der indischen Mathematik und übersetzen die Werke der griechischen Denker in ihre Sprache. Vor allem persische Gelehrte befruchten die Wissenschaft, persische Beamte stärken die Verwaltung. Persisch ist häufig Verkehrssprache an Höfen von muslimischen Fürsten.

In Bagdad bringt um 825 der persische Gelehrte Al-Chwarizmi – nach ihm ist die Bezeichnung Algorithmus benannt – der arabischen Welt die indische Zahlenschreibweise näher und führt so die Dezimalzahlen und die Null als Ziffer ein (im indischen Sanskrit ist »Ziffer« die Bezeichnung für die Null). Auch das Wort Algebra verdanken wir Al-Chwarizmi. Es ist abgeleitet von dem Titel seines Werkes *Al dschebr Walmukala* (»Über das Einrichten von Gleichungen«).

So wie später das Christentum, ringt der Islam in jener Zeit um das Verhältnis von Glauben und Wissen. Das Denken des Aristoteles soll mit dem Koran in Einklang gebracht, der Islam so zum Hort der Philosophie werden. Der Arzt, Theologe, Astronom und Philosoph Avicenna wird zum bedeutendsten Kopf dieser Entwicklung.

Geboren im heutigen Usbekistan als Sohn eines persischen Gouverneurs, führt er bereits mit 16 Jahren den Titel eines *Hakim*, eines »Weisen Mannes«. Der junge Arzt ist wissensdurstig, schläft kaum, liest alles, was er in die Finger bekommt, und da er in den Diensten des Fürsten von Buchara steht, kann er auf dessen Bibliothek zugreifen.

Avicenna ist 17 Jahre alt, als er die *Metaphysik* des Aristoteles liest. Konsterniert darüber, dass er nichts versteht, liest er sie schließlich über vierzigmal. In seiner eigenen Philosophie verbindet er das Denken des Aristoteles mit dem des von Plotin im 3. Jahrhundert begründeten Neuplatonismus, der an Platons Ideen anknüpft und diese weiterführt. Avicenna entwickelt beides weiter. Seine umfangreichen in Arabisch verfassten Schriften, die fast alle in lateinischer Übersetzung vorliegen, umfassen nahezu das gesamte Wissen seiner Zeit. Avicennas *Kanon der Medizin* reflektiert und erweitert die alten Heilmittel und ist für die nächsten fünf Jahrhunderte das Standardwerk für die Ausbildung von Ärzten.

Guido von Arezzo, die Rückkehr des Wissens und eine Schrift für die Musik

Guido von Arezzo lebt von ca. 1000 bis 1050

Als wolle das Christentum Buße leisten für die Zerschlagung des antiken Wissens, etwa durch die Zerstörung der Bibliothek von Alexandria, die Büchervernichtungen und die Schließung der Akademie Platons, beginnt es um das Jahr 1000 damit, den Menschen das Handwerkszeug zum Erwerb und zur Vermittlung von Wissen und Kultur zu geben. Guido von Arezzo hilft besonders wirksam mit.

Am Anfang steht die reine Wissenssammlung. Die Mönche schreiben und kopieren die Werke, die in den Klöstern aufbewahrt werden. Sie sehen ihre Arbeit vor allem als Lobpreisung Gottes. Ein Reflektieren des Kopierten findet kaum statt, doch die Fundamente dafür werden gelegt.

Ausgehend von Benedikt von Nursias Ordensgründung beginnt in den europäischen Klosterschulen die Vermittlung höherer Bildung. Ursprünglich dienen diese Schulen dazu, den Nachwuchs der Mönche auszubilden und den aus der Antike übernommenen Kanon der Sieben Freien Künste zu lehren. Diese sind: Grammatik, Rhetorik, Dialektik, Arithmetik, Geometrie, Astronomie und Musik.

Als einer der ersten Denker tritt im 9. Jahrhundert Johannes Scotus Eriugena hervor. Gerbert von Aurillac lernt das indo-arabische Zahlensystem von den spanischen Mauren kennen, verbreitet es als Lehrer an den Klosterschulen und ab 999 als Papst Silvester II. Insbesondere die aus Indien stammende Zahl 0 ist ein bedeutender Fortschritt für die Mathematik, aber auch für den Kaufmann und dessen Buchführung.

Für die Musik entwickelt der Benediktinermönch Guido von Arezzo das Instrument für das Festhalten von Rhythmen und Melodien und macht somit den Komponisten als »Tonsetzer« ebenso wie die spätere klassische Musik erst möglich.

Vermutlich versuchen schon die alten Ägypter, Musik schriftlich festzuhalten. Auch die Griechen entwickeln Aufzeichnungssysteme, doch keines setzt sich durch. Im Mittelalter gewinnt die Musik vor allem in der christlichen Liturgie an Bedeutung und die Choräle entwickeln eine Tradition. Im 6. Jahrhundert hat man unter Papst Gregor I., dem Großen, begonnen, sie zu sammeln, und nennt sie, auch um ihnen besondere Bedeutung zu verleihen, gregorianische Choräle. Ab dem 9. Jahrhundert werden Veränderungen der Tonhöhen und -längen mit direkt über dem Liedtext platzierten Symbolen markiert, den sogenannten Neumen.

Guido von Arezzo, über dessen Leben nur wenig bekannt ist, führt erstmals in der abendländischen Musik eine dritte und vierte Notenlinie im Terzabstand ein. Damit kann nun die Tonhöhe genau fixiert werden. Außerdem benennt er die Hexachordtöne mit den Textsilben »ut-re-mi-fa-so-la«. Später wird ut durch do ersetzt. Musik kann nun endlich aufgeschrieben und weitergegeben werden.

Murasaki Shikibu und einer der ersten bedeutenden Romane

Murasaki Shikibu

lebt von etwa 970 bis etwa 1020

Die Japanerin Murasaki Shikibu ist die vielleicht erste Romanautorin der Welt. Wie so häufig, streitet man darüber.

Sie entstammt einer weniger bedeutenden Nebenlinie des mächtigen Fujiwara-Clans, der lange Zeit eine Art Monopol auf die Position des Regenten hat. Ursprünglich sollen diese in Japan das Reich nur regieren, solange ein Kaiser noch unmündig ist. Dann aber dehnen sie ihre Regentschaft auf ganze Regierungszeiten von Kaisern aus.

Beide Eltern sind literarisch begabt. Die Mutter stirbt, als Murasaki erst drei Jahre alt ist. Schon als junges Mädchen verfasst sie Erzählungen. Als junge Frau begleitet sie im Jahr 996 ihren Vater in die Provinz Echizen, zu deren Präfekt er ernannt worden ist. Zwei Jahre später heiratet sie einen 20 Jahre älteren

Freund ihres Vaters. Sie bekommen eine gemeinsame Tochter. Nach nur drei Jahren Ehe stirbt Murasakis Mann. Sie trägt sich mit dem Gedanken, Nonne zu werden, doch der Erfolg ihrer Erzählungen, die offiziell verurteilt werden, aber sich in höfischen Kreisen großer Beliebtheit erfreuen, lässt sie der Schriftstellerei treu bleiben.

Im Jahr 1006 wird Murasaki Shikibu Hofdame der jungen japanischen Kaiserin Akiko, der sie vor allem als Gesprächspartnerin und Vorleserin dient. Während ihrer sechs Jahre währenden Zeit bei Hofe führt sie Tagebuch über die Ereignisse dort. Vor allem ihr 1011 vollendeter Roman *Genji Monogatari* über das Leben des Prinzen Genji und dessen zahlreiche amouröse Affären gilt als das bedeutendste Werk der japanischen Literatur.

Da Murasaki Shikibus eigentlicher Name nicht bekannt ist, wird sie nach der weiblichen Hauptfigur Murasaki genannt. Es wird zudem darüber gestritten, ob alle Teile der überlieferten Version des Buches von ihr verfasst wurden oder ob ihre Tochter Kataiko, die als Daini no Sanmi eine bekannte Dichterin wird, die Autorin einiger Teile ist.

Murasaki Shikibus Spur verliert sich in der Geschichte. Mutmaßungen, sie sei doch noch Nonne geworden, sei wieder an den Hof zurückgekehrt oder bereits 1014 gestorben, haben sich nicht bestätigt.

Wang Anshi und soziale Reformen in China

Wang Anshi lebt von 1021 bis 1086

In China herrscht ab 960 die Song-Dynastie, die in der Geschichtsschreibung in ein nördliches (bis 1126) und ein südliches Reich (bis 1279) unterteilt wird und mit deren Gründung eine Epoche der Unsicherheit und Umstürze (die Zeit der »Fünf Dynastien und Zehn Reiche« zwischen 907 und 960) endet.

Wang Anshi ist der Sohn eines Vize-Präfekten und ein ehrgeiziger Student. Er besteht 1042 das Palastexamen, einen Wettbewerb, bei dem der Kaiser selbst künftige Beamte auswählt, und steigt in den nächsten zwei Jahrzehnten in der Beamtenhierarchie bis zum Provinzpräfekten auf.

China hat seinerzeit bereits über 100 Millionen Einwohner. Hangzhou und die Hauptstadt Kaifeng sind Millionenstädte. Doch das Reich wird immer wieder von einfallenden Barbarenhorden heimgesucht und muss Tribute zahlen. Die Landbevölkerung hungert.

Trotz all dieser Belastungen, glaubt Wang Anshi, können alle Menschen im Reich mehr oder minder ein gutes Auskommen haben. Also erarbeitet er seine berühmte 10 000-Worte-Eingabe, und es gelingt ihm, im Jahr 1068 vom jungen Kaiser Shenzong empfangen zu werden. Wang Anshi empfiehlt ihm eine straffere Verwaltung, Ämter nicht mehr nach Herkunft und durch Fürsprache zu vergeben und Luxusgüter drastisch zu besteuern. Gleichzeitig will er die Landwirtschaft fördern, Kleinbauern von der Schuldversklavung befreien und Großgrundbesitzern ihre Steuerfreiheit nehmen.

Tatsächlich werden Wang Anshis Reformvorschläge ab 1069 umgesetzt und er selbst im Jahr darauf vom Kaiser zum Kanzler ernannt. Durch die Reformen erhöht sich das Staatseinkommen, vor allem weil die landwirtschaftliche Produktion ansteigt. Doch trotz oder gerade wegen dieser Erfolge scheitert Wang Anshi. Im Jahr 1076 drängen ihn alte Palastbeamte und Großgrundbesitzer aus dem Amt. Mit einem Herzogtitel lobt man den Reformer weg, sein Lebenswerk macht man rückgängig. Am Ende zieht er sich in die Einsamkeit des Chung-Bergs zurück, wo er Gedichte und Tagebuch schreibt.

Wang Anshis Reformen gelten als erste Ansätze eines Wohlfahrtsstaates, manchmal wird er als erster »Staatssozialist« bezeichnet.

8. Das Hochmittelalter

Wilhelm der Eroberer: Ein Normanne auf Englands Thron

Wilhelm der Eroberer lebt von 1027 oder 1028 bis 1087

Blickt man von der Küste der Normandie über das Meer, liegt England nicht weit hinter dem Horizont. Und die Normannen, eine Vermischung nordfranzösischer Stämme und romanisierter Wikinger, blicken oft über das Meer.

Beschützt von treuen Gefolgsleuten seines Vaters, überlebt der junge normannische Herzog Wilhelm eine gefährliche Kindheit. Er und seine Schwester Adelheid sind Kinder der Verbindung Herzog Roberts I., genannt der Prächtige, mit einer Gerbertochter. Als Robert im Jahr 1035 auf einer Pilgerreise stirbt, wird der erst 7-jährige Wilhelm sein Nachfolger. Man nennt ihn Wilhelm den Bastard.

Wilhelm ist 14 Jahre alt, als 1042 in England mit Eduard dem Bekenner ein Halbnormanne und Cousin seines Vaters den Thron besteigt. Eduard pflegt gute Beziehungen mit der Normandie. Als Wilhelm den kinderlosen Eduard besucht, soll der ihm versprochen haben, einst seine Krone zu erben.

Anspruch auf das Königreich England könnte auch der mächtige angelsächsische Herzog Harald Godwinson anmelden. Der gerät 1064 nach einer Fahrt über den Kanal in Gefangenschaft des Grafen Guy de Ponthieu. Wilhelm befreit ihn und nimmt Harald zum Dank nicht nur den Treueid, sondern gleich auch den Verzicht auf den englischen Thron ab. Dennoch wird Harald nach Eduards Tod 1066 von Adeligen und Klerikern hastig zum neuen König Harald II. gewählt. An seinen Treueid fühlt er sich nicht mehr gebunden, der sei ihm doch unter Zwang abgenommen worden.

Wilhelm holt sich nun von der Kurie die Anerkennung als Thronerbe Englands und bricht mit einem Expeditionsheer über den Ärmelkanal nach England auf, wo mittlerweile auch der norwegische König Harald Hardråde gelandet ist, der ebenfalls Anspruch auf den Thron erhebt. Schließlich sei er ein Nachfolger Knuts des Großen, der als Dänenkönig England erobert hatte und sich dort 1016 zum König krönen ließ. Harald Hardråde verliert Ende September 1066 gegen Harald II. in der Schlacht von Stamford Bridge und kommt ums Leben. Doch schon drei Wochen darauf unterliegt dieser in der Schlacht bei Hastings Wilhelms Truppen und stirbt ebenfalls auf dem Schlachtfeld. Wilhelm wird als Wilhelm der Eroberer neuer König Englands. Der berühmte Teppich von Bayeux, ein über 70 Meter langes Kunstwerk, erzählt von diesen Ereignissen.

Gregor VII.: Der Papst will die Macht in der Welt

Gregor VII.
lebt von 1025
bis 1085

Geboren wird Gregor als Hildebrand von Soana. Der Spross eines toskanischen Adelsgeschlechts geht früh nach Rom und wird Benediktinermönch. Im Jahr 1046 begleitet er seinen Verwandten Papst Gregor VI. in die Verbannung nach Köln. Der spätere Kaiser Heinrich III., damals noch König, hatte ihn in der Synode von Sutri abgesetzt.

Mit dem Reformpapst Leo IX. kehrt Hildebrand drei Jahre darauf nach Rom zurück. Während in den nächsten Jahren weitere Päpste und Gegenpäpste folgen, steigt Hildebrand in hohe kirchliche Ämter auf und erwirbt den Ruf eines Reformers. Als 1073 Papst Alexander II. stirbt, fordert das römische Volk die Papstwürde für Hildebrand. Obwohl er nicht danach gestrebt hat, nimmt er das Amt an.

In der zunehmenden Auseinandersetzung zwischen Kaisertum und Kirche wird er als Gregor VII. zur Schlüsselfigur. Als »Zuchtrute Gottes« kämpft er verbissen für den Vorrang der geistlichen vor der weltlichen Macht auch in der Politik und betont dies im *Dictatus Papae* von 1075, worin er dem Papst unter anderem das Recht zuspricht, den Kaiser zu bannen und abzusetzen. Der Investiturstreit mit den weltlichen Herrschern gibt Gregor VII. bald Gelegenheit, davon Gebrauch zu machen. Wer darf die kirchlichen Ämter besetzen? Die Kirche oder die Fürsten? Als der Streit eskaliert, fordert Heinrich IV. Gregor 1076 zur Abdankung auf. Der aber belegt den jungen deutschen König im Gegenzug mit dem Kirchenbann. Heinrich sieht seine politische Macht gefährdet und unternimmt im Januar 1077 den berühmten Gang zur Burg von Canossa. Dort hat der Papst auf dem Weg zum Treffen mit Heinrichs Gegnern Station gemacht. Der König steht, so erzählt es die Überlieferung, nach gefahrvoller Wanderung drei Tage lang frierend im Schnee. Erst dann nimmt Gregor VII. den Bann von ihm.

Die Gegnerschaft aber schwelt weiter. Als Heinrich von Gregor die Ächtung des gegen ihn ernannten Gegenkönigs verlangt und er dem nicht nachkommt, setzt der König mit Clemens III. einen Gegenpapst ein, erobert 1084 Rom und lässt sich dort umgehend von Clemens zum Kaiser krönen. Gregor flieht in die Engelsburg, aus der ihn die Normannen befreien. Die Kardinäle jedoch kündigen ihm die Gefolgschaft. Er stirbt in der Verbannung in Salerno.

Anselm von Canterbury und der Beginn der Scholastik

Anselm wird in Aosta in den italienischen Alpen geboren und will schon als Junge unbedingt in ein Kloster eintreten. Sein Vater aber hat für ihn eine politische Laufbahn vorgesehen. Da bittet Anselm Gott um eine Krankheit, um dem väterlichen Zwang zu entkommen. Tatsächlich scheint Anselm bald im Sterben zu liegen. Trotzdem lässt sich der Vater nicht erweichen. Daraufhin beginnt Anselm drei Jahre durch Frankreich zu wandern und tritt schließlich in der Normandie in das Benediktinerkloster Bec ein, wo er zu einem der großen frühen Denker des christlichen Abendlandes heranreift: zum Vater der Scholastik.

Anselms Satz »Ich glaube, um zu erkennen« wird zum Motto der in den Kirchenschulen (*scholastici*) gelehrten Denkweise der Scholastik. Deren Ziel ist es, die Grundsätze der Kirche und der Bibel durch Erörterung der Quellen als wahr zu »beweisen«. Ein berühmtes Beispiel liefert Anselms ontologischer Gottesbeweis: Gott sei das höchste Denkbare, er sei vollkommen. Und weil er vollkommen sei, existiere er. Denn sonst wäre er ja nicht vollkommen.

Überwunden wird die Scholastik erst Jahrhunderte später in der Aufklärung, als Immanuel Kant jene Gedankenkette ablehnt, mit der Anselm meint, die Existenz Gottes zu beweisen. Hegel nimmt Anselm später in Schutz. Der habe nicht logisch argumentieren wollen, sondern seinen Glauben dem Denken angenähert.

Nachdem Wilhelm der Eroberer König von England geworden ist, übernimmt Lanfranc, Anselms Lehrer und Freund aus Bec, das Amt des Bischofs von Canterbury. Als er 1089 stirbt, wird Anselm gegen seinen Willen dessen Nachfolger.

Anselm gerät in den Investiturstreit zwischen Papst Gregor VII. und den weltlichen Fürsten und Königen. Wilhelm II., der Sohn Wilhelms des Eroberers, schickt Anselm 1095 in die Verbannung. Inzwischen amtiert bereits Papst Urban II. Anselm verbringt mehrere Jahre im Exil und kehrt erst im Jahr 1107 auf seinen Bischofssitz zurück.

Der Investiturstreit wird 1122 durch das Wormser Konkordat beendet.

Urban II.: Papst der Kreuzzüge

Urban II. lebt von ca. 1035 bis 1099

Im Jahr 1095 ruft Papst Urban II. die Christen dazu auf, Jerusalem von der Herrschaft der Muslime zu befreien. Damit beginnt die zwei Jahrhunderte andauernde Epoche der Kreuzzüge.

Odo de Châtillon, so heißt Urban nach seiner Geburt, ist Spross einer französischen Adelsfamilie. Er besucht die Kathedralschule in Reims, wird dort Domherr und Erzdiakon und wirkt später als Prior des Klosters von Cluny, um danach in Rom zum Kardinalbischof aufzusteigen. Nach dem Tod von Papst Gregor VII. wird er 1088 zum Papst gewählt. Doch er ist nicht der Einzige.

Der von Heinrich IV. bereits acht Jahre zuvor eingesetzte Gegenpapst Clemens III. etabliert sich in dieser Zeit über Deutschland hinaus bis nach England und in den Balkan. Urban bemüht sich wenig erfolgreich um Bündnisse mit den süddeutschen Fürsten und dem Byzantinischen Reich. Heinrich IV. kämpft weiter gegen Urban. Fürsten in ganz Europa streiten gegeneinander und gegen die zerstrittene Kirche.

In dieser Situation ruft Urban 1095 auf der Synode von Clermont zum Ersten Kreuzzug und der Eroberung Jerusalems auf.

Auf offenem Feld hält er vor einer Menschenmenge eine mitrei-
ßende Rede, an deren Ende wie abgesprochen Bischof Adhemar
de Monteil vor ihm niederkniet und darum bittet, als Erster den
Segen für den Waffengang zu erhalten.

Mit diesem Aufruf bezweckt Urban die Wiederherstellung
der Einheit der tief zerstrittenen Christen, im besten Falle die
Wiedervereinigung Roms mit der abspenstigen oströmischen
Kirche in Byzanz. Adhemar wird Anführer des Kreuzfahrerhee-
res, das sich im Jahr darauf aus ganz Europa auf den Weg in den
Nahen Osten macht, um die Christen vom muslimischen Joch zu
befreien. Der Weg nach Konstantinopel, wo sich mehrere Kreuzfahrerheere treffen, ist mit Plünderungen gepflastert.

Nach monatelanger Belagerung wird 1098 Antiochia einge-
nommen, wo der Mönch Peter Bartholomäus in einer Kirche die
sogenannte Heilige Lanze findet, in der angeblich das Stück eines der Nägel eingearbeitet ist, durch die Jesus von Nazaret am
Kreuz starb. Mittlerweile sind die Heerführer der Kreuzfahrer
durch Machtkämpfe heillos zerstritten. Am 7. Juni 1099 erreichen sie Jerusalem und beginnen mit der Belagerung. Jerusalem
fällt am 15. Juli. Die Nachricht erreicht Urban nicht mehr. Er
stirbt 14 Tage später.

Peter Abaelard und der Streit um die Wahrnehmung der Welt

Peter Abaelard lebt von 1079 bis 1142

Ab dem 11. Jahrhundert entsteht in Frankreich aus niederem
Adel und unfreien Hofbeamten allmählich der Ritterstand. Das
deutsche Wort »Ritter« kommt vom germanischen *ridare*: »reiten«.

Peter Abaelard oder Petrus Abaelardus ist der Sohn eines
französischen Ritters. Doch nach bewaffnetem Kampf oder der
Teilnahme am Kreuzzug steht ihm nicht der Sinn. Er verzichtet
auf sein Erbe, studiert in Tours, Loches, Paris und verschreibt
sein Leben der Wissenschaft. Auf diesem Gebiet jedoch geht er
keinem Kampf aus dem Weg. Schon seinen Lehrer Wilhelm von
Champeaux verwickelt Abaelard öffentlich in Streitgespräche
und in Widersprüche.

Im Universalienstreit, der die Philosophie jener Jahre dominiert, setzt er sich zwischen alle Stühle. Für ihn sind Universalien, die Allgemeinbegriffe, weder »vor den Dingen«, wie die Re-

alisten um Wilhelm von Champeaux sagen, noch »nach den Dingen« entstanden, wie die Nominalisten meinen, unter ihnen mit Johannes Roscelin von Compiègne auch ein Lehrer Abaelards.

Abaelard weist nicht nur Gott, sondern auch dem Menschen eine schöpferische Tätigkeit in der Wahrnehmung der Welt zu. So sind für ihn die Universalien von Menschen gebildete Abstraktionen. In seiner Schrift *Sic et non (Ja und Nein)* entwickelt er die scholastische Methode weiter, weist auf Widersprüche in den Texten der Kirchenväter hin und mahnt die Anwendung von Logik und Textinterpretation an.

Zu Abaelards Zeit entwickeln sich aus den Domschulen, in denen auch er unterrichtet, allmählich erste Universitäten. Als er noch ein Kind war, ist um 1088 in Bologna eine Rechtsschule gegründet worden, die als erste Universität Europas gilt. Seit 1115 ist Abaelard Kanonikus von Notre-Dame und Leiter der Domschule, im Jahr darauf zudem Hauslehrer der Adelstochter Heloise. Sie beginnen eine leidenschaftliche, zunächst geheim gehaltene Affäre. Doch dann wird sie bekannt. Abaelard schafft die schwangere Heloise heimlich fort, die schließlich den gemeinsamen Sohn Astralabius zur Welt bringt. Die Liebenden heiraten. Gleichwohl weist Abaelard Heloise an, in einen Nonnenkonvent einzutreten. Deren aufgebrachter Onkel Fulbert lässt Abaelard durch seine Häscher kastrieren. Er überlebt die Verstümmelung und zieht sich in ein Kloster zurück. Später überlässt er Heloises Orden ein Kloster, das seine eigenen Anhänger gegründet haben. Sie wird Äbtissin.

Wiederholt muss Abaelard vor seinen Gegnern fliehen, 1141 verbannt ihn die Kirche wegen seiner Trinitätslehre und seiner Betonung der Willensfreiheit. Er stirbt im Jahr darauf. Gut 700 Jahre später, 1817, werden Abaelard und Heloise in Paris auf dem Friedhof Père Lachaise gemeinsam beigesetzt.

Friedrich I. Barbarossa und der Mythos des Idealkaisers

Friedrich I.
Barbarossa

lebt von
ca. 1122 bis
1190

Friedrich I. aus dem Adelsgeschlecht der Staufer, wegen der Farbe seines Bartes nennen ihn die Italiener Barbarossa, »Rotbart«, nimmt 1147 an der Seite seines Onkels, des deutsch-römischen Königs Konrad III., am Zweiten Kreuzzug teil. Fünf

Jahre später wählen ihn die deutschen Fürsten in Frankfurt nach dem plötzlichen Tod Konrads auf dessen letzten Wunsch hin zum neuen König. Friedrichs Abstammung sowohl von den Staufern als auch den Welfen lässt die Fürsten hoffen, dass der Konflikt der beiden Adelshäuser entschärft werden kann. Ein Landfriedensgesetz und die Rückgabe Bayerns an seinen Vetter, den Welfen Heinrich den Löwen, sollen dazu beitragen.

Ein Jahr nach seiner Königswahl schließt Friedrich 1153 mit Papst Eugen III. den Vertrag von Konstanz. Der Papst, der sich gegen das Byzantinische Reich und die Normannen in Sizilien und Süditalien zur Wehr setzen muss, verspricht Friedrich im Falle der Einhaltung des Vertrags die Kaiserkrönung.

Tatsächlich krönt der neue Papst Hadrian IV. Friedrich 1155 in Rom zum Kaiser. Doch die Entfremdung hat längst begonnen. Bündnisschachereien Friedrichs tragen dazu bei. Auf dem Hoftag von Besançon kommt es 1157 zum Eklat, als päpstliche Gesandte den Eindruck erwecken, Hadrian IV. halte das Kaisertum für ein Lehen des Papstes.

Friedrich Barbarossa versucht den aus seinem Kaisertum abgeleiteten Machtanspruch konsequent durchzusetzen und unternimmt ab 1158 mehrere Feldzüge in Italien, muss aber 1177 einen Sonderfrieden mit Papst Alexander III. aushandeln. In Italien geschwächt, kann Barbarossa seine Macht im Norden festigen. Polen kommt unter die Hoheit des Reiches. Durch die Heirat mit Beatrix wird er 1156 König von Burgund. Den Rivalen Heinrich den Löwen lässt er 1180 ächten.

1184 unternimmt er den sechsten Italienfeldzug. Seinen Sohn, den späteren Kaiser Heinrich VI., vermählt er mit der Erbin von Sizilien, Konstanze, und dehnt so seine Herrschaft auf Unteritalien aus.

Auf dem Höhepunkt der Macht zieht der bald 70-jährige Friedrich 1189 im Dritten Kreuzzug gegen Sultan Saladin. Nach dem Sieg in der Schlacht bei Ikonion nimmt er in der Sommerhitze ein Bad im Fluss Saleph und ertrinkt. Im Zuge der Aufklärung und des erwachenden Nationalbewusstseins wird Barbarossa später zum Mythos eines Idealkaisers verklärt, der das Reich eint und die weltliche gegen die kirchliche Macht behauptet.

Averroës **Averroës baut Brücken**
lebt von 1126 **zwischen Islam und Christentum**
bis 1198 Das Denken mit dem Glauben verbinden: Averroës, Moses Maimonides und Thomas von Aquin sind diejenigen, die dies mit
ihren Religionen versuchen.

Cordoba in Spanien ist in jenen Tagen neben Bagdad das
Zentrum der muslimischen Geisteswelt. Die Stadt ist reich und
eine der größten des Erdballs. Juden dürfen sich frei entfalten
und tragen zum reichen Geistes- und Kulturleben bei. Dort wird
Ibn Ruschd (lateinisiert zu Averroës) als Sohn einer muslimischen Juristenfamilie geboren. Er studiert Rechtswesen, Philosophie und Medizin, amtiert als Kadi in Sevilla und wird Leibarzt
beim Kalifen Abu Yacub Yusuf I. am Almohadenhof in Marokko.
Averroës verfasst ein Lexikon der Medizin, vor allem aber bringt
er das Werk des Aristoteles, den er für den Besitzer der Wahrheit
hält, in Übereinstimmung mit dem Koran. Zu fast jeder Schrift
des großen griechischen Denkers und Wissenschaftssystemati-
kers verfasst er einen Kommentar. Während Aristoteles im scho-
lastischen Zeitalter nur »der Philosoph« genannt wird, nennt man
Averroës nur »den Kommentator«.

Es ist letztlich Averroës, der vielen christlichen Scholastikern
des Mittelalters den Zugang zu Aristoteles eröffnet. Damit beeinflusst er wesentlich die europäische Philosophie und schlägt
gleichzeitig eine Brücke zwischen Christentum und Islam.

Für Averroës ist die Philosophie die Wahrheit, die Religion
nur ihre vereinfachte bildhafte Darstellung. Er kämpft leidenschaftlich gegen die Wissenschaftsskepsis der mystischen Richtung des Islam, die dem Glauben den Vorzug vor dem Wissen
gibt, insbesondere gegen deren Hauptvertreter Al-Gazali (1059–
1111). Angelehnt an Aristoteles vertritt Averroës, »der Kommentator«, die Auffassung, dass die Schöpfung aus Materie besteht,
in der alle Formen schon angelegt sind. Er glaubt auch, dass es
keine unsterbliche Seele gibt. In seiner Ethik spricht er sich dafür
aus, nicht die Angst vor der Strafe Gottes, sondern das Streben
nach dem Guten selbst solle das Handeln des Menschen bestimmen. Solch ungeheuerliche Ansichten bringen ihn in Konflikt
mit der islamischen Orthodoxie, insbesondere der herrschenden
Almohadensippe. Unter Kalif Yaqub al-Mansur, dem Sohn und
Nachfolger von Abu Yaqub, fällt Averroës zwischenzeitlich in
Ungnade, wird aber später rehabilitiert.

Moses Maimonides, Lotse des jüdischen Glaubens und Denkens

Moses Maimonides lebt von ca. 1135 bis 1204

Auch die jüdische Philosophie wird im Mittelalter wesentlich vom Werk des Aristoteles beeinflusst, während etwa im gleichen Zeitraum vom 9. bis 12. Jahrhundert die mystisch-rätselhafte Schrift der *Kabbala* entsteht.

Neun Jahre nach Averroës wird in Cordoba Moses Maimonides geboren. Sein Vater ist Richter. 1165 wandert die strenggläubige jüdische Familie, vor den Repressionen der islamisch-orthodoxen Almohadendynastie flüchtend, von Spanien über Marokko in die Nähe von Kairo aus. Dort wird Maimonides Vorsitzender sämtlicher jüdischer Gemeinden Ägyptens und kann sich ausgiebig seinen philosophisch-wissenschaftlichen Studien widmen, da sein Bruder, ein erfolgreicher Kaufmann, die gesamte Familie ernährt.

In seinem *Buch der Pflichten* ordnet Moses Maimonides, wie Averroës ein glühender Verehrer von Aristoteles, systematisch alle im Talmud niedergeschriebenen Rechtssätze zu einem verbindlichen Gesetzeswerk. Vor allem aber versucht er, wie es Averroës mit dem Koran tut, die Philosophie mit den heiligen Schriften seiner Religion, Talmud und Tanach, zu vereinbaren. In seinem Hauptwerk *Führer der Unschlüssigen* löst er den Widerspruch zwischen dem offenbarten Wort Gottes und der philosophischen und naturwissenschaftlichen Erkenntnis auf. Wie Averroës gibt Moses Maimonides der Vernunft den Vorrang vor dem Glauben, verfährt aber weniger radikal als dieser.

Auch Moses Maimonides löst heftige Kontroversen in seiner Religionsgemeinschaft aus, doch er wirkt mit seinem Denken maßgeblich auf den Diskurs über Glauben und Wissen im Judentum und hat später wie Averroës beträchtlichen Einfluss auf die christlichen Scholastiker, insbesondere auf Thomas von Aquin.

Als sein Bruder mitsamt dem Familienvermögen auf einer Handelsreise im Indischen Ozean untergeht, wird Moses Maimonides – wie Avicenna und Averroës – Mediziner. Sein wachsender Ruhm als Arzt, auch durch zahlreiche medizinische Schriften, bringt ihm schließlich in Kairo die Stelle als Leibarzt des Sohnes von Sultan Saladin ein.

Saladin **Saladin,**

lebt von **Held der islamischen Welt und »edler Heide«**

ca. 1137 bis Für die Muslime wird er zum Held. Der Kalif in Bagdad verleiht
1193 ihm den Ehrentitel »Schwert des Islam«.

Saladin, eigentlich Salah a-Din ben Ayyub al-Ayyubi, ist von
kurdischer Herkunft und wächst in Damaskus als Sohn eines Of-
fiziers am Hof des türkischen Sultans Nureddin (Nur ad-Din)
auf. Dessen Vater hat mit einem Angriff auf einen der christlichen
Kreuzfahrerstaaten, die Grafschaft Edessa, den Zweiten Kreuzzug
ausgelöst, doch geht es den Kombattanten eher um politische und
wirtschaftliche Macht als um den Kampf für die eigene Religion.

Saladin steigt in der militärischen Hierarchie auf. 1169
kommt er nach Ägypten und steht dort unter dem Oberbefehl
seines Onkels Schirkuh. Nach dessen Tod wird er selbst Oberbefehlshaber der Truppen Nureddins und schließlich Sultan von
Ägypten. Er überwirft sich 1174 mit Nureddin und erobert noch
in dessen Todesjahr ganz Syrien. Die Hochzeit mit Nureddins
Witwe besiegelt den Aufstieg. Saladin übernimmt die Macht im
Sultanat von Damaskus.

Nun wendet er sich gegen die Kreuzfahrerheere. 1183 erobert Saladin nach Aleppo auch ganz Mesopotamien, 1186 Mo-
sul. Nach einem vernichtenden Sieg im Jahr darauf gegen das
Kreuzfahrerheer bei Hattin in Sichtweite des Sees Genezareth
erobert er Jerusalem. Fast neun Jahrzehnte christlicher Herrschaft über die Stadt finden ihr Ende.

Doch Saladins Sieg löst noch im gleichen Jahr den Dritten
Kreuzzug aus. An die Spitze der Kreuzfahrerheere setzen sich
Philipp II. von Frankreich, der englische König Richard I. Löwenherz und der deutsch-römische Kaiser Friedrich I. Barbarossa. Bis 1191 belagern die Kreuzfahrer zwei Jahre lang Akkon,
das Saladin schließlich übergibt. Akkon wird zur neuen Hauptstadt des Königreichs Jerusalem. Philipp II. kehrt nach Frankreich zurück, Richard Löwenherz lässt fast 3000 muslimische
Gefangene enthaupten und marschiert mit seinem Heer Richtung Jerusalem. Bei Arsuf und in der Schlacht von Jaffa schlägt
er Saladins Haupteer. Trotz der Erfolge merkt Richard Löwenherz, dass er Jerusalem nicht einnehmen und behaupten kann.
So schließt er 1192 einen Friedensvertrag mit Saladin und macht
sich auf die Reise zurück nach England, wo sein Bruder Johann
Ohneland seine Macht bedroht.

Saladin stirbt, schon zu Lebzeiten in Europa zum »Urbild des edlen Heiden« verklärt, im März des nachfolgenden Jahres. Sein Reich zerfällt durch die Streitigkeiten seiner Erben.

Dschingis Khan und der mongolische Sturm

Dschingis Khan lebt von etwa 1162 bis 1227

Während in der Levante Christen gegen Muslime kämpfen, gründet er im fernen Asien ein Reich, in dem zeitweise über die Hälfte der Menschheit lebt. Ursprünglich heißt er Temüdschin. Sein Vater, Fürst eines kleinen mongolischen Stammes, stirbt früh durch einen Giftanschlag. Ab 1190 behauptet sich Temüdschin in zahlreichen Kämpfen gegen andere Stämme und kann sogar die Vorherrschaft der Tartaren brechen. Die mongolischen Fürsten wählen ihn 1206 zum Großkhan. Temüdschin erhält den Titel Dschingis Khan: »ozeangleicher Herrscher«. Mit einem großen Reiterheer fällt er 1211 im nordchinesischen Chin-Reich ein.

Ihren atemberaubenden militärischen Erfolg verdanken die in Zehnerschaften eingeteilten mongolischen Reiter vor allem ihrer Disziplin. Mit der Übergabe eines Haars ihres Pferdes schwören sie ewige Treue. Flieht ein Reiter aus der Zehnerschaft, müssen auch die neun anderen sterben. Noch heute steht die aus solchen Pferdehaarbündeln gefertigte Schwarze Standarte im Verteidigungsministerium in der mongolischen Hauptstadt Ulan Bator.

Dschingis Khans Heere erobern 1215 Peking und dringen bis nach Korea vor. Sie gelangen bis in den Norden des Iran und bis in den Süden der Ukraine, immer begleitet von Massakern und anderen Grausamkeiten.

Während eines seiner vielen Feldzüge stirbt Dschingis Kahn. War es ein Reitunfall? Tötet ihn die Prinzessin eines unterdrückten Volkes? Tausend Reiter sollen mit den Hufen ihrer Pferde den Boden für die Grabstätte geebnet haben und nach ihrer Rückkehr gleich hingerichtet worden sein. Niemand soll erfahren, wo Dschingis Khan begraben liegt.

Sein Sohn Ugedei wird zum neuen Großkhan gewählt, dessen drei Brüder erhalten Teile des Reiches als eigene Khanate. Zusammen errichten sie im Laufe der Jahrzehnte vom Pazifik bis ans Schwarze Meer das größte Weltreich, das es je gab. Dschingis

Khans Enkel Batu Khan überrennt mit den Horden seines alten
Generals Subutai Russland, Polen und Ungarn. Subutai ist wohl
der größte unbekannte Eroberer der Weltgeschichte. Mehr Land
als er hat kaum jemand unterworfen, besiegt wird er so gut wie
nie.

In jenen Jahren zwingt das mongolische Weltreich das mittel-
alterliche Europa auf grausame Weise dazu, die von ihm vergessene Welt des Ostens wieder wahrzunehmen.

Friedrich II., der Weltkulturkaiser

Friedrich II.

lebt von 1194 bis 1250

Im Kampf gegen die islamische Bedrohung feiert Friedrich II.
Erfolge, dies vor allem mit diplomatischen Mitteln. Der Sohn
Heinrichs VI. und Enkel des Staufers Friedrich I. Barbarossa gilt
als Genie auf dem Thron. *Stupor mundi*, das Wunder der Welt,
wird er genannt. Friedrich interessiert sich für Philosophie, Wissenschaften und Kunst. Sein Wissensdurst ist unersättlich. Es
heißt, er spricht neun Sprachen, darunter Arabisch. Jacob Burck-
hardt nennt Friedrich den »ersten modernen Menschen auf dem
Thron«.

Bereits im Alter von vier Jahren lässt ihn 1198 seine Mutter Konstanze von Sizilien zum König Siziliens krönen. Bis 1208
bleibt Papst Innozenz III. Friedrichs Vormund. Das Papsttum
steht auf einem Höhepunkt seiner Macht. Innozenz betreibt
1211 die Wahl Friedrichs zum deutschen Kaiser gegen den Süditalien bedrohenden Welfenkaiser Otto IV. In Nürnberg wird
Friedrich gewählt, 1215 in Aachen zum deutschen König und
1220 vom neuen Papst Honorius III. in Rom zum Kaiser gekrönt. Friedrich muss versprechen, einen fünften Kreuzzug zu
unternehmen.

Zunächst konzentriert er sich jedoch auf die Neuordnung
Siziliens, das er zu einem zentralistisch geführten Beamtenstaat
umbaut. Sein Hof wird zum Sammelpunkt Gelehrter aller Völ-
ker seiner Zeit. Friedrich selbst entwirft den prismengleichen
Grundriss des Castel del Monte in Bari mit einem achteckigen
Innenhof und 16 gleichförmigen Räumen.

Doch der Machtkampf zwischen Kaisertum und Papsttum
eskaliert weiter. Friedrich wird von der Kirche als Ketzer und
Bestie dargestellt, sogar als Antichrist. Der Papst verhängt den

Bann, erklärt ihn 1245 für abgesetzt. Friedrich selbst scheint zuweilen in Konkurrenz zum Papst zu treten, segnet auf Feldzügen Menschen und lässt das Kreuz vorantragen.

1228 tritt er endlich den lange versprochenen Fünften Kreuzzug an. Nach langen Verhandlungen erreicht er die kampflose Übergabe der heiligen Stätten durch den ägyptischen Sultan Al-Kamil und krönt sich 1229 in der Grabeskirche zum König von Jerusalem.

Leonardo Fibonacci und die Schönheit der Zahlen

Leonardo Fibonacci lebt von ca. 1180 bis nach 1241

Aus einem berühmt gewordenen Rechenwettstreit, den Kaiser Friedrich II. in Palermo veranstaltet, geht Leonardo Fibonacci durch sein Rechnen in Gleichungen als Sieger hervor.

Leonardo von Pisa, genannt Fibonacci, ist Sohn eines Kaufmanns in Algier. Auf Reisen in den Orient studiert er die alten griechischen Mathematiker. In Algier lernt er von einem muslimischen Lehrer das neue indisch-arabische Zahlensystem, das das lateinische ablösen wird. Es ist hervorgegangen aus den indischen Zahlen, die von Al-Chwarizmi im arabischen Raum Mitte des 9. Jahrhunderts eingeführt wurden. Es folgt einer Dezimalordnung und gebraucht die für Europäer neue Zahl Null. Nach Gerbert von Aurillac und Papst Silvester II. gibt Fibonacci erneut den Anstoß, dieses System auch in Europa einzuführen. Erst allmählich setzt es sich bis zum 14. Jahrhundert von Italien ausgehend durch, vor allem weil die Anforderungen der wachsenden Geldwirtschaft und die Verbesserung der Nautik ihre Anwendung erzwingen.

Fibonaccis Hauptwerk *Liber abbaci*, das bis 1202 entsteht, hat wohl auch Friedrich II. gelesen. Es markiert den Beginn der abendländischen Mathematik. Darin ist die berühmte Fibonacci-Folge zu finden. Beginnend mit den ersten beiden Zahlen 0 und 1 ergibt sich die jeweils nachfolgende Zahl aus der Summe der beiden vorangegangenen Zahlen. Also 0, 1, 1, 2, 3, 5, 8, 13, 21… In der Natur weisen viele Pflanzen in ihrem Bauplan Muster auf, die mit der Fibonacci-Folge darzustellen sind.

Zuletzt vermutlich in Pisa als hochgeachteter Steuerschätzer und Rechenmeister tätig, stirbt Fibonacci, der bedeutendste Mathematiker des Mittelalters, nach 1241.

Franz von Assisi: Sinnbild des Heiligen

Eigentlich heißt er Giovanni Bernardone und vielleicht ist er Zeuge, als Friedrich II. im Jahr 1197 auf dem Marktplatz von Assisi getauft wird.

Als Sohn eines wohlhabenden Tuchhändlers verlebt Franz von Assisi eine unbeschwerte Kindheit und Jugend. 1205 hat er eine Vision, die sein Leben verändert: Jesus befiehlt ihm, eine verfallene Kapelle neu zu errichten.

Franz baut nicht nur die Portiunkula-Kirche sowie zwei weitere Kirchen wieder auf, er widmet sich auch den Aussätzigen, die aus den Städten verbannt sind. Weil er für seine wohltätigen Gaben und Bauvorhaben immer wieder Waren und Geld aus dem Eigentum seines Vaters nimmt, klagt dieser seinen Sohn schließlich vor dem Bischof an. Während des Prozesses entkleidet sich Franz öffentlich, sagt sich von seinem leiblichen Vater los und bekennt sich zu seinem geistigen Vater: zu Gott. Man schreibt das Jahr 1209.

Fortan trägt er eine einfache, mit einem Strick gehaltene Kutte, lebt als Einsiedler vor der Stadt und bettelt von Haus zu Haus um Essen. Meist geht er barfuß, weil Jesus dies seinen Jüngern gepredigt habe. Die einen verspotten ihn, die anderen fasziniert er.

Mit einer Gruppe von Gefährten gründet er den Franziskanerorden und bekehrt 1212 die Adelige Klara, die tief beeindruckt von einer seiner Predigten ihr wohlhabendes Elternhaus verlässt. Sie gründet als Klara von Assisi den Klarissenorden.

Franz begleitet 1219 den Fünften Kreuzzug bis nach Ägypten und predigt im Lager des muslimischen Sultans Al-Kamil, einem Neffen Saladins, doch gelingt es ihm weder, den Sultan zu bekehren, noch, Frieden zu stiften. Gesundheitlich angeschlagen kehrt er im Jahr darauf nach Italien zurück.

In seinem Orden kämpfen mittlerweile die Anhänger strengerer und weniger strenger Regeln gegeneinander. Franz gibt die Ordensleitung ab, verfasst 1223 das endgültige Regelwerk der Franziskaner und lässt es von Papst Honorius III. bestätigen. Im Jahr darauf zieht er sich in eine Felsnische des Berges La Verna zurück. Dort bilden sich laut Überlieferung an seinem Körper die gleichen Wundmale, die Jesus bei seiner Kreuzigung zugefügt wurden. Es ist die erste überlieferte Stigmatisation.

Vom Fasten magenkrank, durch eine in Ägypten zugezogene Augeninfektion nach und nach erblindet, folgt Franz im Herbst

1226 einer Einladung des Bischofs von Assisi. Als er sein Ende kommen spürt, lässt er sich aus der Stadt hinaustragen zur Portiunkula-Kirche. Schon zwei Jahre nach seinem Tod wird er, von dem gesagt wurde, dass er sogar den Vögeln predigte, heiliggesprochen.

Alexander Newski und die Bewahrung Russlands

Alexander Newskis Vater Jaroslaw II. wird 1225 zum Großfürsten von Nowgorod und 1238 zum Großfürsten von Wladimir gewählt. Beides sind Nachfolgestaaten des zerfallenen Reiches der Kiewer Rus. Als Jaroslaw 1235 nach Kiew übersiedelt, lässt er Alexander als seinen Vertreter in Nowgorod zurück.

Alexander Newski lebt von ca. 1220 bis 1263

Seinerzeit versuchen die Ritter des Deutschen Ordens, ihre Herrschaft erneut über das Baltikum auszudehnen, und bedrohen Russland von Westen. Der Deutsche Orden ist aus einem Hospital hervorgegangen, das 1190 auf einem Kreuzzug errichtet worden war. Seine Ritter beteiligen sich an der Missionierung des Baltikums und gründen 1230 den letztlich etwa drei Jahrhunderte überdauernden Deutschordensstaat. Diesem stellt sich Alexander mit einem Heer entgegen und siegt 1240 in der Schlacht an der Newa. Zum Dank erhält er den Beinamen Newski. Kurz danach muss er allerdings wegen eines Streits mit den adeligen Bojaren Nowgorod verlassen. Doch schon 1242 ist Nowgorod erneut in Not. Alexander wird zurückgeholt und schlägt mit seinem Bruder Andrej in der Schlacht auf dem zugefrorenen Peipussee im heutigen Estland abermals den Deutschen Orden.

Derweil ist 1238 das Großfürstentum Wladimir unter den Einfluss eines Enkels Dschingis Khans geraten, des Großkhans Batu Khan, der 1235 das mongolische Teilreich der Goldenen Horde gegründet hat. Von Batu Khans Gnaden regiert in Wladimir nun ein Onkel Alexanders, bis Alexander selbst bei Batu Khan dessen Absetzung und seine eigene Ernennung zum Regenten des Großfürstentums erreicht. Die Macht muss er sich allerdings mit seinem Bruder Andrej teilen. Als dieser wiederum eine Allianz gegen die Mongolen zu schmieden versucht, intrigiert Alexander bei Batu Khan auch gegen ihn. Andrej wird abgesetzt und Alexander 1252 zum Großfürsten von Wladimir erhoben.

Als Vasall der Goldenen Horde setzt Alexander das neue Steuersystem der Mongolen grausam durch und beschneidet die Macht der Bojaren. Immer wieder flammen Aufstände gegen die mongolischen Steuereintreiber auf. Deshalb unternimmt Alexander 1262 einen Beschwichtigungsbesuch bei Berke Khan, dem Nachfolger Batu Khans. Dort hält man ihn lange fest. Er stirbt schwer erkrankt auf der Rückreise.

In Russland wird Alexander Newski, der Land und Kultur mit Schwert, Mut und Realpolitik vor den Bedrohungen aus dem Westen und dem Osten bewahren konnte, verehrt. 1547 spricht ihn die orthodoxe Kirche heilig.

9. Das Spätmittelalter

Thomas von Aquin versucht Wissen und Glauben zu vereinen

Thomas von Aquin lebt von ca. 1225 bis 1274

Thomas, geboren auf einem Schloss bei Aquino und aus neapolitanischem Kleinadel stammend, wird als 5-jähriger Knabe im Benediktinerkloster Monte Cassino in die Ausbildung gegeben. Später studiert er an der Universität von Neapel, lernt die Schriften von Aristoteles kennen und tritt 1243 dem der Armut verpflichteten Dominikanerorden bei, der seit 1232 tatkräftig die beginnende kirchliche Inquisition unterstützt. Viele Dominikaner sind, anders als Thomas, bei den Verfolgungen, Folterungen und Morden der Inquisition willfährige Vollstrecker. Im Volksmund werden sie zu den *Domini canes*, den »Hunden des Herrn«.

Thomas' Familie ist entsetzt von seiner Ordenswahl und hält ihn ein Jahr im Schlossturm gefangen. Schließlich soll ihm seine Schwester ein Seil gegeben haben, mit dem er sich aus dem Gefängnis befreit. 1245 sendet ihn der Dominikanerorden nach Paris, wo er bei dem großen Dominikaner-Gelehrten Albertus Magnus studiert. Drei Jahre später folgt Thomas ihm nach Köln.

Albertus Magnus und sein Schüler Thomas sind die großen katholischen Aristoteles-Interpreten in der Folge von Averroës und Moses Maimonides. In seinem gewaltigen, aber unvollendeten Werk *Summa theologiae* verbindet Thomas das Werk des Aristoteles mit dem Glauben der spätmittelalterlichen Kirche und macht dies zur Lehrmeinung der katholischen Kirche bis ins 20. Jahrhundert.

Thomas wird im Laufe seines Gelehrtenlebens zu einem der einflussreichsten Theologen und Philosophen der Menschheit und zum bedeutendsten Vertreter der Scholastik, die in der Hochscholastik die Fähigkeit perfektioniert, Widersprüche der Bibel aufzulösen, indem deren Aussagen andere Bedeutungsebenen gegeben werden. Mal erklärt man eine Aussage der Bibel als nur symbolisch gemeint, mal nur für einen bestimmten Zusammenhang gültig.

Während Thomas' Lehrer Albertus Magnus eine Synthese der Ideen von Aristoteles und Platon anstrebt, beseitigt Thomas die platonischen Elemente. Er will, ganz Scholastiker, den Rationalismus von Aristoteles mit dem Glauben der christlichen Offenbarung versöhnen. Für ihn ist die Vernunft die Vorstufe des – nicht beweisbaren – Glaubens. Wissen und Glaube schließen sich für Thomas nicht aus, sondern stehen im Einklang: Beide sind die Kräfte, die zur Wahrheitsfindung führen, denn sie kommen von Gott.

Thomas macht die Deduktion – man schließt vom Allgemeinen auf das Besondere – zum Prinzip. Er arbeitet unermüdlich. Oft soll er drei oder vier Sekretären gleichzeitig diktiert haben. Angesichts der Fülle seiner Schriften war das auch nur so möglich. Thomas stirbt 1272 auf der Reise zum Zweiten Konzil in Lyon.

Kublai Khan
und der Höhepunkt des Mongolenreichs

Kublai Khan

lebt von 1215 bis 1294

Kublai Khan ist ein Enkel Dschingis Khans. Im Jahr 1251 wird sein Bruder Möngke nach langen Verhandlungen der vierte Großkhan des Mongolischen Reiches. Wichtigster Förderer ist Cousin Batu Khan, der Khan der Goldenen Horde.

Kublai wird Statthalter in Nordchina, wo er fähige Militärs und Verwaltungsfachleute um sich sammelt. Als gläubiger Buddhist beginnt er in seinem Herrschaftsgebiet den Buddhismus zur Staatsreligion aufzubauen.

Wegen Streitigkeiten Kublais mit dem Stammesadel in der Hauptstadt Karakorum setzt ihn Möngke zwischenzeitlich ab. Als dieser 1259 stirbt, erhebt sich der gerade erst wieder eingesetzte Kublai, gegen die Tradition, ohne Wahl zum neuen Großkhan des Mongolenreiches. Anschließend behauptet er diese Position gegen die mongolischen Fürsten und seinen jüngeren Bruder Arigkbugha.

Kublai Khan fördert Handel, Seefahrt und Wissenschaften, 1264 macht er Dadu, das heutige Peking, zur neuen Hauptstadt.

In einem langjährigen Krieg erobert er bis 1279 das Reich der südlichen Song-Dynastie im Süden des Landes und eint China nach über drei Jahrhunderten der Teilung. Bereits 1271 hat er sich zum chinesischen Kaiser erhoben und die Yuan-Dynastie ausgerufen. Zwei Versuche, 1274 und 1281, Japan zu erobern, bleiben erfolglos, da beide Male ein Taifun die mongolischen Invasionstruppen vernichtet. Der »göttliche Wind«, der Japan gerettet hat, wird zum Mythos und im Zweiten Weltkrieg zum Namensgeber der Kamikazepiloten.

Das Mongolische Reich erreicht zur Zeit Kublai Khans seine größte Ausdehnung und Macht. Es erstreckt sich über nahezu den gesamten asiatischen Kontinent bis weit ins östliche Europa hinein. Der Handel über die Seidenstraße blüht wieder auf.

Gleichzeitig beginnt die bereits von Dschingis Khan vollzogene Teilung des Mongolenreichs in vier Khanate zur Schwächung und zum endgültigen Auseinanderdriften der Reiche beizutragen. Mit Beginn der 1370er-Jahre muss sich das westliche Khanat der Goldenen Horde der Einfälle Timur Lenks erwehren. Anfang des 16. Jahrhunderts geht es endgültig unter. Die von Kublai begründete Yuan-Dynastie endet schon 1368, als die Mongolen die Herrschaft über China verlieren.

Marco Polo
und die europäische Entdeckung Chinas

Marco Polo
lebt von
ca. 1254 bis
1324

Am Hofe Kublai Khans in Peking treffen 1266 nach einer langen abenteuerlichen Reise über die Seidenstraße zwei europäische Kaufleute ein, die Brüder Niccolò und Maffeo Polo. Ihre Heimatstadt Venedig ist wie die anderen Stadtrepubliken Italiens, Amalfi, Pisa und Genua, ab dem 9. Jahrhundert durch den Handel mit dem Mittleren Osten, insbesondere mit der Einfuhr von Seide, Gewürzen und Opium, unermesslich reich geworden.

Vor allem Gewürze sind im Mittelalter wertvolle Waren. Sie dienen als Medizin, sind wichtig bei der Herstellung von Parfüms und der Konservierung von Lebensmitteln. Da die meisten Gewürze nicht in Europa gedeihen, müssen sie über lange und gefahrvolle Wege beschafft werden. Die Suche nach sichereren und kürzeren Handelswegen prägt später auch das Zeitalter der Entdeckungen.

Als die Polos die Reise zurück nach Venedig antreten, haben sie Kublai Khan versprochen, bald wiederzukehren. Tatsächlich brechen sie 1271 erneut nach Peking auf. Dieses Mal nehmen sie Marco, den 17-jährigen Sohn Niccolòs, mit. Sie bleiben über zwei Jahrzehnte. Marco Polo gewinnt die Gunst des Herrschers und lernt als Gesandter und Gouverneur alle Provinzen des Reiches kennen. Als 1292 eine chinesische Prinzessin in Persien verheiratet werden soll, gehören auch die Polos der Delegation an. Sie nutzen die Gelegenheit, um von dort die Heimreise anzutreten.

1295 zurück in Venedig, werden ihre Berichte von China als Lügen und Fantastereien abgetan. Drei Jahre später, nach der Seeschlacht zwischen Genua und Venedig in Gefangenschaft geraten, diktiert Marco Polo einem französischen Mithäftling seine Erlebnisse im fernen China. Sein Bericht über die hochstehende Kultur des Reiches der Mitte bleibt lange Zeit der einzige. Er beeinflusst noch zwei Jahrhunderte später die Planungen der Fahrten von Christoph Kolumbus, Vasco da Gama und Fernão de Magalhães.

Was von Marco Polos Berichten Fakt ist oder Produkt seiner Fantasie, darüber streiten die Historiker. Manche bezweifeln sogar seinen Aufenthalt in China. Wichtige Details wie die Chinesische Mauer und den chinesischen Kompass erwähnt er nicht. Er selbst soll gegen Ende seines Lebens gesagt haben: »Ich habe nicht die Hälfte von dem erzählt, was ich gesehen habe, da keiner mir geglaubt hätte.«

Osman I.
und der Anfang des Osmanischen Reiches

Osman I.
lebt von
ca. 1259 bis
1326

Osman ist der Herrscher eines Clans im nordwestlichen Anatolien. Seine Religion ist der Islam. 1299 erklärt er sein Volk für unabhängig von den ebenfalls türkisch-sunnitischen Seldschuken. Deren im 11. Jahrhundert gegründetes Reich hat lange die muslimische Welt beherrscht. Zur Zeit seiner größten Ausdehnung erstreckte es sich über die heutige Türkei, den Irak und Iran bis hinein nach Zentralasien. Nun aber befindet es sich durch Erbstreitigkeiten und Mongoleneinfälle im Verfall.

Das Jahr der Unabhängigkeitserklärung Osmans gilt als das Gründungsjahr des nach ihm benannten Osmanischen Reiches.

Sein Herrschaftsgebiet von ursprünglich nur etwa 1500 Quadratkilometern erweitert er nach und nach durch erfolgreiche Kriegszüge auf das Zehnfache. An Verwandte, Gefolgsleute und verdiente Heerführer vergibt er Lehen. Die ursprüngliche nomadische Lebensweise seines Volkes weicht der Sesshaftigkeit.

Schon früh beschließt Osman, die Christen in seinem Herrschaftsgebiet zu beschützen, was als ein bedeutender Faktor für die erfolgreiche Ausdehnung seines Reiches gesehen wird. Osmans Sohn Orhan gelingt es, die Fläche um das Dreifache zu erweitern. Er erobert auch erstmals Gebiete auf dem europäischen Kontinent. Orhan gründet die Elitetruppe der Janitscharen und trägt als erster osmanischer Herrscher den Titel des Sultans.

Das Osmanische Reich wird über Jahrhunderte bestehen und das christliche Europa mehrfach existenziell bedrohen. Es endet erst 1923, als Kemal Atatürk die Türkische Republik ausruft.

Dante Alighieri bringt Volkssprache, Mensch und Abendland in die Literatur

Dante Alighieri lebt von 1265 bis 1321

Zu Beginn des 13. Jahrhunderts erreicht in Mitteleuropa das höfische Versepos seinen Höhepunkt. Dazu beigetragen haben unter anderem der ein Jahrhundert zuvor entstandene *Artusroman* des Franzosen Chrétien de Troyes und der *Tristan* Gottfrieds von Straßburg.

Im Umfeld des Rittertums entstehen in Frankreich die Troubadourdichtung und in Deutschland der Minnesang, deren bedeutendster Protagonist Walther von der Vogelweide wird. Der Italiener Dante Alighieri knüpft an die französische Tradition an, zeigt der Literatur aber neue Wege. Er blickt über den höfischen Tellerrand hinaus und beschreibt, wie der Mensch über die Welt staunt.

Dante ist der Sohn einer in bescheidenen Verhältnissen lebenden florentinischen Adelsfamilie. Er heiratet, wird Vater mehrerer Kinder, doch in seiner Dichtung verehrt er eine andere Frau als die Mutter seiner Kinder. Er nennt sie Beatrice. Sie ist gleichen Alters wie er. Mit neun Jahren sieht er sie zum ersten Mal, mit 20 erwidert sie erstmals seinen Gruß. Fünf Jahre später stirbt Beatrice.

Italien ist in jenen Jahren zerrissen in Einzelstaaten und leidet unter den Machtkämpfen von Papst und Kaiser. Dante mischt als politischer Beamter aktiv mit, ist 1301 unter anderem florentinischer Gesandter bei Papst Bonifaz VIII., der die Herrschaft über Florenz gewinnen will. Tatsächlich setzt sich die Partei der papsttreuen Guelfen gegen die der reichstreuen Ghibellinen durch. Dante, in Diensten der Unterlegenen, wird in Abwesenheit zum Tode verurteilt und geht ins Exil. Verona, Venedig, Genua sind Stationen eines in den nächsten Jahren rastlosen Lebens.

Ab 1303 verfasst Dante Schriften zur Politik und zum Wissen seiner Zeit. Seine eigentliche Leidenschaft gilt jedoch den Künsten. Zu seinen Freunden gehört der Maler Giotto di Bondone, einer der entscheidenden Wegbereiter der italienischen Renaissance. Dantes Hauptwerk ist das seit 1303 über viele Jahre bis unmittelbar vor seinem Tod in Ravenna in toskanischer Mundart verfasste Versepos *Divina Commedia*, deutsch: *Die Göttliche Komödie*. Darin beschreibt er in drei Teilen (Hölle, Fegefeuer, Paradies) die Wanderung eines Ich-Erzählers zu Gott. An der Schwelle zum Paradies trifft dieser Beatrice wieder. Eine Komödie nennt Dante sein Werk, weil es nach seiner Aussage schrecklich beginnt, aber wundervoll endet.

Nicht nur das Italienische, die Volkssprache selbst, wird durch Dante zur Literatursprache. Dante Alighieri ist Wegbereiter der Literatur der Renaissance und des beginnenden Humanismus. Der glühende Dante-Verehrer und -popularisierer Giovanni Boccaccio verfasst knapp drei Jahrzehnte nach Dantes Tod das *Decamerone*, der von Boccaccio und Dante inspirierte Geoffrey Chaucer in England wenig später die *Canterbury Tales*.

Peter Parler und die Gotik

Peter Parler lebt von etwa 1330 bis 1399

Seit dem Ende der Antike entsteht mit der Romanik um 1000 erstmals wieder ein einheitlicher Kunststil, vor allem in der Kirchenarchitektur. Die Mauern werden wuchtig, herausragende Gestaltungsmerkmale sind Rundbögen, Säulen und Gewölbe. Daraus entwickelt sich in der Gegend von Paris um die Mitte des 12. Jahrhunderts die Gotik. Die Rundbögen werden zu Spitzbögen, die Kirchen streben noch höher, wachsen zur Kathedrale, zum Dom. In einer Balance von Größe, Licht und Leichtigkeit

erschaffen die Architekten raffinierte Konstruktionen wie Kreuz-
rippengewölbe, Rosettenfenster und Strebebogen.

Peter Parler ist einer der bedeutendsten dieser Dombaumeis-
ter. Seine Schaffenszeit fällt in die Spätgotik. Geboren wird er in
Schwäbisch Gmünd.

Die Errichtung einer Kathedrale ist das Werk von Jahrzehnten. Ausgeführt werden die vielfältigen Arbeiten und Aufgaben
durch die Bauhütten, in denen die Handwerker und die ihnen
zuarbeitenden Mönche, Bäcker, Köche und Arbeiter organisiert
sind. Eine besondere Stellung haben dabei die Steinmetze, die
sich oft in Bruderschaften zusammenfinden. Der Familienname
Peter Parlers leitet sich von der Berufsbezeichnung des Parliers,
des Sprechers der Bauhütte, ab. Die heutige Bezeichnung des
Poliers ist daraus entstanden.

Karl IV., ab 1355 römisch-deutscher Kaiser, holt Peter Parler
1354 nach Prag. Der vollendet den von Matthias von Arras begonnenen Veitsdom, baut vor allem den Chor und ergänzt den
Bau durch zahlreiche neue Entwürfe. Auch als Bildhauer wird
Peter Parler berühmt, insbesondere durch seine Arbeiten im
Veitsdom, darunter sein Selbstporträt. Durch die von ihm gegründete Bildhauerschule entsteht der realistische Parler-Stil.

Vier Jahre nach der Ankunft in Prag baut Parler in 16 Halb-
bogen mit 25 Metern Spannbreite die Karlsbrücke über die
Moldau und den abschließenden Altstädter Brückenturm. Die
umfangreichen Bauarbeiten an der berühmten Burg Karlstein
außerhalb von Prag bringt er zum Abschluss. Seine beiden Söhne
setzen die Familientradition fort. Auch sie werden bedeutende
Baumeister.

Cosimo de' Medici: Kredite und Banken verändern die Welt

Cosimo de' Medici lebt von 1389 bis 1464

Nach den Wirren und Verheerungen der Völkerwanderungszeit
beginnt sich im Mittelalter allmählich wieder ein Geldwesen zu
entwickeln. Fürsten prägen nun Münzen.

Durch die Vielfalt der Währungen entsteht der Beruf der
Geldwechsler, die nach und nach auch andere Geldgeschäfte
übernehmen. Sie beginnen, Geld zu verleihen, führen ab dem
13. Jahrhundert in Italien den Wechsel ein und ermöglichen so

den Handel ohne Bargeld. Von der Bank, mit der viele Geldwechsler auf der Straße sitzen und von dort aus ihr Geschäft betreiben, leitet sich der Begriff für die heutigen Geldinstitute ab.

In den italienischen Handelsstädten strebt eine ehrgeizige
Kaufmannsschicht nach oben. Familien aus ihren Reihen erwerben neben ihrer wirtschaftlichen bald auch politische Macht. Die
bedeutendste dieser Familien wird über Jahrhunderte die der
Medici sein.

Cosimo de' Medicis Vater Giovanni di Bicci de' Medici ist
Finanzier des Papstes und verlegt 1397 den Stammsitz seiner
Bank nach Florenz. Dort begründet Cosimo, genannt »der Alte«,
die große Zeit der Familie. Zwischenzeitlich im Machtkampf gegen den rivalisierenden Clan der Albizzi unterlegen, erlangen die
Medici 1434 die Herrschaft über Florenz, das auf dem Papier
zwar Stadtrepublik bleibt, jedoch im Grunde von Cosimo unum-
schränkt regiert wird.

Seine Macht übt Cosimo diskret aus. Meist bleibt er lieber im
Hintergrund. Während das Bank- und Handelshaus der Medici
Filialen in London, Avignon und Brügge eröffnet, Handel nach
Skandinavien und nach Asien betreibt, im Bergwerks-, Woll- und
Textilbereich engagiert ist, baut Cosimo Florenz zu einem Zentrum von Kunst und Kultur aus. Er fördert an der Zeitenwende
von ausgehendem Spätmittelalter zur Renaissance mit dem Bildhauer Donatello und dem Baumeister Brunelleschi zwei der bedeutendsten Künstler ihrer Zeit.

Durch ihre Macht- und Heiratspolitik treten die Medici in die
Weltgeschichte der nächsten Jahrhunderte ein. Zu Cosimos zahlreichen Nachkommen gehört auch Ludwig XIV. von Frankreich.

Jan van Jan van Eyck und der ungefilterte Blick

Eyck Cosimo de' Medicis Protegé Filippo Brunelleschi gilt als »Er-
lebt von finder« der Zentralperspektive. Der Baumeister zeichnet die auf
ca. 1390 bis einem Spiegel abgebildeten perspektivischen Linien auf dem
1441 Papier nach. Der Mensch und sein Standpunkt sind Zentrum
und Ausgangspunkt der zentralperspektivischen Darstellung.
Doch man kannte diese bereits in der Antike, zum Beispiel auf
römischen Wandfresken. Dass die Wiederentdeckung der Zentralperspektive in der Renaissance mit der Rückbesinnung auf

diese Welt und deren individuelles Menschenbild zusammenfällt, ist nachzuvollziehen.

Obwohl die Renaissance sich in Nordeuropa in ganzer Breite erst Jahrzehnte später als in Italien durchsetzt, sind ihre Anfänge dort schon früh zu erkennen. Der Flame Jan van Eyck gilt als der Maler, der den Naturalismus in die Bilderwelt bringt und versucht, die Welt so darzustellen, wie sie sich objektiv darstellt. Er signiert seine Werke mit *Als ik kan* (»So gut ich es vermag«).

Jan van Eycks erste Lebensjahre liegen im Dunkeln. Weder wo, wie und bei wem er sein Handwerk erlernt, kann zuverlässig erzählt werden. Im Alter von 32 Jahren tritt er in den Dienst des Herzogs Johann von Bayern. Nach dessen Tod findet er Anstellung bei Philipp III., dem Guten, Herzog von Burgund. Seine Aufgaben sind die Porträtmalerei, das Bemalen von Schildern und das Dekorieren von Residenzen. Er nimmt außerdem an zahlreichen Geheimmissionen teil, begleitet eine Delegation nach Portugal, wo Philipp um die Hand der Infantin Isabella anhält. Jan van Eyck malt für seinen Fürsten die Auserwählte, damit der sich ein Bild machen kann. Eine damals übliche Art der »Brautschau«.

Durch seine realistischen Porträts und seine an die Natur angelehnte Detailversessenheit erreicht van Eyck, wie auch sein niederländischer Zeitgenosse Rogier van der Weyden, einen außergewöhnlich ungefilterten Blick auf den Menschen und die Welt. Seine Bilder sind die eines Fotografen, nur mit dem Pinsel gefertigt. Berühmte Porträts sind die *Arnolfini-Hochzeit*, *Die Madonna des Kanzlers Nicolas Rolin* und *Der Mann mit dem roten Turban*, dies vermutlich ein Selbstporträt.

Mit Jan van Eyck, den manche als »König unter den Malern« bezeichnen, beginnt eine neue Ära der Maltechnik. Er setzt neben den bisher gebräuchlichen Tempera- und Leimfarben vermehrt Ölfarben ein.

Heinrich der Seefahrer und der Beginn des Zeitalters der Entdeckungen

Heinrich der Seefahrer lebt von 1394 bis 1460

Im 15. Jahrhundert erkennen die Europäer, dass sie nach neuen Wegen auf dem Globus suchen müssen, um an die begehrten Gewürze, Stoffe und Waren aus Asien zu kommen. Die Handelsrouten zu Land sind zunehmend von den Heeren des Osmanischen Reiches bedroht. Als diese im Jahr 1453 Konstantinopel erobern, besiegelt das nicht nur das Ende des Byzantinischen Reiches, das lange als Bollwerk des christlichen Europa fungierte. Fortan ist der direkte Zugang nach Asien versperrt. Christen dürfen sich nur noch im Zwischenhandel betätigen.

Längst aber suchen die Europäer nach neuen Wegen. Durch immer weitere Fahrten entlang der Küste Afrikas, die anfangs in erster Linie dem Ausbau des lukrativen Sklavenhandels dienen, will man neue Routen zur See erschließen. Das für diese Vorhaben geografisch günstig gelegene Portugal ist etwa 250 Jahre früher als Spanien durch die Reconquista wieder christlich geworden. Staatlich und sprachlich geeint, erhält es nun finanzielle Unterstützung der von der osmanischen Expansion betroffenen Stadt Genua.

Als Heinrich als vierter Sohn des portugiesischen Königs Johann I. geboren wird, sind den Europäern nur Afrika und Asien bekannt. Heinrich will den Handel mit Westafrika ausbauen, doch der Norden Afrikas wird beherrscht von feindlichen Muslimfürsten.

Unter Heinrichs Befehl erobern die Portugiesen 1415 Ceuta an der Nordspitze von Afrika. Von Fahrt zu Fahrt segeln sie mutiger die afrikanische Küste gen Süden entlang, tasten sich von Expedition zu Expedition vor, überwinden eine Grenze der Angst nach der anderen, erreichen 1419 Madeira und 1427 die Azoren. Entscheidend für diese Erfolge ist der Einsatz des neu entwickelten Schiffstyps der Karavelle, eines wendigen, bis zu 20 Meter langen hochseetauglichen Schiffs, das mit den neuen dreieckigen, wendigen Lateinersegeln ausgerüstet ist und geringen Tiefgang aufweist, aber vor allem sehr viel besser hart gegen den Wind segeln kann als alle bisherigen Schiffe.

Heinrich steht am Anfang des Zeitalters der europäischen Entdeckungen. Er, der nie selbst zu Entdeckungsreisen antrat, erhält wegen seiner Förderung der Seefahrt und den von ihm ausgesandten Expeditionen den Beinamen »der Seefahrer«. Dass er eine Seefahrtsakademie begründete, wird von Historikern nicht mehr vertreten.

Johannes Gutenberg und die Kommunikationsrevolution

Johannes Gutenberg lebt von ca. 1400 bis 1468

Die Entwicklungen von Sprache und Schrift gelten als die ersten beiden Medienrevolutionen. Die dritte ist die Erfindung des Buchdrucks. Sie ist untrennbar mit Johannes Gutenberg verbunden und veränderte die Welt.

Vor ihm kennen bereits die Chinesen und koreanische Mönche ähnliche Techniken, die aber nicht zur breiten Anwendung kommen und zum Teil wieder in Vergessenheit geraten.

Johannes Gutenberg gelingt der entscheidende Durchbruch. Er verhilft dem Buchdruck zu seiner kulturellen und wirtschaftlichen Entfaltung in der gesamten Welt, weil er die Techniken erfindet, die das massenhafte Drucken von Büchern und Flugschriften überhaupt erst wirtschaftlich machen.

Zwei seiner Erfindungen sind entscheidend: bewegliche Metalllettern, die rasch und problemlos für das Erstellen der Druckvorlage gegossen werden können, und die Druckerpresse, die den so gesetzten Text vervielfältigt.

Gutenberg, eigentlich heißt er Henne Gensfleisch zur Laden, verlässt seine Heimatstadt Mainz um 1428. In Straßburg kommt er als Spiegelmacher und Edelsteinschleifer zu einem gewissen Wohlstand. Nach 20 Jahren in der Fremde kehrt er 1448 nach Mainz zurück und baut eine Druckerwerkstatt auf. Einer der Finanziers ist der Kaufmann Johannes Fust. Um diese Zeit scheint Gutenberg seine Erfindungen bereits zur Reife gebracht zu haben. 1452 beginnt er mit der Fertigung des ersten mit beweglichen Lettern gedruckten Buches: der *Gutenberg-Bibel*.

Doch Gutenberg gerät in finanzielle Schwierigkeiten. Fust beschuldigt ihn der Veruntreuung seiner Investitionen. Gutenberg muss seine Druckerei aufgeben, wagt später einen Neuanfang, verliert erneut sein Vermögen und erst drei Jahre vor seinem Tod gewährt ihm der Mainzer Erzbischof eine Pension.

Gutenberg stirbt in Vergessenheit. Doch seine Erfindung breitet sich von Mainz aus noch zu seinen Lebzeiten rasch in ganz Europa aus, insbesondere durch von ihm selbst ausgebildete Drucker. Eine Druckerpresse produziert mehrere 1000 Seiten am Tag. Bücher werden nun für fast jeden Lesekundigen erschwinglich. Die Wissensverbreitung beschleunigt sich. Vor allem in größeren Auflagen gedruckte Flugschriften tragen zunehmend zur Meinungsbildung bei. Der Boden für die Wissenschaften, für die Verbreitung religiöser, politischer, philosophischer Gedanken ist bereitet. Die Renaissance, der Humanismus, die Reformation werden davon profitieren.

Noch leben wir in der Gutenberg-Galaxis, wie der kanadische Medienphilosoph Marshall McLuhan später das von Gutenberg eingeleitete Zeitalter des Buches nannte.

Johanna **Johanna von Orléans,**
von Orléans **ein Mädchen für Gott und Frankreich**
lebt von Sie ist zwölf Jahre jünger als Johannes Gutenberg, lernt weder
ca. 1412 bis Lesen noch Schreiben und erlebt die von dem Buchdrucker aus-
1431 gelöste Revolution nicht mehr.

Als Johanna als Tochter eines wohlhabenden Bauern geboren wird, leidet Frankreich unter dem Hundertjährigen Krieg, der von 1337 und 1453 das Land durchzieht. Mehrere Adelshäuser kämpfen um Macht und Thron. Auch die Könige Englands melden ihren Anspruch an.

Im Jahr 1415, Johanna ist drei Jahre alt, erringen die Engländer unter Heinrich V. in der Schlacht von Azincourt einen überwältigenden Sieg über das französische Heer. Die meisten Ritter Frankreichs fallen.

In dem Moment, in dem Johanna überraschend wie kaum ein Mensch vor und nach ihr die historische Bühne betritt, sind die Franzosen und ihr noch nicht gekrönter junger König Karl VII. nach wie vor in bedrängter Lage. Die Engländer haben mit den verbündeten Burgundern unter Philipp dem Guten Paris erobert, kontrollieren den Norden Frankreichs und belagern seit Oktober 1428 das strategisch bedeutende Orléans. Ende Dezember verlässt die vermutlich 17-jährige Jeanne d'Arc das elterliche Haus im lothringischen Domrémy. Seit ihrem 14. Lebensjahr hört sie die Stimmen mehrerer Heiliger und des Erzengels Michael, die sie auffordern, Frankreich vom Joch der Engländer zu befreien. Ihr sei es bestimmt, an der Spitze eines französischen Heeres gegen die Engländer zu ziehen und Karl zur Krönung in Reims zu verhelfen.

Es gelingt ihr, im Loire-Schloss Chinon vom Dauphin Karl empfangen zu werden und ihn von ihren Visionen zu überzeugen. Bewehrt mit einer eigens für sie angefertigten Rüstung reitet sie an der Spitze eines kleinen Gefolges in das seit mehreren Monaten belagerte Orléans. Tatsächlich kann sie, selbst an vorderster Front kämpfend, die Engländer Anfang Mai 1429 zum Abzug zwingen. Fünf Wochen später wird Karl in Reims zum König gekrönt. Johanna steht, eine Siegesfahne haltend, neben dem Altar.

Doch da sie kompromisslos weiterkämpfen will, gerät sie in Konflikt zum jungen König, der eine Verständigung sucht. Nach langem Zögern erlaubt er ihr, gegen das besetzte Paris zu ziehen. Sie scheitert. Im Mai 1430 fällt sie im Wald bei Compiègne den Burgundern in die Hände, die sie an die Engländer verkaufen. Von diesen an die katholische Geistlichkeit in Rouen übergeben, wird Johanna in einem Inquisitionsprozess der Ketzerei für schuldig befunden. Sie stirbt auf dem Scheiterhaufen.

Iwan III. der Große und der Beginn des Zarenreiches

Iwan III. der Große lebt von 1440 bis 1505

Nach der Eroberung von Byzanz durch die osmanischen Türken im Jahr 1453 wandern viele orthodoxe Christen in das Großfürstentum Moskau aus, dem einzigen Land, in dem sie ihren Glauben noch frei leben dürfen. Russland selbst ist jedoch dem Mongolenreich der Goldenen Horde seit zweieinhalb Jahrhunderten tributpflichtig. Die Befreiung gelingt nun Iwan III.

Iwan ist der Sohn des Großfürsten Wassili II. Seine Kindheit ist überschattet von den selbst für jene Zeit mit großer Grausamkeit geführten Nachfolgekämpfen nach dem Tod seines Vaters. Ab 1462 regiert er als Großfürst Moskau und erweitert sein Herrschaftsgebiet um das Vierfache. Er zentralisiert das Reich, etabliert erfolgreich die Vormachtstellung Moskaus und legt den Grundstein für das spätere Zarenreich.

Um zu unterstreichen, dass er sich ebenbürtig mit dem alten römischen Imperium und dem untergegangenen Byzanz sieht, heiratet Iwan im Jahr 1472 eine Nichte des letzten byzantinischen Kaisers. Er holt westeuropäische Techniker und Künstler in seine Hauptstadt und lässt den Moskauer Kreml von italienischen Baumeistern im Renaissancestil ausbauen. Der Goldenen Horde, die sich zunehmend im Niedergang befindet, verweigert Iwan im Jahr 1476 die Tributzahlungen. Diese ist zu jener Zeit mit inneren Kämpfen konfrontiert und reagiert vorerst nicht. In der Zwischenzeit nimmt Iwan 1478 den Titel eines »Zaren« an, wird aber als solcher noch nicht gekrönt. Der Zaren- beziehungsweise Kaisertitel soll die Gleichstellung mit dem einst dominierenden Byzantinischen Kaiserreich unterstreichen.

Endlich macht sich 1480 ein Mongolenheer der Goldenen Horde zu einer Strafexpedition gegen Iwan auf den Weg. Wochenlang belauern sich schlachtbereit die Heere am Fluss Ugra. Am Ende ziehen die Mongolen, geschwächt von Epidemien, nahezu kampflos ab. Russland hat unter seinem ersten Zaren die Fremdherrschaft abgestreift.

10. Wiedergeburt und neue Welten

Sandro Botticelli, Maler zwischen Befreiung und religiösem Eifer

Sandro Botticelli lebt von 1445 bis 1510

Vielleicht ist Sandro Botticelli der bedeutendste Maler der Frührenaissance. In seinem Werk verbinden sich letzte Anklänge an die strenge und gottesfürchtige Gotik mit dem neuen, den Menschen zugewandten Humanismus der Zeit.

Der Sohn eines Gerbers, übersensibel und kränklich, wird früh von der Schule genommen und kommt zu einem Goldschmied in die Lehre. Doch bald wird er aufgrund seines außergewöhnlichen Zeichentalents in der Malerwerkstatt Filippo Lippis aufgenommen, des wichtigsten florentinischen Malers jener Tage. Madonnenbilder gehören zu Botticellis ersten Arbeiten.

Früh bekommt er Aufträge von den Medici und bereits mit 20 Jahren kann er eine eigene Malerwerkstatt eröffnen. Lorenzo de' Medici, ein Enkel Cosimos und »der Prächtige« genannt, widmet sich weniger merkantilen als kulturellen und politischen Aufgaben. Er protegiert den Maler über Jahrzehnte und verschafft ihm zahlreiche lukrative Aufträge.

So entstehen vor allem für Familienmitglieder der Medici einige der bedeutendsten Werke Botticellis, wie 1475 *Die Geburt der Venus* und einige Jahre später das sechs Quadratmeter große Gemälde *Frühling*. Botticelli malt die Menschen zart, feingliedrig, schön und weißhäutig. Die Frauen sind von vollkommener Schönheit, wie es das 1480 gemalte *Idealbild einer Frau* fast programmatisch belegt. Die Menschen sind umrandet von feinen Linien. Es ist auch diese Schönheit der Linie, die seine Bilder auf ihre Weise zeitlos und immer wieder modern wirken lässt.

Als die Medici zwei Jahre nach Lorenzos Tod 1494 aus Flo-

renz vertrieben werden und der fanatische Dominikanermönch
Girolamo Savonarola in der Stadt für vier Jahre eine Art Gottesstaat errichtet, wirft Botticelli eigene Gemälde auf die Scheiterhaufen, auf denen weltlicher Luxus verbrannt werden soll. Ist er
ein Anhänger oder fügt er sich dem Terror? Die Historiker streiten.

Berühmt werden seine späten Federzeichnungen zu Dantes
Göttlicher Komödie.

Leonardo da Vinci,
das Universalgenie der Hochrenaissance

Leonardo
da Vinci
lebt von 1452
bis 1519

Unbestritten ist er eines der größten Genies der Menschheit.
Als Forscher, Beobachter und Zeichner ebnet er der modernen
Technologie und Wissenschaft den Weg, als Maler ist er der Be-
gründer der klassischen Renaissance.

Eigentlich heißt er Leonardo di ser Piero. Das »da Vinci« verweist lediglich auf seinen Herkunftsort. Leonardo ist der Sohn
eines Notars, seine Mutter vermutlich eine arabische Sklavin, die
vorübergehend in den Diensten des Vaters stand. Dieser entdeckt
bald dessen herausragendes zeichnerisches Talent.

Nach der Lehre bei dem Maler Andrea del Verrocchio in
Florenz wird Leonardo 1472 in die örtliche Malergilde aufgenommen. Er bleibt zunächst in der Werkstatt seines Meisters,
beteiligt sich an Gemeinschaftsarbeiten und geht 1482 zu Ludovico Sforza, dem Regenten und späteren Herzog von Mailand.
Dort arbeitet er als Ingenieur, Architekt und Maler und setzt
seine schon in Florenz begonnenen wissenschaftlichen Studien
zur Optik, Mechanik, Anatomie und dem Verhalten von Wasser
und Luft fort. Leonardo seziert Leichen, zeichnet alle Details des
menschlichen Körpers, ersinnt und skizziert Fluggeräte, Maschinen, Zahnradgetriebe und Fahrzeuge aller Art, und er zeichnet
seine berühmte Studie der menschlichen Proportionen, die von
den Arbeiten des römischen Architekten Vitruv inspiriert ist.

Von 1495 bis 1497 malt Leonardo das Wandgemälde *Das
letzte Abendmahl*. Im Jahr 1502 oder 1503 wird er Generalingeni-
eur in den Diensten Cesare Borgias, einem der Vorbilder für Niccolò Machiavellis ernüchternde politische Machtstudie *Il principe (Der Fürst)*. Leonardo macht Machiavellis Bekanntschaft.

Das Bild von der rätselhaft lächelnden jungen Gioconda, heute als »Mona Lisa« das wohl berühmteste Gemälde der Welt, entsteht vermutlich von 1503 bis 1506. Auch hier setzt er die von ihm entwickelte Sfumato-Technik ein, den Auftrag mehrerer Farbschichten mit dem Effekt, dass Umrisse und Licht und Schatten ineinanderzufließen scheinen.

Zurück in Mailand, beschäftigt sich Leonardo mit wissenschaftlichen Studien und geht 1513 zu Papst Leo X. nach Rom. 1516 folgt er einer Einladung des französischen Königs Franz I., wo er in dem kleinen Schloss Cloux bei Amboise eine Bleibe findet. Dort beschließt er sein Leben.

Niccolò Machiavelli und die Sezierung der Macht

Der Beamte Niccolò Machiavelli plant 1502 mit Leonardo da Vinci die Umleitung des Flusses Arno in einen Kanal, um das von florentinischen Truppen belagerte Pisa von dem lebenswichtigen Wasser des Flusses abzuschneiden. Das Projekt scheitert an logistischen Schwierigkeiten.

Niccolò Machiavelli lebt von 1469 bis 1527

Die Männer in Machiavellis Familie bekleiden in Florenz immer wieder hohe Beamtenposten. Auch Niccolò tritt in die Dienste seiner Heimatstadt. 1498 wird er Vorsteher der für militärische und auswärtige Angelegenheiten zuständigen Zweiten Kanzlei der Stadtrepublik. Zahlreiche Reisen führen ihn als Gesandten an den französischen Hof, nach Siena und 1502 zu Cesare Borgia, wo er Zeuge wird, wie dieser einen Aufstand niederwirft. Machiavelli ist tief beeindruckt von dem Renaissancefürsten. Bei ihm und auf weiteren Reisen, wie 1503 nach Rom zu Papst Julian II. und 1507 nach Konstanz und Innsbruck zu Kaiser Maximilian I., lernt er die Winkelzüge und Schachzüge der Machtpolitik kennen.

Machiavelli gründet 1506 die florentinische Miliz und leitet drei Jahre später die erneute Belagerung Pisas, das sich schließlich ergibt.

Als 1512 die Medici die Macht in Florenz zurückgewinnen, verliert Machiavelli seine Ämter, wird verbannt und später inhaftiert. Im Jahr darauf freigelassen, zieht er sich auf sein Landgut bei Florenz zurück. Dort verfasst er sein Werk *Il principe*, das aber erst 1532 gedruckt werden wird.

Machiavelli zeigt auf, mit welch skrupellosen Mitteln ein Herrscher seine Macht sichert und ausbaut. Ob seine Darlegungen Satire sind oder eine Art Bewerbungsschreiben für eine Rückkehr in die Politik – er widmet das Werk Cesare Borgia –, ist Gegenstand vieler Interpretationen. Fakt ist, seine Beschreibungen zeugen von einem ernüchterten Blick auf die menschliche Moral und das menschliche Handeln, das jeglichen Bezug zu göttlicher Legitimation verloren hat. Der Einfluss von Machiavellis *Il principe* auf die politische Philosophie der nächsten Jahrhunderte ist nicht zu unterschätzen.

Um 1519 gelingt Machiavelli noch einmal die Rückkehr in die Politik. Als aber die Medici 1527 nach der Eroberung Roms durch Kaiser Karl V. erneut von der Macht verdrängt werden, verliert er endgültig seine Ämter. Kurz darauf stirbt er.

Albrecht **Albrecht Dürer: Der Blick wendet sich der Welt zu**
Dürer Sein Vater ist ein Goldschmied und von Ungarn nach Franken
lebt von 1471 eingewandert. Albrecht Dürer, eines der drei überlebenden von
bis 1528 18 Kindern, wird erst in der väterlichen Nürnberger Werkstatt ausgebildet und geht dann bei einem Maler in die Lehre. Nach Reisen an den Mittelrhein und in die Niederlande, wo er den Genter Altar Jan van Eycks sieht, arbeitet er in Basel. Im Jahr 1494 heiratet er und besucht kurz darauf Venedig.

1497 macht Dürer sich als Maler in Nürnberg selbstständig. Im Jahr darauf entsteht sein erster Grafikzyklus: 15 Holzschnitte zur Apokalypse. Der Durchbruch der Druckgrafik als eigenständige Kunstform ist im Wesentlichen ihm zu verdanken. Der geschäftstüchtige Dürer vertreibt persönlich seine Kupferstiche und Holzschnitte, zudem ist er der erste Künstler, der seine Bilder systematisch mit einem Monogramm signiert und sein großes A mit dem untergestellten D zu einer Art Markenzeichen macht.

Über religiöse Motive hinaus wendet er den Blick der Welt, dem Leben und den Dingen zu. Berühmt werden der Holzschnitt eines Rhinozeros, die Federzeichnung des Hafens von Antwerpen, die naturalistischen Aquarelle eines Feldhasen und eines einfachen Rasenstücks.

Dürer ist auch ein Meister des Porträts. Er bekommt Aufträge von Kaufleuten und Fürsten, porträtiert Friedrich den Weisen und 1518 auf dem Reichstag von Augsburg Jakob Fugger, im Jahr darauf Kaiser Maximilian I. Seine Darstellungen, meist vor neutralem Grund, sind realistisch, ungeschönt und dennoch eindringlich, so auch die liebevolle Kohlezeichnung seiner alten Mutter von 1514. Dürer steht an vorderer Stelle einer Reihe deutscher Renaissancekünstler, die in der Porträtmalerei neue Blickrichtungen einnehmen, wie sein Schüler Hans Baldung oder Hans Holbein der Ältere und Hans Holbein der Jüngere. Doch der vielseitig talentierte Dürer verfasst auch ein mathematisches Lehrbuch, eine von Vitruv beeinflusste Befestigungslehre und ein Buch über menschliche Proportionen.

1528 schickt er seinem Arzt ein Selbstporträt, auf dem er nackt auf die Stelle seines Leids weist: »Do der gelb Fleck is vnd mit dem finger drawf dewt, do is mir we.« Es ist die Milz, vermutlich Folge einer Malariaerkrankung. Kurze Zeit später ist Albrecht Dürer tot.

Nikolaus Kopernikus
verweist die Erde vom Mittelpunkt

Er wird im selben Jahr geboren wie Albrecht Dürer. Als Nikolaus Kopernikus studiert, segelt Christoph Kolumbus nach Amerika.

Kopernikus' Vater stirbt früh. Sein Onkel, der Bischof von Ermland, ermöglicht ihm den Besuch der Universität Krakau, später setzt Kopernikus seine Studien in Bologna und Padua fort. Längst interessiert er sich für die Astronomie. Als er zum Onkel nach Frauenburg zurückkehrt und dessen Sekretär wird, ist er bewandert in Griechisch, Mathematik, Astronomie, Medizin und den Rechtswissenschaften. Ohne Priester zu sein, erhält er das Amt des Domherrn.

Schon seit Jahren beobachtet Kopernikus den Nachthimmel und stellt komplizierte Berechnungen an. In dem sechsseitigen *Commentariolus* legt er seine Beobachtungen nieder und verteilt die Schrift vermutlich 1509 nur unter Bekannten. Er zögert, die Erkenntnisse zu veröffentlichen. Kopernikus will das Weltbild nicht verändern. Im Gegenteil, er will es durch Erneuerung bewahren.

Martin Luthers 1517 veröffentlichte Thesen verändern derweil die Welt dramatisch: Die Stellung des christlichen Men-

Nikolaus Kopernikus lebt von 1473 bis 1543

schen vor Gott wird nun eine andere. Kopernikus hingegen wird bald die Sicht des Menschen auf seine Stellung im Kosmos revolutionieren.

Bislang gilt das im 2. Jahrhundert n. Chr. vom griechischen Astronomen Claudius Ptolemäus propagierte geozentrische Weltbild, nach dem alle Planeten und die Sonne um die Erde als Mittelpunkt kreisen. Kopernikus stellt an dessen Stelle das heliozentrische Weltbild, wonach die Sonne im Mittelpunkt unseres Planetensystems steht. Die Erde ist nur einer von vielen Planeten, die alle die Sonne umkreisen.

Der Gedanke ist nicht neu. Der große Gelehrte des Spätmittelalters Nikolaus von Kues dachte ein Jahrhundert vor Kopernikus bereits darüber nach, ob nicht die Sonne den Mittelpunkt der Planetenbahnen bildet. Ihm fehlten jedoch die mathematischen Kenntnisse, dem nachzugehen.

Erst auf dem Sterbebett hält Kopernikus das gerade gedruckte und bald so vieles verändernde Buch *De revolutionibus orbium coelestium* (*Über die Kreisbewegungen der Himmelskörper*) in den Händen. Bereits 13 Jahre zuvor hat er es fertiggestellt, doch nicht gewagt, es drucken zu lassen.

Der Aufschrei ist groß. Martin Luther und Philipp Melanchthon lehnen Kopernikus' Erkenntnisse ab. Tycho Brahe meint wissenschaftlich begründen zu können, dass Kopernikus falschliege. Doch Johannes Kepler und Galileo Galilei bauen auf seinen Erkenntnissen auf. Und Friedrich Nietzsche sagt später: »Seit Copernicus rollt der Mensch aus dem Centrum ins x.«

Michelangelo: Maler, Bildhauer, Baumeister an der Schwelle zum Barock

Michelangelo

lebt von 1475 bis 1564

Michelangelo Buonarotti bringt die Renaissance ins Dreidimensionale. Er ist der Sohn eines toskanischen Gutsbesitzers, will schon früh Künstler werden und setzt sich gegen seinen Vater durch. Mit 13 Jahren geht er bei einem Maler in die Lehre und findet kurz darauf in Florenz Aufnahme in die Bildhauerschule Lorenzo de' Medicis. Der wird sein Förderer und gibt ihm Unterkunft in seinem Stadtpalast. Nach Lorenzos Tod verlässt Michelangelo die Stadt, die Unruhen von Savonarolas Gottesstaat stehen unmittelbar bevor.

Michelangelo ist beeinflusst von Francesco Petrarca, dem »Vater des Humanismus«, er bewundert Dante Alighieri und ringt mit seinem Rivalen Raffael um die Krone der Malerei. Mit Raffael und Leonardo da Vinci wird er die italienische Hochrenaissance zu ihrem Höhepunkt führen. 1496 geht er nach Rom. Während seines langen Lebens wird er dort gleich für mehrere Renaissance-Päpste arbeiten.

1502 beginnt er, wieder in Florenz, aus einem Marmorblock, der bereits Leonardo da Vinci zur Bearbeitung angeboten worden war, bis 1504 die berühmte Skulptur des David zu hauen. Vier Jahre später nimmt er im Auftrag von Papst Julius II. die mehrjährige fast übermenschliche Kraftanstrengung in Angriff, auf über 500 Quadratmetern mit 115 überlebensgroßen menschlichen Figuren das Deckengewölbe der Sixtinischen Kapelle zu bemalen. Über 20 Jahre danach schafft er 1534 bis 1541 am gleichen Ort das gewaltige Altarbild vom Jüngsten Gericht mit 390 Figuren. Sich selbst stellt er in der Gestalt des Märtyrers Bartholomäus mit abgezogener Haut dar.

Michelangelo entwirft, plant und beginnt im Laufe seines Lebens zahlreiche, zum Teil gigantische Projekte in der Bildhauerei, der Malerei und der Architektur. Viele aber vollendet er nicht. Die Interpreten sind uneins, ob sein streitlustiges Wesen einige Vorhaben behinderte oder ob er selbst oft nicht den Willen zur Vollendung hatte. Das berühmteste Beispiel ist das unvollendete Grabmal für Julius II., mit dem Michelangelo sich über 40 Jahre beschäftigt. 1547 wird er zum Baumeister des Petersdoms berufen.

Michelangelo, der sich eher als Bildhauer denn als Maler sieht und dessen plastische Visualität seine Malerei prägt, steht in der Geschichte der Kunst an der Schwelle der Renaissance zur Epoche des Manierismus und Barock.

Maximilian I. und die Macht des Hauses Habsburg

Sein Vater ist Friedrich III., Kaiser des Heiligen Römischen Reiches. Maximilian wird in der Burg der Wiener Neustadt geboren und ist bereits als Kind Erzherzog von Österreich.

Maximilian I lebt von 1459 bis 1519

Es ist Maximilian, der die aufstrebende Macht des Hauses Habsburg durch Feldzüge, Bündnisse, Verhandlungsdiplomatie und eine besonders erfolgreiche Heiratspolitik begründet, die den Habsburgern den berühmten Satz einträgt: »Kriege mögen andere führen, du, glückliches Österreich, heirate.«

Durch eigene Hochzeiten und die Eheschließungen seiner Söhne erreicht Maximilian eine atemberaubende Machterweiterung. 1477 geht er die Ehe mit Maria von Burgund ein, der reichen Erbtochter des gerade verstorbenen Karl des Kühnen. Als Hochzeitsgeschenk erhält er die Niederlande und Burgund, aber auch jahrzehntelange Kämpfe um beide Länder. Nach dem frühen Tod Marias heiratet er, nicht standesgemäß, die Nichte Ludovico Sforzas. Allerdings beschert dies dem wegen seines ausschweifenden Hoflebens notorisch in Geldnöten steckenden Maximilian eine sehr hohe Mitgift, dem Onkel der Braut im Gegenzug den Herzogtitel von Mailand. Später verheiratet Maximilian seinen Sohn Philipp den Schönen mit Johanna von Kastilien. Ihr Sohn, Kaiser Karl V., erbt später ein Weltreich.

Schon 1486 in Aachen zum römisch-deutschen König gekrönt, tritt Maximilian nach dem Tod seines Vaters 1493 dessen Nachfolge an. Als Maximilian 1508 zum Kaiser des Heiligen Römischen Reiches gewählt wird, stimmt der Papst der Wahl zu, krönt ihn aber nicht, was nur ein Beispiel dafür ist, dass auch Maximilian sich dem Machtkampf stellen muss, den das Reich seit seiner Gründung durch Otto I. mit dem Papsttum ausficht.

Unter den weltlichen Mächten ist, wie schon bei den Auseinandersetzungen um Burgund und auch Italien, Frankreich Maximilians größter Gegner. In Italien ist er trotz jahrelanger Feldzüge und finanzieller Unterstützung von Jakob Fugger zu Zugeständnissen an die Reichsstände gezwungen. In der Folge fällt 1499 die Eidgenossenschaft ab, die Schweiz wird unabhängig.

Die Zeit Maximilians ist eine Epoche dramatischer Umbrüche. Das Kaisertum beginnt sich vom Papsttum zu emanzipieren. In der Kriegsführung kommen zunehmend Handfeuerwaffen und Kanonen zum Einsatz. Maximilian selbst wird oft der »letzte Ritter« und »Vater der Landsknechte« genannt, da er verstärkt Söldner einsetzt. Durch Vergabe von Aufträgen fördert er bedeutende Künstler wie Albrecht Dürer, Albrecht Altdorfer und Lucas Cranach, den Älteren. Auch Maximilian selbst wird künstlerisch tätig und ist vermutlich der Autor weiter Teile der ritterlichen Dichtung *Theuerdank*.

Christoph Kolumbus stößt auf Amerika

Leif Eriksson und andere Isländer waren schon 500 Jahre vor ihm da. Aber in Europa hat es niemand gemerkt.

Christoforo Colombo, bekannt als Christoph Kolumbus, ist der Sohn eines genuesischen Wollwebers. Mit 14 Jahren fährt er als Schiffsjunge zur See. Von Portugal aus, der maritimen Großmacht jener Zeit, unternimmt er mehrere Fahrten, die ihn bis nach England und Guinea führen. Nachdem er sich 1479 in Lissabon niedergelassen hat, verdient er sein Geld mit dem Zeichnen von Landkarten und geht der Idee nach, die Ostküste Asiens durch eine Fahrt nach Westen zu erreichen. Er will neue Wege für den Gewürzhandel erschließen.

Christoph Kolumbus lebt von 1451 bis 1506

Selbstbewusst stellt Kolumbus dem portugiesischen König Johann II. seinen Plan vor. Doch er findet kein Gehör. Daraufhin wendet er sich in Spanien an Königin Isabella I., die ihn ebenfalls jahrelang immer wieder abweist. Am 30. April 1492 erteilt sie ihm doch noch die Vollmacht, neue Länder zu entdecken und sie für Spanien in Besitz zu nehmen. Mit den beiden Karavellen *Pinta*, *Niña*, der Karacke *Santa Maria* als Flaggschiff und 100 Mann macht Kolumbus sich am 3. August 1492 auf die ungewisse Reise über den Atlantik.

Nach langer Fahrt, bei der die Mannschaft fast schon gewaltsam die Rückreise erzwingen will, wird am 12. Oktober Land gesichtet. Kolumbus tauft die Insel, die heute zu den Bahamas gehört, San Salvador. Auch Kuba und Haiti entdeckt er. Dann macht er sich mit Gewürzen, Gold, Schmuck und Einwohnern der Inseln auf die Heimreise. Am 15. März 1493 zurück in Spanien, wird er mit Ehren überhäuft. Mit der Aussicht auf unermessliche Reichtümer bricht Kolumbus abermals mit 17 Schiffen und 1500 Mann zur zweiten Reise auf. Drei Jahre später ist er wieder in Spanien. In der Karibik hat er mittlerweile eine Terrorherrschaft über die Eingeborenen errichtet.

Kolumbus unternimmt noch zwei weitere Reisen. Auf der ersten davon erreicht er erstmals das amerikanische Festland und sieht die Orinoco-Mündung. Doch als er 1504 von seiner vierten und letzten Reise an die Küste Mittelamerikas zurückkehrt, ist seine Gönnerin Isabella verstorben. Kolumbus muss um seine Privilegien kämpfen und stirbt verbittert.

Als Entdecker hat Kolumbus ein neues Zeitalter eingeläutet. Bis zuletzt glaubt er, er habe Indien erreicht, weshalb die Einwoh-

ner der neuen Welt Indianer genannt wurden. Das einsetzende
Zeitalter der Konquistadoren mit rücksichtslosen Eroberungen,
Massakern und Plünderungen, angetrieben von Habgier und
entschuldigt mit christlicher Missionierung, beginnt mit ihm.

Isabella I.
die Katho-
lische
lebt von 1451
bis 1504

Isabella I. die Katholische eint Spanien und greift nach neuen Welten

Nach zahlreichen Hofintrigen um den Thron von Kastilien und
der Entthronung des Königs Enrique (Heinrich IV.) wird Isabella auf Druck des spanischen Adels per Vertrag 1468 Thron-
folgerin. Ein Jahr später heiratet sie den Infanten Ferdinand
von Aragón, den späteren spanischen König Ferdinand II., und
regiert mit ihm ab 1474 gemeinsam die beiden größten Königreiche der Iberischen Halbinsel. Dies markiert den Beginn der
Einigung Spaniens.

Zuerst veranlassen Isabella und ihr Mann Reformen der
Finanzen und der Verwaltung. 1478 beginnt während ihrer Regentschaft die Spanische Inquisition unter dem Großinquisitor
Tomás de Torquemada. Mit Ketzerprozessen und Folterungen
versuchen die Inquisitoren die reine katholische Lehre durchzusetzen. Insbesondere durch Zwang zum christlichen Glauben übergetretene Juden, die sogenannten *Conversos*, werden zu
Tausenden ermordet. Nicht anders ergeht es zahlreichen Muslimen.

Ebenfalls in Isabellas und Ferdinands Regentschaft fällt
das erfolgreiche Ende der christlichen Rückeroberung (Reconquista) der spanischen Halbinsel. Am 2. Januar 1492 übergibt
Muhammad XII., der letzte Herrscher von Al-Andalus, dem
muslimischen Herrschaftsgebiet von 711 bis 1492, die Stadt
Granada an die Truppen des Königspaars. Am 31. März des gleichen Jahres unterzeichnen Isabella und Ferdinand das Edikt zur
Ausweisung aller Juden aus Spanien. Wenige Wochen später erteilt Isabella Christoph Kolumbus die Vollmacht, neue Länder zu
entdecken und für Spanien in Besitz zu nehmen.

Der in Spanien geborene Papst Alexander VI. verleiht Isabella und ihrem Mann den Titel »katholische Könige«. Isabella
die Katholische eint Spanien, festigt das von Kriegen verheerte
Land und schafft damit die Voraussetzungen für das spanische

Weltreich. Mit der rigorosen Vertreibung und Ermordung von kulturell und wirtschaftlich wichtigen Volksgruppen wie Muslimen und Juden legt sie aber auch den Keim für dessen späteren Niedergang. Spanien erstarrt schließlich in strengem, dumpfem, bildungsfeindlichem Katholizismus und überheblichem Hidalgo-Feudalismus. Seine dennoch lange währende Macht stützt es vor allem auf die Ausbeutung der Kolonialbesitzungen in Amerika.

Hernán Cortés zerstört das Aztekenreich

Hernán Cortés lebt von 1485 bis 1547

Dutzende Konquistadoren fallen nach den Entdeckungen von Christoph Kolumbus über Mittel- und Südamerika her. Verträge mit dem spanischen Königreich versprechen ihnen Ämter und Pfründe, wenn sie mit ihren meist selbst finanzierten Expeditionen neues Land und neue Güter für die spanische Krone sichern.

Hernán Cortés stammt aus dem niederen Hidalgo-Adel der armen spanischen Provinz Extremadura. 1504 wandert er nach Hispaniola aus, erhält dort Land und Indianer zugewiesen und nimmt sieben Jahre später an der Eroberung Kubas unter dem Konquistador Diego Velázquez de Cuéllar teil. Cortés wird sein Sekretär und ist bald reich, denn auf dem ihm zugeteilten Land wird Gold gefunden.

Doch seine Gier nach Macht und weiteren Schätzen ist noch nicht gestillt. Im Auftrag von Velázquez rüstet Cortés eine Expedition nach Mittelamerika aus. Mit elf Schiffen und 670 Mann (davon 553 Soldaten), 16 Pferden und 14 Geschützen segelt er los und landet am 21. April 1519 an der Küste des heutigen Mexiko. Er verbündet sich mit den Indianervölkern, die unter der grausamen Vorherrschaft der Azteken leiden, und bricht in das Landesinnere auf. Zuvor hat er sich von Velázquez unabhängig erklärt und die Schiffe verbrennen lassen. Seine Soldaten können nicht mehr umkehren.

Cortés geht auf dem Weg zur aztekischen Hauptstadt Tenochtitlán Bündnisse mit Indianervölkern ein. Stämme, die sich ihm entgegenstellen, überzieht er mit grausamen Massakern. Am 8. November 1519 betreten Cortés und sein Heer Tenochtitlán. Dort trifft er erstmals auf den Aztekenherrscher Moctezuma II. Er lässt ihn festnehmen und den Treueid auf Karl V. schwören.

Ein von Velázquez gesandtes spanisches Heer, das dem von Cortés weit überlegen ist, landet wenige Monate später, am 23. April 1520. Es soll den Abtrünnigen zur Unterordnung zwingen. Doch dieser zieht ihm mit nur wenigen Soldaten entgegen und siegt. Bei seiner Rückkehr nach Tenochtitlán sieht Cortés sich einem Aufstand der Azteken gegenüber. Moctezuma findet dabei den Tod. Laut Bericht der Spanier ermorden ihn seine eigenen Leute. Vermutlich aber töten ihn Cortés' Männer.

In der sogenannten Traurigen Nacht des 30. Juni 1520 gelingt es den Azteken, die spanischen Besatzer zu vertreiben. Sie fliehen unter schweren Verlusten, können aber das nachsetzende Aztekenheer bei Otumba besiegen. Nach erbitterten Kämpfen erobert Cortés doch noch Tenochtitlán und das gesamte Aztekenreich. Die Hauptstadt wird dem Erdboden gleichgemacht.

Während der nun beginnenden spanischen Herrschaft verlieren Millionen Ureinwohner ihr Leben durch Unterdrückung und eingeschleppte Krankheiten der Spanier.

Moctezuma II. und der Anfang vom Ende der Hochkulturen Amerikas

Moctezuma II.

lebt von etwa 1465 bis 1520

Moctezuma II., der eigentlich Motecuhzoma Xocoyotzin heißt und dessen Namen die Spanier zu Moctezuma und die Deutschen zu Montezuma verballhornen, ist der Sohn des Aztekenherrschers Axayacatl. Er folgt 1502 seinem Onkel Auitzotl nach, unter dem das Aztekenreich seine größte Ausdehnung erreicht.

Vermutlich im 11. Jahrhundert kamen die Azteken, der Legende nach angeführt von ihrem Gott Huitzilopochtli, aus einer nördlicher gelegenen Gegend in das Tal von Mexiko und fanden dort die gewaltige verlassene Stadt Teotihuacán vor. Sie wurde in einer Rasterordnung angelegt, überragt von einer monumentalen Sonnenpyramide. Zwischen 200 und 750 n. Chr. war sie besiedelt und mit etwa 200 000 Einwohnern eine der größten Städte der Welt.

Auf der Hochebene von Mexiko gründen die Azteken, die sich selbst meist Mexica nennen, im Texcoco-See ihre später über fünf Dämme erreichbare Hauptstadt Tenochtitlán. Die ersten Herrscher leben noch als Vasallen des Nachbarvolks der Tepaneken. Doch im Laufe der Zeit steigen die Azteken und

Tenochtitlán durch Kriegszüge und Bündnisse, wie dem Aztekischen Dreibund mit den Städten Texcoco und Tlacopan, zur dominierenden Macht auf. Tenochtitlán wird ausgebaut, bekommt Aquädukte, die Einwohnerzahl wächst. Um die Menschen zu versorgen und den Reichtum zu erhöhen, werden immer mehr Völker und Städte unterworfen und zu Tributen gezwungen. Mit den sogenannten Blumenkriegen unternehmen die Azteken Feldzüge, nur um Gefangene zu machen, die sie bei ihren grausamen Opferritualen töten.

Die Vorherrschaft Tenochtitláns im Aztekischen Dreibund wird durch Moctezuma gefestigt. Die Stadt hat um 1500 über 100 000 Einwohner. Auch sie ist eine der größten Städte der Welt.

Bereits 1517 erhielt Moctezuma Nachrichten von fremden Seefahrern, die an der Küste von Yucatán entlangfuhren. Er lässt sie beobachten, will wissen, was sie vorhaben, und mit ihnen Handel treiben. Cortés nutzt die abwartende Haltung Moctezumas und den Hass der von den Azteken unterdrückten Völker. Mit seinen Soldaten erscheint er 1519 in Tenochtitlán und setzt Moctezuma gefangen, der unter ungeklärten Umständen den Tod findet. Auf ihn folgen noch zwei Herrscher, Cuitláhuac stirbt 1520 nach kurzer Regentschaft bei der verheerenden, von den Spaniern eingeschleppten Pockenepidemie in Tenochtitlán; Cuauhtémoc, der bis zuletzt erbitterten Widerstand gegen Cortés leistet, dann aber kapitulieren muss, wird 1525 hingerichtet. Das Aztekenreich geht unter.

Auf den Ruinen des weitgehend zerstörten Tenochtitlán wird Mexiko-Stadt errichtet, der Texcoco-See verschwindet durch Trockenlegung.

Francisco Pizarro zerstört das Inkareich

Vereinfacht kann man sagen: Eine Familie erobert Mittel- und Südamerika. Denn Hernán Cortés, der Eroberer des Aztekenreiches, und Francisco Pizarro, der Zerstörer des Inkareiches, sind verwandt. Cortés' Mutter ist eine geborene Pizarro.

Hungrig nach Gold, Ruhm und Aufstieg, einem mehr als bescheidenen Leben entfliehend, kommt Francisco Pizarro 1502 nach Amerika. In Spanien war der Analphabet zeitweise nur ein einfacher Schweinehirte. Pizarro siedelt auf Hispaniola, unter-

Francisco Pizarro lebt von 1478 bis 1541

nimmt Fahrten in der neuen Welt und begleitet 1513 die Expedition des Vasco Núñez de Balboa auf der Landenge von Panama. Balboa ist der erste Europäer, der den Pazifik erblickt. Pizarro zieht 1519 nach Panama-Stadt und wird als Bürgermeister und Richter reich.

Als er vom Inkareich in Südamerika erfährt, will er den Eroberungen seines Verwandten Hernán Cortés nacheifern. Er unternimmt mehrere Schiffsfahrten in südliche Richtung und holt sich schließlich in Spanien bei Kaiser Karl V. Unterstützung. 1532 landet Pizarro mit drei Schiffen, 183 Soldaten und 37 Pferden an der peruanischen Küste. Dann hört er vom Bürgerkrieg zwischen dem Inkaherrscher Atahualpa und dessen Bruder Huáscar. Pizarro macht sich ins Landesinnere auf und überquert in einem entbehrungsreichen Marsch die Kordilleren.

Im November erwartet der Inkaherrscher Atahualpa, der immer wieder Boten gesandt hat, die Spanier mit einem Heer von vermutlich mehreren Zehntausend Kriegern bei Cajamarca. Nach Verhandlungen lässt er Pizarro in die Stadt einziehen. Als Atahualpa am nächsten Tag mit großem, aber unbewaffnetem Gefolge Pizarro besucht, massakrieren die Spanier Tausende der Männer und nehmen den Inka-Herrscher fest, den Pizarro trotz der Zahlung großer Mengen an Gold und Silber im Juli 1533 hinrichten lässt. Ende des Jahres zieht Pizarro in die Inka-Hauptstadt Cuzco ein. Dort ernennt er Manco Cápac II., der den Namen des mythischen ersten Inka-Herrschers führt, zum neuen Herrscher von seinen Gnaden.

Doch 1536 wendet sich Manco Cápac II. gegen die Spanier und ihr Terrorregime. Pizarro muss sich gegen die Aufständischen und zugleich gegen ehemalige Kampfgefährten unter Diego de Almagro behaupten. Nachdem Almagro besiegt und ermordet ist, töten dessen Anhänger 1541 Pizarro und einer von ihnen drei Jahre später auch Manco Cápac II.

Obwohl jahrzehntelange Kämpfe folgen, endet das Inkareich und mit ihm eine Hochkultur, die das Rad nicht kennt, keine ausgeklügelte Schrift, dafür aber andere Formen der Kommunikation nutzte wie ein ausgeklügeltes Botensystem und die Quipus, die bis heute nicht entschlüsselte »Knotenschrift«.

Vasco da Gama und der Seeweg nach Indien

Seit Jahren sind portugiesische Seefahrer an der westafrikanischen Küste gen Süden gefahren. Im Winter 1487/88 konnte Bartolomeu Diaz bis zum Kap der Guten Hoffnung vordringen. 1497 findet Vasco da Gama im Auftrag von König Manuel I. den Seeweg nach Indien. Sechs Jahre zuvor war Kolumbus auf Amerika gestoßen.

Vasco da Gama lebt von ca. 1468 bis 1524

Vasco da Gama entstammt dem portugiesischen Adel. Er ist ein Haudegen, brutal und ungebildet, energisch und durchsetzungsstark. Auf den vier Schiffen, mit denen er sich auf den Weg zu dem sagenhaft reichen Subkontinent gemacht hat und damit der Verheißung des Reichtums durch den Handel mit Gewürzen folgt, sind Dolmetscher, die Bantu und Arabisch sprechen. Er umsegelt das Kap und fährt an der afrikanischen Ostküste gen Norden. In Malindi, im heutigen Kenia, stellt ihm der dortige Sultan einen Navigator zur Verfügung, mit dessen Hilfe es der kleinen Flotte gelingt, den Indischen Ozean zu überqueren. Im Mai des Jahres 1498 landet Vasco da Gama bei Calicut an der südindischen Küste.

Als er 1499 wieder in Portugal eintrifft, wird ihm ein triumphaler Empfang bereitet; König Manuel I. erhebt ihn in den Adelsstand. Schon im Jahr nach da Gamas Rückkehr bricht Pedro Álvarez Cabral mit 13 Schiffen und 1500 Mann zur nächsten portugiesischen Expedition nach Indien auf. Auf seiner Fahrt wird er weit nach Westen abgetrieben und stößt auf ein Land, das er für eine Insel hält. Er nennt es Ilha de Vera Cruz. 1511 erhält das Gebiet aufgrund des dort wachsenden Brasilholzes den Namen Terra do Brasil, es ist das spätere Brasilien.

Vasco da Gama bricht 1502 zu seiner zweiten Fahrt nach Indien auf. Nun stehen 21 schwer bewaffnete Schiffe unter seinem Befehl und er spielt die militärische und seefahrerische Überlegenheit der Portugiesen gegen indische und arabische Widersacher rücksichtslos aus. Calicut lässt er mit Kanonen beschießen und sichert mit Handelsstützpunkten und Festungsanlagen das portugiesische Handelsmonopol. 1524 wird er zum Vizekönig von Indien ernannt. Auf einer erneuten Reise erkrankt er und stirbt. Mit seinen Fahrten hat er wesentlich zu der Ausdehnung des portugiesischen Kolonialreiches beigetragen, das bis in das 20. Jahrhundert überdauern wird.

Jakob Fugger

lebt von 1459

bis 1529

Jakob Fugger:
Ein Kaufmann finanziert den Kaiser

Jakob Fugger entgehen nicht die neuen Handels- und Geschäftsmöglichkeiten, die sich mit den Fahrten von Christoph Kolumbus und Vasco da Gama für die Kaufleute auftun. Doch er geht mit seinem Augsburger Handels- und Bankhaus die Sache vorsichtig an.

Zunächst eröffnet er 1503 eine Faktorei in Lissabon und beteiligt sich am Gewürzhandel mit Indien. Gemeinsam mit Bartholomäus V. Welser, der ebenfalls ein bedeutendes Handelshaus in Augsburg leitet, rüstet er mehrere Schiffe aus. Ganz im Gegensatz zu Welser, der zwischenzeitlich von Kaiser Karl V. die Statthalterschaft über Venezuela erhält, verzichtet er auf ein nennenswertes Engagement in Amerika. Jakob Fugger konzentriert seine Macht auf Europa.

Das Handelshaus der Fugger, dessen Gründer Hans Fugger bereits um 1400 der mächtigste Kaufmann im Augsburger Raum ist, handelt während der Jugend Jakobs bereits mit ganz Europa. Jakob wird unter anderem in Venedig ausgebildet und leitet ab 1485 die Familienfaktorei in Innsbruck. Er ist das zehnte von elf Kindern, doch er übertrifft an Tatkraft alle seine Brüder. Bald wird er auf sein Drängen gleichberechtigter Gesellschafter der neu gegründeten Offenen Handelsgesellschaft. 1510 übernimmt er endgültig die Leitung des Handelshauses.

In der Familie der Habsburger sieht Jakob das Fürstengeschlecht, das künftig maßgeblichen Einfluss auf die Geschicke Europas nehmen wird, und unterstützt den gleichaltrigen Maximilian I. Auf der Frankfurter Messe des Jahres 1489 begegnet er dem jungen König zum ersten Mal. Bald finanziert er dessen Feldzüge. Aber er unterstützt auch Papst Julius II., gibt Geld für die neu eingerichtete Leibwache, die Schweizergarde, und sammelt in päpstlichem Auftrag Ablassgelder, an denen er kräftig mitverdient. Martin Luther fordert empört, den Fuggern einen »Zaum ins Maul« zu tun.

1511 geadelt, drei Jahre später in den Grafenstand erhoben, fühlt sich Jakob Fugger auch dem Gemeinwohl verpflichtet. Vor allem sein Eintreten für den Katholizismus gehört zu seinem Selbstverständnis, das sich in umfangreichen Stiftungen für Klöster und Kirchen niederschlägt. Berühmt ist darüber hinaus die für Bedürftige errichtete Wohnsiedlung »Fuggerei«. 1519 ermöglicht Jakob Fugger die Wahl Karls zum Kaiser durch Hunderttausende Gulden von Bestechungsgeldern, die an die Kurfürsten fließen.

Fernão de Magalhães und die erste Weltumseglung

In der deutschen Sprache ist er bekannt als Ferdinand Magellan. Mit zwölf Jahren kommt er als Sohn eines Adeligen zur weiteren Ausbildung an den portugiesischen Königshof. Er wird Soldat und Seefahrer, nimmt an einer Expedition nach Indien teil und dient in den portugiesischen Kolonien. 1511 ist er unter dem Befehl Afonso de Albuquerques an der Eroberung Malakkas beteiligt, des heutigen Malaysia.

Fernão de Magalhães lebt von ca. 1480 bis 1521

Zwei Jahre später sendet man Magellan nach Marokko. Da er mit den Mauren illegale Handelsgeschäfte betreibt, fällt er beim portugiesischen König Manuel I. in Ungnade, wird entlassen und bietet in Spanien König Karl I., dem späteren Kaiser Karl V., seine Dienste an.

Im Vertrag von Tordesillas hatte Papst Alexander VI. 1494 die Interessensphären der beiden katholischen Mächte Portugal und Spanien in der Welt eingeteilt. Die Grenzziehung erlaubt es den Portugiesen später, das östlich des festgelegten Längengrads gelegene Brasilien in Besitz zu nehmen.

Magellan will einen Weg westwärts zu den Gewürzinseln, den heutigen Molukken, finden und glaubt an eine Seestraße, die südlich um Amerika herumführt. Die spanische Krone finanziert ihm eine Expedition mit fünf Schiffen und 235 Mann. Am 10. August 1519 segelt er los, doch nach mehrmonatiger Fahrt kommt es zur Meuterei. Den Anführer, einer seiner Kapitäne, lässt Magellan hinterrücks erdolchen, die anderen Anstifter aufhängen.

Am 21. Oktober findet Magellan den Eingang zu der nach ihm benannten Seestraße und segelt an der Südspitze Südamerikas vom Atlantik in den Pazifik. Als er sich auf den Philippinen in einen Krieg dortiger Stämme einmischt, kommen er und 40 seiner Leute ums Leben. Von anfangs fünf Schiffen der Expedition bleibt schließlich nur noch die *Victoria* unter dem Kommando von Juan Sebastián de Elcano übrig, die am 7. September 1522

über das Kap der Guten Hoffnung Spanien erreicht. Die Erde
ist zum ersten Mal umrundet und der Beweis erbracht, dass sie
eine Kugel ist.

11. Neue Zeiten

Martin Luther bricht die Allmacht des Papstes

Er hadert mit sich, er hadert mit der Welt, er hadert mit Gott. Was soll er mit seinem Leben anfangen? Sein Vater, ein Bergmann, der es durch Fleiß zu Wohlstand gebracht hat, will, dass der Sohn die Rechte studiert. Luther aber legt während eines Gewittersturms das Gelübde ab, Mönch zu werden, sollte er das Unwetter überleben. Blitz und Donner entkommen, tritt er in den Bettelorden der Augustiner ein. Es ist das Jahr 1505. Zwei Jahre später wird er zum Priester geweiht.

Martin Luther lebt von 1483 bis 1546

Zum Doktor promoviert, lehrt Luther ab 1512 Bibelexegese an der Universität von Wittenberg. Als Seelsorger wird er mit jenem verwerflichen Handel konfrontiert, bei dem die Kirche Ablasszettel an die Gläubigen verkauft und verspricht, dass Sünden damit vergolten sind. Luther, der Seelenheil nicht als käuflich betrachtet, ist entsetzt über die Ausbeutung der Menschen durch die Kirche, die für ihn zwischen Mensch und Gott steht.

Am 31. Oktober 1517 veröffentlicht er die berühmten 95 Thesen. Aus dem Lateinischen ins Deutsche übersetzt, verbreiten sie sich schnell. Die neue Technik des Buchdrucks macht es möglich. Bei vielen Fürsten treffen Luthers Ansichten auf Zustimmung. Das Geld ihrer Untertanen soll im Land bleiben und nicht nach Rom wandern. Doch Papst Leo X. ist verärgert. Er bestellt den aufmüpfigen Mönch 1518 nach Rom. Der steht mittlerweile unter dem Schutz seines Landesherrn, Friedrichs des Weisen, bleibt in Deutschland und streitet stattdessen auf dem Augsburger Reichstag mit dem päpstlichen Gesandten. Der Papst droht mit Kirchenbann. Luther verbrennt öffentlichkeitswirksam die päpstliche Bulle.

Auf dem Reichstag in Worms muss er sich 1521 vor Vertretern der Kirche und dem zum neuen deutschen Kaiser gewählten Karl V. rechtfertigen, widerruft aber nicht. Als Luther die Heimreise antritt, lässt Friedrich der Weise ihn von einigen seiner Leute zum eigenen Schutz »entführen«. Der Kirchenbann wird über ihn ebenso verhängt wie durch Karl V. die Reichsacht. Luther ist vogelfrei. Als »Junker Jörg« auf der Wartburg übersetzt er das Neue Testament ins Deutsche.

Luthers Lehre findet rasch Anhänger, insbesondere bei den Fürsten des Reiches. Der Mensch, sein Gewissen und das persönliche Verhältnis zu Gott gewinnen nun Bedeutung im Christentum. Luther will die Kirche nicht spalten. Die Rolle des Reformators nimmt er nur widerwillig an, dann aber mit all seiner Wortgewalt.

Heinrich VIII.:
Sechs Frauen und eine Nationalkirche

Heinrich VIII.

lebt von 1491 bis 1547

In England nutzt ein Mann Luthers Aufbegehren und die anschließenden Wirren der europäischen Christenheit für seine eigenen Zwecke, und er tut es gründlich.

Zunächst ist Heinrich VIII., der 1509 den englischen Thron besteigt, ganz auf der katholischen Linie. Dem letzten Willen seines Vaters gehorchend, heiratet er Katharina von Aragón. Im Volk ist Katharina populär. Doch sie hat mehrere Totgeburten und gebärt Heinrich »nur« die Tochter Mary, die spätere Mary I.

Heinrich hat längst mehrere Mätressen. Eine Scheidung verweigert Papst Clemens VII., da er Sanktionen von Kaiser Karl V. befürchtet. Seit dem Sacco di Roma, der Plünderung Roms im Jahr 1527 durch spanische und deutsche Söldner, ist er in dessen Hand.

Also handelt Heinrich selbst. 1533 lässt er sich von Katharina scheiden und seine zuvor im Geheimen geschlossene Ehe mit seiner langjährigen Geliebten Anne Boleyn vom neuen Erzbischof von Canterbury Thomas Cranmer bestätigen.

Ende 1534 setzt Heinrich die Suprematsakte in Kraft, mit der er die von Rom unabhängige anglikanische Kirche von England gründet, zu deren Oberhaupt er sich ernennt. In den nächsten Jahren raubt er den Besitz der katholischen Kirche, verteilt Pfründe und Lehen zur Machtsicherung seines Throns und seiner neuen Kirche an seine Gefolgschaft.

1536 hat Anne Boleyn eine Fehlgeburt. Auch sie hat Heinrich zuvor mit der späteren Königin Elisabeth I. nur eine Tochter geboren. Anne fällt in Ungnade und wird, von Heinrich des Hochverrats und des Ehebruchs beschuldigt, noch im gleichen Jahr hingerichtet. Mit Jane Seymour hat er bereits eine neue Ehefrau auserkoren, die 1537 den ersehnten Thronfolger Edward zur Welt bringt und im Kindbett stirbt. Die vierte Ehe geht Heinrich mit Anna von Kleve ein. Hans Holbein der Jüngere hat sie für ihn gemalt, aufgrund des Bildes hat der König der Heirat zugestimmt. Doch als er sie kennenlernt, empfindet er sofort eine tiefe Abneigung, weigert sich, das Bett mit ihr zu teilen, und lässt sich 1540 scheiden. Die Hofdame Catherine Howard, 30 Jahre jünger als Heinrich, wird seine fünfte Frau. Sie endet 1542 ebenfalls wegen Ehebruchs auf dem Schafott. Catherine Parr, seine sechste Frau, wird ihn überleben.

Der prunksüchtige und gewalttätige Herrscher stirbt nach den letzten Worten: »Jetzt ist alles verloren. Reich, Leib und Seele.« Doch Heinrich hinterlässt ein von Rom emanzipiertes England, das erst am Beginn seiner bald gewaltigen Macht steht.

Thomas More und die Idee der Utopie

Thomas More lebt von 1478 bis 1535

In dem Sumpf aus Intrigen und Gewalt am Hof Heinrichs VIII. macht sich jemand Gedanken über eine bessere Welt.

Es ist Thomas More, der Hans Holbein dem Jüngeren mehrere Aufträge verschafft und ihn schließlich dem König vorstellt. Holbein wird die beeindruckenden Porträts schaffen, die noch heute viel über die Charaktereigenschaften der Protagonisten aussagen. Er malt den wuchtigen, in Prachtgewänder gehüllten Heinrich, zwei seiner Frauen, den zartgliedrigen und kränklichen Sohn und Thronfolger Edward ebenso wie den feingeistig besonnenen Thomas More.

More ist der Sohn eines Richters, der den Beruf seines Vaters ergreift, und macht in der Politik vor allem unter Heinrich VIII. eine steile Karriere. Er wird 1523 Sprecher des Unterhauses, sechs Jahre später Lordkanzler. Als Heinrich die Abspaltung von der Kirche in Rom betreibt, gerät der gläubige Katholik More, der in England Anhänger der Reformation verfolgen und hinrichten lässt, in einen Gewissenskonflikt und legt 1532 seine politischen Ämter nieder. Als er den Suprematseid leisten soll, mit dem er den König als Oberhaupt der anglikanischen Kirche anerkennt, weigert er sich und wird im Tower eingekerkert, vor Gericht gestellt, verurteilt und enthauptet. Seinen Kopf stellt man auf der Tower Bridge einen Monat lang zur Schau.

Mores Beitrag zur Geistesgeschichte ist vor allem ein Buch. Auf seltsame Art ist es ein Verbindungsstück zwischen Vergangenheit und Zukunft. In seiner Ausführung bedient More sich des Dialogs, einer spätestens seit Platon klassischen Form des philosophischen Diskurses. Schon vor More hat es literarische Utopien gegeben. Doch sein Werk *De optimo statu rei publicae deque nova insula Utopia* (*Vom besten Zustand des Staates oder von der neuen Insel Utopia*), kurz *Utopia*, begründet eine ganze Literaturgattung. Darin beschreibt More ein erfundenes Inselreich, in dem Gleichheit und gesellschaftliche Toleranz herrschen.

Andrea **Andrea Palladio und die Ordnung der Baukunst**
Palladio Als Andrea Palladio 1541 nach Rom kommt, um die antiken Bau-
lebt von 1508 ten zu studieren, sind erst wenige Jahre seit der grausamen Plün-
bis 1580 derung des Sacco di Roma von 1527 vergangen, bei dem die Bevölkerung um 30 000 Menschen auf die Hälfte dezimiert wurde.

Die Stadt, die während der Kaiserzeit über eine Million Einwohner hatte, in der Völkerwanderungszeit teilweise fast als entvölkert gelten konnte, hatte erst in der Renaissance, vor allem durch die Bautätigkeit der Päpste, wieder einen Aufschwung erlebt. Die klaren Formen und einfachen Konstruktionsprinzipien aus der Antike, die sich in den Renaissancebauten wiederfinden, faszinieren Palladio.

Geboren ist er als Andrea di Petro della Gondola. Sein Vater ist Müller. Er selbst erlernt den Beruf eines Bildhauers und Steinmetzes. Dann zwingt ihn ein Vertragsbruch, nach Vicenza zu fliehen, wo er Mitarbeiter und Ratgeber des Dichters Gian Giorgio Trissino wird. Der junge Andrea kommt mit dem Werk Vitruvs in Berührung, wird von Trissino gefördert und nimmt den Künstlernamen Palladio an.

Als »erster großer Berufsarchitekt« baut Palladio Kirchen in Venedig, Paläste und Villen in Venetien und gewinnt insbesondere durch sein architekturtheoretisches Werk *I quattro libri dell'architettura*, das 1570 erscheint, dauerhaften Einfluss auf die abendländische Architektur, dies vor allem als Verfechter strenger symmetrischer Ordnungsprinzipien, die auf antiken Flächen- und Raummaßen aufbauen.

Eines der berühmtesten Beispiele, in denen Palladio seine eigenen Ordnungsprinzipien konsequent umgesetzt hat, ist die etwa zwischen 1567 und 1571 erbaute Villa Rotonda in Vicenza, die sich nach allen vier Seiten in eine großzügige Landschaft öffnet und so der in der Renaissance aufkommenden Zuwendung zur Natur Rechnung trägt. 1577 entwirft er die Kirche Il Rendentore, die in Venedig als Dank für die Errettung von der Pest gestiftet wird. Auch die Kirche San Giorgio Maggiore auf der gleichnamigen venezianischen Insel ist sein Werk. Sie wird erst nach Palladios Tod fertiggestellt.

Für die spätere Epoche des Klassizismus wirkt er stilbildend, im Grunde leitet er diese mit dem nach ihm benannten Palladianismus sogar ein. Ähnlich prägend für die europäische Architektur wird erst wieder die Moderne zum Ende des 19. Jahrhunderts sein.

Paracelsus gegen die Schulmedizin

Paracelsus lebt von 1493 bis 1541

Über viele Jahrhunderte sucht die Pest die Menschheit in verheerenden Epidemien heim. Bereits die Bibel berichtet von der Seuche. Im antiken Griechenland und in Rom wütet sie. Von 1347 bis 1453 rafft sie als der Schwarze Tod in Europa 25 Millionen Menschen und damit ein Viertel der Bevölkerung dahin. Immer wieder flackert die Pest auf und ab 1518 geht eine neue Welle durch Europa. Wie viele andere Mediziner sucht auch Paracelsus die Ursache für die Seuche. Bereits Avicenna hatte Rattensterben im Umfeld ihres Auftretens beobachtet, daraus aber nicht geschlossen, dass die Nagetiere den Erreger übertragen könnten.

Getauft ist Paracelsus als Theophrastus Bombast von Hohenheim. Sein Name ist ein Rückgriff auf Aurelius Cornelius Celsus, einen römischen Arzt des 1. Jahrhunderts n. Chr., dem Paracelsus sich ebenbürtig, wenn nicht gar überlegen fühlt.

Paracelsus lässt sich von seinem Vater ausbilden, einem Arzt, Naturforscher und Alchimisten. 1527 geht er nach Basel. Zwar machen ihn seine außergewöhnlichen und oft erfolgreichen

Behandlungsmethoden rasch bekannt, aber er erregt auch Argwohn, unter anderem, weil er als Professor seine Vorlesungen auf Deutsch statt auf Latein hält. Schließlich beginnt Paracelsus ein Vagabundendasein zu führen. Seine Heilungserfolge werden zur Legende, auch wenn sie ihm die erbitterte Gegnerschaft der damaligen Schulmedizin eintragen.

Von tiefer Frömmigkeit und noch immer in der Gedankenwelt des Spätmittelalters gefangen, öffnet Paracelsus der wissenschaftlichen Medizin völlig neue Blickwinkel, die er in zahlreichen Schriften verbreitet. Zur Diagnose einer Krankheit zieht er neben dem empirischen Befund auch die Betrachtung des »Großen und Ganzen« heran. Die seit der Antike populäre Vier-Säfte-Lehre, die Hippokrates von Kos und seine Anhänger eingeführt haben, verwirft er. Stattdessen nennt er vier Teildisziplinen, die für einen Arzt wichtig seien: Philosophie, Astronomie, Alchemie und Redlichkeit. Und er sieht fünf Hauptarten von Krankheitseinflüssen: Gestirne, Gift, Konstitution, Geister, Gott. So ist Paracelsus nicht nur Mediziner, sondern Philosoph, Alchemist und Okkultist. Er führt chemische Substanzen und Mineralien in die Medizin ein und wird oft als »Vater der Toxikologie«, der Lehre von den Giftstoffen, bezeichnet.

Süleyman der Prächtige auf dem Höhepunkt des Osmanischen Reiches

Süleyman der Prächtige lebt von ca. 1495 bis 1566

Europa erzittert. Seit die Heere des Osmanischen Reiches 1453 Konstantinopel erobert haben, erringen sie auf dem Kontinent einen Erfolg nach dem anderen. Und der osmanische Expansionsdrang hält an. Im Herbst 1529 belagern die Türken Wien. An ihrer Spitze steht Sultan Süleyman der Prächtige.

Neun Jahre zuvor ist er nach dem Tod seines Vaters Sultan Selim I. als Süleyman I. der zehnte Sultan des Osmanischen Reiches geworden. Er zieht gegen die Ungarn, erobert 1521 Belgrad und im Jahr darauf Rhodos. Den Rittern des unterlegenen Johanniterordens gewährt er freies Geleit. Sie gehen nach Malta.

In der Schlacht bei Mohács siegt Süleyman 1526 erneut gegen die Ungarn und zieht in Buda und Pest ein. Einen Teil des besiegten Vielvölkerreiches überlässt er den Habsburgern. Die spätere Donaumonarchie wird darauf aufbauen.

Ein dritter Feldzug führt Süleyman und seine Soldaten im Herbst 1529 bis vor die Mauern Wiens, wo die vereinten Truppen des Heiligen Römischen Reiches sein ursprünglich 120 000 Mann starkes Heer in einem erbitterten Abwehrkampf um etwa 40 000 Mann dezimieren. Er gibt auf, versucht es 1532 erneut, muss sich aber vor den Heeren der zwischenzeitlich wieder geeinten katholischen und protestantischen europäischen Fürsten zurückziehen.

Trotz der Misserfolge vor der Donaumetropole wächst das Osmanische Reich unter Süleymans Herrschaft zu einer europäischen Großmacht und erreicht seine nahezu größte Ausdehnung. Neben den Gebietsgewinnen im europäischen Raum und im Mittelmeer gelingt es Süleyman zudem, den Persern Mesopotamien und Armenien abzunehmen.

In seiner Hauptstadt Istanbul, wie die ab 325 zu Ehren Konstantins des Großen in Konstantinopel umbenannte einstige Stadt Byzanz nun zunehmend genannt wird, lässt Süleyman zahlreiche prächtige Bauwerke errichten. Wegen seiner herausragenden innenpolitischen Aktivitäten wird er zuweilen auch »der Gesetzgebende« genannt. Er stirbt im Jahr 1566, bereits über 70-jährig, nach 46-jähriger Regierungszeit während eines erneuten Feldzuges gegen die Ungarn.

Karl V. und das Reich, in dem die Sonne nie untergeht

Karl V. lebt von 1500 bis 1588

Karl V. ist der Enkel Maximilians I. und Sohn Philipps des Schönen von Kastilien, des ersten Habsburgers auf dem spanischen Thron. Er erntet die Früchte der Heiratspolitik seiner Familie und erbt ein Weltreich, »in dem die Sonne nicht untergeht«.

Karl ist sechs Jahre alt, als ihm nach dem Tod seines Vaters 1506 Belgien und die Niederlande zufallen. Zehn Jahre später wird er als Karl I. spanischer König, nach dem Tod seines Großvaters 1519 deutscher König und als Karl V. Kaiser des Heiligen Römischen Reiches. Die Wahl zum Kaiser kostet ihn erhebliche Zugeständnisse an die deutschen Fürsten und sie wird erkauft durch umfangreiche Schmiergeldzahlungen Jakob Fuggers.

Karl wird mit seinem Weltreich nicht glücklich werden. Vor allem sein Anspruch, überall den katholischen Glauben durchzusetzen und die ausgedehnten Grenzen zu verteidigen, wird ihm das Leben schwer machen.

Beim Reichstag zu Worms ächtet er 1521 den abtrünnigen Martin Luther. Die Spaltung der Kirche nimmt ihren Lauf. In der Politik avanciert der französische König Franz I. zum größten Rivalen. Vier Kriege muss Karl gegen ihn führen und sich 1529 zudem den Türken vor Wien entgegenstellen. Angesichts der osmanischen Bedrohung gewährt Karl den Anhängern Luthers zunächst weitgehende Toleranz, doch als die Gefahr aus dem Orient gebannt ist, will er davon nichts mehr wissen. Die Luther-Anhänger unter den Fürsten setzen eine Protestnote auf, was sie zu »Protestanten« macht. Nach langen kriegerischen Auseinandersetzungen muss Karl ihnen 1555 im Augsburger Religionsfrieden die Ausübung und Verbreitung ihrer Religion in ihren Landen zugestehen. Die Einheit der mitteleuropäischen Christenheit ist zerbrochen.

Müde und enttäuscht zieht Karl sich ins Privatleben zurück und tritt die Regierung des zerstrittenen mitteleuropäischen Teils seines Reiches 1556 an seinen Bruder Ferdinand I. ab, auf den auch die Kaiserwürde übergeht. Den übrigen Teil seines Weltreiches hat Karl im Jahr zuvor seinem Sohn Philipp II. übergeben. Die deutsche und die spanische Linie des Hauses Habsburg entstehen.

Johannes Calvin und der Plan Gottes

Johannes Calvin lebt von 1509 bis 1564

Er geht auf dieselbe Schule wie Ignatius von Loyola, der spätere Gründer des fanatisch für die Kirche in Rom kämpfenden Jesuitenordens. Johannes Calvin wird den gegensätzlichen Weg zu Gott beschreiten, denn während Ignatius von Loyola zur geistigen Speerspitze der Gegenreformation wird, entwickelt sich Johannes Calvin zu einem der radikalsten Köpfe der Reformation.

Jean Cauvin, so sein eigentlicher Name, stammt aus einer Schifferfamilie in der französischen Stadt Noyon. Zunächst studiert er Rechtswesen, mit Theologie hat er kaum etwas im Sinn. Dann aber ändert um 1534 ein tief greifendes, aber von ihm nicht näher beschriebenes Bekehrungserlebnis alles. Vermutlich ist es ein allmählicher innerer Wandel. Fortan tritt er öffentlich für die Reformation ein. 1535 kommt er in das protestantische Basel, wo er sich in theologische Studien vertieft und im Jahr darauf sein Werk *Institutio Christianae Religionis* verfasst.

Calvin setzt den schon bei Luther formulierten Gedanken der Vorherbestimmung des Schicksals, die Prädestination, in das Zentrum des Glaubens. Für ihn hat Gott den Weg jedes Menschenschicksals vorherbestimmt; und nicht nur das, der Lauf der Welt sei mit der Schöpfung von Gott längst beschlossen. Daraus folgert Calvin jedoch keineswegs, dass der Mensch nun aller Pflicht entbunden sei. Im Gegenteil, Erfolg im Leben erweist den Menschen als berufen, da er den Gnadenbeweis Gottes erfährt. Als Dank für die Auserwähltheit müsse der Mensch tugendhaft sein, hart arbeiten und Luxus und Sinnesfreuden entsagen.

Der Reformator Guillaume Farel holt Calvin 1536 für kirchliche Aufgaben nach Genf. Durch ihren missionarischen Übereifer erregen die beiden Männer den Zorn der Bürger und werden aus der Stadt verwiesen. Calvin jedoch kehrt zurück und kann den Genfer Rat überzeugen, seine strengen Regeln für ein Gemeinwesen umzusetzen.

Genf wird eine Art Gottesstaat, in dem sich das gesamte Leben nach Calvins detailliert ausgearbeiteten Regeln richtet. Diese Ordnung dient als Hilfe für die Menschen, Verstöße dagegen können mit öffentlicher Hinrichtung geahndet werden. Der Alltag und der Dienst an Gott sind durch Strenge, Fleiß und äußerste Nüchternheit geprägt. Kein Altar, keine Bilder, keine Orgel, nur Predigt, Gebet, Gesang. Calvin meint: »Wir selbst sind Gottes Tempel.«

Calvins Lehre gewinnt Anhänger über Genf hinaus in Teilen Deutschlands, in Frankreich und den Niederlanden. Von England und Schottland gelangt sie nach Nordamerika, wo die Puritaner die Gesellschaft stark beeinflussen.

Philipp II., der dunkle Herrscher des Katholizismus

Philipp II. lebt von 1527 bis 1598

Gegenreformation: Das ist auf geistigem Gebiet Ignatius von Loyola, der den Jesuitenorden gründet, um mit Glaubensstrenge und unbedingtem Ordensgehorsam die katholische Kirche in Rom weltweit zum Sieg zu führen. In der Politik verschreibt sich

Philipp II. von Spanien wie zuvor schon sein Vater Karl V. diesem
Ziel.

Philipp, der älteste und einzig überlebende legitime Sohn des
kaiserlichen Herrschers, ist ein Bücherwurm, der eine Bibliothek
mit über 13 000 Bänden besitzt. Von seinem Vater lernt er, wie
das Reich über Briefverkehr verwaltet werden kann. Philipps
Kurzmitteilungen sind berüchtigt. Im Jahr 1556 übergibt ihm
sein amtsmüder Vater die spanische Königswürde, die Niederlande, die amerikanischen Kolonien, Burgund und Sizilien.

Philipp heiratet vier Mal. Mit seiner ersten Frau Maria von
Portugal zeugt er den Sohn Don Carlos. Sie stirbt 1545 nach
der Geburt des Kindes, der geistig womöglich zurückgebliebene
Sohn folgt ihr 17-jährig. Der Verdacht, der Vater habe ihn ermorden lassen, wird nie bestätigt. Die Geschichte wird Friedrich
Schiller in seinem Drama *Don Carlos* aufgreifen. Nach dem Tod
seiner zweiten Frau Maria I. von England buhlt Philipp um ihre
Schwester Elisabeth I., die ihn schroff abweist. So geht er 1560
seine dritte Ehe mit Elisabeth von Valois ein. Die Vermählung besiegelt den lang ersehnten Frieden mit Frankreich. Nach Elisabeths Tod heiratet Philipp schließlich 1570 Anna von Österreich,
seine Nichte.

Unter Philipp erreicht das spanische Weltreich die größte
Ausdehnung, die Philippinen sind nach ihm benannt. 1580 wird
er durch Erbschaft zusätzlich König von Portugal. Neun Jahre
zuvor hat seine Flotte an der Spitze der Heiligen Liga mit Venedig und Genua in der Seeschlacht bei Lepanto das Osmanische
Reich besiegt.

Philipp versteckt sich hinter undurchdringlichem Zeremoniell. In seiner gewaltigen Klosterresidenz El Escorial in der Einöde des kastilischen Hochlandes verlebt er jeden seiner Tage in
pedantischer Einförmigkeit. Immer in Schwarz gekleidet, isst er
jeden Tag zur gleichen Uhrzeit die gleichen Speisen, jeden Tag
unternimmt er die gleiche Ausfahrt.

Jedes noch so kleine Detail der Verwaltung seines Weltreiches
will er selbst entscheiden, aber die Bürokratie lähmt das Reich.
Verschwendung und Misswirtschaft grassieren, Spanien erstarrt
in Bildungsferne, Wissenschaftsfeindlichkeit und dunkler Religi-
osität. Die Kriege gegen die Reformation leeren die Staatskasse.
Drei Mal muss Philipp während seiner Regentschaft Staatskon-
kurs anmelden.

1588 scheitert seine Armada, die England besiegen soll, im
stürmischen Meer um Großbritannien. Am Ende seines Lebens
gichtgeplagt, mit einem Stuhl auf Rollen umhergeschoben, muss
Philipp den Aufstieg des protestantischen England unter Elisabeth I. und die Ausbreitung der Reformation erleben.

Elisabeth I. und der Aufstieg Englands

*Elisabeth I.
lebt von 1533
bis 1603*

Die Armada ist untergegangen. *Deus afflavit, dissipati sunt.* »Gott
blies und sie zerstreuten sich«, lässt Elisabeth auf eine Gedenk-
münze prägen.

Philipp II., König von Spanien, trägt ihr die Ehe an. Elisabeth lehnt ab. Doch nicht nur das. Sie steht den protestantischen
Niederlanden in ihrem Unabhängigkeitskampf gegen den katholischen Monarchen bei und die spanische Armada geht 1588 im
Sturm und im Kanonendonner der englischen Flotte unter.

Zu diesem Zeitpunkt regiert Elisabeth schon 30 Jahre. Unter ihr, die einst von der katholischen Schwester und Vorgängerin
auf dem Thron, Maria I., jahrelang im Tower eingesperrt worden
war, siegt der Protestantismus. Elisabeth reformiert die anglikanische Kirche und setzt sie 1559 als Staatskirche ein.

England erlebt das Elisabethanische Zeitalter. In politischer,
wirtschaftlicher und kultureller Hinsicht errichtet die Königin
die entscheidenden Säulen für das spätere Britische Weltreich.
Francis Bacon begründet die moderne Wissenschaft, William
Shakespeare führt Theater und Literatur zu einem neuen Höhepunkt, Thomas Gresham gründet die Börse von London.

Der Aufstieg des kleinen Landadels, der unter Elisabeths Vater Heinrich VIII. beschlagnahmtes Kirchenland erhalten hat,
stellt eine breitere wohlhabende Schicht als in anderen König-
reichen jener Zeit. Viele Adelige nutzen das Land, um Weiden
für die lukrative Schafzucht zu schaffen. Die Gewinne aus dem
Wollexport investieren sie in Londoner Handelsgesellschaften,
die wiederum die Kaperfahrten Francis Drakes finanzieren.
Schiffbau und Tuchproduktion florieren. Das gestiegene Selbstbewusstsein des Adels bekommt später Elisabeths Nachfolger
König Jakob I., der Sohn Maria Stuarts, zu spüren. Er muss dem
Parlament weitere Machtbefugnisse zugestehen.

Zahlreiche junge Männer macht Elisabeth zu ihren Günstlingen. Aber sie heiratet nie und nennt sich selbst die jungfräuliche Königin. Mit Robert Dudley wird ihr ein Liebesverhältnis nachgesagt. Francis Drake führt in ihrem Auftrag Raubzüge zur See durch. Der Seefahrer Walter Raleigh nennt die erste Kolonie in Amerika ihr zu Ehren Virginia.

Elisabeths lebenslange Konkurrentin um den englischen Thron, die katholische Maria Stuart, muss fast zwei Jahrzehnte in Gefangenschaft verbringen. 1587 stimmt Elisabeth Marias Enthauptung zu.

Iwan IV. der Schreckliche: Reform durch Grausamkeit

Iwan IV. der Schreckliche
lebt von 1530 bis 1584

Sein Großvater Iwan III. war der Erste, der sich »Zar« nennen ließ. Iwan IV. Wassiljewitsch, genannt der Schreckliche, ist der Erste, der sich zum Zar krönen lässt. Nach dem Tod des Vaters Wassili III. wird er bereits als Dreijähriger Großfürst von Moskau. Zunächst übernimmt seine Mutter die Regentschaft. Als sie stirbt, vermutlich durch Gift, gerät der Achtjährige in die Gewalt des russischen Adels, der Bojaren. Oft grausam behandelt, wird Iwan fromm, belesen, intelligent, verschlagen, brutal und nachtragend. Als er 13 Jahre alt ist, lässt er einen der Bojaren ergreifen und ihn von Hunden zerfleischen.

Mit 16 krönt er sich zum Zaren und verbindet das Zeremoniell bewusst mit Anklängen an das byzantinische Kaisertum. 1549 bezieht er den Zarenpalast des Kreml in Moskau. Ein Jahr später gründet er die Palastgarde, die Strelizen.

Iwan beschneidet die Macht der Bojaren, die oft eigene Armeen unterhalten, enteignet ihr Land und macht es zu Staatseigentum. Er reformiert das Staatswesen, richtet einen Rat und ein erstes Parlament ein, erlässt eine Gesetzgebung und reformiert die Armee. Angst und Schrecken unter der Bevölkerung verbreitet die von ihm ins Leben gerufene Spezialeinheit der Opritschniki, eine Art Geheimdienst. Iwan ist gefürchtet. Er ordnet Massenhinrichtungen auf dem späteren Roten Platz an. Wünsche seiner Untertanen lässt er in einem Korb sammeln, um sie nicht zu erfüllen. »Leg deinen Wunsch in Iwans Korb« wird zu einem weitverbreiteten geflügelten Wort. Einen seiner Söhne erschlägt er 1581 im Jähzorn.

Das Reich der Russen dehnt Iwan bis in den Ural und nach Sibirien aus. Die Familie der Stroganows bringt ihm von dort Gold, Kristalle und Zobelfelle. In den 1550er-Jahren erobert er die Khanate von Kasan und Astrachan, Nachfolgestaaten der Goldenen Horde. Iwan hinterlässt ein nach Osten und Süden gewachsenes Russland. Geschwächt wird es gegen Ende seines Lebens durch die Kriege im Westen gegen Polen und Schweden, bei denen die Eroberungen im Ostseeraum verloren gehen.

Nach Iwans Tod folgt ihm sein schwachsinniger Sohn Fjodor I. auf dem Zarenthron, dessen Regentschaft Boris Godunow übernimmt. Der lässt sich nach Fjodors Tod wiederum zum Zaren krönen. Russland gerät nun in einen drei Jahrzehnte währenden Bürgerkrieg.

Akbar, Großmogul von Indien

Akbar
lebt von 1542
bis 1605

Akbar ist der Enkel von Babur, einem direkten Nachfahren des im 14. Jahrhundert wütenden zentralasiatischen Eroberers Timur Lenk. Baburs Mutter hingegen stammt von Dschingis Khan ab. Babur eroberte 1526 das seit über drei Jahrhunderten bestehende Sultanat von Delhi und gründete das Mogulreich. Mit der nordindischen Ganges-Indus-Ebene als Kernland wird das Reich bis zum Jahr 1858 bestehen bleiben und auf dem Höhepunkt seiner Macht im 17. Jahrhundert nahezu den gesamten indischen Subkontinent beherrschen.

Akbar regiert ab 1561 als Großmogul. Unter ihm erreicht das Mogulreich den Zenit muslimischer Kultur in Indien. Zwar kann er nicht lesen, doch fördert er die Wissenschaft und die Künste, übt Toleranz gegenüber den verschiedenen Strömungen des Islam und sucht den Ausgleich zwischen Muslimen und Hindus. So schafft er beispielsweise die Kopfsteuer für Nichtmuslime ab und gewährt Christen und Parsen Religionsfreiheit. Akbar selbst sucht sein Leben lang nach dem richtigen Glauben, tauscht sich mit Vertretern anderer Religionen aus und nimmt schließlich eine so individuelle Haltung zu religiösen Fragen ein, dass orthodoxe Muslime ihn der Abkehr vom Islam verdächtigen.

Die Beamtenschaft im Mogulreich ist nicht religiös, sondern auf Effizienz und Dauerhaftigkeit ausgerichtet. Das Reich wird straff und zentralisiert verwaltet. Persisch ist die Hofsprache. Zu Akbars hohen Hofbeamten gehören zahlreiche Nichtmuslime, vor allem Hindus.

Akbar richtet Fachministerien ein, schafft die Pauschalbesteuerung von Dörfern ab und mehrt so den Wohlstand auf dem Land. In den Jahrzehnten seiner Herrschaft erweitert er durch kluge Heiratspolitik und unablässige Eroberungszüge, bei denen er sich in Schlachten durch persönlichen Mut auszeichnet, die Grenzen des Mogulreiches. Schließlich erstreckt es sich über Nordindien und von Kabul bis Bengalen.

Tokugawa Ieyasu und die Epoche der Shogune

Tokugawa Ieyasu lebt von 1543 bis 1616

Die ritualisierte und in ihren Ränkespielen an Shakespeare-Dramen erinnernde Welt, in der Tokugawa Ieyasu lebt, bannt der große japanische Filmregisseur Akira Kurosawa Mitte des 20. Jahrhunderts in seinen Samuraifilmen auf die Kinoleinwand.

Tokugawa Ieyasu gehört zur mächtigen zentraljapanischen Familie Matsudaira. Er wächst in einer Zeit auf, in der in Japan sowohl der Kaiser als auch die Shogune, Anführer aus der Kriegerkaste der Samurai, ihre Macht verloren haben. In Kleinkriegen kämpfen regionale Kriegsherren, die Daimyo, um die Herrschaft in einzelnen Landstrichen. Diese Epoche der streitenden Länder dauert von 1467 bis 1568.

Eine rivalisierende Familie nimmt Tokugawa Ieyasu im Alter von fünf Jahren als Kriegsgeisel. Mit 13 Jahren tritt der Junge das Erbe seines früh verstorbenen Vaters an und wird schließlich wie seine Rivalen, die Feldherren Oda Nobunaga und Toyotomi Hideyoshi, einer der »drei großen Einiger« des feudalen Japan.

Schon bald schlägt Ieyasu eine erste Schlacht gegen Oda Nobunaga, worauf dieser in Gefangenschaft gerät und rituellen Selbstmord begeht. Derweil zwingt Toyotomi Hideyoshi Japan zunehmend unter seine Macht. Mal bekämpft er Ieyasu, mal verbündet er sich mit ihm. Gemeinsam erobern sie das Kernland der japanischen Ostprovinzen. Als Toyotomi Hideyoshi 1598 stirbt, versucht Ieyasu seinen eigenen Herrschaftsbereich weiter auszudehnen. Er richtet das Hauptquartier in einem bis dahin unbedeutenden Fischerdorf namens Edo ein, das allmählich zu einer Großstadt wächst.

Im Jahr 1600 siegt Ieyasu in der entscheidenden Schlacht von Sekigahara. Drei Jahre später lässt er sich vom Kaiser den Titel Shogun verleihen.

Das von Ieyasu gegründete Tokugawa-Shogunat, unter dem der Tenno zum Symbol wird und nur repräsentative Handlungen ausführen darf, bleibt über dreieinhalb Jahrhunderte bestehen, bis 1867 der Meiji-Tenno den Thron besteigt und Japan in eine neue Ära führt. Bis dahin sorgen die strenge Staatsführung und die strikte Abschottungspolitik der Tokugawa gegen die Außenwelt für eine lange Periode innerer Stabilität und eine Blüte der japanischen Kultur.

Miguel de Cervantes und der Ritter von der traurigen Gestalt

Miguel de Cervantes lebt von 1547 bis 1616

Dieses eine abenteuerliche Buch überlagert letztlich doch das ebenso abenteuerliche Leben seines Schöpfers. Miguel Cervantes' *Don Quijote* gilt als eines der bedeutendsten Werke der Weltliteratur und als jenes, das die Gattung des Romans in der abendländischen Kultur begründet. Es erzählt die Geschichte des armen Landadeligen Don Quijote, der nahezu alle Ritterromane gelesen hat, sie für wahr hält und nun, in einer Traumwelt lebend, auf seinem klapprigen Pferd Rosinante aufbricht, um Taten zu Ehren einer seit seiner Jugend verehrten, aber aus den Augen verlorenen Bauerntochter zu vollbringen. Sie, die davon nichts weiß, ist die angebetete Dulcinea del Toboso, die er nie wiedersehen wird. Begleitet wird Don Quijote auf einem Esel von seinem Gefährten Sancho Pansa.

Cervantes' Werk hält der Interpretation viele Türen offen. Man kann es lesen wie eine Parodie auf den Ritterroman oder als eine philosophische Betrachtung darüber, dass die Menschen niemals den Unterschied zwischen Realität und Einbildung erkennen werden. *Don Quijote* erzählt aber auch von der Überforderung des Menschen in einer sich bereits in jenen Tagen rasch verändernden Welt. Der Kampf gegen die Windmühlen wird schon im 17. Jahrhundert als Bild der Auflehnung gegen den unaufhaltsamen technischen Fortschritt begriffen.

Cervantes selbst ist der Sohn eines verarmten Adeligen, studiert Theologie, flüchtet vor der spanischen Justiz nach Rom, wird 22-jährig Kammerdiener eines Kardinals und schließt sich noch im gleichen Jahr einer Einheit der spanischen Marine an, die in Neapel stationiert ist. 1571 nimmt er an der Seeschlacht von Lepanto gegen die Türken teil, erleidet drei Schusswunden und verliert die linke Hand. 1575 verschleppen ihn algerische Korsaren als Sklaven nach Algier. Nach mehreren Fluchtversuchen wird er durch den christlichen Trinitarierorden freigekauft. Auch um seine missliche finanzielle Lage etwas zu verbessern, versucht er sich als Schriftsteller und Steuereintreiber. 1597/98 und 1602 gerät er wegen Veruntreuung einige Zeit in Haft.

Im Kerker beginnt Cervantes mit der Arbeit an seinem Roman. Der erste Teil des *Don Quijote* erscheint 1605, zehn Jahre darauf folgt ein zweiter Teil. Obwohl die Geschichten um Don Quijote finanziell ein Erfolg werden, stirbt Cervantes 1616 mittellos in Madrid.

Heinrich IV. und die Hugenotten

Heinrich IV.
lebt von 1553
bis 1610

Seit etwa 1560 nennt man die von den Lehren Johannes Calvins beeinflussten Protestanten in Frankreich Hugenotten.

Heinrich aus dem Hause Bourbon wird im protestantischen Glauben erzogen und als Erbprinz »Prinz von Geblüt« auf seine künftigen Aufgaben als König von Navarra vorbereitet. Von 1561 bis 1566 lebt er in Frankreich am Hof von Caterina de' Medici. Sie ist seit 1559 die Witwe des Königs Heinrich II., dessen tödliche Verletzung bei einem Reitturnier das Land in dynastische Machtkämpfe zwischen dem Haus Valois, für das Caterina steht, und der Adelsfamilie der Guise gestürzt hat.

Caterina, von deren Söhnen in den nächsten Jahren nacheinander drei den König stellen, übernimmt zwischenzeitlich die Regentschaft und versucht einen Ausgleich zwischen katholischer Seite und Hugenotten herbeizuführen. Doch Franz von Guise löst 1562 mit dem Blutbad von Wassy, bei dem zahlreiche französische Protestanten ermordet werden, die Hugenottenkriege aus, die Frankreich mehr als drei Jahrzehnte entzweien und in denen Heinrich ab 1568 an der Seite des Hugenottenführers Gaspard II. de Coligny kämpft.

1570 versuchen Caterina und ihr Sohn König Karl IX. eine Aussöhnung zu erreichen. Caterinas Tochter Margarete wird als

Vertreterin der Katholiken mit dem protestantischen Heinrich vermählt, der nun König von Navarra ist. Die Hochzeitsnacht vom 23. auf den 24. August 1572 gerät zur »Bluthochzeit« der Bartholomäusnacht. Ein aufgehetzter Mob ermordet Tausende von Protestanten. Heinrich rettet sein Leben, indem er zum Katholizismus konvertiert. Doch er widerruft 1576 und wird zum unbestrittenen Führer der Hugenotten.

Auf Karl IX. folgt sein Bruder Heinrich III. Der verspricht Heinrich den französischen Thron, auf den er laut Thronfolge auch Anspruch hat, macht aber zur Bedingung, dass der erneut zum katholischen Glauben übertritt.

Die Ermordung Heinrichs III. durch einen fanatischen Dominikanermönch bedeutet das Ende des Hauses Valois, und so wird Heinrich 1589 als Heinrich IV. der erste König des Hauses Bourbon. Als König von Frankreich kann er sich aber erst etablieren, als er 1593 tatsächlich zum Katholizismus übertritt. »Paris ist eine Messe wert«, soll er trocken bemerkt haben. Vier Jahre später endet der Bürgerkrieg, im Jahr darauf gelingt Heinrich im Edikt von Nantes der Ausgleich der religiösen Interessen.

Als 1610 auch er ermordet wird, übernimmt seine zweite Frau Maria de' Medici für ihren noch unmündigen Sohn Ludwig XIII. die Regentschaft.

Francis Bacon und der Nutzen des Wissens

Die Nachwelt spricht von ihm als dem »Vater der experimentellen Naturwissenschaft« oder dem »Wegbereiter des modernen Wissenschaftsbegriffs«. Für Jean-Baptiste le Rond d'Alembert ist er der erste Aufklärungsphilosoph. Königin Elisabeth I. nennt den kleinen Jungen, der sich oft an ihrem Hof aufhält, »mein junger Großsiegelbewahrer«.

Francis Bacon lebt von 1561 bis 1626

Der kleine Francis ist der Sohn eben jenes höchsten juristischen Beamten des Königreiches, Nicholas Bacon. Auch Francis soll Jurist und Politiker werden. Er studiert und wendet sich früh den Naturwissenschaften zu. Die scholastische Methode stößt ihn ab, denn sie unterbindet neue Ideen und belegt jeden Querdenker mit dem Stigma des Aufrührers.

Bacon ist 18 Jahre alt, als der Vater stirbt. Dank seiner Verbindungen ergattert er einen Parlamentssitz, nebenbei verfasst er Expertisen für die Königin. Als er gegen eine geplante Steuererhöhung opponiert, fällt er in Ungnade. Doch er hält sich durch den Aufbau eines Agentennetzes, das für die Krone spioniert, über Wasser. Schließlich wird er als Ankläger gegen den des Hochverrats beschuldigten Earl of Essex eingesetzt, einen engen Freund und Gönner. Essex wird hingerichtet.

Nach Elisabeths Tod steigt Bacon 1607 unter Jacob I. zum Obersten Kronanwalt und Großsiegelbewahrer und 1618 zum Lordkanzler auf. Allerdings entfernt man ihn wegen Korruption 1621 aus dem Amt. Politisch erledigt, zieht er sich nach kurzer Haft im Tower auf seinen Landsitz zurück und widmet sich der Schriftstellerei.

Das Bild von Bacons Charakter ist zwiespältig. Ist er korrupt, machtgierig, intrigant? Oder versucht er sich nur im Machtgefüge zu behaupten und wird Opfer von Intrigen?

Unbestritten bleibt, dass Bacon in seiner schriftstellerischen Abgeschiedenheit mit den berühmten Worten »Wissen ist Macht« dem Wissen und damit der Wissenschaft eine neue Aufgabe zuweist. Bislang war Wissen nur ein Mittel der Erkenntnis. Nun wird sein Nutzen für die Menschheit in den Mittelpunkt gerückt.

Statt zu beobachten, wie die antiken Naturphilosophen und die Scholastiker es taten, soll der Wissenschaftler aktiv in die Natur eingreifen. Bacon setzt sich für den unvoreingenommenen Blick ein und wendet sich gegen Vorurteile, die er »Idole« nennt. Die Quelle aller Erkenntnis ist für ihn allein die Erfahrung. »Wollt ihr ein sicheres Wissen«, sagt er, »so wendet euch von den Worten an die Dinge selbst.« Damit bricht der Empiriker der experimentellen Forschung Bahn.

Bacon selbst ist ein Verächter der Mathematik, die seine Zeitgenossen Johannes Kepler und Galileo Galilei für ihre bahnbrechenden Arbeiten nutzen. Nicht verwunderlich ist, dass Bacon daher die kopernikanische Wende ablehnt, da sie nicht allein aus der Beobachtung, sondern durch Rechnen erarbeitet wurde.

William Shakespeare und der ewige Mensch

William Shakespeare lebt von 1564 bis 1616

London wird während des Elisabethanischen Zeitalters zum Theatermittelpunkt Europas. Einer der Stars ist William Shakespeare.

Sein Werk ist überwältigend, doch was man über einen der wohl größten Dichter der Menschheit weiß, ist enttäuschend wenig. Vielen ist der bekannte Lebenslauf zu banal, weshalb schon Generationen darüber spekuliert haben, ob Shakespeare nur ein Pseudonym für jemanden ist, über den es weit mehr zu erzählen gäbe.

Der Vater ist Handschuhmacher und ermöglicht William den Besuch einer Lateinschule im Heimatort Stratford-upon-Avon. Mit 18 heiratet Shakespeare die acht Jahre ältere Anne Hathaway. In jedem der nächsten drei Jahre bringt sie ein Kind zur Welt. Shakespeare ist 21 Jahre alt, als sich seine Spur für acht Jahre verliert. Schließlich findet man ihn 1592 als Schauspieler und Dramatiker in London, wo ihn ein Pamphlet des Dichters Robert Greene als Emporkömmling diffamiert. Im Jahr darauf erscheint Shakespeares erstes gedrucktes Buch, das lyrische Werk *Venus and Adonis*.

William Shakespeare schließt sich einer Theatergruppe an, die 1599 am Südufer der Themse das Globe Theatre baut und nach der Thronbesteigung König Jakobs I. von diesem als Kings' Men zur königlichen Schauspielgruppe ernannt wird. Als Teilhaber der Gruppe wird Shakespeare wohlhabend und erwirbt Häuser und Ländereien in seiner Heimatstadt. Um etwa 1611 kehrt er dorthin zurück.

Mit seinen Werken bereichert Shakespeare virtuos die englische Sprache und erschafft unerschöpflich vielschichtige Charaktere. Sie stellen wie die Stücke selbst den ewigen Kampf des Menschen um Macht und Liebe so klar und eindringlich dar, dass sie wie eine Beschreibung der Hoffnungen und Nöte des »ewigen Menschen« wirken.

Shakespeare ist sowohl einer der größten Meister der Tragödie mit *Romeo und Julia*, *Hamlet* und *König Lear* als auch der Komödie mit *Was Ihr wollt*, *Ein Sommernachtstraum* und *Viel Lärm um nichts*. Berühmt werden auch seine Sonette.

Sieben Jahre nach seinem Tod erscheint die erste Ausgabe von Shakespeares Dramen, die sogenannte First Folio. Darin ist das Lob Ben Jonsons zu lesen, der neben Christopher Marlowe ein großer Dichterrivale gewesen war: »Er war nicht für eine Ära, sondern für alle Zeiten.«

12. Dunkelheit und Lichtstreifen

Orlando di Lasso
lebt von 1532 bis 1594

Orlando di Lasso an der Schwelle zur klassischen Musik

Die Musik bekommt ihre Schrift im 10. Jahrhundert von Guido von Arezzo. Nun ist das Weitergeben von Melodien und Rhythmen möglich und das Fundament gelegt für eine neue Art von Künstlern: die Komponisten.

Mit den Meistersingern kommt im 15. Jahrhundert die notierte und Regeln gehorchende Musik in die bürgerliche Welt. Im darauffolgenden Jahrhundert, zu Lebzeiten Orlando di Lassos, individualisiert die Renaissancemusik ganz im Geiste des Humanismus Melodie, Klang und Rhythmik. Der vierstimmige Satz der menschlichen Stimmen (Alt, Sopran, Tenor, Bass) wird Standard, auch die Instrumentalmusik zunehmend mehrstimmig, das Madrigal zur beliebten Musikform.

In Orlando di Lassos letztem Lebensjahrzehnt werden die ersten Opern komponiert und sein jüngerer Zeitgenosse Claudio Monteverdi führt nach di Lassos Tod die neue Kunstform zu einer ersten Blüte.

Orlando di Lasso, der »Fürst der Musiker«, kommt in Mons, im heutigen Belgien, zur Welt. Als Knabe wegen seiner lieblichen Stimme mehrfach entführt, um an Adelshöfen zu singen, und von seiner Familie immer wieder zurückgeholt, tritt er schließlich in die Dienste des Vizekönigs von Sizilien. Er erhält eine musikalische Ausbildung, wird Kapellmeister und geht, nach mehreren Stationen in Europa berühmt und geadelt, 1556 an den Hof des bayrischen Herzogs Albrecht V.

In seinem umfangreichen Œuvre aus fast 2000 Werken, das vor allem aus weltlichen und geistlichen Liedern besteht, nutzt

Orlando di Lasso die Spannung zwischen Ernst und Heiterkeit, zwischen Melodie und Wort. Er bedient sich der hoch ausgebildeten niederländischen Kunst der Mehrstimmigkeit (Polyphonie), weist aber über diese hinaus. Er bringt das Erzählerische, die Dramatik in die Musik und macht die Musik zu einer eigenen Art von Sprache.

Damit steht Orlando di Lasso neben Giovanni Pierluigi da Palestrina als bedeutendster Vertreter der Musik der Hochrenaissance nicht nur an der Schwelle zur beginnenden Musik des Barock, sondern am Anfang der klassischen Musik an sich, der er durch die kompositorischen und dramaturgischen Elemente in seinem Werk das Rüstzeug liefert.

Johannes Kepler und die Ellipsen des Wissens

Johannes Kepler lebt von 1571 bis 1630

Die Wissenschaft ist den Geheimnissen der Natur auf der Spur und immer mehr von ihnen kann sie in diesen Tagen erklären.

Johannes Kepler kommt zu früh auf die Welt und leidet während seines gesamten Lebens unter einer schwachen Gesundheit. In Tübingen studiert er protestantische Theologie, geht als Mathematiklehrer nach Graz, muss von dort nach der Rekatholisierung fliehen und wird durch sein 1597 erschienenes astronomisches Erstlingswerk *Mysterium Cosmographicum* bekannt. 1600 holt ihn der dänische Astronom Tycho Brahe als Assistent nach Prag.

Die beiden gegensätzlichen Charaktere ergänzen sich. Der jähzornige Brahe ist ein hervorragender Beobachter, doch seine mathematischen Fähigkeiten sind begrenzt. Brahe hat seine Nase bei einem Duell nach einem Streit um eine mathematische Formel verloren und trägt eine Kupferfolie als Prothese. Der empfindsame Kepler hingegen hat schwache Augen, ist aber ein herausragender Mathematiker und liefert während seines Lebens bedeutende Beiträge auf diesem Gebiet, insbesondere zur Integralrechnung und der Berechnung von Logarithmen.

Als Brahe nach nur wenigen Monaten gemeinsamer Arbeit stirbt, folgt ihm Kepler im Amt des kaiserlichen Hofmathematikers. Auch auf Brahes Daten zurückgreifend, arbeitet er weiter an seinem astronomischen System und veröffentlicht 1609 in seinem Buch *Astronomia nova* die keplerschen Gesetze und die mit ihnen beschriebene Erkenntnis, wonach Planeten auf Ellipsen um die Sonne kreisen. Die Existenz elliptischer Planetenbahnen bestärkt Kepler in dem lange schon von ihm verfochtenen kopernikanischen Weltbild und zerstört das geozentrische Weltbild des Claudius Ptolemäus endgültig. Kepler ist tiefgläubig und sieht in allen seinen Erkenntnissen den Beweis einer Weltharmonie.

Aufgrund der zunehmenden Religionskonflikte, der Dreißigjährige Krieg wirft seine Schatten voraus, geht Kepler 1612 nach Linz. Drei Jahre später muss er sich um die Verteidigung seiner Mutter kümmern, die als Hexe angeklagt ist. Er erreicht ihre Freilassung, doch sie stirbt im Jahr darauf an den Folgen der Folter. Drei Jahre vor seinem Tod findet Kepler in Albrecht von Wallenstein, für den er bereits vorher astrologische Gutachten erstellt hatte, einen neuen Förderer und wird dessen Hofastrologe. Seiner bis zuletzt chronischen Finanznot entkommt er dadurch auch nicht.

Galileo Galilei und die Freiheit der Forschung

Galileo Galilei lebt von 1564 bis 1642 Als sein Buch *Sidereus Nuncius* (*Nachricht von neuen Sternen*) feindselige Kritik der etablierten Wissenschaft hervorruft, schreibt er 1610 an Johannes Kepler: »Es gibt keinen größeren Hass als in der Unwissenheit gegen das Wissen!«

Sein Wissen hat sich Galileo Galilei über Jahre mit Untersuchungen und Berechnungen erarbeitet. Er ist der Sohn eines Tuchhändlers, Musikers und Musiktheoretikers und geht mit 17 Jahren nach Pisa, um Medizin zu studieren und sich mit Physik und Mathematik auseinanderzusetzen. Er konstruiert zahlreiche Apparate, erforscht das Verhalten von Pendeln und denkt darüber nach, wie dies für eine Pendeluhr genutzt werden kann. Er grübelt über die Fallgesetze und entdeckt, dass Beschleunigung etwas vollkommen anderes ist als Geschwindigkeit. Heute gilt Galilei als Begründer der experimentellen Physik.

1586 macht ihn die Konstruktion einer hydrostatischen Waage weithin bekannt. Im Jahr darauf wird er Dozent für Mathematik in Pisa, drei Jahre später Professor in Padua. 1609 erfährt Galilei von der Erfindung des Fernrohrs, baut sich selbst eines und entdeckt Krater auf dem Mond, die Phasen der Venus, die vier größten Jupitermonde und die Ringe des Saturns. All dies veröffentlicht er in seinem *Sidereus Nuncius*.

Seit 1616 vertritt Galilei, mittlerweile Hofmathematiker in Florenz, öffentlich das neue heliozentrische Weltbild des Nikolaus Kopernikus, wohl wissend, dass er noch keinen zwingenden Beweis in der Hand hat. In dieser Angelegenheit nach Rom bestellt, verpflichtet er sich, das kopernikanische Weltbild nicht mehr zu propagieren. 1632 veröffentlicht Galilei seinen *Dialog über die beiden hauptsächlichen Weltsysteme* oder: *Dialogo di Galileo Galilei sopra i due Massimi Sistemi del Mondo Tolemaico e Copernicano*. Drei Wissenschaftler diskutieren darin über die Frage, ob Ptolemäus oder Kopernikus richtigliegt. Zuerst passiert das Werk die Zensur, dann aber erhält Galilei den Befehl, sich bei der römischen Inquisition einzufinden. Man schüchtert ihn ein, zeigt ihm die Folterwerkzeuge. Er bekennt, in seinem Dialog zu weit gegangen zu sein, und widerruft. Das trotzige »Und sie bewegt sich doch!« wird ihm erst Jahrzehnte später nachträglich in den Mund gelegt.

Weil er das kopernikanische Weltbild vertreten habe, wird er zu unbegrenztem Arrest verurteilt. Zehn Jahre später stirbt er erblindet, noch immer unter Hausarrest. 1992, 350 Jahre nach seinem Prozess, rehabilitiert ihn Papst Johannes Paul II.

Albrecht Wenzel Eusebius von Wallenstein und der Dreißigjährige Krieg

Albrecht Wenzel Eusebius von Wallenstein lebt von 1583 bis 1634

1608 lässt sich der 25-jährige Wallenstein in Prag von Johannes Kepler erstmals ein Horoskop erstellen. Der Sternenforscher bescheinigt dem jungen Mann Ehrgeiz und baldigen Aufstieg.

Wallenstein entstammt zwar einem alten böhmischen Adelsgeschlecht, ist aber ein Emporkömmling. Ehrgeizig und durchsetzungsstark mindert kein Erfolg seine Unsicherheit. Protestantisch aufgewachsen, tritt er vermutlich 1602 zum Katholizismus über. 1609 heiratet er eine wesentlich ältere reiche Witwe und erbt nach ihrem baldigen Tod ihren bedeutenden Grundbesitz.

Als 1618 der Prager Fenstersturz den Dreißigjährigen Krieg auslöst, sieht Wallenstein seine Chance gekommen. Die Religion ist, wie zuvor in den Hugenottenkriegen in Frankreich, nur Anlass für das Gemetzel. Das Motiv ist Macht. Und der Glaube gibt nicht immer den Ausschlag für die Wahl der Seite. Auf eigene Kosten stellt Wallenstein ein Heer auf und bietet es dem katholischen Kaiser an.

Schlachten kämpft man längst auch mit Kanonen, Pulver und Blei. Söldnerheere mit ihren Fußsoldaten, den Landsknechten, werden die Grausamkeit des Krieges durch Plündern und Brandschatzen ins Unfassbare steigern. Die Anhänger Kaiser Ferdinands II. ziehen zunächst in Böhmen gegen den protestantischen König Friedrich V. von der Pfalz. Der flieht 1620 nach dem Sieg der Kaiserlichen in der Schlacht am Weißen Berg. Seine Regentschaft ist so kurz, dass er als Winterkönig in die Geschichte eingeht.

Der Krieg ernährt den Krieg. Und der Krieg ernährt Wallenstein. Wallenstein bringt zahlreiche verlassene Güter in seinen Besitz.

Die Protestanten jedoch geben sich nicht geschlagen. Der Krieg wütet bald im Elsass und in der Pfalz und 1625 greift König Christian IV. von Dänemark auf protestantischer Seite ein. Weil in diesem Jahr auch Keplers Horoskop endet, lässt Wallenstein sich ein zweites von ihm erstellen. Das enthält eine Warnung für den Beginn des Jahres 1634.

Zunächst wird Wallenstein zum Herzog von Friedland erhoben und 1626 feiert er in der Schlacht an der Dessauer Elbbrücke gegen den protestantischen Heerführer Graf von Mansfeld einen großen Sieg. Der katholische Feldherr Johann t'Serclaes Graf von Tilly besiegt den Dänenkönig Christian bei Lutter am Barenberge, und gemeinsam mit Tilly unterwirft Wallenstein Norddeutschland. Doch der Erfolg macht Wallenstein hochmütig. 1630 setzt der Kaiser ihn ab. Erst als Gustav II. Adolf von Schweden die katholische Sache bedroht, wird er 1632 zurückgeholt. Wallenstein träumt von der Krone Böhmens, konspiriert mit dem Feind, wird erneut geächtet und Anfang 1634 in Eger ermordet. Kepler hatte gewarnt.

Gustav II. Gustav II. Adolf: Schweden greift nach Europa

Adolf Vier Phasen sind es, in die die Geschichtsbücher den Dreißigjäh-
lebt von 1594 rigen Krieg einteilen. Zunächst tobt ab 1618 der Böhmisch-Pfäl-
bis 1632 zische Krieg, der 1623 mit dem Kriegseintritt der Dänen in den

Dänisch-Niedersächsischen Krieg übergeht. Als diese wieder aus dem Krieg ausscheiden, greift König Gustav II. Adolf von Schweden in das Geschehen ein. 1630 landet er mit einem Heer in Pommern und es beginnt die dritte Phase des Dreißigjährigen Krieges, der Schwedische Krieg.

Gustav II. Adolf ist ein frühreifer König. Mit acht Jahren nimmt der Sohn von König Karl IX. von Schweden bereits an Senatssitzungen teil, mit 15 hält er seine erste Thronrede und zwei Jahre später besteigt er den Thron. Er ist umfassend militärisch ausgebildet und spricht neben Schwedisch auch fließend Deutsch. Mit 18 Jahren zieht Gustav II. Adolf erstmals in den Krieg, kämpft gegen die Dänen, die Russen und danach gegen die Polen, und es gelingt ihm, den schwedischen Einfluss im Ostseeraum erheblich zu erweitern.

Der junge König führt die Wehrpflicht ein und macht seine Armee zu einer der schlagkräftigsten Europas. Aber auch Schwedens Verwaltung, das Schulwesen, Handel und Wirtschaft werden modernisiert, das Land blüht auf.

Als in Deutschland während des Dreißigjährigen Krieges die katholischen kaiserlich-habsburgischen Heere immer weiter nach Norden vordringen, sieht Gustav II. Adolf die Interessen seines Reiches bedroht: Mit einem Heer setzt er nach Pommern über und zieht die Truppen des protestantischen deutschen Lagers auf seine Seite. Im Frühherbst 1631 siegt er in Sachsen in der Schlacht bei Breitenfeld über ein katholisches Heer unter dem Befehl Tillys. Fortan gilt er als Retter des deutschen Protestantismus.

Angesichts der bedrohlichen Lage für die katholische Seite setzt Kaiser Ferdinand II. seinen zuvor entlassenen Feldherrn Albrecht von Wallenstein wieder als Oberbefehlshaber ein. In der Schlacht bei Lützen im November 1632 führt Gustav II. Adolf trotz aller Warnungen gegen Wallenstein einen Kavallerieangriff. Einer von Wallensteins Reitern tötet ihn mit einem gezielten Schuss.

Gustav II. Adolf gilt als eindrucksvollste Persönlichkeit auf der Seite der Protestanten während des Dreißigjährigen Krieges und wird zum Märtyrer des Protestantismus verklärt. Tatsächlich war er ein Herrscher, dem es vor allem um die Ausdehnung seiner Macht ging. Um dieses Ziel zu erreichen, schloss er im Jahr vor seinem Tod sogar mit dem katholischen Frankreich, das

unter der politischen Führung von Kardinal Richelieu Protestanten verfolgte, den Vertrag von Bärwalde, in dem Frankreich ihm
finanzielle Unterstützung zusagte.

Hugo Grotius: Begründer des Völkerrechts

Hugo Grotius lebt von 1583 bis 1645

Gustav II. Adolf soll Hugo Grotius' Buch über das Recht des
Krieges und des Friedens auf seinen Feldzügen im Gepäck gehabt
haben. Nach dem Tod des Schwedenkönigs übernimmt Kanzler
Axel Oxenstierna die Regentschaft für die erst sechsjährige Königin Christina I. Er macht den Niederländer Grotius 1634 zum
Botschafter im verbündeten Frankreich und so zu einem wichtigen Beteiligten der letzten Phase des Dreißigjährigen Krieges.

Eigentlich heißt er Hugo de Groot, denn er stammt aus einer
wohlhabenden protestantischen Familie in Delft. Drei Jahre vor
seiner Geburt war die Republik der Sieben Vereinigten Provinzen
der Niederlande gegründet und die Unabhängigkeit vom spanischen Königreich unter Philipp II. erklärt worden.

Grotius ist ein Wunderkind und studiert bereits mit elf Jahren an der Universität von Leiden. Als 15-Jähriger begleitet der
Mehrsprachige eine niederländische Gesandtschaft zum französischen König Heinrich IV. Der nennt ihn »Wunder Hollands«
und verleiht ihm einen Doktortitel.

Nach dem Studium arbeitet Grotius als Anwalt unter anderem für die 1603 gegründete weltweit agierende Niederländische
Ostindien-Kompanie (VOC). Die erhält von den Vereinigten
Provinzen Hoheitsrechte und Handelsmonopole und wird zum
wichtigsten Pfeiler des nun einsetzenden Goldenen Zeitalters der
Niederlande. Aufbauend auf seinen Arbeiten für die VOC entstehen Hugo Grotius' staats- und rechtsphilosophische Werke. In
dem 1609 erschienenen *De mare libero* (*Von der Freiheit der Meere*)
setzt er sich für das Recht aller Nationen auf freien Zugang zu
den Meeren ein. Seit 1607 ist er oberster Finanzbeamter der Provinz Holland, sechs Jahre später Stadtsyndikus und damit höchster Beamter Rotterdams. Als Grotius sich als Anhänger der Gemeinschaft der Arminianer gegen die radikalen Calvinisten um
Prinz Moritz von Oranien stellt, wird er 1618 zu lebenslanger
Haft verurteilt. Versteckt in einer Bücherkiste kann er mithilfe
seiner Frau fliehen.

Sein Hauptwerk *De Iure Belli ac Pacis libri tres* (*Drei Bücher vom Recht des Krieges und des Friedens*) erscheint 1625. Darin sagt Grotius, nicht der Glaube oder gar ein Zweck, der die Mittel heilige, habe das Handeln der Herrscher zu bestimmen, sondern der Gedanke an Recht und das Primat der Vernunft.

Grotius ist einer der Gründer des internationalen Rechts. Mit seiner Auffassung der natürlichen Daseinsberechtigung aller Menschen beseitigt er die Rechtfertigung jeglicher rechtsfreier Räume der Politik. Auch Kriege dürften nicht unbegründet geführt werden, und im Krieg selbst sei das Recht zu achten.

Kardinal Richelieu: Absolutismus und französische Macht

Kardinal Richelieu lebt von 1585 bis 1642

Nicht selten verschmelzen Geschichte und Roman. So kennen viele Kardinal Richelieu als den finsteren Machtmenschen aus dem berühmten Buch *Die drei Musketiere* von Alexandre Dumas. Die Musketiere beruhen auf historischen Personen, doch die Geschichte, die Dumas erzählt, ist fiktiv.

Der historische Armand Jean du Plessis Richelieu stammt aus altem, aber verarmtem Landadel. Eigentlich will er eine Militärlaufbahn einschlagen, doch als sein Bruder sich von seinem Bischofsamt in der Vendée zurückzieht, will Richelieu den Besitz und die Pfründe für die Familie sichern. Er beginnt das Studium der Theologie und reist zum Papst, um diesen zu überzeugen, ihn, den mit 21 Jahren für ein Bischofsamt viel zu jungen Mann, dennoch zu ernennen. Es gelingt.

Einige Jahre später wird Richelieu Sprecher des Klerus in den Generalständen. Er fällt Maria de' Medici auf, Witwe Heinrichs IV. und Mutter des nur neunjährigen Königs Ludwig XIII. Sie führt als Regentin die Regierungsgeschäfte für ihren Sohn und macht den 30-jährigen Richelieu zum Staatssekretär für Kriegswesen und Außenpolitik. Durch ihre Fürsprache wird er Kardinal und schließlich auch Erster Minister Ludwigs XIII.

Richelieu steigt zum mächtigsten Mann Frankreichs auf. Wegen seines roten Kardinalsgewands nennt man ihn »rote Eminenz«. Sein enger Berater, der Kapuzinermönch Père Joseph, wegen seiner Kutte »die graue Eminenz« genannt, wird Urvater aller mächtigen im Hintergrund agierenden Politikberater.

Richelieu träumt von einem starken einigen Frankreich, das das Haus der Habsburger aus der Vormachtstellung in Europa verdrängt. Nach innen zentralisiert er die Verwaltung, drängt den Einfluss des Adels zurück und bricht die politische und militärische Macht der französischen Protestanten; dies endgültig mit der Eroberung der wichtigsten Hugenottenstadt La Rochelle im Jahr 1628.

In der Außenpolitik hingegen gilt für Richelieu die Religionszugehörigkeit wenig. Dort geht es um die reine Macht. Er verbündet sich mit den protestantischen Kräften unter der Führung des Schwedenkönigs Gustav II. Adolf gegen die katholischen Kräfte unter Führung der Habsburger und greift direkt in der vierten und letzten Phase des Dreißigjährigen Krieges – dem Französisch-Schwedischen Krieg von 1635 bis 1648 – in die Kampfhandlungen auf deutschem Boden ein.

Nach Richelieus Tod müssen sich die drei Musketiere in Dumas' zweitem Band ihrer Abenteuer mit dessen Nachfolger Kardinal Jules Mazarin herumschlagen. Mazarin ist ebenfalls historisch. Durch ihn und König Ludwig XIV. kommt die durch Richelieu vorbereitete absolutistische Monarchie endgültig zu voller Entfaltung.

René Descartes: Vater der neuzeitlichen Philosophie

René Descartes lebt von 1596 bis 1650

Als 1618 der Dreißigjährige Krieg ausbricht, tritt René Descartes, Sohn einer wohlhabenden Adelsfamilie, in die holländische Armee ein. In einer Pariser Wohnung, deren Adresse selbst engste Freunde nicht erfahren durften, hatte er zuvor ein Leben als Eremit geführt und sich mathematischen und juristischen Studien gewidmet. Nun nimmt er als Soldat an Feldzügen in Deutschland und Böhmen teil. Als er Ende des Jahres 1619 bei Ulm stationiert ist, hat er in der stickigen Luft eines überheizten Zimmers die Vision, der er sein weiteres Leben widmen wird: die Vereinigung der Wissenschaften ohne den Rahmen der christlich-scholastischen Lehre.

Seit 1629 lebt Descartes wieder vollkommen zurückgezogen in den Niederlanden. Nur über seinen Freund, den Mönch und Philosophen Marin Mersenne in Paris, kann man zu ihm Kontakt aufnehmen. In den nächsten zwei Jahrzehnten erarbeitet er sein Ideensystem, mit dem er die moderne Wissenschaft und Philosophie begründet. Endgültig wird nicht mehr durch Gott, sondern vom menschlichen Standpunkt aus versucht, die Welt zu erklären. Descartes' *Cogito ergo sum* (»Ich denke, also bin ich«) macht den Menschen zur Autorität seiner eigenen Erkenntnis und führt so das menschliche Selbstbewusstsein in die Philosophie ein. Ein ungeheuerlicher Akt!

Doch nicht nur das: Descartes verneint die seit Aristoteles angenommene Einheit von Geist und Materie. Sie bilden für Descartes zwei getrennte Welten, den sogenannten philosophischen Dualismus, den nur der Mensch durch seine Vernunft (*ratio*) überbrücken kann. Auf diese Weise hebt Descartes den Rationalismus aus der Taufe und es beginnt eine neue Epoche der Philosophie. Spinoza, Malebranche und Leibniz werden Descartes' Rationalismus weiterführen und so die spätere Aufklärung vorbereiten.

Den geeinten Wissenschaften, die ganz im Sinne Francis Bacons dem Menschen nützen sollen, gibt Descartes als Rüstzeug die Deduktion und die Methode des universellen Zweifels anstelle des Glaubens. Trotz aller Ungeheuerlichkeit seines neuen Denkens will er Gottes Existenz logisch beweisen, was ihm aber nicht glaubhaft gelingt. Immerhin: Als Mathematiker begründet er zudem die analytische Geometrie und führt Algebra und Geometrie zusammen.

1649 folgt er der Einladung von Christina I. von Schweden an ihren Hof. Dort stirbt er nur ein Jahr später.

Oliver Cromwell und die puritanische Republik

Oliver Cromwell lebt von 1599 bis 1658

In England und Schottland entwickelt sich unter den Anhängern der reinen protestantischen Lehre von Johannes Calvin deren englische Spielart, der Puritanismus.

Oliver Cromwell studiert als Sohn einer nicht besonders vermögenden Familie des Landadels in Cambridge. Bald schon stirbt der Vater und Oliver muss das Studium abbrechen, um für die Familie zu sorgen. 14 Jahre später ist er gezwungen, den Stammsitz zu verkaufen. In der Zeit des finanziellen Abstiegs wird er tiefreligiös und wandelt sich zum strengen Puritaner.

1628 erhält Cromwell einen Abgeordnetensitz im Unterhaus, das noch im gleichen Jahr mit der Petition of Rights schmerzliche Zugeständnisse König Karls I. an seine Bürger verlangt. Die Regierung hat sich fortan gegenüber dem Parlament zu verantworten, willkürliche Verhaftungen sind künftig verboten. Besonders schwer wiegt der Passus, nach dem Karl Steuern nur noch mit parlamentarischer Zustimmung erheben darf.

Zwar stimmt Karl notgedrungen zu, doch dann regiert er jahrelang absolutistisch ohne Parlament weiter. Als er Geld für den Kampf gegen die aufständischen Schotten braucht, beruft er es wieder ein. Die Parlamentarier nutzen die Gelegenheit, um dem König weitere Rechte abzutrotzen. Der Streit eskaliert. Ein königlicher Vertrauter wird auf Betreiben Cromwells und anderer Radikaler im Mai 1641 hingerichtet.

Am 4. Januar 1642 dringt Karl mit 300 Bewaffneten ins Parlament ein, kann sich aber nicht durchsetzen und flieht. Der Englische Bürgerkrieg beginnt. Zunächst erringen die königlichen Kavaliere (*Cavaliers*) gegen die Parlamentsarmee der puritanischen Rundköpfe (*Roundheads*, wegen ihrer Topffrisur) mehrere Siege, erleiden dann aber bittere Niederlagen in den Schlachten von Marston Moor und Naseby. Den Sieg des Parlaments im Englischen Bürgerkrieg erkämpfen vor allem die von Oliver Cromwell geschaffenen Kavallerietruppen der Ironsides und die New Model Army, in denen gemäß puritanischer Einstellung Können und Leistung wichtiger als soziale Herkunft sind. Anfang 1649 wird König Karl I. enthauptet. Im Mai desselben Jahres ruft das Parlament mit dem Commonwealth of England die Republik aus.

Ausgestattet mit dem neu geschaffenen Amt des Lordprotektors wird Oliver Cromwell zum ersten Mann des Staates. Mit brutaler Gewalt unterwirft er Irland und versucht 1651 mit der Navigationsakte, die Handelsmacht der Niederlande zu brechen, was 1652 den Englisch-Niederländischen Krieg auslöst. Als Oliver Cromwell 1658 stirbt, ist das Land eine im Alltag von strengem Puritanismus geprägte Militärdiktatur. Doch schon zwei Jahre später kehrt England wieder zur Monarchie zurück.

Der Einschnitt aber bleibt. Die Regierungsform der parlamentarischen Republik ist als Alternative in die Welt getreten. In England wird nie wieder ein Monarch gegen das Parlament regieren können.

Thomas Hobbes: Der Staat soll den Menschen vor sich selbst retten

Thomas Hobbes lebt von 1588 bis 1679

Er ist immer Zivilist, doch der Krieg begleitet sein Leben. Seine Mutter soll ihn quasi vor Schreck geboren haben, als sie 1588 hörte, Spaniens Armada nähere sich Englands Küsten.

Thomas Hobbes, hochintelligenter Sohn eines dem Alkohol zugetanen Landpfarrers, wird Zeitzeuge des Dreißigjährigen Krieges, des Achtzigjährigen Krieges um die Unabhängigkeit der Niederlande und des Englischen Bürgerkriegs. Er erlebt das Wackeln und Umstürzen der Pfeiler der ewig gewiss scheinenden, sich auf Gottes Willen berufenden Monarchie. Der König wird in England nach langen Kriegswirren enthauptet und die Republik ausgerufen.

Wer will Hobbes vor dem Hintergrund all dieser Schrecken seine Schlussfolgerung verdenken, der Mensch sei im Grunde schlecht und für jeden anderen Menschen »ein Wolf«?

Die meiste Zeit seines Lebens arbeitet Hobbes als Lehrer und Privatsekretär in Adelskreisen. Nebenbei pflegt er regen Kontakt zu den geistigen Größen jener Tage. Als Tutor begleitet er 1610 den späteren Earl von Cavendish auf dessen *Grand Tour* durch Europa.

Elf Jahre später ist er kurzzeitig Sekretär von Francis Bacon. Auf einer weiteren Reise begegnet er 1634 unter anderen Galilei und Descartes. So wie der eine den Blick auf das All richtet und der andere die Erkenntnis auf vollkommen neue Fundamente setzt, revolutioniert Hobbes das Verständnis vom Staat.

In England gerät Hobbes zwischen die Fronten der sich zuspitzenden Rivalitäten von Krone und Parlament. Er setzt sich für die Monarchie ein und flieht vor den Königsgegnern noch vor Ausbruch des Bürgerkriegs 1640 nach Paris.

Es sind seine Schriften *De Cive* von 1642 und schließlich sein Hauptwerk *Leviathan* von 1651, in denen Hobbes die Idee eines starken Staates entwirft. Dieser soll die Menschen vor sich selbst schützen und somit den Urzustand überwinden, der für Hobbes aus dem Kampf aller gegen alle besteht. Die Bürger sollen in einer Art gemeinsamer Übereinkunft, dem Gesellschaftsvertrag, ihre Rechte an den Staat abtreten, der absolut regieren soll. Die Begriffe Urzustand und Gesellschaftsvertrag sind seit Hobbes aus der Diskussion über die beste Gesellschaftsform nicht mehr wegzudenken.

Weil Hobbes den Herrschaftsanspruch des Souveräns nicht von Gott ableitet, erntet er die erbitterte Feindschaft vieler Monarchisten. Die Befürworter des aufkommenden Absolutismus, der dem König alle Macht im Staat zuweist, nutzen hingegen Hobbes' staatsfreundliches Denkmodell als theoretische Begründung ihrer Anliegen.

Rembrandt: Glanz und Elend im Barock

Rembrandt lebt von 1606 bis 1669 Durch das Goldene Zeitalter der Niederlande verläuft die Lebensspanne eines der größten Maler der Geschichte. In seinem Werk vereinen sich Glanz, Höhepunkt und Ende des Barock, in seinem wechselvollen Leben der Ruhm und das Elend des Künstlers.

Rembrandt Harmenszoon van Rijn, Sohn eines Müllers, beginnt nach kurzzeitigem Besuch der Universität eine Malerausbildung und eröffnet mit 20 Jahren in seiner Geburtsstadt Leiden eine Malerwerkstatt. Ab 1631 wird er in Amsterdam als Maler erfolgreich und wohlhabend. Er malt Porträts, schafft Altar- und Gruppenbilder und setzt vor allem Licht und Schatten perfekt als dramaturgisches Mittel ein.

Maler, Baumeister, Künstler aller Art haben in Europa Konjunktur. Die neue Epoche des Barock, die, anders als zuvor der Übergang von der Gotik zur Renaissance, kein Bruch, sondern eher eine manierierte Weiterentwicklung ist, knüpft an den Formenreichtum der Renaissance an.

In den katholisch geprägten Gebieten Europas will die römische Kirche durch hemmungslose Machtdemonstration die Menschen nach der Reformation wieder an sich binden. Die weltlichen Fürsten beginnen hingegen im aufstrebenden Absolutismus mit einer neuen Schloss- und Stadtarchitektur alles in gezirkelter Ordnung um das Machtzentrum zu gruppieren. In den klaren, nüchtern geometrischen Grundrissen grüßt das neue rationalistische Denken von René Descartes, im überbordenden Prunk der Herrschaftsanspruch.

In den Niederlanden, die sich in die protestantische Republik im Norden und die katholischen Spanischen Niederlande im Süden teilen, steht Rembrandt für die nördliche Entwicklung. Deren Kunst fängt die Welt des aufstrebenden puritanischen

Bürgertums ein, das seine Bedeutung, seinen Reichtum und seinen Glauben in Porträts, Gruppenbildern und Gemälden mit religiösen Motiven zeigt. Rembrandts Kollege Peter Paul Rubens ist der wichtigste Maler des katholischen Südens und Schöpfer überwältigender religiös dominierter Monumentalwerke, deren Bestimmung es ist, in Schlössern und Kirchen zu repräsentieren.

Rembrandt wie Rubens werden Malerunternehmer. Während Rubens sein Vermögen geschickt mehrt, sich auch bei Hofe und in der Politik tummelt, gerät Rembrandt aufgrund seines ausschweifenden Lebensstils zunehmend in finanzielle Schwierigkeiten. Seine Kunst rückt immer stärker den Menschen und die Realität ins Zentrum, sei es in dem 1642 fertiggestellten Gruppenbild *Die Nachtwache*, in Landschaftsbildern, in Bildern vom Familienleben oder den zahlreichen Selbstporträts, die wie Selbstbefragungen wirken. 1656 muss er Konkurs anmelden. Sein Haus und seine Sammlung werden versteigert. Der Erlös kann die hohen Schulden nicht tilgen. Rembrandt stirbt verarmt.

13. Der absolute Staat und das heller werdende Licht

Jean-Baptiste Colbert und der Merkantilismus

Jean-Baptiste Colbert lebt von 1619 bis 1683

Das zunehmende Nachdenken über Ursache und Wirkung, dem Francis Bacon und René Descartes den Weg geebnet haben, führt auch zu einer neuen Art, wirtschaftliche Zusammenhänge zu betrachten. Jean-Baptiste Colbert, Tuchhändlersohn aus Reims, setzt seine Erkenntnisse gleich in die Tat um.

Durch Können, Beziehungen und geschickte Intrigen steigt er am Hof des Sonnenkönigs Ludwig XIV. im Mitarbeiterstab des Kardinals Mazarin auf, dem Ersten Minister und Nachfolger Kardinal Richelieus. Ab 1655 trägt Colbert die Verantwortung für den persönlichen Haushalt des Kardinals und »erbt« nach dessen Tod 1661 das Amt als Oberintendant der gesamten Staatsverwaltung der Finanzen. Bald ist er auch noch für die Bauwerke, schönen Künste, Manufakturen und die Marine zuständig.

Der Gedanke, mit dem Colbert den Merkantilismus begründet, ist einfach: Den Staat kann man wie eine große Manufaktur betrachten, die allerlei herstellt. Solange die Manufaktur mehr einnimmt, als sie ausgibt, macht sie Gewinn und wird reicher. Somit muss das Ziel des Staates eine positive Handelsbilanz sein. An diesem Gewinn der Volkswirtschaft ist Colbert vor allem deshalb interessiert, weil der seit 1661 allein und absolut regierende Sonnenkönig seit 1663 den Bau des gewaltigen Schlosses von Versailles, seine verschwenderische Hofhaltung und die militärischen Unternehmungen finanzieren muss.

Colbert stärkt den französischen Export, während er den Import möglichst klein hält. Überall im Land errichtet er staat-

liche Manufakturen, außerdem betreibt er eine gezielte Koloni-
alpolitik durch Handelskompanien. Die Wirtschaftslenkung und
-planung erreicht unter ihm einen Höhepunkt und erhält die Bezeichnung Colbertismus.

Doch weil Colbert die Infrastruktur nur auf den Export aus-
richtet, ändert er nichts an der Abhängigkeit der Bauern. Außer
dem exportlastigen Weinbau erfährt die Agrarwirtschaft keinerlei
Förderung. Colbert führt sogar die unbezahlte Arbeit der Bauern
für ihre Grundherren wieder ein. Nicht nur die Abgabenlast der
Bauern, ebenso die der Bürger erhöht sich, während Adel und
Klerus ihre Steuerprivilegien behalten. Handwerk und Kaufleute
werden nach wie vor durch Gilden- und Zunftordnungen einge-
engt. Auch das strenge inländische Zollsystem verändert Colbert
nicht. Die Wirtschaftsstrukturen erstarren. Hungersnöte sind
vorprogrammiert.

Die aus Colberts verfestigtem System entstehenden Spannungen werden zur Französischen Revolution beitragen.

Jan III. Sobieski rettet Wien vor den Türken

Jan III. Sobieski lebt von 1629 bis 1696

Zu jener Zeit ist Frankreich Vorbild für nahezu alle Fürsten Europas. Auch für Jan III. Sobieski, der auf seiner Kavalierstour
das Reich des Sonnenkönigs besucht. Von dessen Kultur beeindruckt, wird er die Barockarchitektur des Absolutismus in die
Gestaltung seiner Residenzbauten in Polen einfließen lassen.

Polen, seit 1569 Polnisch-Litauisches Reich, ist eine Wahlmo-
narchie. Der Adel, der im Land den ungewöhnlich hohen Anteil
von zehn Prozent der Bevölkerung ausmacht, wählt meist einen
ausländischen Fürsten auf den Thron und sichert somit den eigenen Einfluss, da der gewählte Monarch in der Regel keine Haus-
macht hat. Dies schwächt aber auf Dauer das Königreich an sich.

Dennoch wird Jan III. Sobieski 1674 als Pole zum König
gewählt. Den Ausschlag gaben insbesondere seine militärischen
Erfolge gegen die Osmanen, deren Sprache Türkisch er neben
mehreren anderen beherrscht. Als er von der Gefahr hört, in die
diese Wien wieder einmal bringen, reagiert er.

Es ist das Jahr 1683. Nach der ersten osmanischen Belagerung der Stadt 1529 und einer kurzen Bedrohung drei Jahre
danach unternimmt Großwesir Kara Mustafa Pascha einen

weiteren Versuch, den Goldenen Apfel, wie die Osmanen Wien nennen, unter Kontrolle zu bringen. Den Großteil Ungarns haben sie bereits erobert. Mit Kanonen beschießen sie die Mauern, Mineure graben Tunnel und versuchen die Befestigungsanlagen unterirdisch zu sprengen.

Jan III. Sobieski ruft den Adel zu den Waffen, was schon zu jener Zeit ein Anachronismus ist, da Söldnerheere die meist vergleichsweise schlechter ausgebildeten und ausgerüsteten Adelsarmeen verdrängt haben. Dennoch, die mobilisierende Wirkung auf die verängstigte europäische Christenheit ist groß. Jan III. Sobieski erhält den Oberbefehl, der eigentlich dem Kaiser zusteht. Dessen Heiliges Römisches Reich, noch immer geschwächt durch die Verheerungen des Dreißigjährigen Krieges, steht in einem Zweifrontenkrieg. Im Westen kämpft es gegen Frankreich unter Ludwig XIV., im Osten gegen die Osmanen.

In der Schlacht am Kahlenberg überrascht Jan III. Sobieski mit seinem Entsatzheer die Osmanen und fällt in deren Belagerungsstellungen ein. Die fliehen und lassen Tausende ihrer teilweise prachtvollen Zelte zurück. Wien ist gerettet. Die europäische Christenheit atmet auf.

Als Jan III. Sobieski stirbt, wählt der polnische Adel wieder einen Ausländer zum König: den sächsischen Kurfürsten August den Starken.

John Locke und das Recht des Menschen

Erfahrungen sind die Quelle der Erkenntnis. Das hat schon Francis Bacon gesagt. Diesem von seinem Landsmann begonnenen Empirismus schließt Locke sich an. Mit ihm beginnt die eigentliche Aufklärung.

Da jeder Mensch andere Erfahrungen macht, ergeben sich laut Locke verschiedene Folgerungen. Vor allem: Niemand hat Anspruch auf die absolute Wahrheit, kein Monarch, keine Glaubensgemeinschaft.

John Locke ist der Sohn einer wohlhabenden puritanisch beeinflussten Familie in der südwestenglischen Grafschaft Somerset. Er studiert in Oxford die klassischen Wissenschaften und wird nach dem Tod seines Vaters 1661 durch seinen Erbteil finanziell unabhängig. Als Gelehrter verfasst er Texte zu Weinbau,

Reise, Wirtschaft, Philosophie, Staatstheorie, Mathematik, Pädagogik, Medizin. Kaum ein Wissensgebiet lässt er aus. Locke arbeitet als Arzt, Erzieher, Beamter, Politiker, Geschäftsmann und gehört 1694 zu den Gründern der Bank von England.

In Anthony Ashley Cooper, dem späteren Earl of Shaftesbury und Lordkanzler, findet Locke einen lebenslangen Freund und Mentor, nicht zuletzt weil Locke ihm 1668 durch eine Leberoperation das Leben rettet. Seit Abschaffung der Republik Oliver Cromwells und der Wiedereinsetzung der Monarchie im Jahr 1660 regiert der katholische Stuart-König Karl II. Lockes Freund Shaftesbury gelingt es 1679 als Führer der protestantischen Kräfte gegen Karl die Habeas-Corpus-Akte durchzusetzen. Die Verhaftung eines Bürgers ist fortan nur noch erlaubt, wenn dieser einem Richter vorgeführt wird.

1683 muss Shaftesbury nach erneuter Zuspitzung der politischen und religiösen Konflikte ins Exil nach Holland gehen, wo er stirbt. Locke hat ihn begleitet und kehrt erst 1689 nach England zurück, wo sich das Parlament in der Glorious Revolution mit der Bill of Rights endgültig als Träger der Staatssouveränität durchgesetzt hat. Wilhelm III. von Oranien muss sie bei seiner Thronbesteigung akzeptieren.

Neben David Hume und George Berkeley ist Locke der wichtigste Denker der britischen Aufklärung. Insbesondere durch sein 1690 erschienenes Werk *Two Treatises Of Government* beeinflusst er bis heute das Verfassungsdenken demokratischer Staaten.

Wichtig ist Locke der Schutz des Eigentums des Einzelnen. Dieser soll von einem Staat gewährleistet werden, der mit einer kontrollierbaren Macht ausgestattet werden muss. Herrschaft ist nicht von Gott gegeben, ein Volk darf sich aufgrund seines Selbstbestimmungsrechts eines Tyrannen entledigen. Mit diesen Gedanken und mit seinem Konzept der Gewaltenteilung in die gesetzgebende Legislative und die ausübende Exekutive wird er zum Wegbereiter des liberalen Verfassungsstaates.

Baruch de Spinoza und der gleichgültige Gott

Mit Baruch de Spinoza tritt ein Denker auf den Plan, der die ungeheuerliche Frage stellt, ob Gott tatsächlich so ist, wie man ihn sich bisher vorgestellt hat.

Baruch de Spinoza lebt von 1632 bis 1677

Sein Vater ist in der Hoffnung, endlich seinen jüdischen Glauben frei leben zu können, aus dem katholischen Portugal nach Amsterdam geflohen. Spinoza wird als Bento de Espinosa geboren, in der jüdischen Gemeinde aber als Baruch geführt. 1655 äußert er Zweifel an der Glaubenslehre seiner Gemeinde. Die Reaktion ist prompt. Er, der eigentlich Rabbiner werden soll, wird bedroht und flieht aus Amsterdam. Die Verbannung durch die jüdische Gemeinde folgt auf dem Fuß.

Da ein Gelehrter laut jüdischer Tradition auch ein Handwerk beherrschen muss, hat Spinoza das Schleifen optischer Gläser erlernt. Das hilft ihm, fortan seinen Lebensunterhalt zu bestreiten, während für die philosophische Arbeit nur die Freizeit bleibt. Immer wieder ist er gezwungen den Wohnort zu wechseln. Allein der Schutz durch Jan de Witt, den führenden Politiker der freien Niederlande, bewahrt ihn vor Schlimmerem. Doch dann werden de Witt und sein Bruder selbst Opfer grausamer politischer Morde. Die Kirche nutzt die neue Situation und erreicht das Verbot von Spinozas Schriften.

Was sind die Gründe für den Hass? Es sind die Fragen, die Spinoza aufwirft, und die Antworten, die er findet: Für wen ist die Heilige Schrift bestimmt? Wer ist Gott? Sein Denksystem, das er mit strengen mathematischen, von Euklid beeinflussten Axiomen aufbaut, entwickelt er in dem 1670 anonym erschienenen *Tractatus theologico-politicus* und in dem posthum veröffentlichten *Tractatus politicus*.

Körper und Geist sind für Spinoza zwei Seiten ein und desselben Wesens: Gott. Damit stellt er sich dem Dualismus von Descartes entgegen, der Körper und Geist trennt. Gott ist für Spinoza alles Sein, alle Substanz, alle Natur. Gott ist nicht nur alles Gute, sondern eben auch das Schlechte in der Welt. Daher gibt es weder eine Vorsehung noch ein Heilsversprechen, und der Mensch wird nicht wegen des Lohnes seiner Tugend glücklich, sondern durch die Tugend selbst. Die Heilige Schrift sei für alle Menschen bestimmt, keineswegs für eine besondere Religion oder Glaubensgemeinschaft.

Für die einen ein gottloser Denker, ist Spinoza für andere einer der bedeutendsten Freigeister. Leibniz besucht ihn. Lessing, Herder und Goethe sind später von seinem Denken angetan. Er stirbt, lebenslang verfolgt, 44-jährig an Schwindsucht.

Isaac Newton und die Kräfte des Universums

Isaac Newton lebt von 1643 bis 1727

An Gott glaubt er auf geradezu mystische Weise, der Alchemie geht er mit obskurer Leidenschaft nach und dennoch ist er einer der bedeutendsten Köpfe der reinen Naturwissenschaft.

Ist Galilei der Begründer der experimentellen Physik, dann ist Newton der der klassischen theoretischen Physik. Auf Porträts blickt er mit durchdringenden Augen dem Betrachter entgegen. Ein energisches Kinn schließt das scharfkantige Gesicht ab. Die damals moderne Allongeperücke darf meist nicht fehlen. Isaac Newton selbst ist seiner Zeit voraus. Wissensdurstig, analytisch und präzise verfolgt eines der großen Universalgenies der Menschheit seine Ideen.

Seit dem Sommer 1665 wütet die Pest in Südengland, an der über 100 000 Menschen sterben. Die Universität von Cambridge schließt ihre Tore und der 23-jährige Student Isaac Newton kehrt vorübergehend auf die Farm seiner Familie in Lincolnshire zurück. Als er eines Mittags unter einem Apfelbaum liegt, so will es die Legende, fällt ihm eine Frucht auf den Kopf. Newton überlegt: Die Anziehungskraft der Erde hat die Frucht fallen lassen. Gilt sie überall? Auch im Weltraum und im Verhältnis des Laufs der Planeten? Und wenn ja, wie?

Als der Große Brand von London 1666 nicht nur große Teile der Stadt in Asche legt, sondern auch die Pesterreger ausräuchert, kehrt Newton 1667 nach Cambridge zurück und wird Professor. Doch es dauert noch Jahre, bis er seine Theorie veröffentlicht. In dem 1687 erschienenen Buch *Philosophiae Naturalis Principia Mathematica* beschreibt er schließlich das vom Apfel inspirierte Gravitationsgesetz: Körper mit größerer Masse ziehen Körper mit kleinerer Masse an. Da der Mond kleiner als die Erde ist, wird er von ihr angezogen, die Fliehkraft jedoch hält ihn auf seiner Ellipsenbahn. Diese Bahn hat Johannes Kepler 1609 beschrieben, die Gründe dafür aber nicht erklären können. Die liefert nun Newton. Gleich mehrere Phänomene der Natur erklärt er damit auf mathematischem Wege, so auch das Prinzip von Ebbe und Flut.

Newton hebt mit seiner Gravitationstheorie nicht nur die moderne Physik aus der Taufe, sondern verändert den Blick auf die Welt und das Universum. Demnach verhält sich die Erde zu den anderen Himmelskörpern nach dem gleichen Gesetz wie diese zueinander. Raum und Zeit sind unendlich und absolut.

Newton stirbt 1727 hochbetagt und hochgeehrt. Er hat noch unabhängig von Leibniz die Infinitesimalrechnung begründet, außerdem Epochales auf dem Gebiet der Optik geleistet. Obwohl oft hochfahrend, rachsüchtig, misstrauisch und egozentrisch, bleibt eine Geste der Demut: »Wenn ich weiter sehen konnte, so deshalb, weil ich auf den Schultern von Riesen stand.«

Gottfried Wilhelm Leibniz, universeller Denker zwischen den Zeiten

Gottfried Wilhelm Leibniz lebt von 1646 bis 1716

1652: Während in einer südenglischen Dorfschule die außergewöhnliche Begabung des jungen Bauernsohns Isaac Newton zunächst unerkannt bleibt, wühlt sich, um seinen Schmerz zu betäuben, der sechsjährige Gottfried Wilhelm Leibniz in Leipzig durch die Bibliothek seines gerade verstorbenen Vaters, eines Professors für Moralphilosophie. Lesen, Griechisch und Latein bringt sich der trauernde Junge selbst bei.

Nach dem Studium der Rechtswissenschaften wird Leibniz vom Bischof von Mainz nach Paris geschickt, um Ludwig XIV. zu einem Ägyptenfeldzug zu überreden. Man will dessen Machtdrang von Europa ablenken. Der Sonnenkönig lehnt ab. Über ein Jahrhundert später wird sich Napoleon an die von Leibniz überbrachten Eroberungspläne erinnern.

Leibniz verdient sein Auskommen von seinem 30. Lebensjahr bis zu seinem Lebensende als Hofrat und Hofbibliothekar des Herzogs von Hannover. Finanzieller Sorgen enthoben, kann er dem Ideenfeuerwerk in seinem Kopf nachgehen. Oft hat er so viele Einfälle, »dass der Tag nicht ausreichte, um sie niederzuschreiben«. Friedrich der Große nennt ihn »eine Akademie für sich«.

Leibniz entwirft Unterseeboote, arbeitet Münzreformen aus, konstruiert eine Rechenmaschine und stellt das Dualsystem vor, das später zur Basis der Computerprogrammierung wird. Unabhängig von Newton entwickelt auch er die Infinitesimalrechnung. Wie nebenbei denkt er über den Menschen und seinen Bezug zur Welt nach. In seiner tiefen Gläubigkeit schmerzt Leibniz, dass die Harmonie aller Dinge zu zerfallen scheint. Die Trennung von Leib und Seele bei Descartes missfällt ihm. Der absolute Raum von Newton auch. Wo bleibt Gott? Wo bleibt die

Einheit des Daseins? Körper und Seele sind für Leibniz nicht verschieden, sondern nur verschiedene Ausprägungen von Monaden, die er als kleinsten »Kraftpunkt« des Daseins begreift: jede gestaltlos, einzigartig und unveränderbar von außen. Monaden seien »die wahrhaften Atome der Natur und, mit einem Worte, die Elemente der Dinge«.

In den historischen Religionen sieht Leibniz nur Ausprägungen einer universalen, natürlichen Religion, zu der sich aller Glauben vereinen wird. Berühmt wird Leibniz' Theodizee, die Rechtfertigung Gottes für das Übel in der Welt. Gott habe »die beste aller möglichen Welten« geschaffen und den Sinn allen Leids könne der Mensch in seiner Beschränktheit nicht erfassen. Voltaire wird sich darüber mokieren und die von Leibniz verkündete »beste aller möglichen Welten« zum Gegenstand seiner Satire *Candide* machen.

Kangxi und die universelle Welt außerhalb Chinas

Zur Wende zum 18. Jahrhundert findet ein fast unbekannter Austausch der Kulturen statt. Gottfried Wilhelm Leibniz interessiert sich seit Jahren lebhaft für China und ist überzeugt, »dass die höchste Kultur und die höchste technische Zivilisation« gleichzeitig in Europa und China zu finden sind. Die Chinesen seien aber das Volk, das die Europäer »in den Regeln eines noch kultivierteren Lebens übertrifft«.

Kangxi lebt von 1654 bis 1722

Leibniz steht in regem Briefkontakt mit den Jesuiten, die der chinesische Kaiser Kangxi an seinen Hof geholt hat. Weil er hofft, das Interesse des chinesischen Herrschers selbst zu wecken, schreibt er persönlich an ihn und regt die Gründung einer Akademie der Wissenschaften in Peking an. Als Leibniz 1671 seine Rechenmaschine erfunden hat, schenkt er ein Exemplar dem Kaiser. Leider ist sie verschollen.

Leibniz und Kangxi: Die beiden so verschiedenen Männer haben einiges gemeinsam. Während Leibniz sich mit sechs Jahren schon als kleiner Privatgelehrter versucht, kommt Kangxi 1661, neun Jahre später, im gleichen Alter in China auf den Kaiserthron. Beide Männer sind in ihrer Kultur verwurzelt und doch blicken sie hinaus in die Welt und suchen nach den Dingen, die die Menschheit als Ganzes verbinden.

Kangxi ist der dritte Kaiser der Qin-Dynastie und regiert 61 Jahre lang. Mit etwa 13 Jahren beginnt er sich von seinen Regenten zu emanzipieren und zieht allmählich die Macht an sich. Um die westliche Wissenschaft kennenzulernen, lädt er mehrere Jesuiten an seinen Hof. Sie sollen ihm ihr Wissen in Mathematik, Astronomie und auf allen Gebieten der Technik nahebringen. Den belgischen Jesuiten Ferdinand Verbiest ernennt er zum Hofastronomen, nach seinem Tod dessen Ordensbruder Antoine Thomas.

Kangxi ist auch selbst als Gelehrter tätig. Er lässt eine umfangreiche Enzyklopädie erstellen und das für die chinesische Sprache wichtige *Kangxi-Wörterbuch*. Mehrere ausgedehnte Inspektionsreisen führen ihn in die Weite seines Reiches. Der Maler Wang Hui malt das berühmte auf Seide gefertigte Bild *Die Südreise des Kaisers Kangxi*. Es gehört zu einer Reihe von Rollen, die zusammen über 230 Meter lang waren. Die meisten sind erhalten und im Palastmuseum von Peking zu bewundern.

Ludwig XIV., der Sonnenkönig

Ludwig XIV.
lebt von 1638
bis 1715

Frankreich scheint der Mittelpunkt der Welt zu sein. Auch Gesandtschaften Kaiser Kangxis aus dem Reich der Mitte treffen beim Sonnenkönig ein, dem wohl berühmtesten aller französischen Monarchen. Das Bild von ihm in der Welt ist vornehmlich das eines verwöhnten, von Hofschranzen umgebenen, unter hochgetürmter theatralischer Allongeperücke daherschreitenden, gepuderten Gecken. Stimmt das? Vielleicht.

Tatsächlich aber ist er auch jener Monarch, der willensstark und machtbewusst das Konzept des Absolutismus zum Höhepunkt führt und es konsequent und für alle Herrscher Europas vorbildhaft umsetzt. »Der Staat bin ich«, soll er bereits im Alter von 17 Jahren verkündet haben.

Der Gottgegebene (*le Dieudonné*) wird der Knabe voller Erleichterung genannt, als König Ludwig XIII. und seine Frau Anna von Österreich endlich nach bereits 23 Jahren Ehe einen Thronfolger bekommen. Im Prinzip ist der kleine Ludwig König, seit er denken kann. Mit vier Jahren besteigt er den Thron, während Kardinal de Mazarin für ihn die Staatsgeschäfte leitet. Als Mazarin 1661 stirbt, teilt Ludwig dem Staatsrat mit, künftig allein zu regieren. Im gleichen Jahr lässt er mit dem Bau des

Schlosses von Versailles beginnen. Über zwei Jahrzehnte später zieht der Hof vom Louvre dorthin.

Versailles mit einem Hofstaat von rund 20 000 Personen wird zu einem umfassenden Vorbild. Überall in Europa eifert man der Architektur, der Mode, den Vergnügungen im Schloss, dem Zeremoniell nach. Der Landschaftsarchitekt André le Nôtre beeinflusst mit seinen Barockgärten die europäische Kultur ebenso wie der Komponist Jean-Baptiste Lully die Barockmusik und der Komödiendichter Molière Literatur und Theater. Das Hofzeremoniell wird als bewusstes und wohlgesetztes Mittel zur Demonstration, Wahrung und Ordnung der Machtverhältnisse genutzt. Jeder erkennt seinen Platz und den des anderen in der Rang- und Hackordnung.

Ludwig führt zahlreiche Kriege, zieht gegen Holland, seine Truppen richten Verheerungen in der Pfalz an, England stellt sich ihm im Spanischen Erbfolgekrieg von 1701 bis 1714 entgegen. Obwohl die militärischen Unternehmungen letztlich nicht den gewünschten Erfolg bringen, etabliert sich Frankreich unter Ludwig als vorherrschende Macht in Europa. Spanien, das einstige Weltreich, wird zu einer Art Vasallenstaat. Ein besonders dunkles Kapitel von Ludwigs Herrschaft ist die Hugenottenverfolgung, die sich auch in der Aufhebung des Edikts von Nantes im Jahr 1685 niederschlägt.

Der Zentralstaat Frankreich mit dem Sonnenkönig in der Mitte schafft die Voraussetzung für den späteren Nationalstaat Frankreich und wirkt bis ins 21. Jahrhundert auf ein zentralistisches Staatsverständnis.

Prinz Eugen und die Großmacht Österreich

Prinz Eugen lebt von 1663 bis 1736

Am Ende seines Lebens habe eines Nachts ein Löwe gebrüllt, den sein ehemaliger Gegner, der Sonnenkönig, ihm geschenkt hatte. Der Wärter eilt herbei, da gehen im Schloss die Lichter an und die Sterbeglocke wird geläutet. Prinz Eugen ist tot.

Schüchtern und wenig ansehnlich, soll Eugen zunächst Geistlicher werden. Er wird Feldherr, einer der größten seiner Zeit.

Dreizehnmal wird er in der Schlacht verwundet, 20-jährig kämpft er als Offizier 1683 in der Schlacht am Kahlenberg unter Jan III. Sobieski im ersten Türkenkrieg, als Feldmarschall schlägt er die Osmanen 1697 vernichtend bei Zenta. Mit dem Herzog von Marlborough, dem berühmten Vorfahren Winston Churchills, bekämpft er von 1701 bis 1714 erfolgreich den Machtanspruch Ludwigs XIV. im Spanischen Erbfolgekrieg. Im zweiten Türkenkrieg von 1716 bis 1718 siegt »Prinz Eugen, der edle Ritter« in der Schlacht von Peterwardein, später erobert er Belgrad und vertreibt endgültig die Türken aus Mitteleuropa. Ungarn fällt an Österreich, das dank Prinz Eugen seine Vormachtstellung in Mitteleuropa begründet.

Staatsräson ist für ihn wichtiger als seine eigene Macht. Aus Loyalität zur österreichischen Krone lehnt er 1732 die Krone des Königs von Polen ab, die ihm die russische Zarin Anna anträgt.

Prinz Eugen, der »Feldherrnphilosoph«, wie ihn Jean-Jacques Rousseau nennt, steht mit nahezu allen Geistesgrößen seiner Zeit in Kontakt und ist ein bedeutender Förderer der Wissenschaften und Künste. Er lässt sich mehrere Residenzen entwerfen, unter anderem das Schloss Belvedere in Wien. Seine mehrere Tausend Bände umfassende Bibliothek wird später den Grundstock der Österreichischen Nationalbibliothek bilden.

John Law und die ersten Finanzblasen

John Law
lebt von 1671
bis 1729

Die Zeit der Aufklärung ist auch eine Zeit der Glücksritter und schillernden Persönlichkeiten, so des Frauenhelden Giacomo Casanova oder des Hochstaplers und Alchimisten Graf Cagliostro. Einer der ersten und historisch wirksamsten Abenteurer ist John Law. Hochintelligent, von gutem Aussehen, redegewandt, mit tadellosen Umgangsformen weiß er Menschen beiderlei Geschlechts und jeder gesellschaftlicher Klasse für sich einzunehmen.

Doch 1694 muss er zunächst einmal aus seiner Heimat Schottland fliehen, wo er wegen Mordes gesucht wird. Ein Duell ging für seinen Gegner tödlich aus. Im Exil bewegt sich Law mühelos in höchsten Kreisen, studiert das Bankenwesen in Amsterdam, weilt zwischenzeitlich in Venedig. Nach einem Jahrzehnt in der Fremde kehrt er nach Schottland zurück und versucht nichts Geringeres, als sein am Rande des Staatsbankrotts stehendes Heimatland zu retten. Im Darién-Projekt, dem Plan, eine Kolonie in Mittelamerika zu gründen, hat Schottland sich finanziell übernommen. Seine Idee, zusätzlich zum Münzgeld auch Banknoten als Zahlungsmittel auszugeben, legt Law in dem Buch *Money and Trade Considered – With a Proposal for Supplying the Nation with Money* 1705 nieder. Doch seine Vorschläge werden nicht angenommen. Schottland und England vereinen 1707 ihre Parlamente, Königin Anna wird die erste Monarchin des nun entstandenen Staatsgebildes Großbritannien. Der immer noch gesuchte Law geht nach Frankreich.

In Paris erarbeitet er sich dank seiner herausragenden mathematischen Fähigkeiten durch Glücksspiel ein Vermögen. Law sucht und gewinnt die Freundschaft des Regenten Philippe II. von Orléans, der nach dem Tod Ludwigs XIV. ebenfalls mit zerrütteten Staatsfinanzen zu kämpfen hat. Ihn kann Law für seine Ideen gewinnen. Law wird Leiter der Notenbank, vereinigt Handelskompanien und gründet die Mississippi-Gesellschaft, die den Handel in den nordamerikanischen Gebieten Frankreichs entwickeln soll, und gibt Banknoten und Aktien aus. Ein Spekulationsboom mündet in einer Spekulationsblase, die Law selbst durch das Versprechen astronomischer Gewinne und Kursmanipulationen anheizt. 1720 bricht der sogenannte Mississippi-Schwindel zusammen. Frankreich stürzt wie das übrige Europa in eine schwere Finanzkrise. Law flüchtet ins Ausland und stirbt 1721 verarmt in Venedig.

Peter I. der Große und der Aufbruch Russlands

Peter I. der Große lebt von 1672 bis 1725

Als sein schwachsinniger Bruder Iwan V. stirbt, wird Peter 1696 mit 24 Jahren alleiniger Herrscher über Russland. Das riesige Land steckt gesellschaftlich und wirtschaftlich noch im Mittelalter.

Peter will mit aller Macht den Anschluss an Europa, und sein Wille, das wird sein weiteres Leben zeigen, ist stark. Schon als jungen Mann zieht es ihn in die wenige Kilometer vor Moskau liegende Siedlung der Ausländer, wo er Freundschaft mit einem niederländischen Kaufmann schließt.

Nun, als Alleinherrscher Russlands (den Zarentitel nimmt er erst 1721 an), vertieft Peter sich in das Marinewesen und die Navigation und beginnt eine russische Kriegsflotte aufzubauen. 1697 reist er inkognito in die Niederlande, um den neuesten

Stand der Technik bei Militär, Marine und Manufakturen kennenzulernen. Zuweilen arbeitet der über zwei Meter große Hüne auf Schiffswerften. In England lässt er sich in die Astronomie einweisen und lernt als Zahnarzt zu arbeiten.

Am 17. Mai 1703 beginnt der junge Herrscher mit dem Bau der Peter-und-Paul-Festung in den Sümpfen des Newa-Deltas an der Ostsee. Dort will er eine neue Hauptstadt bauen, weitläufig, modern, ein Fenster zum Westen: Sankt Petersburg entsteht. Doch es fehlt der sichere Zugang zur Ostsee.

Die Gelegenheit scheint günstig, als 1700 der Große Nordische Krieg um die Vorherrschaft im Ostseeraum ausbricht. Doch bei Narwa muss Peter eine schwere Niederlage gegen die Schweden unter ihrem jungen König Karl XII. hinnehmen. Dessen Eroberungsheer verliert sich jedoch von 1707 bis 1709 wie ein Jahrhundert später die Grande Armée Napoleons und weitere zwei Jahrhunderte die deutsche Wehrmacht Hitlers in den Weiten und der Kälte Russlands. In der Schlacht bei Poltawa kann Peter die Schweden 1709 vernichtend schlagen und gewinnt im Frieden von Nystadt das östliche Baltikum. Im Innern treibt er seine Reformen voran. 1724 ruft er die Akademie der Wissenschaften ins Leben.

Mit der Einführung der Rangtabelle bricht er die Vorherrschaft des Erbadels der Bojaren und schafft einen dem Staat verpflichteten Dienstadel. Zwar vertraut er eher den Ausländern und den einfachen Russen im Land, trotzdem liefert er die Landbevölkerung durch seine Steuergesetze den Grundbesitzern aus. Zu den neuen Steuern und Abgaben gehört übrigens auch eine Bartsteuer, die die Europäisierung vorantreiben soll. Peter will auch, dass die Russen europäische Kleidung tragen.

In Peters Charakter versammeln sich Sanftheit und Bescheidenheit neben Tatkraft und Grausamkeit. Wie viel Schuld trifft ihn am Tod seines einzigen Sohnes Alexej? Er hat ihn vermutlich zu Tode foltern lassen.

Montesquieu und die Gewaltenteilung

Montesquieu

lebt von 1689 bis 1755 Als Ludwig XIV. 1715 stirbt, ist der 26-jährige Charles de Secondat, Baron de Montesquieu, Spross des französischen Amtsadels, seit einem Jahr Parlamentsrat in Bordeaux. Der vom Sonnenkönig zum Höhepunkt gebrachte Absolutismus wird in ihm einen ihrer geistes- und wortmächtigsten Gegner finden.

Zunächst verfasst der junge Montesquieu eine Denkschrift über die Staatsschulden an Philippe von Orléans, der für den erst fünfjährigen neuen König Ludwig XV. die Regentschaft übernommen hat. Von einem Onkel erbt er 1716 das einträgliche Amt des Gerichtspräsidenten von Bordeaux, das er nach zehn Jahren verkauft, um sich nur noch den literarischen Studien und dem Weinbau zu widmen.

Mittlerweile ist er durch seine 1717 begonnenen und 1721 zunächst anonym erschienenen *Lettres persanes* berühmt geworden. Darin schildert er anhand des fiktiven Briefwechsels zweier Europa bereisender Perser die aus Sicht der Aufklärung engstirnige europäische Kultur wie die Benachteiligung der Frau oder die Sklaverei. Im Vorwort seines 1748 erschienenen Hauptwerks *De l'esprit des lois* schreibt Montesquieu, er habe die Grundprinzipien des Lebens der Staaten und der Völker herausgefunden. Eine gerechte Gesellschaft muss für ihn vom »Geist der Gesetze« durchdrungen sein. Daher sei eine allgemeine Gesetzgebung nicht mit dem Willen eines Herrschers zu begründen. Dem von John Locke entworfenen Konzept der Gewaltenteilung fügt er mit der Forderung nach der Unabhängigkeit der Gerichte die judikative Gewalt hinzu.

Einerseits ist Montesquieu ein Kind seiner Zeit, da er dem Adel eine wichtige ordnende Rolle zuweist, andererseits ist er Vorläufer liberaler Gesellschaftsnormen, indem er in der Freiheit des Einzelnen auch die Pflicht zur Mäßigung zum Wohle der Gemeinschaft und des Staates sieht. Die seinerzeit übliche Verfolgung Homosexueller lehnt er ebenso ab wie die Sanktionierung anderer nicht der gesellschaftlichen Norm entsprechenden Verhaltensweisen, wenn diese nicht die öffentliche Ordnung stören. Montesquieu unterteilt in zwei mögliche Regierungsformen: Moderat nennt er die Republik und die konstitutive Monarchie, despotisch ist für ihn die absolute Monarchie. Seine staatsphilosophischen Ideen werden die führenden Vertreter der Französischen Revolution, die dreieinhalb Jahrzehnte nach seinem Tod ausbricht, tief beeinflussen.

Voltaire   **Voltaire: Popularisierer der Aufklärung**

lebt von 1694 Geboren als François Marie Arouet wird er mit seinem Künstler-
bis 1778 namen Voltaire so berühmt, dass in Frankreich das 18. Jahrhundert auch das »Jahrhundert Voltaires« genannt wird. Mit sechs
Jahren trifft ihn der Tod seiner Mutter. Sein Vater, ein wohlhabender Notar, steckt ihn ins Internat.

Schon in jungen Jahren kann er weder seine spitze Zunge
noch seine noch spitzere Feder im Zaum halten. 1717 tragen
ihm Spottverse auf den Regenten Philipp von Orléans ein Jahr
Gefängnis in der Bastille ein. Im Kerker schreibt er die erste
Tragödie. Es werden am Ende 27. Seine Komödie *Oedipus* von
1719 macht ihn zum beliebten Hofdichter.

1726 flieht Voltaire vor einer weiteren Verhaftung nach England. In seinen »Briefen« vergleicht er die dortige Freiheit mit den
erdrückenden Zuständen im absolutistischen Frankreich. Ab
1733 lebt er dann zurückgezogen in Lothringen auf dem Schloss
Cirey bei der Marquise de Châtelet, wo seine großen philosophischen, naturwissenschaftlichen und kulturhistorischen Werke
entstehen.

1750 folgt Voltaire einer Einladung Friedrichs II. nach Berlin.
Dort wird er Kammerherr mit einem üppigen Gehalt, erregt aber
mit seinen Ansichten und durch fragwürdige Finanzgeschäfte
Friedrichs Missfallen. Nach drei Jahren kommt es zum Zerwürf-
nis.

Über Leibniz' »beste aller Welten« kann Voltaire nur den Kopf
schütteln. Seine Spott- und Streitlust allein hätte vermutlich
schon gereicht, um zu widersprechen. Dann aber erschüttert 1755
ein Erdbeben in Lissabon mit Tausenden von Toten die Welt. Voltaire nimmt dies zum Anlass, um *Candide oder Die beste aller Welten*
zu verfassen. Als *Candide* 1759 erscheint, lässt sich Voltaire, längst
vermögend, auf seinem Altersruhesitz Ferney nieder.

Voltaire, der wohl bedeutendste Name der Aufklärung, wird
schon zu Lebzeiten in ganz Europa im gebildeten Adel und im
aufstrebenden Bürgertum verehrt. Er ist einer der Hauptkritiker
des Absolutismus und des Feudalsystems, befürwortet aber die
Monarchie, an deren Spitze ein »guter, aufgeklärter König« stehen solle, wie Friedrich II. Für Voltaire sind die Menschen vor
dem Gesetz gleich. Gegen Aberglauben und den Absolutheitsan-
spruch der katholischen Kirche zieht er zu Felde. Er kämpft für
eine tolerante Welt, genährt durch die Vernunft.

Gott ist für ihn Leitbild der Ethik und Moral, seine Existenz jedoch nicht Rechtfertigung religiöser Dogmen. »Wenn es Gott nicht gäbe, müsse man ihn erfinden«, ist einer seiner berühmten Sätze.

Johann Sebastian Bach und die Logik des musikalischen Gefühls

Johann Sebastian Bach lebt von 1685 bis 1750

Im Jahr 1747 folgt der alternde Johann Sebastian Bach einer Einladung Friedrichs II. nach Potsdam und Berlin. Bachs Sohn Carl Philipp Emanuel ist Hofmusiker des jungen Preußenkönigs.

Bei ihrem Zusammentreffen gibt der Monarch ein schwieriges Thema vor, zu dem der alte Bach bitte schön eine Improvisation spielen soll. Bach löst die Aufgabe meisterhaft. Doch Friedrich fragt, ob er das dreistimmige Thema auch sechsstimmig spielen könne. Der bittet sich Bedenkzeit aus und komponiert zurück in Leipzig *Das Musikalische Opfer*.

Bach stammt aus einer Musikerfamilie und wird ihr berühmtester Vertreter. Geboren in Eisenach, arbeitet er nach mehreren Stationen ab 1703 als Organist in Arnstadt. Zum Konzertmeister am Hof in Weimar ernannt, entstehen Präludien, Fugen und Toccaten. Als Hofkapellmeister in Köthen verlagert Bach sein Schaffen auf die Kammermusik, komponiert Sonaten und Suiten, unter anderem die *Brandenburgischen Konzerte*. 1723 tritt er die Stelle des Kantors an der Leipziger Thomasschule an, die er bis zu seinem Tod innehat. Er schafft Kantaten und die Oratorien der *Johannes-* und der *Matthäus-Passion*.

Bach ist tiefreligiös. Seine Musik gilt als Höhepunkt der lutherischen Kirchenmusik und »musikalischer Ausdruck der Reformation«. In der Komposition gelingt ihm Bahnbrechendes, indem er neue Wege in der Harmonik beschreitet und sich der mehrstimmigen polyphonen Kompositionstechnik, der Fuge und des Kontrapunkts bedient.

Von der Einheit der Wissenschaften träumend, sieht Bach sich selbst weniger als Künstler denn als Musikgelehrten, der nach aristotelischen Prinzipien Kunst als Abbild der Natur schafft. Kunst ist für ihn die Verbindung zwischen Natur und Gott. So vereint er in seinem Werk wie wohl kaum ein anderer Musiker die Welt der Emotionen mit der Faszination der Menschen für Logik.

Zu Lebzeiten geschätzt, doch weit vom Ruf des außergewöhnlichen und zeitlosen Musikgenies entfernt, den er im Laufe
der Jahrhunderte erst bekommt, wird er nach seinem Tod zunächst fast vergessen. Seine Musik gilt als antiquiert, schwierig,
unnatürlich. Der Zeitgeist jener Tage liebt es leichter.

Mozart lernt zunächst die Musik der vier Söhne Bachs kennen, die ihrerseits große Komponisten waren, und vertieft sich
erst danach allmählich in das ihn zunehmend faszinierende Werk
des Vaters. Eine Bach-Biografie von Johann Nikolaus Forkel über
den »größten musikalischen Dichter und den größten musikalischen Deklamator« erregt 1802 Aufmerksamkeit. Nun entdecken ihn junge Komponisten wie Felix Mendelssohn-Bartholdy,
Robert Schumann oder Frédéric Chopin. Später finden sich
Bach-Themen nicht nur in der klassischen Musik, sondern im
Jazz und in der Rockmusik, etwa bei den Beatles und den Byrds.

Leonhard Euler: Entdeckungen im Reich der Zahlen

Leonhard Euler
lebt von 1707 bis 1783

Der Schweizer ist einer der produktivsten Mathematiker aller
Zeiten. Friedrich II. beruft ihn an die Königlich-Preußische Akademie der Wissenschaften, deren erster Präsident Gottfried Wilhelm Leibniz war.

Leonhard Eulers Vater hat für seinen Sohn das Priesteramt
gewählt. Doch die Bernoullis, die berühmteste Mathematikerfa-
milie der Geschichte, reden dem Baseler Geistlichen zu, machen
auf die außergewöhnliche Begabung des Sohnes für die Welt der
Zahlen aufmerksam. So gelingt es Daniel Bernoulli, den 20-jäh-
rigen Leonhard 1727 als Nachfolger für die Professur seines
verstorbenen Bruders Nikolaus II. Bernoulli an die Universität
von Sankt Petersburg zu holen. Dreizehn Jahre später folgt Euler
dem Ruf Friedrichs II. Nach einem Vierteljahrhundert in Preußen kehrt er 1766 zurück nach Sankt Petersburg, wo ihm Katharina die Große ein Palais an der Newa schenkt.

Schon seit Jahren leidet Euler an einer Sehschwäche und
1740 verliert er das Sehvermögen auf dem rechten Auge, was die
Produktivität des Wissenschaftlers eher noch steigert. Auch als er
1771 vollkommen erblindet, behält er seine Schaffenskraft mit
der Hilfe seiner Söhne und eines Privatsekretärs.

Euler gilt als einer der Begründer der Strömungslehre, die er für die Errichtung eines Springbrunnens für Friedrich II. in Sanssouci entwickelt. Die von Newton und Leibniz begründete Infinitesimalrechnung vollendet er zur Analysis, dem Rechnen mit Grenzwerten und der Unendlichkeit von Folgen und Reihen. Die Mathematik verdankt Euler zahlreiche Zeichen ihrer Symbolik. Viele mathematische Begriffe, Axiome und Formeln sind nach ihm benannt, wie der Euler'sche Winkel oder die Euler'sche Zahl. Zu seinen Werken gehören Schriften zur Musik-, zur Zahlen- und zur Wellentheorie des Lichts.

Friedrich II. der Große
zwischen Großmachtstreben und Aufklärung

Friedrich II.
der Große
lebt von 1712
bis 1786

Den kleinen Staat Preußen, der erst 1701 durch Friedrich I. vom Kurfürstentum zum Königreich aufgestiegen ist, wird Friedrich II. als Großmacht etablieren, um den Preis des vergossenen Blutes Zehntausender Soldaten. Für die Madame de Pompadour am feindlichen französischen Hof ist er ein Barbar, der neue Attila.

Sein Vater ist der Soldatenkönig Friedrich Wilhelm I. Sparsam, sittenstreng, engstirnig, erzieht er den musischen Sohn mit unnachgiebiger Härte, prügelt ihn vor Höflingen und lässt dessen Freund Hans Hermann von Katte vor Friedrichs Augen enthaupten.

Friedrich fügt sich in die Rolle des künftigen Königs und versammelt im Schloss Rheinsberg einen Freundeskreis um sich, zu dem auch Voltaire gehört. Im Juni 1740 übernimmt er die Königswürde mit dem Selbstverständnis, ein »erster Diener des Staates« zu sein. Gleich zu Beginn zeigt er mit dem Satz »Jeder muss nach seiner Fasson selig werden« Toleranz gegenüber den Religionen. Den jüdischen Glauben lässt er dabei allerdings außen vor. Um die Wirtschaft in dem bevölkerungsarmen Preußen zu stärken, nimmt Friedrich später Hugenotten und Katholiken auf; sollten Muslime ins Land kommen, will er sogar Moscheen bauen. Friedrich gewährt weitreichende Pressefreiheit und schafft die Folter ab. Er propagiert die Gleichstellung aller vor dem Gesetz und die Unabhängigkeit der Gerichte: »In den Gerichtshöfen sollen die Gesetze sprechen und der Herrscher schweigen.«

Eine seiner ersten Amtshandlungen ist die Vergrößerung der Armee. Mitte Dezember 1740, nur wenige Monate nach Regierungsantritt, marschiert er in Schlesien ein. Drei Kriege wird er um dieses Land gegen Österreich und die junge Kaiserin Maria Theresia führen, als wagemutiger und genialer Feldherr überwältigende Siege feiern und fürchterliche Niederlagen erleiden. Im letzten, dem Siebenjährigen Krieg geht Preußen fast unter. Dieser Krieg wird von 1756 bis 1763 auf dem gesamten Globus zwischen England und Frankreich ausgetragen. In Deutschland als Nebenschauplatz geht es darum, ob Preußen oder Österreich die Hegemonie ausübt. Friedrichs Heer dringt in Sachsen ein. Auch Russland kämpft nun gegen ihn. Als die russischen und habsburgischen Truppen nach der verlorenen Schlacht von Kunersdorf im August 1759 nicht auf das schutzlose Berlin marschieren, spricht er vom »Wunder des Hauses Brandenburg«. Dann stirbt Zarin Elisabeth und ihr Sohn Peter III. bietet dem von ihm tief verehrten Friedrich den Frieden an.

Der 51-Jährige, durch die Strapazen des Krieges vorzeitig gealtert und von der Gicht gebeugt, widmet sich dem Wiederaufbau des Landes. Im Alter ein Zyniker, stirbt er auf seinem Rokokoschloss Sanssouci in Potsdam.

Maria **Maria Theresia:**
Theresia **Selbstbehauptung und Reform Österreichs**
lebt von 1717 Als ihr Vater Kaiser Karl VI. stirbt, ohne einen männlichen Erben
bis 1780 zu hinterlassen, übernimmt sie die Regierungsgeschäfte. Sie ist Erzherzogin von Österreich und Königin von Böhmen und Ungarn. Erst ab 1745, als ihr Mann Herzog Franz I. Stephan von Lothringen zum Kaiser des Heiligen Römischen Reiches Deutscher Nation gekrönt wird, trägt sie den Titel einer Kaiserin.

Nicht nur Friedrich II. von Preußen will ab dem ersten Tag ihrer Regentschaft die vermeintliche Schwäche der jungen Monarchin ausnutzen und marschiert in Schlesien ein, auch Frankreich, Spanien, Sachsen und Neapel versuchen ihre Macht auf Kosten Österreichs auszudehnen. Die Auseinandersetzungen werden von 1740 bis 1748 als Österreichischer Erbfolgekrieg ausgefochten.

1748 begleitet der Philosoph David Hume eine Delegation

des mit Österreich verbündeten Großbritannien und trifft in Wien auf die Herrscherin. Der Denker hält fest, sie sei keine Schönheit, habe aber eine schöne Stimme, Charme und Esprit.

Im Frieden von Aachen kann Maria Theresia ihren Staat retten. Unter dem Eindruck des Krieges bringt sie weitreichende Reformen auf den Weg, zentralisiert den Staat und verdoppelt die Stärke der Armee. Doch nach dem Siebenjährigen Krieg muss Maria Theresia im Frieden von Hubertusburg die neue Großmachtstellung Preußens in Europa anerkennen.

Auf der einen Seite gilt Maria Theresia als aufgeklärte Monarchin – sie beschneidet die Rechte der Kirche in Schulen und Universitäten –, auf der anderen Seite aber ist sie streng katholisch und predigt eine strikte Moral. Nachdem 1765 ihr Gemahl Kaiser Franz I. Stephan stirbt, trägt sie bis zu ihrem Tod 15 Jahre später Trauerkleidung.

Maria Theresias Tochter Marie-Antoinette, die jüngste der 16 Kinder, muss 1769 zur Bekräftigung der mit Frankreich gegen Preußen geschmiedeten Allianz die Ehe mit dem französischen Thronfolger eingehen und wird später zur tragischen Königin.

Bereits seit dem Tod seines Vaters ist Maria Theresias Sohn Joseph II. Mitregent. Der radikale Anhänger der Aufklärung bringt mit hohem Druck Reformen voran und setzt sie, unterstützt von seinem Staatskanzler, dem eleganten Wenzel Anton Graf Kaunitz, oft gegen den Willen der Mutter durch. Joseph II. schafft die Todesstrafe ab und hebt die Leibeigenschaft der Bauern auf, vor allem aber beschneidet er die Rechte der katholischen Kirche.

Vielen geht der Wandel zu schnell. 1772 sträubt sich Maria Theresia trotz des Zugewinns von Galizien gegen die von Joseph und Kaunitz mitbetriebene Erste Teilung Polens. Später vereitelt sie durch einen eigenmächtig ausgehandelten Friedensschluss nach dem Bayerischen Erbfolgekrieg von 1778/1779 den Erwerb Bayerns.

Nach ihrem Tod wird Joseph alleiniger Herrscher. Er wird noch zehn Jahre bis zu seinem Tod regieren.

David **David Hume:**
Hume **Die Sinne, der Nutzen und das Mitgefühl**
lebt von 1711 Die katholische Kirche setzt seine Bücher auf den Index verbo-
bis 1776 tener Schriften. Die etablierte akademische Wissenschaft lehnt
sie ebenfalls ab. Wiederholt bewirbt sich Hume erfolglos um eine
Professur. Der Schotte wird einer der bedeutendsten Vertreter
der Aufklärung.

Geboren in Edinburgh und auf den Namen David Home
getauft, studiert der Sohn eines verarmten Adeligen zunächst
Rechtswissenschaften, bricht aber das Studium ab, weil ihn
nichts anderes interessiert als die Philosophie. Der »Liebe zum
Denken« widmet er sich nun fast rückhaltlos. 1734 geht er zwischenzeitlich nach Frankreich und veröffentlicht 1739/1740 die
ersten beiden Bücher von *A Treatise of Human Nature*.

Nach dem Tod der Mutter muss Hume das Leben als Privatgelehrter aufgeben. Er tritt in die Dienste Adeliger, wird Tutor, dann Sekretär eines Generals, schließlich dessen Adjutant
und bringt es in dieser Tätigkeit zu einem Vermögen. Auch seine
Bücher über Philosophie, Ethik und Ökonomie sind Verkaufserfolge. Von 1754 bis 1762 veröffentlicht er sein fünfbändiges Werk
über die Geschichte Englands, das ihn endgültig berühmt macht.

Für Hume unterteilt sich der menschliche Geist in Sinneseindrücke und Ideen, welche sich für ihn in seinem radikalen Empirismus von den Sinneseindrücken ableiten. Hume weiß, dass
man Vernunft in Falsch und Richtig unterteilen kann. Gefühle
hingegen können nicht falsch oder richtig sein. Deren negative
Auswirkungen kann der Mensch abschwächen, wenn er sich der
Vernunft bedient.

Große Aufmerksamkeit erfährt Humes Gefühlsethik: Der
Mensch strebt das Angenehme und das Nützliche an und handelt egoistisch. Doch aufgrund seines Mitgefühls handelt er
auch sozial. So lehnen Menschen im Allgemeinen Mord nicht
aus Gründen des Nutzens ab (denn von Nutzen kann ein Mord
zuweilen durchaus sein), sondern wegen der Ungeheuerlichkeit,
die die Tat für sie aufgrund ihres Mitgefühls darstellt. Humes lebenslang enger Freund Adam Smith wird von dieser Gefühlsethik beeinflusst und integriert sie in sein Werk. Humes Ideen
wirken auf die französische Aufklärung, sein Empirismus wird
von Immanuel Kant aufgegriffen, seine Nützlichkeitsüberlegun-
gen werden im Utilitarismus Jeremy Benthams weiterverfolgt.

Jean-Jacques Rousseau und der Naturzustand als Paradies

Jean-Jacques Rousseau lebt von 1712 bis 1778

David Hume nimmt 1766 Jean-Jacques Rousseau bei sich in London auf. Rousseau jedoch ist längst zum Sonderling geworden. In jedem sieht er einen Feind. Auch in dem gutmütigen Hume.

Rousseaus Jugend ist freudlos. Sein Vater, ein Uhrmacher, gibt den Jungen in die Lehre bei einem Kupferstecher, wo dieser Reißaus nimmt. Eine einige Jahre ältere wohlhabende Frau wird für ihn Mutterersatz und Geliebte, bis er sie 1742 verlässt und nach Paris geht. Rousseau will Komponist werden und verdient sein Geld mit dem Kopieren von Noten.

Kurzzeitig weilt er als Botschaftssekretär in Venedig. 1745 zurück in Paris, freundet sich Rousseau mit Denis Diderot und Jean-Baptiste le Rond d'Alembert an, den beiden führenden Köpfen der gerade begonnenen *Encyclopédie*, der »Bibel der Aufklärung«, an der Rousseau mitarbeiten wird. Im gleichen Jahr lernt er eine Wäscherin kennen, von der er mehrere Kinder bekommt, die er alle ins Waisenhaus gibt.

Eines Tages stößt Rousseau auf dem Weg zu Diderot, der wegen seiner Schriften in Haft sitzt, beim Überfliegen einer Zeitung auf die Preisfrage, ob die Wiederherstellung der Künste und Wissenschaften zur Läuterung der Sitten beigetragen habe. Rousseau hat sein philosophisches »Erweckungserlebnis«. Er beantwortet die Preisfrage mit Nein, denn Kunst und Wissenschaft kaschierten nur die Ungerechtigkeit der Gesellschaft. Wäre der Mensch frei, wie er es im Urzustand gewesen sei, bräuchte er beide nicht. Rousseau gewinnt den ersten Preis, wird bekannt und arbeitet in den nächsten Jahren eine umfassende politische Philosophie aus.

Anders als Thomas Hobbes sieht Rousseau den menschlichen Naturzustand als ein gemeinschaftliches Leben in Harmonie. Erst Besitz- und Obrigkeitsdenken haben die Menschheit davon entfernt. Berühmt wird der Satz: »Der Mensch ist frei geboren und liegt doch überall in Ketten.«

In seinem 1762 veröffentlichten Werk *Du contrat social ou Principes du droit politique*, einem der wichtigsten Bücher der Staatsphilosophie, fordert er, dass der Einzelne in einem Gesellschaftsvertrag seinen individuellen Willen dem Gemeinschaftswillen, also dem Mehrheitswillen, unterordnen soll. Der Gedanke beeinflusst die führenden Köpfe der Französischen Revolution und trägt, da er keine Absicherung des Machtmissbrauchs der gesellschaftlichen Mehrheit enthält, auch zum späteren Terrorregime der Revolutionäre um Maximilien de Robespierre bei.

Im gleichen Jahr wie der *Contrat social* erscheint *Emile oder Über die Erziehung*, in dem Rousseau, der selbst seine Kinder ins Waisenhaus gab, über die beste Erziehung schreibt. Beide Bücher werden verboten.

Denis Diderot und die Enzyklopädie

Denis Diderot lebt von 1713 bis 1784

Denis Diderot wird als Sohn eines wohlhabenden Messerschmieds in der französischen Champagne geboren. Er soll einst die Kanonikuspfründe seines Onkels erben und lernt bei Jesuiten und Jansenisten. Mit beiden konkurrierenden katholischen Strömungen wird er später tiefe Konflikte austragen. Diderot ist 30 Jahre alt, als er eine mittellose Wäscheverkäuferin heiraten will, worauf sein Vater ihn in ein Kloster sperrt und Diderots lebenslange schroffe Ablehnung der Kirche ihren Anfang nimmt. Nach einigen Wochen gelingt ihm die Flucht und er heiratet heimlich, doch die Ehe wird nicht glücklich. Die Kinder sterben fast alle früh. Eine Adelige wird seine Geliebte.

1746 erhält Diderot von einem Verleger den Auftrag, eine englischsprachige Enzyklopädie zu übersetzen. Er beschließt, das zweibändige Werk erheblich zu erweitern und eine Sammlung des gesamten Wissens seiner Zeit anzufertigen. Seinen Freund, den Mathematiker Jean-Baptiste le Rond d'Alembert, gewinnt er für das Vorhaben. Bald kommen zahlreiche weitere Autoren hinzu. Als sogenannte Enzyklopädisten gehen sie in die Geschichte ein, unter ihnen sind Berühmtheiten wie Voltaire und Montesquieu.

1751 erscheinen die ersten beiden Bände der *Encyclopédie, ou Dictionnaire raisonné des sciences, des arts et des métiers* und werden rasch in ganz Europa ein Erfolg. Die katholische Kirche erwirkt ein Verbot. Das Werk sei unchristlich, da es nahelege, anstelle der Macht Gottes würden überall Naturgesetze walten. Der Siebenjährige Krieg tobt und Friedrich der Große, der Feind Frankreichs, bietet an, das Werk in Preußen erscheinen zu lassen. Der französische Nationalstolz ist herausgefordert. Doch auch das liebe Geld spielt eine Rolle. Die Buchhändler drängen auf Verkaufserlaubnis und Fortsetzung.

Dank der Förderung durch Madame de Pompadour erscheinen bis 1756 vier weitere Bände. Drei Jahre später setzt Papst Clemens XIII. das Werk auf den Index. Die Einnahmen aus dem Verkauf des Buches aber verschaffen dem französischen Staat Devisen, weshalb man Diderot ermutigt, sein Werk fortzusetzen. Bis 1772 entstehen schließlich 17 Text- und zwölf Bildtafelbände. 1765 erscheint der letzte von Diderot betreute Band, d'Alembert hatte sich bereits 1759 zurückgezogen. 1780 werden mit Band 34 und 35, einem von Pierre Mouchon ausgearbeiteten zweibändigen Register, die letzten Bände der *Encyclopédie* veröffentlicht. Diderot schreibt an seine Geliebte Sophie Volland: »Dieses Werk wird sicher mit der Zeit eine Umwandlung der Geister mit sich bringen, und ich hoffe, dass die Tyrannen, die Unterdrücker, die Fanatiker und die Intoleranten dabei nicht gewinnen werden. Wir werden der Menschheit gedient haben.«

Marquise de Pompadour und die Macht der Frau

Marquise de Pompadour lebt von 1721 bis 1764

Könige und Fürsten hatten schon immer Geliebte, doch erst als Mätresse erhalten einige von ihnen im 17. Jahrhundert eine offizielle Stellung. Einen ersten Höhepunkt erreicht das Mätressenwesen unter Ludwig XIV. mit der Madame de Montespan und der Madame de Maintenon, die erhebliche Macht am Hof gewinnen. Die berühmteste und einflussreichste Mätresse in der Geschichte aber wird eine Generation später Madame de Pompadour.

Geboren wird sie als Jeanne-Antoinette Poisson. Als ihr Vater gilt offiziell ein bürgerlicher Heereslieferant, tatsächlich ist sie wohl die Tochter eines reichen Bankiers, der später auch ihre Vormundschaft übernimmt. Die 20-Jährige wird mit einem reichen Seigneur d'Étoilles verheiratet, den sie nicht liebt. Immerhin ist sie nun aber gut versorgt und ihren gewöhnlichen Namen los.

Eine Wahrsagerin hat bereits dem kleinen Mädchen vorausgesagt, sie werde eines Tages die Mätresse König Ludwigs XV. werden. Später als Madame de Pompadour gewährt Jeanne der Wahrsagerin eine Leibrente.

Jeanne versucht die Aufmerksamkeit des Königs zu gewinnen. Von den Jagdgesellschaften, zu denen sie erscheint, wird sie allerdings von der damaligen Geliebten des Königs entfernt. Erst als diese stirbt, bekommt die ehrgeizige junge Frau 1745 auf einem Maskenball ihre Chance. Bald ist sie nicht nur die erste Bürgerliche, die zur offiziellen Mätresse ernannt wird, sondern erhält, zur Marquise Pompadour in den Adelsstand erhoben, einen Landsitz und ein eigenes Wappen.

Die Pompadour sympathisiert offen mit den französischen Aufklärern. Sie fördert Diderots und d'Alemberts Enzyklopädie-Projekt, Voltaire ist einer ihrer Favoriten. Ihr umfassend gebildeter Leibarzt François Quesnay erkennt die Widersprüche und Gefahren der Wirtschaftspolitik des Merkantilismus, die den Adel bedient, aber das Volk verarmen lässt.

Die Pompadour ist die Verkörperung des Barock und Rokoko. In zahlreichen Porträts lässt sie sich darstellen und versucht in dem verspielt blumig-bunten Stil der gezeigten Pracht ihre Macht zu unterstreichen. Doch ihre Jugend schwindet. Sie kämpft um ihren Platz, hat schlaflose Nächte. Der König verstößt sie nicht, lässt aber nach ihrem Tod wissen, er habe sich nur nicht von ihr getrennt, weil er ihren Selbstmord fürchtete. Die politische Macht der Pompadour war wohl geringer, als lange Zeit angenommen wurde, ihr kultureller Einfluss als Förderin der Aufklärung und der Künste jedoch groß.

Mit der Madame Dubarry, die knapp drei Jahrzehnte später während der Französischen Revolution unter der Guillotine ihr Leben aushaucht, endet das Mätressenwesen.

Immanuel Kant und die Grenzen der Erkenntnis

Immanuel Kant lebt von 1724 bis 1804 Weit entfernt von der Flitterwelt von Versailles und Madame de Pompadour, meist nur in Männerkreisen philosophierend, führt Immanuel Kant auf den ersten Blick das Leben des weltabgewandten Gelehrten.

Ein Pastor ermöglicht dem Kind aus bescheidenen Verhältnissen den Besuch einer Lateinschule. Ab 1740 studiert Kant Mathematik und Physik in seiner Heimatstadt Königsberg, die er während seines ganzen Lebens kaum verlassen wird und wenn, dann nur zu kurzen Ausflügen in die nähere Umgebung. Nach Ende des Studiums verdient er den Lebensunterhalt als Hauslehrer, promoviert, habilitiert, will an der Universität lehren, bleibt aber mit seinen Bewerbungen zunächst erfolglos. Rufe an Hochschulen in anderen Städten lehnt er ab.

Kant weiß um seine Schwäche, um sein feinsinniges Gemüt, den schwachen Körper. Er lebt nach einem strengen Zeitplan, und es heißt, die Königsberger hätten ihre Uhren nach seinen Spaziergängen gestellt. »Alle Veränderung macht mir bange«, begründet er in seiner schriftlichen Antwort seine Ablehnung des Rufes an den renommierten Philosophielehrstuhl in Halle.

1770 wird er endlich Professor für Logik und Metaphysik in Königsberg. Seine Schriften haben ihn mittlerweile bekannt gemacht. Nun aber vergehen über zehn Jahre, in denen er kaum etwas veröffentlicht. Man fragt ihn, bedrängt ihn. Aber Kant antwortet in vertrautem Kreis, dem »leichteren und beliebteren Felde«, das ihn selbst so oft reize, wolle er sich nicht zuwenden, ehe er die schwereren Wege nicht geebnet habe. Er verzichtet in dem, was er nun ausarbeitet, auch auf den leichteren Stil, den seine Briefe verraten, und den geistreichen Witz, den er in persönlichem Umgang oft entfaltet haben soll. Kant geht es um die Präzision des Gedankens und nicht darum, den Leser um jeden Preis zu gewinnen.

Schließlich erscheint 1781 sein bahnbrechendes Buch *Kritik der reinen Vernunft*. Mit diesem Werk schafft Kant eine kopernikanische Wende, beginnt einen vollkommen neuen Abschnitt der Philosophie. Im Kern sagt Kant, der Mensch könne nur eine »Erscheinungswelt« erkennen, die er in seinem begrenzten Verstand ordnet, der angetrieben von der Vernunft die letztlich nicht zu beantwortenden Fragen nach Gott, Freiheit, Unendlichkeit stellt.

Kants Antwort auf die Aufklärung ist also die Feststellung, dass die Vernunft die großen Fragen nicht klären kann. Als Trost bleibt der Verstand, der in Kategorien wie Ursache und Wirkung den Menschen die ewige Ungewissheit der Erkenntnis ertragen lässt.

James Cook und die Karte der Welt

Es sind nicht nur die geistigen Veränderungen, die die Menschen der Zeit durchpusten und zu neuen Ufern führen, auch die Entdeckungen von Ländern, Kontinenten, Meeren und neuen Küsten treiben die Menschheit wie der auffrischende Wind in den Segeln der Expeditionsschiffe vorwärts.

James Cook
lebt von 1728
bis 1779

James Cook ist der Sohn eines Tagelöhners und geht zunächst bei einem Kaufmann in die Lehre. Doch den jungen Mann lockt das Meer. Im Selbststudium eignet er sich nautische Kenntnisse an, worauf er 1768 das Kommando über ein Schiff erhält, das mit mehreren Forschungsaufgaben betraut wird.

Gibt es am Südpol der Erde einen großen Kontinent? Diese Frage hatte einst Claudius Ptolemäus in den Raum gestellt. Der Niederländer Abel Tasman segelt 1642 in den Gewässern Australiens, muss aber feststellen, dass die Landmasse nicht bis zum Südpol reicht. Nun soll James Cook sich auf den Weg machen und endlich die Frage beantworten.

Er trifft 1769 auf Tahiti ein, erkundet die Küsten Neuseelands und nimmt 1771 die Ostküste Australiens für die britische Krone in Besitz. *Terra Australis*, den großen Südkontinent, sucht er auf der zweiten Reise von 1772 bis 1775. Mit zwei Schiffen und Fässern voller Sauerkraut gegen Skorbut befährt er das gesamte bisher unbekannte Südpolarmeer und kommt bis zur Packeisgrenze. Dort muss sich eine große Landmasse befinden! Cook führt auf dieser Reise auch eine von dem Uhrmacher John Harrison entwickelte schifftaugliche Uhr mit, die eine präzise Zeitmessung und damit die Ermittlung des Längengrads ermöglicht.

Cooks dritte Reise ab 1776 widmet sich der Suche nach der Nordwestpassage vom Pazifik in den Atlantik. Er segelt im Pazifik an der Westküste Amerikas entlang nach Norden und entdeckt Hawaii. Dort erschlagen ihn am 14. Februar 1779 Eingeborene.

Das Zeitalter der Entdeckungen zur See, das im engeren Sinne mit Christoph Kolumbus beginnt, neigt sich mit den Fahrten James Cooks seinem Ende.

Katharina II. die Große: Eine Frau und die absolute Macht

Katharina II. die Große

lebt von 1729 bis 1796

Mit 14 Jahren fährt Sophie Auguste Friederike von Anhalt-Zerbst-Dornburg aus Deutschland nach Russland und heiratet den späteren Zaren Peter III., ihren Cousin zweiten Grades. Intelligent und ehrgeizig lernt sie rasch die Sprache, tritt zur russisch-orthodoxen Kirche über und nimmt zu Ehren von Katharina I., der Mutter der regierenden Zarin Elisabeth Petrowna, den Namen Jekaterina an. Katharina I. war die zweite Frau Peters des Großen und diesem auf dem Thron gefolgt.

Der spätere Zar Peter III. ist pockennarbig und gilt vielen in seinem Auftreten zuweilen als bizarr. Ein glühender Verehrer Friedrichs des Großen führt er mit ihm einen ausgedehnten Briefwechsel und schließt, nach dem Tod seiner Mutter kaum an der Macht, 1762 Frieden mit Preußen. Peter schafft die Folter ab, verhängt eine Luxussteuer gegen den Adel und macht sich auf diese Weise rasch unbeliebt.

Am 9. Juli lässt sich Katharina nach einem Staatsstreich als neue Kaiserin ausrufen. Peter wird nach nur sechs Monaten Regentschaft für abgesetzt erklärt und wenige Tage später ermordet.

Katharina führt Russland in eine glanzvolle Epoche. Durch die drei Polnischen Teilungen und zwei erfolgreiche Türkenkriege verbucht die Zarin Gebietsgewinne. Sie modernisiert die Verwaltung, gründet die Russische Akademie und erlässt ein Toleranzedikt der Religionen. Juden sind ausgenommen. Zwar ist sie im Grunde gegen die Leibeigenschaft, unternimmt allerdings wenig dagegen. Letztlich verschärft sie diese sogar, was zu einem Bauernaufstand in der Ukraine führt. Nach dessen Niederschlagung stellt sie jegliche Bestrebungen sozialer Reformen ein.

Katharina regiert absolutistisch, ist aber beseelt vom Geist der Aufklärung, mit deren großen Denkern sie in lebhaftem Kontakt steht. Sie führt einen regen Briefwechsel mit Voltaire und kauft die Bibliothek von Diderot. Legendär wird ihr Liebesleben. Von ihren 20 Liebhabern – so viele jedenfalls sind bekannt – werden viele einflussreiche Höflinge wie Grigori Orlow, der ihr bei dem Staatsstreich zur Seite stand, oder Grigori Potjomkin, Feldherr und später Leiter der Ansiedlung in neuen Gebieten. Nach der Legende soll er bei einem Inspektionsbesuch Katharinas mit Holzattrappen bereits fertiggestellte »Potemkinsche« Dörfer vorgetäuscht haben.

Ob ihre beiden Kinder tatsächlich von Peter gezeugt wurden, ist noch immer strittig. Manche Historiker vermuten die Vaterschaft bei ihren Liebhabern Graf Saltykow oder Graf Poniatowski.

Katharina ist die einzige Regentin, der der Beiname »die Große« verliehen wird.

14. Drei Revolutionen verändern die Welt

James Watt

lebt von 1736 bis 1819

James Watt läutet das Zeitalter der Maschine ein

Bereits 1712 hatte der Hufschmied Thomas Newcomen die erste funktionierende Dampfmaschine konstruiert. Aber sie dient vor allem als Entwässerungspumpe in Bergwerken, benötigt viel Brennstoff und arbeitet unwirtschaftlich.

Es ist James Watt, dem mit der Verbesserung dieser Maschine der technologische Durchbruch gelingt und der damit eine wesentliche Voraussetzung für die Industrielle Revolution schafft. Als er 1763 eine Newcomen'sche Maschine reparieren soll, hat er die Idee, diese in ihrer Effizienz entscheidend zu verbessern. Die neue Konstruktion nutzt den Dampfdruck und nicht den Atmosphärendruck. Der Abdampf wird durch einen energiesparenden Kondensator gekühlt. So benötigt die Maschine weniger Energie und hat obendrein mehr Leistungskraft.

Watt ist gelernter Instrumentenmacher und arbeitet seit 1757 in einer Werkstatt der Universität von Glasgow. Er erwirbt sich den Ruf eines herausragenden Technikers und erhält Aufträge, Kanäle zu bauen, Flüsse zu vertiefen und Hafenanlagen zu verbessern. 1769 lässt er sich seine Dampfmaschine patentieren. Um deren Leistungskraft bildlich darstellen zu können, führt er 1770 den Begriff der Pferdestärken ein. Das Pferd, bis dahin noch immer das wichtigste Transportmittel zu Lande, wird bald ausgerechnet aufgrund der Dampfmaschine und der Entwicklung der Eisenbahn abgelöst.

Nach einem ersten gescheiterten Versuch, die neue Dampfmaschine auch kommerziell zu nutzen, findet Watt in Matthew Boulton einen Partner, der die finanziellen Mittel bereitstellt. Sie gründen 1775 die erste Dampfmaschinenfabrik der Welt. Damit möglichst viele Kunden sich die teuren Dampfmaschinen leisten können, haben Watt und Boulton eine Idee. Sie verkaufen ihre Maschinen nicht, sondern vermieten sie.

Watt führt in den nächsten Jahren das für das Pumpen genutzte Auf und Ab in Drehbewegungen über und macht die Dampfmaschine ebenso in der Textilindustrie und in Mühlen nutzbar. Weitere wichtige Erfindungen Watts, wie Drehkraftregler und Dampfanzeiger zur Druckmessung, folgen.

Die Dampfmaschine entfaltet Kräfte, die jene von Mensch und Tier um ein Vielfaches übersteigen. Sie ermöglicht die beginnende Schwerindustrie und verändert die Arbeitswelt, begründet das Fabrikwesen und begünstigt insbesondere die zunehmende Arbeitsteilung. Später wird die Dampfmaschine durch ihren Einsatz bei der Eisenbahn und in der Dampfschifffahrt das Transportwesen revolutionieren.

Watt stirbt als reicher und hochverehrter Mann. Die Maßeinheit der elektrischen Leistung wird nach ihm benannt.

Richard Arkwright revolutioniert die Arbeitswelt

Richard Arkwright ist einer der Ersten, der von James Watts Erfindung profitiert. Er entwickelt die Dampfmaschine weiter und nutzt sie zuerst für das Spinnen von Wolle, dann für das Weben von Stoffen. Zuvor hat er mit John Kay eine Baumwollmaschine mit vollautomatischer Garnzufuhr entwickelt. Nicht mehr Menschen-, sondern Wasserkraft treibt sie an. Eigentlich hat Richard Arkwright, der als Sohn eines Schneiders nahe Manchester aufwächst, das Barbierhandwerk erlernt. Doch reich und berühmt wird er als Unternehmerpionier der Industriellen Revolution.

1771 errichtet er mit seinen Geschäftspartnern am Fluss Derwent die fünf Stockwerke hohe erste Fabrik des Industriezeitalters. Den Antrieb für die Webmaschinen liefert das Wasser aus dem Fluss.

Mit der Industrialisierung entsteht eine neue Gesellschaftsschicht, die der Arbeiter. Sie verdienen wenig und sind meist abhängig von den Fabrikbesitzern. So auch bei Arkwright. Die Arbeit in seinen Fabriken ist in feste Zeiten eingeteilt, die Aufgaben sind klar zugeordnet. In der Nähe lässt Arkwright Häuser für seine Arbeiter und ihre Familien bauen. Er stellt bevorzugt

Richard
Arkwright
lebt von 1732
bis 1792

Männer mit großen Familien ein, weil dann auch die Frauen und Kinder, die er »erst« ab sechs Jahren einstellt, mitarbeiten können. Sie spinnen in der Fabrik das Garn, die Männer weben im Haus die Stoffe. Die Textilindustrie entsteht.

1783 baut Arkwright mit seinem Partner David Dale das Werk New Lanark, wo Robert Owen acht Jahre nach Arkwrights Tod die Leitung übernimmt. In New Lanark wird erstmals die Dampfkraft eingesetzt. Owen verkürzt die Tagesarbeitszeit von über 14 auf zwölf Stunden, verbietet Kinderarbeit unter zehn Jahren und verbessert die Lebensbedingungen der Arbeiter. Der Gewinn der Fabrik erhöht sich.

Ist Richard Arkwright einer der bedeutendsten Wegbereiter der modernen Industrie, so ist Owen als Antwort auf ihn einer der ersten Sozialreformer des Industriezeitalters.

Meyer Meyer Amschel Rothschild
Amschel und die Macht des Geldes

Rothschild Die Familie lebt seit dem 16. Jahrhundert in Frankfurt am Main *lebt von 1744* und heißt eigentlich Herz, ändert aber ihren Namen nach dem *bis 1812* roten Schild vor ihrem Haus in der Judengasse, die nichts anderes ist als ein Getto. Nur dort dürfen Juden wohnen und sie müssen Schutzgeld an die Stadt zahlen.

Den Juden, denen man im christlichen Europa kaum den Zugang zu einem Beruf erlaubte, gestattete Papst Alexander III. im Jahr 1179 das Zinsgeschäft. Damit drängte man sie in diesen Beruf, während man ihnen zugleich den Zugang zu vielen anderen Erwerbszweigen verbot. Auch Meyer Amschel Rothschilds Vater ist Geldverleiher, obwohl er eigentlich Rabbiner werden soll. Doch seine Eltern sterben früh. Mit zwölf Jahren Vollwaise, bricht er die Talmudschule ab und lernt beim jüdischen Bankhaus Oppenheimer in Hannover das Geldgeschäft. 1764 macht er sich als Münz- und Wechselhändler in Frankfurt selbstständig. Mittlerweile hat er die Bekanntschaft des Erbprinzen Wilhelm von Hessen-Kassel gemacht, dessen Familie durch Soldatenhandel ein Vermögen anhäuft. Vor allem im Amerikanischen Unabhängigkeitskrieg werden Soldaten an Großbritannien sozusagen vermietet. Mit der Verwaltung des Vermögens wird zunehmend Meyer Amschel Rothschild betraut. 1792 gründet er in seiner

Heimatstadt das Bankhaus Rothschild. Meyer Amschel Rothschild rettet das Vermögen des nunmehr zum Landgrafen aufgestiegenen Wilhelm IX. von Hessen-Kassel nach der Eroberung Frankfurts durch Napoleon nach England.

Zur gleichen Zeit müssen die Maschinen, mit deren Einsatz die Industrielle Revolution vorangetrieben wird, ebenso finanziert werden wie der Aufbau von Fabriken. Besonders die aufsteigende Textilindustrie lässt bald die Geschäfte der Rothschild-Bank gedeihen. Die fünf Söhne des Bankengründers etablieren Zweigbetriebe in London, Paris, Wien und Neapel. Sie sprechen sich untereinander ab, handeln aber weitgehend unabhängig. In den nächsten Jahrzehnten steigen sie zu den führenden Bankiers Europas auf. Die Rothschilds finanzieren die Kriege der europäischen Königshäuser gegen das revolutionäre Frankreich und unterstützen die Koalition gegen Napoleon. Sie investieren in Staaten, Unternehmen und später in den Bau von Eisenbahnen.

An ihrer jüdischen Religion halten die Rothschilds, im 19. Jahrhundert die mächtigsten Bankiers der Welt, offen fest und werden daher in einer Zeit von zunehmendem Nationalismus immer wieder als vaterlandslose Gesellen beschimpft. Gewürdigt aber werden ihre Wohltätigkeit und ihr Weltbürgertum.

Adam Smith und der Beginn der Wirtschaftswissenschaft

Adam Smith lebt von 1723 bis 1790

Angeblich haben Zigeuner einst den vierjährigen Adam Smith entführt, ihn jedoch dann wieder laufen lassen, was seinen Biografen John Rae zu dem Kommentar hinriss, Smith hätte sicher »einen schlechten Zigeuner abgegeben«.

Adam Smith ist höflich und zerstreut. Er führt Selbstgespräche und man trifft ihn auch im Morgenrock auf offener Straße an. Die vielen Heiratsanträge, die er im Laufe seines Lebens macht, stoßen permanent auf Ablehnung. Smith bleibt Junggeselle und lebt über 60 Jahre, bis zu ihrem Tod, mit seiner Mutter zusammen.

Schon mit 14 Jahren studiert der junge Mann in Glasgow und später in Oxford. 1750 lernt er David Hume kennen, mit dem ihn eine lebenslange Freundschaft verbinden wird. Im Jahr darauf wird er Professor für Logik in Glasgow.

Auf die ewige Frage, ob der Mensch gut oder schlecht sei, gibt Adam Smith in seiner 1759 erschienenen *Theory of Moral Sentiments* eine differenzierte Antwort. Der Mensch sei zwar eigennützig, sein Mitgefühl aber setze seiner Selbstsucht Schranken und so diene er letztlich auch der Gemeinschaft.

Von 1764 bis 1766 ist Adam Smith Reisebegleiter eines Herzogs in Frankreich, wo er d'Alembert, Diderot, Voltaire und François Quesnay kennenlernt. Der hat 1758 in seinem berühmten *Tableau économique* die Schwankungen in den Einkünften des französischen Hofes aufgezeichnet und die erste Darstellung einer Volkswirtschaft als Kreislaufsystem von wechselseitigen Geld- und Güterströmen geliefert.

Zurück in Schottland, durch eine lebenslange Pension seines Herzogs finanziell abgesichert, beginnt er mit der Arbeit an seinem zweibändigen Werk *An Inquiry into the Nature and Causes of the Wealth of Nations*. Es erscheint 1776, markiert den Beginn der Wirtschaftswissenschaften und wird zur »Bibel des Kapitalismus«. Smith harmonisiert die ökonomischen Sichtweisen seiner Zeit, ordnet sie, überwindet sie und führt die Kategorien Handel und Produktion in ein komplexes System, indem er die Einflussgrößen der Wirtschaft wie Kapital, Güter, Wert, Preis, Zins, Steuern, Handel und Kredit darstellt und ihr Zusammenspiel beschreibt. Smith wendet sich gegen den herrschenden dirigistischen Merkantilismus und propagiert den Freihandel. Funktionierende Märkte würden durch eine »unsichtbare Hand« im Wirken von Angebot und Nachfrage entstehen. Außerdem plädiert er für die Vorteile der Arbeitsteilung zur Erhöhung von Produktivität. Doch Smith sieht auch früh die Gefahren sich frei entfaltender Marktkräfte und rät zur Gründung von Gewerkschaften. Der Staat habe die innere und äußere Sicherheit zu garantieren, Rechtssicherheit zu gewährleisten, das Eigentum zu schützen, den freien Markt vor Störungen zu bewahren und die Banken zu kontrollieren.

Benjamin Franklin

lebt von 1706 bis 1790

Benjamin Franklin: Elektrisierende Wissenschaft und Freiheit

Als der Siebenjährige Krieg 1763 endet, ist Großbritannien uneingeschränkte Weltmacht, Frankreich verliert im Wesentlichen seine Kolonien, vor allem die in Nordamerika.

In den britischen Besitzungen Nordamerikas leben zu dieser Zeit etwa 1,6 Millionen Menschen. Das Gedeihen von Landwirtschaft und Handel bringt ein wohlhabendes Bürgertum hervor. Dazu gehört Benjamin Franklin.

Der Sohn eines Seifen- und Kerzenmachers ist von unstillbarem Wissensdurst. Nachdem er zunächst in der Druckerei seines Bruders gearbeitet hat, macht er sich als Buchdrucker und Verleger selbstständig. In Franklins Verlag erscheinen die *Pennsylvania Gazette* und das populäre Jahrbuch *Poor Richard's Almanack*. 1748 verkauft er das Unternehmen.

Franklin ist der pragmatische amerikanische Universalgeist. Er ist Bürger, Politiker, Wissenschaftler und Denker, macht sich einen Namen als Erfinder und Forscher, beschäftigt sich mit Licht, Magnetismus und Elektrizität und erfindet 1752 den Blitzableiter. Später entwickelt Franklin die Bifokalbrille und einen Zimmerofen. Während seines langen Lebens liegen ihm aber auch das Gemeinwohl und der Aufbau einer Bürgergesellschaft am Herzen. Dafür engagiert er sich nicht nur in der großen Politik, sondern kümmert sich ebenso um Straßenbeleuchtung und freiwillige Feuerwehr und gründet die erste öffentliche Leihbibliothek.

Vor dem Hintergrund zunehmender Spannungen zwischen den Kolonien und Großbritannien sondiert Franklin 1757 in London die Möglichkeit der Verwirklichung seiner Pläne einer Union mehrerer Kolonien. Sieben Jahre später wird er ständiger Gesandter in der britischen Hauptstadt.

Die Konflikte mit dem Mutterland verschärfen sich, denn Großbritannien will durch neue Steuern die hohen Kosten des Siebenjährigen Krieges kompensieren. 1773 werfen Kolonisten bei der Boston Tea Party Teefracht der britischen East India Trading Company in das Hafenbecken. Zwei Jahre später bricht der Unabhängigkeitskrieg aus. Kurz darauf ist Franklin einer der Unterzeichner der Amerikanischen Unabhängigkeitserklärung. Dann schickt ihn der Kongress der Vereinigten Staaten nach Frankreich, wo er eine Allianz gegen Großbritannien schmiedet.

Franklin ist Gesandter und Vertragsunterhändler, als Großbritannien im Frieden von Paris 1783 die Unabhängigkeit der Vereinigten Staaten von Amerika anerkennt. 1787 wird er erster Präsident der Gesellschaft gegen Sklaverei. Viele Zitate von

ihm, einem der ersten Bildungsbürger, werden berühmt. Zum
Beispiel: »Es gibt nie einen guten Krieg oder einen schlechten
Frieden.«

George **George Washington:**
Washington **Bürger, Soldat und Staatsmann**
lebt von 1732 George Washingtons Vater, ein wohlhabender, Sklaven haltender
bis 1799 Plantagenbesitzer in der britischen Kolonie Virginia, stirbt früh.
Nach relativ einfacher Schulbildung betätigt sich George Washington zunächst einige Jahre als Landvermesser. Er lernt die
Wildnis kennen und übt sich im Organisieren und Führen von
Menschen. Nach dem ebenfalls frühen Tod seines Stiefbruders,
der sein Mentor und Vormund war, erbt er 1752 Mount Vernon,
das Gut der Familie in Virginia.

Zwei Jahre später kämpft Washington als Milizoffizier für
England und die Kolonien gegen Frankreich und mit ihnen verbündete Indianerstämme im Siebenjährigen Krieg, dem weltweiten Kampf zwischen England und Frankreich um die Vorherrschaft auf dem Globus, der auch in Amerika ausgefochten wird.
Erst 1759 wendet er sich wieder der Verwaltung seiner Güter zu
und mehrt sein Vermögen und seinen Landbesitz. In den sich
zuspitzenden Auseinandersetzungen mit dem britischen Mutterland entsendet ihn Virginia 1774 in den Kontinentalkongress
nach Philadelphia.

Am 15. Juli 1775 bricht der Amerikanische Unabhängigkeitskrieg aus, Washington wird zum Oberbefehlshaber der Revolu-
tionstruppen ernannt und glaubt, der Aufgabe nicht gewachsen
zu sein. Selten befehligt er mehr als 13 000 Mann, die zudem
schlecht ausgebildet und ausgerüstet sind. Es mangelt an Disziplin, Fahnenflucht ist an der Tagesordnung. Zur Ernte gehen viele
Soldaten einfach nach Hause. Dennoch gelingt es Washington im
Laufe des Krieges, auch durch die Hilfe der französischen und
deutschen Generäle Lafayette und Friedrich Wilhelm von Steu-
ben, eine schlagkräftige Armee aufzubauen.

Die Gründe für Washingtons Erfolg im Amerikanischen Unabhängigkeitskrieg liegen weniger in seinen Fähigkeiten als Tak-
tiker in der Schlacht als vielmehr in seiner Begabung, die Truppen zusammenzuhalten und zu führen. Im Kampf zermürbt er

die Briten durch kleine Scharmützel, aber die große Schlacht meidet er zunächst. Erst als er im Jahr 1781 die Gelegenheit für einen entscheidenden Schlag sieht, rückt er in Eilmärschen vor und zwingt den Hauptteil der britischen Truppen in der Schlacht bei Yorktown zur Kapitulation. Anschließend legt er den Oberbefehl nieder und zieht sich nach Mount Vernon zurück.

Sechs Jahre später aber gehört er dem Verfassungskonvent an und wird am 6. April 1789 von einem Wahlmännergremium einstimmig zum ersten Präsidenten der Vereinigten Staaten von Amerika gewählt. Washington weiß um seine Vorbildfunktion für den jungen Staat. Er versucht, sich über die Parteimeinungen zu stellen und die Autorität des Bundes gegenüber den Einzelstaaten zu festigen. 1792 wird er wiedergewählt. Eine dritte Amtszeit lehnt er ab.

Sein alter Kampfgefährte General Henry Lee sagt nach Washingtons Tod in seiner Gedenkrede: »Der Erste im Krieg, der Erste im Frieden, der Erste im Herzen der Amerikaner.«

Marie Antoinette und die Französische Revolution

Marie Antoinette, die jüngste Tochter der österreichischen Kaiserin Maria Theresia, geht den Weg weiblichen Hochadels vieler Jahrhunderte. Sie ist erst 14 Jahre alt, als man sie als Braut in die Fremde schickt. Zum Wohle der Macht- und Dynastieinteressen Habsburgs soll sie 1770 den zu jener Zeit noch 15-jährigen späteren Ludwig XVI. heiraten.

Auf der Grenze zu Frankreich muss sie sich in einem Zelt entkleiden und nackt in ihr neues Leben treten, für das sie – prunksüchtig, kapriziös und herablassend – denkbar schlecht vorbereitet ist. Zudem gelingt es dem jungen Paar jahrelang nicht, den ersehnten Thronfolger zu präsentieren. Bald hat Marie Antoinette am Hof und im Volk einen so schlechten Ruf, dass alles, was man ihr andichtet, gerne geglaubt wird. Sei es der ihr untergeschobene Ausspruch »Wenn sie kein Brot haben, dann sollen sie doch Kuchen essen« oder die Halsbandaffäre, in der man ihr unterstellt, sie habe Liebesdienste offeriert, um an ein wertvolles Schmuckstück zu kommen.

Weil ihrem Mann ab 1789 die Staatsfinanzen endgültig außer Kontrolle geraten, beruft er die Generalstände ein. Der Dritte

Marie Antoinette lebt von 1755 bis 1793

Stand, die Bürger, hofft auf Änderungen. Auf der Eröffnungssitzung am 5. Mai entwickeln sich die Dinge schlecht. Die Debatten sind endlos. In dieser Situation lädt der Dritte Stand andere Delegierte ein, an seinen Sitzungen teilzunehmen, und erklärt sich am 17. Juni zur Nationalversammlung mit dem Anspruch, 95 Prozent der Bevölkerung zu repräsentieren.

Ludwig sperrt im Juni den Sitzungssaal. Im Ballhaus schwören die Abgeordneten den berühmten Ballhausschwur, sich nicht zu trennen, ehe sie eine Verfassung ausgearbeitet haben. Nun folgt Ludwigs nächster Fehler. Am 11. Juli entlässt er den im Volk beliebten Finanzminister Jacques Necker. Als dies in Paris bekannt wird und gleichzeitig das Gerücht aufkommt, Militär werde zusammengezogen, versucht die Menge, an Waffen zu kommen. Gewehre und Munition werden in dem verhassten Gefängnis der Bastille vermutet, die das aufgebrachte Volk am 14. Juli erstürmt. Die Revolution ist in die heiße Phase getreten.

Die königliche Familie muss in die Pariser Tuilerien umziehen und steht unter Beobachtung der Revolutionäre. 1791 überredet Marie Antoinette ihren Mann zur Flucht. Bei Varennes werden sie erkannt und nach Paris zurückgebracht. 1792 stürmt das Volk die Tuilerien, die Revolution radikalisiert sich. Am 21. Januar 1793 wird Ludwig nach einem Schauprozess öffentlich enthauptet, ein Schicksal, das Marie Antoinette am 16. Oktober teilt. Wie ihr Mann beweist sie im Sterben eine Würde, die zuvor niemand von ihr vermutet hätte.

Antoine Lavoisier, Vater der modernen Chemie

Antoine Lavoisier lebt von 1743 bis 1794

Als auch er von den französischen Revolutionären zum Tode verurteilt wird, kommentiert dies sein Freund, der italienische Mathematiker und Astronom Joseph-Louis Lagrange: »Es dauert nur Sekunden, um einen Kopf abzuhacken, aber Hunderte Jahre dürften keinen ähnlichen hervorbringen können wie diesen Lavoisier.«

Laut Legende entscheidet sich Lavoisier, sein Leben mit einem Experiment zu beenden: Nachdem ihm der Kopf abgeschlagen wird, versucht er, so oft wie möglich mit den Augen zu blinzeln, um anderen zu zeigen, wie lange ein Mensch nach einer Enthauptung noch lebe. Lavoisier blinzelt elf Mal.

Auf Wunsch seines Vaters, eines wohlhabenden Advokaten, studiert Lavoisier zunächst Rechtswissenschaften und promoviert. Doch sein naturwissenschaftliches Talent bleibt nicht unentdeckt und so wendet er sich der Chemie und der Physik zu. Bereits mit 25 Jahren wird er 1768 in die Französische Akademie aufgenommen. Im gleichen Jahr tritt er der Ferme, einer verhassten und einträglichen Organisation von Steuerpächtern zur Erhebung von Einfuhrsteuern, bei. Dies wird ihm in der Französischen Revolution zum Verhängnis werden. Ein weiteres Einkommen erhält er als Direktor der staatlichen Salpeterproduktion.

Seine Frau Marie Lavoisier heiratet er, als sie erst 13 Jahre alt ist. Sie wird seine enge Mitarbeiterin. Lavoisier richtet sich ein Labor ein, dessen Ausrüstung bald einen ausgezeichneten Ruf genießt. Er legt Wert auf die exakte Dokumentation seiner Experimente.

Im 18. Jahrhundert beginnt man organische und anorganische Substanzen zu unterscheiden. Bei der Analyse organischer Verbindungen leistet Lavoisier Bahnbrechendes. Nachdem der Deutsche Carl Wilhelm Scheele 1771 und von diesem unabhängig drei Jahre später der Engländer Joseph Priestley den Sauerstoff entdeckt haben, kommt Lavoisier dem Prinzip der Oxidation auf die Spur. Mit der Entdeckung des Wasserstoffs widerlegt Lavoisier schließlich die seit Aristoteles herrschende Annahme, Wasser und Luft seien Elemente. Er erkennt, es sind zusammengesetzte Stoffe.

Nach Ausbruch der Französischen Revolution beteiligt Lavoisier sich aktiv an der Reform der Gesellschaft und fördert unter anderem die Einführung des metrischen Systems. Im November 1793 wird er gemeinsam mit 28 Kollegen verhaftet, als Erpresser und »Steuereintreiber« angeklagt und am 8. Mai 1794 auf der Guillotine hingerichtet. An seine Frau schreibt er noch: »Ich denke, man wird sich meiner erinnern mit einigem Bedauern.«

Maximilien de Robespierre und der Schrecken der Revolution

Anders als seine revolutionären Mitstreiter, der leidenschaftliche, wortgewaltige, zügellose und massige George Danton und der fanatisch-raubtierhafte und dunkle Jean-Paul Marat, ist

Maximilien de Robespierre lebt von 1758 bis 1794

Maximilien de Robespierre wie mit feinem Strich gezogen, die Gestalt geordnet und steif. Er hält lange Reden und beruft sich dabei gerne auf die Denker der Antike. Das Volk nennt ihn wegen seiner bescheidenen Lebensführung »den Unbestechlichen«.

Robespierre ist der Sohn eines angesehenen Advokaten, studiert Rechtswissenschaften in seiner Heimatstadt Arras und lässt sich dort als Anwalt nieder. Bald gilt er als Fürsprecher der Armen. Als König Ludwig XVI. 1789 die Generalstände einberufen lässt, wird er als einer der Vertreter des Dritten Standes nach Paris gesandt. Noch im gleichen Jahr schließt er sich nach Ausbruch der Revolution den radikalen Jakobinern an und wird 1790 deren Präsident. Preußen und Österreich senden Armeen, um der Monarchie zur Hilfe zu eilen.

Unter den Revolutionären verdrängen die radikalen Jakobiner um Danton, Marat und Robespierre die gemäßigten Girondisten. Im September 1792 wird Robespierre nach den Septembermassakern gegen Gegner der Revolution zum Mitglied der neuen Volksvertretung, dem Nationalkonvent, gewählt, wo er König Ludwig XVI. zum Hochverräter erklärt. Anfang 1793 spricht sich der Nationalkonvent mit einer Stimme Mehrheit für dessen Hinrichtung aus. Wenige Tage später wird der König enthauptet.

Im Juni 1793 beginnt die Schreckensherrschaft der Jakobiner, der sogenannte *Grande Terreur*, der blutige Terror der Guillotine. Seine nahezu unbeschränkte Macht in dem im Juli eingerichteten Wohlfahrtsausschuss nutzt Robespierre zur rücksichtslosen Beseitigung nicht nur der Gegner der Revolution, sondern auch der vermeintlich neutral Gesinnten. Er beruft sich auf das Konzept des Gesellschaftsvertrages von Jean-Jacques Rousseau, wonach die Minderheit sich dem »Gemeinwillen« der Mehrheit unterzuordnen habe. Im Frühjahr 1794 lässt Robespierre seine Konkurrenten, die ebenso rücksichtslos mordenden Jacques-René Hébert und Georges Danton, hinrichten.

Am 26. Juli verteidigt Robespierre in einer Rede im Nationalkonvent den Terror und spricht unheilschwanger von weiteren Feinden, die beseitigt werden müssten. In der nachfolgenden Nacht verbündet sich eine breite Koalition von Abgeordneten gegen ihn. Ihre Motive sind Todesangst und bei manchem Machtstreben. Ein verabredeter Stimmenwirrwarr lässt Robespierre am nächsten Tag im Nationalkonvent nicht zu Wort kommen.

Fast einstimmig wird seine Verhaftung und die seiner Verbündeten beschlossen. Als er sich mit Getreuen im Rathaus verschanzt,
stürmt die Nationalgarde das Gebäude. Im Getümmel zerfetzt
ein Schuss Robespierres Kiefer. Schwer verletzt und notdürftig
verbunden wird er am nächsten Tag durch die Guillotine enthauptet.

15. Freiheit und Nation – Alte und neue Kräfte im Kampf

Alessandro Volta und die Elektrizität

Alessandro Volta lebt von 1745 bis 1827

Zwei Jahre bevor Lavoisier von Robespierres Schergen hingerichtet wird, erhält er Besuch von dem Italiener Alessandro Volta, der sich bereits einen Namen in der noch jungen Elektrizitätsforschung gemacht hat.

Volta kommt im norditalienischen Como als Sohn einer wohlhabenden und frommen Familie zur Welt. Fünf seiner Brüder werden Priester, ebenso wie mehrere seiner Onkel.

Schon als etwa 18-Jähriger beginnt er mit Elektrizität zu experimentieren. Noch geht es um Reibungselektrizität und Ladungen, ihr Verhalten und ihre Wirkung. Weiter ist man in jenen Tagen noch nicht. In Voltas Geburtsjahr hat der Deutsche Ewald Georg von Kleist und ein Jahr später unabhängig von ihm der Holländer Pieter van Musschenbroek die älteste Form eines Kondensators hergestellt, einer Vorrichtung, mit der man elektrische Energie speichern kann. Nach der Version Musschenbroeks, der in Leiden arbeitet, erhält der Kondensator den Namen Leidener Flasche. Kleists Version hingegen dient als Vorführung des sogenannten »Kleist'schen Stoßes«, bei dem seine Elektrisiermaschine mehreren Menschen, die eine Kette bilden, elektrische Stöße versetzt.

Luigi Galvani stellt 1786 bei seinen Experimenten durch die Verbindung von Froschschenkeln mit Kupfer und Eisen Strom her und schließt daraus, dass die Tiere selbst Elektrizität erzeugen. Alessandro Volta ist anderer Meinung. Er meint, dass Galvanis Frösche die Elektrizität nur anzeigen, also als eine Art Elektroskop fungieren. Er zeigt, dass auch zwei Metalle durch beliebige Materialien verbunden werden können und Strom erzeugen, und erkennt, dass mehrere Metalle übereinandergeschichtet sehr viel mehr Strom erzeugen. Er konstruiert die Volta'sche Säule, die erste Batterie der Geschichte. Sie besteht aus wechselnden Schichten von Kupfer- und Zinkplatten, die durch säuregetränkte Stoffstücke getrennt sind. Eine bahnbrechende Erfindung am Beginn des Elektrizitätszeitalters. 1801 führt Volta sie in Paris Napoleon Bonaparte vor, der ihn 1810 in den Grafenstand erhebt.

Alessandro Voltas Gesamtleistung ist atemberaubend: Er entwickelt während seines langen Lebens außerdem das Elektrophor, eine Influenzmaschine, und konstruiert aus Experimenten mit Methangas die Volta-Pistole, eine Art Gasfeuerzeug. Zu Voltas Ehren wurde die Maßeinheit für die elektrische Spannung Volt genannt.

Jeremy Bentham und das Primat des Nutzens

Jeremy Bentham lebt von 1748 bis 1832

Das Denken Jeremy Benthams ist von tiefer und nachhaltiger Wirkung auf das Gesellschafts- und Staatsverständnis der angelsächsischen Welt, die das 19. Jahrhundert durch das Britische Weltreich und das 20. Jahrhundert durch die Vereinigten Staaten wesentlich prägt. Daher verwundert es, dass dieser Staatsphilosoph außerhalb dieses Kulturkreises nur wenig bekannt ist.

Jeremy Bentham kann im Alter von vier Jahren schon lesen. Er bringt sich selbst Latein bei und studiert mit zwölf Jahren Rechtswissenschaften, findet aber wenig Interesse daran. Viel mehr begeistert er sich für die Naturwissenschaften und die Fragestellungen der Philosophie. So muss sein Vater enttäuscht einsehen, dass sein hochbegabter Sohn sowohl für die Profession des Advokaten als auch des Politikers verloren ist. Dennoch gewährt er ihm eine finanzielle Unterstützung, die es Jeremy Bentham ermöglicht, das Leben eines Privatgelehrten zu führen. Und das tut er gründlich. Bentham schreibt täglich zehn bis 20 Seiten und veröffentlicht in großem Umfang. Doch zunächst nimmt man das kaum zur Kenntnis.

1789 erscheint seine wohl berühmteste Schrift: *An Introduction to the Principles of Morals and Legislation*. Der Mensch sei nutzenorientiert, strebe nach Glück und wolle den Schmerz meiden, sagt er darin. Daraus sei alles menschliche Handeln zu erklären. Mit diesem am Nutzen ausgerichteten Denken ebnet Bentham einer ganzen Denkschule den Weg, den Utilitaristen.

Eine Tat beurteilt Bentham als gut, wenn sie möglichst vielen nutzt. Daher muss der Staat auch als Instrument für das Glück der größtmöglichen Zahl von Menschen sorgen. Die Frage, ob eine Entscheidung ethisch richtig ist, klammert Bentham bewusst aus. Was gerecht oder sozial sei, könne ein Staat nicht entscheiden.

Gegen Ende seines Lebens mag Bentham seine Maxime vom »größten Glück der größten Zahl« nicht mehr so ohne Weiteres gutheißen. Er könne womöglich für die Mehrheit die Rechtfertigung liefern, die Minderheit zu unterdrücken. Das aber hat er nie im Sinn gehabt. Im Gegenteil: Er kämpft mit der Gruppe der *Radicals* jahrelang für ein erweitertes und geheimes Wahlrecht, auch für Frauen. Er will die Monarchie abschaffen und den Einfluss der Kirche auf den Staat ausschalten. Bentham hinterlässt Zehntausende Seiten unveröffentlichter Schriften und lässt nach seinem Tod seinen in Straßenkleidung gekleideten Körper in einer Glasvitrine am University College in London ausstellen. Dort sitzt er heute noch.

Johann Wolfgang Goethe: Vom Sturm und Drang zur Klassik

Johann Wolfgang Goethe lebt von 1749 bis 1832

Er durchlebt fast jene Lebensspanne wie in England der ein Jahr ältere Jeremy Bentham, den er 81-jährig in einem Gespräch mit seinem Vertrauten Eckermann einen Narren nennt: »In seinem Alter so radikal zu sein, ist der Gipfel aller Tollheit.«

Goethe ist eher gemäßigt liberal und bei Weitem nicht so radikal wie sein Dichterfreund Friedrich Schiller und eben Bentham. Denen wird von den Revolutionären in Frankreich die Ehrenstaatsbürgerschaft verliehen. Doch auch die Entwicklungen dort sind Goethe suspekt.

Goethes Großvater ist Schultheiß der Reichsstadt Frankfurt, sein Vater Kaiserlicher Rat. 1770 macht der junge, hochbegabte

Johann Wolfgang die Bekanntschaft des Dichters Johann Gottfried Herder, der ihn stark beeindruckt. Zu jener Zeit beginnt der Rechtsstudent Goethe, fasziniert von dem Prozess gegen eine Kindesmörderin in Frankfurt, mit der Arbeit an der Tragödie *Faust*, die ihn sein Leben lang beschäftigen und das eines der bedeutendsten Werke der deutschen Literatur wird. Erst nach Jahrzehnten ist das gewaltige in Versen verfasste Drama fertig. Die letzte Szene des zweiten Teils beendet Goethe wenige Monate vor seinem Tod mit 82 Jahren.

Goethes Erlebnisse als Rechtspraktikant in Wetzlar ab 1772 schlagen sich im Roman *Die Leiden des jungen Werthers* von 1774 nieder. Es ist das Gründungswerk des Sturm und Drang, jener Epoche der deutschen Literatur, in der junge Dichter unter dem Einfluss der Aufklärung das Individuelle, letztlich auch das Genie feiern. Das Buch bricht mit allen literarischen Konventionen und Goethe wird schlagartig berühmt.

Herzog Carl August holt den jungen Dichter an seinen Hof in Weimar, wo er zu einem der wichtigsten Beamten aufsteigt. Doch Goethes literarisches Werk beginnt zu leiden. Die berühmte *Italienische Reise* von 1786 und 1787 wird zum Befreiungsschlag. Danach entstehen dramatische Werke wie *Iphigenie auf Tauris*, *Egmont* und *Tasso*. Goethe arbeitet naturwissenschaftlich, forscht zu Pflanzen und entwickelt eine Farbenlehre.

Dann kommt Friedrich Schiller auf ihn zu und überredet Goethe zur Mitarbeit an seiner Zeitschrift *Die Horen*. Sie werden Freunde und beeinflussen sich gegenseitig. Gemeinsam verfassen sie 1796 die zeitkritischen *Xenien*. Nach Schillers Tod bleibt Goethe ungebrochen produktiv und verfasst unter anderem 1809 den Roman *Die Wahlverwandtschaften*.

Goethes außergewöhnlich umfangreiches Werk wirkt bis heute im deutschen Geistesleben fort. Neben Schiller, Herder und Christoph Martin Wieland gehört er zum sogenannten Viergestirn der Weimarer Klassik. Deren Ideal ist es, in Anknüpfung an den Sturm und Drang und in Auseinandersetzung mit der zum Terror eskalierenden Französischen Revolution eine Harmonie von Verstand und Gefühl zu erreichen, in der durch Bildung, Menschlichkeit und Toleranz die Ideale der Revolution verwirklicht werden sollen.

Wolfgang Amadeus Mozart erkundet die Gefühlswelt der Musik

Mozarts *Zauberflöte* beeindruckt Goethe so tief, dass er 1795 beginnt, ein Libretto für einen zweiten Teil der Oper zu verfassen. In seinen Gesprächen mit Eckermann vergleicht er die erhoffte Wirkung seines *Faust* mit der der *Zauberflöte*: »Wenn es nur so ist, dass die Menge der Zuschauer Freude an der Erscheinung hat; dem Eingeweihten wird zugleich der höhere Sinn nicht entgehen, wie es ja auch bei der *Zauberflöte* und anderen Dingen der Fall ist.«

Die Musik für das von Goethe verfasste Libretto, das zwar gedruckt wird, aber doch nur Fragment bleibt, kann Mozart nicht mehr komponieren. Er stirbt mit nur 35 Jahren im Jahr der Premiere der *Zauberflöte*, die sofort ein großer Publikumserfolg ist.

Als Sohn des erzbischöflichen Hofmusikers Leopold Mozart zeigt der junge Wolfgang Amadé, wie er sich selbst nennt, schon im frühen Kindesalter seine außergewöhnliche musikalische Begabung. Der Vater führt das Talent des Sohnes an den Fürstenhöfen Europas vor und begleitet streng dessen Entwicklung. Mit acht Jahren komponiert Mozart seine ersten Sonaten. Er lernt Johann Sebastian Bach kennen, den er sich später zum Vorbild nehmen wird.

Mit 16 Jahren ist er schon Hofkonzertmeister des Fürsterzbischofs in Salzburg. Trotz dieser Stellung bereist er weiterhin Europa, immer wieder auf der Suche nach Aufträgen. Nach der Aufführung der Oper *Idomeneo* kommt es zum Bruch. Mozart verlässt seinen Dienstherrn, geht nach Wien und komponiert im Auftrag von Kaiser Joseph II. *Die Entführung aus dem Serail*, in der er im Geiste der Denker seiner Zeit für religiöse Toleranz eintritt. Im Jahr darauf heiratet er. Er wird Vater mehrerer Kinder und leidet ständig unter Geldnot. Die Opern *Die Hochzeit des Figaro* im Jahr 1786 und *Don Giovanni* 1787 bringen ihm die Ernennung zum Hofkomponisten von Kaiser Joseph II. ein.

Mozarts Gesamtwerk aus über 600 Kompositionen, darunter 41 Sinfonien, 20 Opern, Lieder, Kammermusik, Serenaden, Konzerte für Klavier, Streich- und Blasinstrumente, gehört zu den herausragenden Leistungen der klassischen Musik. Ursprünglich oft als Meister des Heiter-Leichtsinnigen abgetan, erkannte man zunehmend, dass Mozarts Werk die gesamte Bandbreite des menschlichen Gefühlslebens einfängt, ob Trauer, Schmerz, Liebe, Leidenschaft oder Glück.

Mit Joseph Haydn und Ludwig van Beethoven bildet Mozart, einer der bedeutendsten Komponisten der Musikgeschichte und Wegbereiter einer moderneren deutschen Oper, den Höhepunkt der klassischen Musik. Er stirbt während der Arbeit an einem Requiem.

Friedrich Schiller: Mit den Sinnen auf dem Weg zur Freiheit

Friedrich Schiller lebt von 1759 bis 1805

In seinem Essay *Über die ästhetische Erziehung des Menschen* greift Schiller die Ideen Kants auf und versucht die zuweilen scharfe Trennung zu überbrücken, die der Philosoph bei Kopf und Herz, Pflicht und Neigung, Empfinden und Vernunft vornimmt. Für Friedrich Schiller ist Kunst ein Mittel für den Menschen, sein Empfinden auszudrücken, sich selbst zu bilden und so den freien Willen zu erlangen. Kunst und Politik greifen für ihn ineinander. Der »ästhetische« Mensch, davon ist Schiller überzeugt, werde schließlich aus seinem Bedürfnis heraus moralisch handeln.

Zunächst arbeitet Schiller wie sein Vater als Militärarzt für den absolutistisch regierenden württembergischen Erzherzog Karl Eugen, verschreibt sich aber früh der Dichtung. Als 1780 in Mannheim sein erstes Drama *Die Räuber* uraufgeführt wird, eines der Schlüsselwerke des Sturm und Drang, reist der erst 21-jährige Dichter unerlaubt dorthin.

Das Stück ist ein überwältigender Erfolg und macht Schiller über Nacht bekannt. Der Herzog hingegen belegt ihn mit Arrest und Schreibverbot. Schiller flüchtet, lebt in den nächsten Jahren an verschiedenen Orten und verfasst weitere Dramen.

1789 wird er Geschichtsprofessor in Jena. Er sucht die Nähe Goethes, was seit 1794 zu einer engen Zusammenarbeit und Freundschaft führt und erst mit Schillers Tod endet. Mit Goethe macht er sich in den gemeinsam verfassten *Xenien* lustig über die Romantiker, für die die Botschaft wichtiger sei als die Form. Schiller begrüßt die Französische Revolution, die Revolutionäre ernennen ihn zum Ehrenbürger. Doch als König Ludwig XVI. hingerichtet werden soll, will er nach Paris reisen, um für diesen zu sprechen. Der Dichter setzt das Menschliche gegen die Tyrannei. Seine Ästhetik verbindet Neigung und Pflicht und erkennt im Schönen das Abbild der Vernunft. Schillers Ideal des ästheti-

schen Menschen in einem vernünftigen Staat wird zu einem Ge-
genentwurf der Terrorherrschaft im revolutionären Frankreich
und des Absolutismus der herrschenden Fürsten in den deutschen Kleinstaaten.

Schiller, Meister der Ballade – *Lied von der Glocke*, *Die Bürg-
schaft* – und durch Dramen wie *Wallenstein*, *Maria Stuart* und
Wilhelm Tell der bedeutendste deutsche Dramatiker, wird zum
Helden des wachsenden deutschen Bürgertums. Das hat aufgrund der kleinstaatlichen Zersplitterung des Landes kaum
Möglichkeiten des politischen Einflusses. Über die Sprache und
insbesondere die Literatur findet es eine Artikulation. Schiller ist
die Speerspitze.

Hokusai **Hokusai:**
lebt von 1760 **Fernöstlicher Prolog der modernen Malerei**
bis 1849 Auf seinem Sterbebett soll der fast 89-Jährige gesagt haben:
»Würde der Himmel mir zehn oder fünf weitere Jahre schenken,
würde ich tatsächlich ein Maler werden.«

Katsushika Hokusai schafft in seinem wechselvollen Leben
mit über 30 000 Arbeiten ein nahezu unglaubliches Werk. Geboren wird er in einem Vorort von Edo, dem heutigen Tokio. Er ist
drei Jahre alt, als ihn ein Spiegelmacher adoptiert, der für den
Hof des Shoguns arbeitet.

Während Hokusais Lebenszeit ist das japanische Inselreich
von der Außenwelt abgeschlossen. Die Shogune der mächtigen
Familie Tokugawa erlauben nur niederländischen Kaufleuten, einen gewissen Handel zu treiben. Über sie gelangen Grafiken Hokusais nach Europa und finden in Vincent van Gogh einen großen Bewunderer, der dessen Stil und die Bildaufteilung ebenso
aufgreift wie Paul Gauguin oder Egon Schiele.

Hokusais Werk ist der Aufbruch eines Genies in einer abge-
schotteten Welt und es zeigt einen ganz eigenen Weg in die Moderne. Der junge Hokusai lernt die traditionelle japanische Malerei und die Kunst des Holzschnitts. Mit 19 Jahren veröffentlicht
er als erste Arbeiten eine Serie von Schauspielerporträts, die, anders als die streng standardisierte Form in vielen der japanischen
Künste jener Zeit wie etwa dem No-Theater, die Gesichtszüge
sehr individuell wiedergeben.

Weil Hokusai sich den Prinzipien seines Lehrmeisters nicht unterordnet, muss er ihn verlassen. Er ist Mitte zwanzig, wandert durch Japan, wechselt Dutzende Male seine Lehre und seinen Namen.

1798 unterrichtet er eigene Schüler in der Kunst des Holzschnitts und im Zeichnen. Von nun an nennt er sich Hokusai. Viele seiner zahlreichen Schüler werden seinen Namen variiert übernehmen. Daneben verfasst er auch volkstümliche Romane und veröffentlicht mit eigenen Illustrationen 32-jährig sein erstes Buch. Um diese Zeit gelingt ihm der Durchbruch. Trotzdem bleibt er bescheiden, doch die Verschwendungssucht seines Enkels stürzt ihn erneut in größte Armut, sodass er gezwungen ist, seine Werke auf der Straße zu verkaufen und Auftragsarbeiten anzunehmen.

Die zwischen 1814 und 1815 in 15 Bänden veröffentlichten Hokusai-Manga folgen keiner Dramaturgie, bilden aber die japanische Gesellschaft der späten Edo-Zeit in allen ihren Facetten ab. Es ist Hokusai, der den Begriff Manga populär macht, der heute im Allgemeinen für die japanischen Comics steht. Manga bedeutet sinngemäß »Skizzen«. Hokusais »Skizzen« jedoch sind bis ins kleinste Detail fertig durchkomponiert. Die weltweit bekanntesten Werke sind die Grafiken aus der Bilderserie der *36 Ansichten des Berges Fuji*, entstanden zwischen 1830 und 1836, darunter das wohl berühmteste japanische Bild *Die große Welle vor Kanagawa*.

Edward Jenner besiegt die Pockenkrankheit

Edward Jenner lebt von 1749 bis 1823

Bereits im alten Ägypten leiden die Menschen unter der von Viren verursachten Infektionskrankheit der Pocken. Die Römer kennen und fürchten sie. Als die europäischen Eroberer nach Amerika kommen, tötet die Krankheit, die sich sehr leicht von Mensch zu Mensch überträgt, Millionen der Ureinwohner, die weit weniger resistent sind als die Europäer.

Jenner ist der Sohn eines Landpfarrers in der Grafschaft Gloucestershire. Mit 13 Jahren beginnt er eine Lehre bei einem Wundarzt und studiert danach in London. Mit 24 Jahren eröffnet er in seinem Heimatort eine Landarztpraxis, beginnt mit naturwissenschaftlichen und medizinischen Studien, forscht über die Angina pectoris und zum Brutschmarotzertum des Kuckucks.

In jenen Tagen gibt es bereits Verfahren der Pockenimpfung, zum Beispiel in der Türkei mit Pockenviren. Die von Mary Wortley Montagu in England eingeführte Prozedur ist allerdings sehr riskant. Da erfährt Jenner in seiner Praxis, dass Melkerinnen, die sich mit Kuhpocken infiziert haben, gewöhnlich gegen die eigentlichen Pocken resistent zu sein scheinen.

Am 14. Mai 1796 wagt er ein Experiment an einem Menschen: Er impft den achtjährigen James Phipps, Sohn seines Gärtners, mit dem Erreger der Kuhpocken. Dafür schneidet er eine Pustel einer Melkerin auf, die an den Kuhpocken leidet, und überträgt die Flüssigkeit über einen kleinen Ritz in der Haut in den Arm des Jungen. Der erkrankt nur an den harmlosen Kuhpocken. Als er wieder gesund ist, infiziert Jenner den Jungen auf gleiche Weise mit den für den Menschen gefährlichen Pockenerregern. Das Kind bleibt gesund, weil sein Körper offensichtlich eine Abwehrfunktion gegen das Virus aufgebaut hat. Von nun an nennt man diese Form der Impfung Vakzination von dem lateinischen Wort für Kuh: *vacca*.

1798 veröffentlicht Jenner seine Erkenntnisse in einem Buch, das rasch über England hinaus Verbreitung findet. Anfangs noch von Vertretern der etablierten Medizin heftig angegriffen, stirbt Jenner, einer der Helden im Kampf gegen die Geißeln der Menschheit, hochgeehrt.

Alexander von Humboldt, der wahre Entdecker Amerikas

Alexander von Humboldt lebt von 1769 bis 1859

Schon als Knabe zeigt der Spross eines alten preußischen Offiziersgeschlechts seine außergewöhnliche Intelligenz und früh hat er lebhaftes Interesse an der Naturwissenschaft. Mit 21 Jahren bereist er England und Frankreich und lernt dabei Georg Forster kennen, den Begleiter James Cooks auf dessen zweiter Reise. Forster begeistert ihn für die Tropen.

Humboldt studiert Geologie, Botanik und Geografie. Nach dem Studium an der Bergakademie in Freiberg wird er 1795 Oberbergmeister in fränkischen Minen und erfindet eine nicht verlöschende Grubenlampe. Im Jahr darauf quittiert er den

Dienst, besucht Goethe und Schiller und beginnt mit der Vorbereitung seiner Südamerikareise, die er 1799 mit dem französischen Botaniker Aimé Bonpland als Reisebegleiter antritt.

Man nennt Humboldt den eigentlichen Entdecker Südamerikas, denn er kommt nicht mit den Absichten eines Eroberers, sondern mit denen eines Forschers. Und er setzt sie konsequent in die Tat um. Humboldt erkundet das Orinoco-Gebiet, bereist Kuba, 1801 ist er in Bogotá. Im Jahr darauf trifft er in Quito ein, und er besteigt den Chimborazo in Equador bis zu der damaligen alpinen Rekordhöhe von 5759 Metern. In Guayaquil weist er durch Messungen der Temperatur die später nach ihm benannte Meeresströmung nach. Danach bereist er Mexiko und die USA, bevor er 1804 als gefeierter Wissenschaftler wieder in Europa eintrifft, im Gepäck über 60 000 Pflanzen. Zunächst in Paris arbeitend, geht er im Spätherbst 1805 nach Berlin, um schließlich nach der militärischen Niederlage Preußens gegen Napoleon 1806 als Berater einer preußischen Gesandtschaft wieder nach Paris zurückzukehren. Dort verfasst er in den nächsten 20 Jahren zusammen mit Bonpland sein monumentales Werk *Voyage aux Régions équinoxiales du Nouveau Continent (Reise in die Äquinoktial-Gegenden des Neuen Kontinents)*, das ab 1805 in 30 Bänden erscheint.

Ab 1827 lehrt er als Professor an der durch seinen Bruder Wilhelm von Humboldt gegründeten Berliner Universität. Nachdem er 1829 noch eine Expedition nach Russland unternommen hat, fasst Humboldt in hohem Alter sein gesamtes Wissen über die Erde in dem in fünf Bänden erscheinenden Werk *Kosmos* zusammen.

Ludwig van Beethoven: Von der Klassik zur Romantik

Schillers Ansicht, dass der Mensch erst durch ästhetische Erziehung Verstand und Gefühl zu vereinen lerne und die Freiheit richtig zu nutzen verstehe, verarbeitet Beethoven in seiner 3. Sinfonie (auch *Eroica*). Wie Schiller begeistert sich Beethoven zunächst für die Französische Revolution. Wie den Dichter stößt ihn schließlich der Terror ab. Als Napoleon die revolutionären Wirren beendet, begrüßt der Musiker ihn als Wiederhersteller staatlicher Ordnung.

Ludwig van Beethoven lebt von 1770 bis 1827

Beethoven will die 3. Sinfonie zunächst Napoleon widmen. Doch als er erfährt, dass dieser sich gerade in Frankreich zum Kaiser hat krönen lassen, zerreißt er die Widmung mit den Worten, Napoleon sei nun »auch nichts anders wie ein gewöhnlicher Mensch«, der alle »Menschenrechte mit Füßen treten, seinem Ehrgeiz frönen und zum Tyrann« werde.

Der Vater ist ein aus Flandern stammender Musiker und will, beeindruckt von dem jungen Mozart, auch seinen Sohn zu einem Wunderkind machen. In stundenlangen Klavierübungen entwickeln sich die musikalischen Fertigkeiten des jungen Ludwig van Beethoven. Mit 14 Jahren wird er in seiner Heimatstadt Bonn kurfürstlicher Hoforganist, drei Jahre darauf reist er 1787 für einige Monate nach Wien, wo er Mozart mit seinem Talent beeindruckt. Durch das Studium bei Haydn erfährt Beethoven schließlich »Mozarts Geist durch Haydns Hände«, wie Freunde ihm prophezeien.

1795 spielt der virtuose Pianist erstmals am Burgtheater. Es folgen erste Klavierkompositionen und erfolgreiche Konzertreisen durch Europa. 1800 führt Beethoven erstmals eine Sinfonie auf.

Er ist Ende zwanzig, als sich sein Gehör verschlechtert. Verzweifelt verfasst der 32-Jährige sein Heiligenstädter Testament und komponiert zugleich seine von Lebensfreude sprudelnde 2. Sinfonie. Beethoven tritt zwar noch einige Zeit erfolgreich auf, doch bald wird das Ohrenleiden so unerträglich, dass er sich ausschließlich der Komposition zuwendet. Seine Oper *Fidelio* wird in ihrer Urfassung von 1805 zunächst nicht begeistert aufgenommen, tritt aber in der dritten Fassung ab 1814 ihren Siegeszug über die Bühnen an.

Seit etwa 1819 völlig taub, kommuniziert Beethoven mit seiner Umwelt fast nur noch über seine »Konversationshefte«. Er wird zunehmend unzugänglicher, vereinsamt.

Seine Sinfonien, Klaviersonaten und Streichquartette beschreiten neue Wege in der Klassik und sind vollendet ausgearbeitet. Beethoven führt die Wiener Klassik auf einen Höhepunkt und an ihr Ende – und bereitet der Romantik den Weg. Seine Vertonung von Schillers berühmter Ode an die Freude im letzten Satz der 9. Sinfonie, die er wenige Jahre vor seinem Tod komponiert, ist eine ergreifende Hymne an die Lebensfreude und den Zusammenhalt der Menschheit.

Napoleon I.: Expansionsdrang, Rechtsordnung, Nationalbewusstsein

Napoleon I. lebt von 1769 bis 1821

Er wird im korsischen Ajaccio als Napoleone Buonaparte geboren. Als Zehnjähriger geht der Sohn eines Advokaten zur Kadettenausbildung auf das französische Festland. Weil viele adelige Offiziere während der Französischen Revolution flüchten oder getötet werden, ist die Zeit günstig für ehrgeizige junge Offiziere. Rasch wird man auf den jungen Napoleon aufmerksam. Schon Ende 1793 erobert er als Artilleriehauptmann Toulon. Unmittelbar danach ernennt man den 24-Jährigen zum Brigadegeneral.

Nach dem Sturz der Schreckensherrschaft des von Robespierre geführten Wohlfahrtsausschusses arrangiert Napoleon sich mit den neuen Machthabern, dem fünfköpfigen Direktorium, und schlägt 1796 einen royalistischen Aufstand nieder. Man ernennt ihn zum Oberbefehlshaber der französischen Truppen in Italien gegen Österreich. Fortan nennt er sich nicht mehr Buonaparte, sondern Bonaparte. Der Italienfeldzug wird zum Triumph, und nach seinem Sieg in der Schlacht an der Brücke von Lodi glaubt er, er sei ausersehen, nicht nur Frankreich, sondern womöglich die ganze Welt zu beherrschen.

1798 entsendet ihn das Direktorium nach Ägypten. Napoleon hat alte Pläne herausgekramt, die einst Leibniz dem Sonnenkönig unterbreitet hatte. Er will Großbritannien den Landweg nach Asien abschneiden und wenn möglich sogar Indien unterwerfen. Napoleons Kriegszug in Ägypten ist zwar eher erfolglos, Europa aber entdeckt die vergessene altägyptische Kultur wieder.

Zurück in Frankreich lässt Napoleon sich nach einem Staatsstreich 1799 zum Ersten Konsul ernennen. Die Revolution erklärt er für beendet: Die alleinige Macht in Frankreich liege fortan bei ihm. Es gelingt ihm, viele Errungenschaften der Revolution in ein stabiles Staatsgefüge zu überführen. Vor allem mit dem 1804 erlassenen *Code Civil* schafft er ein vorbildliches Gesetzeswerk, das die Gleichheit aller vor dem Gesetz festschreibt und die europäische Rechtsordnung nachhaltig prägt. Doch sein Regierungsstil wird autoritärer und im gleichen Jahr krönt er sich selbst im Beisein des Papstes in Notre-Dame zum französischen Kaiser.

Den Eroberer scheint niemand in Europa aufhalten zu können. 1805 feiert er Siege gegen Russland und Österreich in der Schlacht bei Austerlitz, 1806 bei Jena und Auerstedt gegen Preußen. Portugal, Spanien, Dalmatien, die Niederlande und

Nordwestdeutschland: Für seinen Expansionsdrang scheint es keine Grenze zu geben, bis er 1812 im Russlandfeldzug mit der ursprünglich 600000 Mann starken Grande Armée scheitert. In Europa erwacht im Widerstand gegen seine Hegemonie das Nationalbewusstsein. Napoleon verliert 1813 die Völkerschlacht bei Leipzig. Es folgen die Verbannung nach Elba, Rückkehr und Niederlage in der Schlacht bei Waterloo 1815.

Der Feldherr und Eroberer wird auf die weit abgelegen im Südatlantik liegende Insel St. Helena verbannt. Dort stirbt er sechs Jahre später.

Heinrich Friedrich Karl vom und zum Stein reformiert Preußen und das Staatswesen

Heinrich Friedrich Karl vom und zum Stein

lebt von 1757 bis 1831

Napoleon besiegt 1806 Preußen, das im Jahr darauf im Frieden von Tilsit große Gebietsverluste und Tributzahlungen akzeptieren muss.

Seit 1780 im preußischen Staatsdienst, war Stein 1804 preußischer Finanz-, Handels- und Wirtschaftsminister geworden und hatte mit ersten Modernisierungen begonnen, auch um Preußen für die Auseinandersetzung mit Napoleon zu rüsten, indem er zum Beispiel die Binnenzölle aufhob und ein Amt für Statistik schuf.

Nach dem Sieg Napoleons über Preußen lehnt Stein das Amt des Außenministers ab, da seine Ideen für eine Reformierung des Kabinetts in Ressorts nicht angenommen werden. König Friedrich Wilhelm III. fühlt sich brüskiert und entlässt ihn, obwohl Stein den Staatsschatz vor dem anrückenden Napoleon gerettet hat.

Der französische Kaiser sieht in Stein fälschlicherweise einen Freund Frankreichs und drängt 1807 wie auch der preußische Reformer Karl August von Hardenberg erfolgreich auf die Ernennung Steins zum Staatsminister. Stein versucht erneut, Preußen durch Reformen zu stärken, erlässt ein Gesetz zur Bauern- und Gesindebefreiung aus der Erbuntertänigkeit, erwirkt die Abschaffung der ständischen Beschränkungen, legt den Grundstein für die Selbstverwaltung der Städte und führt die klassischen Fachministerien für Justiz, Inneres, Äußeres, Krieg und Finanzen ein.

1812 erfährt Napoleon von einem Brief Steins, in dem dieser von einem Aufstand in Preußen gegen Frankreich spricht. Stein wird entlassen und muss fliehen. Noch im gleichen Jahr wird er in Russland Berater von Zar Alexander I. und trägt nach dem Scheitern von Napoleons Russlandfeldzug durch seine Bündnisdiplomatie auf politischer Seite maßgeblich zur endgültigen Zerschlagung der napoleonischen Hegemonie in Europa bei.

Auf dem Wiener Kongress von 1814 bis 1815 hat Steins Stimme allerdings kaum noch Gewicht, und er kann sich als Mitglied der russischen Delegation weder gegen Metternichs Pläne zur Restauration der alten politischen Ordnung in Europa durchsetzen noch sein Ziel eines deutschen Einheitsstaates erreichen.

Obwohl Steins Reformen gemeinsam mit denen Hardenbergs den Weg zu einem bürgerlichen Verfassungs- und einem Nationalstaat geebnet haben, beginnt nun auf Betreiben Metternichs ein Rückgriff auf absolutistische Zeiten und eine Beschneidung der in der Französischen Revolution erkämpften Bürgerrechte.

Fürst von Metternich und die Restauration

Fürst von Metternich lebt von 1773 bis 1859

Als Napoleons Herrschaft zu Ende geht, schlägt Metternichs Stunde. Der europäische Adel hofft, nicht nur des französischen Eroberers ledig zu sein, sondern auch den Geist der Französischen Revolution zu verjagen. Man will die alte Standeshierarchie und Staatlichkeit, die bis 1789 gegolten hatte, wiederherstellen. Metternich tut dafür sein Bestes, und es gelingt ihm, Österreich als neue Macht in Mitteleuropa zu etablieren.

Klemenz Wenzel Lothar von Metternich entstammt einem alten rheinischen Adelsgeschlecht und studiert als leichtlebiger Student Rechts- und Politikwissenschaften. Als französische Truppen im Rheinland einmarschieren, geht er nach Wien, heiratet eine Enkelin des ehemaligen Staatskanzlers Kaunitz und erhält Zugang zu den höchsten Kreisen.

Während der Regierungszeit von König Franz II., der sich als Franz I. 1804 zum ersten österreichischen Kaiser erhebt und 1806, bedroht von Napoleon, die Krone als letzter Kaiser des

Heiligen Römischen Reiches Deutscher Nation niederlegt, beginnt Metternichs Aufstieg.

Im Jahr 1801 wird er kaiserlicher Gesandter in Dresden und geht zwei Jahre später in gleicher Funktion nach Berlin, wo er eine Koalition Österreichs und Preußens gegen Napoleon zu schmieden versucht. 1805 kommt das Bündnis endlich zustande, doch die Niederlage von Österreich und Russland in der Schlacht bei Austerlitz macht Metternichs Absichten zunichte.

Ein Jahr später ist er als Botschafter in Paris und sucht den Ausgleich mit dem übermächtigen Frankreich. Er entwickelt seine konservative Politik, entdeckt die Bedeutung von Presse und öffentlicher Meinung, knüpft Kontakte zu Joseph Fouché, einst gefürchteter führender Jakobiner in der Revolution, nun Napoleons Polizeiminister.

1809 wird Metternich nach der Niederlage gegen Napoleon im Fünften Koalitionskrieg österreichischer Außenminister. Zunächst vermittelt er zwischen Napoleon und der neuen Koalition aus Preußen und Russland und führt die Eheschließung der Kaisertochter Marie Louise mit Napoleon herbei. Als Napoleons Russlandfeldzug scheitert, tritt Metternich mit Österreich der Anti-Napoleon-Koalition bei, die den französischen Kaiser schließlich besiegt.

Zum Höhepunkt seines Schaffens wird der ab Herbst 1814 stattfindende Wiener Kongress zur Neuordnung der europäischen Staatenwelt. Dort gelingt ihm der Schulterschluss mit Großbritannien und Frankreich gegen Russland und Preußen, er verhindert ein vereintes Deutschland und schmiedet stattdessen den lockeren Deutschen Bund, in dem Österreich maßgeblichen Einfluss ausübt.

Die von Metternich initiierten Karlsbader Beschlüsse aus dem Jahr 1819 manifestieren die Restauration, die Wiederherstellung der alten Ordnung. Die Freiheits- und Einigungsbestrebungen in den nachfolgenden drei Jahrzehnten der Unterdrückung in nahezu ganz Mitteleuropa münden 1848 in Revolutionen in Frankreich, Italien und Deutschland. Auch in Österreich erhebt sich das Volk. Metternich wird daraufhin gestürzt und flieht ins Ausland.

Georg Wilhelm Friedrich Hegel und der absolute Geist

Georg Wilhelm Friedrich Hegel will mit seiner Philosophie nicht weniger als das gesamte Denken in seiner Vielfalt und Entwicklung systematisch abbilden und deuten, dies in einer Zeit, die noch verstört ist von der Aufklärung, erschüttert von den Wirren der daran anknüpfenden Französischen Revolution und der anschließenden Eroberungswut Napoleons.

Mit einem Stipendium studiert Hegel, Sohn eines hohen Beamten des württembergischen Herzogs, Theologie im Tübinger Stift. Seine zeitweiligen Zimmergenossen sind Friedrich Wilhelm Joseph Schelling und Friedrich Hölderlin. Hegel wird Hauslehrer und 1801 Professor in Jena, dem Mittelpunkt des deutschen Geisteslebens jener Tage. Auch Schiller, Fichte, Tieck, Novalis und Schlegel arbeiten hier. 1806 flüchtet Hegel vor Napoleon, ist aber fasziniert, ein »solches Individuum zu sehen, das hier, auf einen Punkt konzentriert, auf einem Pferde sitzend, über die Welt übergreift und sie beherrscht«.

In Nürnberg wird er Gymnasialdirektor und lehrt ab 1816 Logik in Heidelberg, um zwei Jahre später an der Universität von Berlin Nachfolger Fichtes auf dessen Lehrstuhl zu werden. Obwohl sein Vortrag ermüdend ist, da er stets mit seinen Gedanken ringt, besuchen die Studenten scharenweise seine Vorlesungen. Bereits 1807 war sein vielleicht wichtigstes Werk *Phänomenologie des Geistes* erschienen.

Hegel ist bereits zu Lebzeiten der Philosoph, der mehr bewundert als verstanden wird. Er reibt sich an der Romantik, der in jenen Tagen populären Gegenbewegung zum Vernunftideal der Aufklärung, vor allem an deren Subjektivismus und der Tendenz, Geist und Sein nicht als Einheit zu betrachten. Für Hegel sind Denken und Sein identisch, ist die Wirklichkeit eine Erscheinungsform des Geistes, genauer: des sich allmählich entfaltenden Weltgeistes Gottes.

Der Einzelne in seinen Taten ist für Hegel nur ein Werkzeug des Weltgeistes, der sich in einem vorherbestimmten Prozess nach und nach entfaltet. Alle Handlungen von Individuen, alle Umwälzungen und Grausamkeiten der Menschheitsgeschichte sind darin nur Stadien. Für Hegel gilt: »Die Reihe seiner Taten ist der Mensch selbst« und: »Was ihre Taten sind, das sind die Völker.«

Georg Wilhelm Friedrich Hegel lebt von 1770 bis 1831

Den preußischen Staat sieht Hegel als eine weitere Stufe im Wirken dieses höheren Prinzips. »Alles Vernünftige ist wirklich, und alles Wirkliche ist vernünftig«, sagt er. Diesen absoluten Idealismus greift später Karl Marx auf und entwickelt ihn zum Materialismus, der Abfolge von Klassenkämpfen bis hin zur Befreiung in der kommunistischen Gesellschaft.

Caspar David Friedrich: Gegenimpuls durch die Romantik

Caspar David Friedrich lebt von 1774 bis 1840

Mit der Romantik entwickelt sich eine geistige Gegenbewegung nicht nur zur vermeintlichen Entzauberung des Daseins durch die Aufklärung, sondern auch zu den gesellschaftlichen Entwicklungen jener Tage. Die Romantik reagiert auf die Industrialisierung und die egalitären Ideale der Französischen Revolution, aber auch auf die Restauration im Wiener Kongress und die damit verbundene Unterdrückung nationaler Bewegungen und liberaler Ideen. Die Romantik ist der Rückzug des Individuums in das Gefühl. Mysterium und Geheimnis treten dem Rationalismus entgegen. Dies schlägt sich nieder in der Lyrik des deutschen Dichters Friedrich Hölderlin, im literarischen Werk des Briten Lord Byron oder in der Erfindung des Schauerromans seiner Freundin und Landsfrau Mary Shelley (*Frankenstein*). Die Romantik lebt in der Musik des Deutschen Robert Schumann oder des Polen Frédéric Chopin. Und in der Malerei ist Caspar David Friedrich neben dem Briten William Turner vermutlich ihr bedeutendster Vertreter.

Caspar David Friedrich wächst in Greifswald auf, das seinerzeit zu Schweden gehört. Sein Vater ist Seifensieder. Caspar David studiert Malerei in Kopenhagen und Dresden. Er kommt in Kontakt mit Goethe, der wohl das ein oder andere gute Wort für ihn einlegt. Das preußische Königshaus und der russische Großfürst Nikolaus, der spätere Zar Nikolaus I., erwerben mehrere seiner Werke.

Der Klassizismus, der repräsentative, die Antike aufgreifende Stil der Revolution und Napoleons, hat für Friedrich »wenig Anziehung, eben weil ich das innige geistige Durchdrungensein des Künstlers von der Natur vermisse«.

Die Natur wird in der Romantik zum Spiegel des menschlichen Empfindens und oft zum Gleichnis, besonders bei dem religiösen, scheuen und in sich gekehrten Caspar David Friedrich. Seine Natur- und Landschaftsgemälde wirken metaphysisch, scheinen weit mehr zu erzählen als das Bild, das sie darstellen: *Der Mönch am Meer*, *Winterlandschaft mit Kirche*, *Kreidefelsen auf Rügen*, *Der Wanderer über dem Nebelmeer*. Die Menschen, die er malt – oft nur Silhouetten und Rückenfiguren – sind in der Betrachtung überwältigender Natur versunken. Ihre Kleidung verrät Gesinnung. Es sind altdeutsche Trachten, die in der liberalnationalen Bewegung getragen werden, der sich Caspar David Friedrich verbunden fühlt: zurückgenommene Farben, eng anliegende Gehröcke mit Puffärmeln. Die Männer tragen weite Hosen und Barett, die Frauen bodenlange, hochgeschlossene Kleider mit Stehkragen.

Das Wrack zwischen den Schollen im Gemälde *Das Eismeer* symbolisiert die zerstörten Hoffnungen liberaler Ideen, in dem Gemälde *Die Lebensstufen* halten Kinder eine schwedische Fahne hoch. Schweden gilt als Land der Freiheit.

Carl Friedrich Gauß und die Höhen der Mathematik

Carl Friedrich Gauß lebt von 1777 bis 1855

Schon zu seinen Lebzeiten erkennt man sein Genie. Doch erst als sein Tagebuch 1898 entdeckt, gesichtet und ausgewertet wird, beginnt man die wahre Tragweite seines geistigen Könnens zu ermessen.

Carl Friedrich Gauß ist ein Wunderkind. Er selbst sagt, er habe das Rechnen vor dem Sprechen gelernt. Bereits als Dreijähriger korrigiert er die Lohnabrechnungen seines Vaters, einem Mann, der zahlreiche Berufe ausübt. Seine Mutter, die Tochter eines armen Steinmetzes, ist außerordentlich intelligent, hat aber aufgrund ihres Standes und der Stellung der Frau jener Tage wenig Bildung erfahren und kann kaum lesen.

Dank seiner Begabung erhält der Junge ein Stipendium des Herzogs von Braunschweig. Mit 18 Jahren findet er das Gesetz der statistischen Normalverteilung und wird zum Wegbereiter der modernen Statistik. 1801 veröffentlicht Gauß seine *Disquisitiones Arithmeticae*. Das Buch wird zum Fundament der modernen Zahlentheorie.

Als Direktor der Sternwarte in Göttingen entwickelt Gauß ab 1807 eine bahnbrechende Methode zur Errechnung des Standortes von Planetoiden und liefert theoretische Vorarbeiten zur Konstruktion leistungsfähigerer Fernrohre. Ein Angebot Alexander von Humboldts, an die Universität von Berlin zu kommen, lehnt er ab. Von 1818 an führt er Landvermessungen in Hannover durch und verbessert deren Verfahren. 1833 baut er mit dem befreundeten Physiker Wilhelm Weber einen ersten elektronischen Telegrafen, mit dem beide Nachrichten austauschen. Die Erfindung bleibt zunächst ohne Resonanz.

Für Gauß ist die Mathematik die Königin der Wissenschaften und auf diesem Feld beginnt er mit der Überwindung der euklidischen Geometrie, der er bereits mit zwölf Jahren nicht zutraut, alle mathematischen Fragen beantworten zu können. In der neuen nichteuklidischen Geometrie, die Gauß unabhängig von dem Ungarn János Bolyai und dem Russen Nikolai Lobatschewski entwickelt, werden gekrümmte Flächen berücksichtigt und gilt nicht das Parallelaxiom. So etwa bei einem Dreieck, das auf der Fläche einer Kugel ausgebreitet wird. Aber Gauß publiziert seine Ergebnisse nicht. Sie sind nur in seinen Tagebüchern zu lesen. Die entstehende Differenzialgeometrie gekrümmter Räume wird zu einem wichtigen Wissensquell für Albert Einstein bei der Entwicklung der Relativitätstheorie.

George Stephenson setzt die Lokomotive auf die Schiene

George Stephenson lebt von 1781 bis 1848

Im Jahr 1826 trifft Richard Trevithick im Hafen des kolumbianischen Cartagena auf George Stephensons Sohn Robert. Als sich die beiden Männer das letzte Mal gesehen haben, war Stephenson noch ein Baby. Trevithick, dem es 1804 gelungen ist, die erste Eisenbahn zu konstruieren, steht vor dem finanziellen Ende. Robert Stephenson hingegen ist wie sein Vater auf der Erfolgsspur und baut in Kolumbien gerade eine Eisenbahnstrecke. Stephenson leiht Trevithik 50 Pfund für die Überfahrt. Zu Hause in England wird Trevithick wenige Jahre später verarmt sterben.

Versuche, die Dampfkraft als Antrieb für Fahrzeuge einzusetzen, gibt es nach Erfindung der modernen Dampfmaschine durch Thomas Newcomen und der entscheidenden Verbesserung durch James Watt genug. Erste mit Dampf betriebene Fahrzeuge – auch Trevithick konstruiert welche – fahren auf Wegen, sind aber unpraktisch, da zu schwer für die Beschaffenheit des Untergrunds. Man verlegt sich auf die Schiene. Doch Trevithicks Konstrukt von 1804 ist noch immer zu schwer. Während die Tüftler weiterarbeiten, präsentiert der Amerikaner Robert Fulton im Jahr 1809 das erste brauchbare Dampfschiff. Napoleon traut dieser Entwicklung zu, die Welt zu verändern.

Die Eisenbahn, das Transportmittel, das bald die Welt revolutioniert, wird vor allem von George Stephenson entwickelt. Er stammt aus armen Verhältnissen, ist Sohn eines Dampfmaschinenheizers im nordenglischen Kohlerevier, muss schon früh selbst als Heizer arbeiten und bringt sich in seiner Freizeit Lesen, Schreiben, Rechnen sowie sein technisches Wissen bei. Geld verdient er als Mechaniker. 1814 baut er die erste richtige Lokomotive.

1821 erhält er den Auftrag, eine Eisenbahnstrecke von Stockton nach Darlington zu bauen. Sohn Robert gründet 1823 in Newcastle eine eigene Lokomotivfabrik. Das eigentliche Zeitalter der Eisenbahn und damit eine der Voraussetzungen für die Zweite Industrielle Revolution beginnt am 27. September 1825 mit der Einweihung der Strecke durch die Lokomotive *Locomotion,* die 38 Wagen zieht und neben Gütern auch Personen transportiert. 1829 baut Stephenson die Strecke Liverpool-Manchester und gewinnt mit der Lokomotive *The Rocket* das berühmte Wettrennen von Rainhill.

Stephenson wird der bedeutendste Pionier der Eisenbahn, baut wichtige Strecken in England, erhält aber auch Aufträge für erste Linien in Spanien, Italien, Holland und Deutschland. Die erste kommerziell eingesetzte Dampflok *Adler* auf der 1835 eröffneten Strecke Nürnberg-Fürth stammt aus Stephensons Fabrik.

Simón Bolívar und die Freiheit Südamerikas

Könnte Südamerika im Konflikt mit der Kolonialmacht Spanien das Gleiche gelingen, wie es Nordamerika mit Großbritannien geschafft hat? Könnte man auch Südamerika zu einem Staatenbund und politischen System wie dem der USA vereinen?

Simón Bolívar lebt von 1783 bis 1830

Für diese Vision kämpft Simón Bolívar. Seine vermögende venezolanische Familie schickt den 16-Jährigen zur Ausbildung nach Europa. Dort begeistert er sich für das Gedankengut der Aufklärung und der Französischen Revolution. Zwar ist er beeindruckt von der Politik Napoleons, sieht aber in ihm einen »falschen Tyrannen«, als er dessen Krönung miterlebt. In Paris trifft Bolívar auf Alexander von Humboldt, der ihm sagt, Venezuela sei für die Unabhängigkeit bereit, er wisse nur niemanden, der das Land dort hinführen könne.

1807 kehrt er nach Caracas zurück und schließt sich einer Widerstandsgruppe an. 1810 gelingt der Staatsstreich, im Jahr darauf wird Venezuela unabhängig. Die Junta beauftragt Bolívar, in Großbritannien um Beistand zu verhandeln. Mit dem geistigen Vater der Unabhängigkeit, Francisco de Miranda, kehrt er zurück. Es folgen Jahre erbitterter Kämpfe gegen die Spanier, aber auch gegen Großgrundbesitzer. Immer wieder muss sich Bolívar zurückziehen, der längst *Libertador* (»Befreier«) genannt wird, und erst 1816 kann er von Haiti aus in Venezuela seine Macht sichern.

Im Jahr darauf ruft er die neue Republik aus. In einer berühmten Rede beschwört er die Gewaltenteilung und warnt davor, einem Einzigen diktatorische Rechte zu verleihen. Ironischerweise gibt ihm das Parlament als neu gewähltem Präsidenten kurz darauf Vollmachten, die denen eines Diktators gleichkommen. Bolívar zieht mit seiner Armee über die Anden, überrascht die spanischen Truppen auf der kolumbianischen Hochebene und gründet die Republik Großkolumbien, zu deren ursprünglichem Gebiet, dem heutigen Kolumbien, Panama und Venezuela, später auch Equador hinzukommt.

Der verbündete General José de San Martin befreit Argentinien und Chile. Gemeinsam mit ihm erobert Bolívar Peru, danach vertreibt der enge Freund Bolívars, General Antonio José de Sucre, 1824 mit dem Sieg in der Schlacht bei Ayacucho die Spanier endgültig aus Südamerika. Südperu macht sich unabhängig und nennt sich Simón Bolívar zu Ehren Bolivien.

Trotz der Anfangserfolge scheitert der lateinamerikanische Staatenbund an politischen Zwistigkeiten und der zunehmend autoritären Führung Bolívars, der sich 1828 sogar zum Diktator ernennt. Er dankt 1830 ab und stirbt am Jahresende. »Ich habe im Meer gepflügt und im Sand gesät«, hat er zuvor noch gesagt.

Shaka Zulu:
»Gründer der südafrikanischen Nation«

Von den Anführern der Völker, die erst mit der kolonialen Expansion europäischer Mächte überhaupt wahrgenommen werden, ist kaum ein Name im kollektiven Bewusstsein der Menschheit übrig geblieben. Namen wie Moctezuma, Athualpa stehen für Südamerika. Der Gedanke, dass vor allem die Sieger die Geschichte schreiben, drängt sich auf.

Eine der bekanntesten Figuren der afrikanischen Geschichte ist Shaka Zulu. Für die südafrikanische Zulu-Partei Inkatha ist er der Gründer der Nation. Shaka Zulu ist ein illegitimer Häuptlingssohn, wird vom Vater nicht anerkannt und erfährt in seiner Kindheit und Jugend zahlreiche Demütigungen. Als junger Mann zeichnet er sich rasch als Krieger aus und steigt in der militärischen Rangordnung auf. Er wird General und gewinnt schließlich auch die Herrschaft über den Stamm seines Vaters. Viele derjenigen, die ihn einst gedemütigt haben, lässt er pfählen.

Shaka verändert die Kampftechniken der Krieger, baut neue Kampfgruppen auf, rüstet sie mit neuen Waffen aus, so mit dem Stichspeer für den Nahkampf statt zuvor geschleuderter Speere. Er führt die neue Schlachtordnung in Form eines Stierkopfes ein: In der Mitte stehen die Kampfstärksten, außen die »Hörner« zum Umfassen des Gegners.

Durch Shakas Maßnahmen werden die Zulu von einem kleinen Clan von wenigen Tausend zu einem Volk von ca. 250 000 Menschen in einem nunmehr auf rund 20 000 Quadratkilometern Fläche gewachsenen Zulu-Land. Seine Armee ist von ursprünglich 3000 auf 20 000 Krieger angewachsen.

Shaka entwickelt die Kriegsführung in Südafrika, die vorher stark ritualisiert und auf minimalen Verlust von Menschenleben ausgerichtet ist, zu einem Instrument rücksichtsloser Brutalität und Unterjochung. Besiegte werden vor die Wahl gestellt, sich anzuschließen oder zu sterben. Wer sich anschließt, muss seine alten Stammesbindungen aufgeben. *Mfecane*, die Verstreuung zahlreicher Stämme, wird zu einem Machtmittel. Schätzungen gehen von bis zu einer Million Opfer seiner Kriegszüge aus. Auch in der Trauer ist Shaka Despot. Nach dem Tod seiner Mutter lässt er 7000 Menschen seines Volkes hinrichten.

Die Zulu werden unter Shaka zum mächtigsten Volk in einem Gebiet, das mehr oder minder dem heutigen Südafrika entspricht. Er gilt als Begründer des Gedankens einer Zulu-Nation, hat bereits Kontakt mit Europäern, stirbt aber, bevor die ersten militärischen Konflikte ausbrechen. 1879 erobern die Briten Zulu-Land.

Victoria I. und das Britische Weltreich

Victoria I.
lebt von 1819
bis 1901

Das Britische Weltreich erreicht unter ihrer Regentschaft den Höhepunkt seiner Macht. Amerika ging zwar verloren, doch das Empire hat seine Expansionsbestrebungen längst umgeleitet. Weite Teile Afrikas, ganz Australien, große Gebiete Asiens, vor allem Indien, gehören mittlerweile dazu.

Als Victoria geboren wird, steht sie nur an fünfter Stelle der Thronfolge. Sie ist die Tochter des vierten Sohnes von König Georg III. Doch im jungen Alter von 18 Jahren besteigt sie 1837 als Nachfolgerin ihres Onkels Wilhelm IV. den britischen Thron. Dessen Brüder sind mittlerweile verstorben, ohne legitime Nachkommen zu hinterlassen.

Drei Jahre später heiratet sie Prinz Albert von Sachsen-Coburg-Gotha, der als ihr enger Berater großen Einfluss auf ihre politischen Entscheidungen ausübt. Nach seinem Tod 1861 zieht sich die in der Bevölkerung populäre Victoria weitgehend zurück. Sie verweigert öffentliche Auftritte, meist kann man sie nur überreden zu erscheinen, wenn ein Albert-Denkmal enthüllt wird. Bis an ihr Lebensende wird sie Witwentracht tragen.

Während ihrer Regentschaft entwickelt sich Großbritannien endgültig zu einer konstitutionellen Parteiendemokratie. Victoria ist zwar keine Befürworterin, steht dem aber auch nicht im Weg. Die Richtlinien bestimmt eine gewählte Regierung, die vom Parlament kontrolliert wird. Das Amt des Premierministers erhält ein noch stärkeres Gewicht. Insbesondere Benjamin Disraeli, Führer der Konservativen Partei, der 1868 zum ersten Mal das Amt des Premierministers antritt, trägt wesentlich zur kolonialen und wirtschaftlichen Expansion Großbritanniens und dessen Etablierung als führende Weltmacht bei. Zur Sicherung Indiens lässt er den Subkontinent zum Kaiserreich mit Victoria als Kaiserin proklamieren. So herrscht die Monarchin schließlich über mehr als ein Fünftel der Erde und ein Drittel der Weltbevölkerung.

Selbstbewusst und aufrichtig bis zur Taktlosigkeit, was sich nach dem Tod ihres Mannes zu Selbstgefälligkeit entwickelt, wird Victoria zwischenzeitlich unpopulär. Doch bei ihrem goldenen Thronjubiläum 1887 ist sie längst die Mutter des Empire und Namensgeberin der Epoche des Viktorianischen Zeitalters, einer Zeit, in der Großbritannien auf dem Höhepunkt als Welt- und Wirtschaftsmacht steht. Dank des technischen Fortschritts setzt sich die Moderne, begleitet von unerschütterlichem Fortschrittsglauben, zunehmend durch. Gleichzeitig aber wachsen soziale Probleme etwa in der Arbeiterschaft. Die Gesellschaft und Kultur des unangefochtenen British Empire beharrt auf Konventionen und verfällt in Prüderie.

Letztlich hat Victoria die nach ihr benannte Epoche politisch kaum geprägt. Ihre große Leistung ist vor allem die Dauerhaftigkeit. Nach über 63 Jahren Regentschaft stirbt sie im Alter von 81 Jahren in den Armen ihres Enkels Wilhelm II., des deutschen Kaisers.

Benito Juárez und die Freiheit Mexikos

Benito Juárez lebt von 1806 bis 1872

Als Benito Juárez geboren wird, ist es fast 300 Jahre her, dass Hernán Cortés das Reich der Azteken zerstörte und das Land unter spanische Herrschaft zwang. Seitdem etabliert sich in Mexiko der spanische Kolonialismus, der sich vom englischen erheblich unterscheidet. Während Letzterer in seinen abhängigen Gebieten Infrastruktur und selbstständigen Handel fördert, trägt Spanien den Katholizismus und den Feudalismus des Mutterlandes in die Kolonien. So fehlt es auch in Mexiko an Bildung und Fortschritt.

In der ersten Hälfte des 19. Jahrhunderts tobt der Unabhängigkeitskampf. Mexiko ruft 1810 die Unabhängigkeit von Spanien aus. Doch erst ein jahrelanger Krieg gegen die Spanier führt 1821 zur endgültigen Loslösung. Seinerzeit ist Mexiko riesig, aber es schrumpft. 1823 spalten sich im Süden die späteren Staaten Guatemala, Honduras, Nicaragua und Costa Rica ab. Im Norden gehen 1848 nach der Niederlage im Mexikanisch-Amerikanischen Krieg die späteren amerikanischen Bundesstaaten Texas, Kalifornien, New Mexico, Colorado und Nevada an die expandierende USA verloren.

Benito Juárez entstammt der indigenen Bevölkerung Mexikos. Er ist klein gewachsen, wird nur 1,37 Meter groß. Bereits als kleiner Junge ist er Vollwaise, und erst ab dem 13. Lebensjahr erhält er eine fundierte Ausbildung. Während seines Studiums der Rechte beginnt er sich politisch zu betätigen, wird 1841 Richter und sechs Jahre später Gouverneur seines Heimatstaates Oaxaca.

Nach der Machtergreifung des Generals Antonio López de Santa Anna 1853 geht Juárez zeitweise in die USA ins Exil, kehrt zwei Jahre später zurück und beteiligt sich an der Revolution. Als Justizminister der Revolutionsregierung beeinflusst er 1857 maßgeblich die neue mexikanische Verfassung, die eine Trennung von Staat und Kirche vorschreibt. Juárez wird provisorischer Präsident. Doch seine Reformpolitik trägt ihm den erbitterten Widerstand der konservativen Kräfte ein und löst den sogenannten Reformkrieg aus. Mit seiner Anhängerschaft muss Juárez zunächst aus Mexiko-Stadt nach Veracruz flüchten, kann sich aber 1861 durchsetzen.

Als er, mittlerweile mit diktatorischen Vollmachten ausgestattet, zur Konsolidierung der nach dem Krieg zerrütteten Staatsfinanzen ein Moratorium der Auslandsschulden anordnet, senden Großbritannien, Frankreich und Spanien Invasionstruppen. Wieder triumphiert Juárez und lässt den auf Betreiben Frankreichs 1864 zum mexikanischen Kaiser gekrönten Erzherzog Maximilian 1867 hinrichten.

Bis zu seinem Tod arbeitet der Freiheitskämpfer an seinem Reformwerk. Berühmt wird sein Ausspruch: »Respekt vor dem Recht des Anderen bedeutet Frieden.« Juárez ist in Mexiko ein Nationalheld.

Giuseppe Garibaldi und die Einigung Italiens

Giuseppe Garibaldi lebt von 1807 bis 1882

Das nach dem Wiener Kongress von 1814/1815 ebenso wie Deutschland in kleine Fürstentümer zersplitterte Italien soll, so wollen es die Anhänger des *Risorgimento* (»Wiedergeburt«), zu einer vereinten Nation werden.

Die Idee der Einheit von Volk und Staat entspringt im Wesentlichen dem Wunsch, die eigene Kultur insbesondere gegen die Großmächte jener Tage wie Frankreich oder Großbritannien zu behaupten, die ihre Stärke vor allem darauf gründen, dass sie bereits Nationalstaaten sind. Giuseppe Garibaldi will ein geeintes Italien. Er ist beeindruckt von Giuseppe Mazzini, dem Vordenker dieser Idee.

Garibaldi kommt aus einer Fischer- und Seefahrerfamilie und erwirbt als junger Mann ein Kapitänspatent, bevor er in die Marine Piemonts eintritt. 1834 nimmt er am erfolglosen republikanischen Aufstand teil und wird zum Tode verurteilt. Doch ihm gelingt die Flucht nach Brasilien, wo er sich an Aufständen beteiligt und in Uruguay den Befehl über die Flotte im Kampf gegen Argentinien führt.

In Montevideo bekommt er von einer Fabrik Hemden, die als Schutzkleidung für die Arbeiter in Schlachthäusern vorgesehen sind und praktischerweise rot gefärbt wurden. Diese Hemden werden später in Italien zur Uniform seiner Freiwilligenarmee, den *Garibaldinis* oder »Rothemden«.

Im europäischen Revolutionsjahr 1848 kehrt Garibaldi nach Italien zurück. Überall erheben sich die Menschen gegen die Restauration. Garibaldi kämpft in der Lombardei gegen Österreich für die italienische Unabhängigkeit und versucht 1849 erfolglos, die von Mazzini ausgerufene Römische Republik gegen Frankreich und die Bourbonen zu behaupten. Er flieht erneut, gelangt über die Vereinigten Staaten nach Peru und ist 1854 wieder zurück im Piemont.

Als Generalmajor Piemonts kämpft er gegen Österreich im Sardinischen Krieg, der endlich zur Einigung Italiens führt. 1860 lässt der »Zug der Tausend« von Garibaldis Rothemden gegen Sizilien für einige Momente die Idee einer Republik stärker werden. Garibaldi erobert die Insel und kurz darauf auch das von den Bourbonen beherrschte Königreich Neapel. In seiner berühmten Begegnung mit Viktor Emmanuel II. erkennt er jedoch dessen Herrschaftsanspruch als König Italiens an, zu dem dieser 1861 auch ernannt wird. Sechs Jahre später versucht Garibaldi, Rom vergeblich der päpstlichen Macht zu entreißen und die Stadt zur Hauptstadt Italiens zu machen. Erst zehn Jahre später wird dieses Ziel erreicht. Der italienische Nationalheld, eine der charismatischsten Figuren der europäischen Befreiungsbewegungen, stirbt 1882 zurückgezogen auf Caprera.

Abraham **Abraham Lincoln:**
Lincoln **»dass alle Menschen gleich geschaffen sind«**
lebt von 1809 »Vor 87 Jahren gründeten unsere Väter auf diesem Kontinent
bis 1865 eine neue Nation, in Freiheit gezeugt und dem Grundsatz geweiht, dass alle Menschen gleich geschaffen sind.«

Mit diesen Worten beginnt Abraham Lincoln, der 16. Präsident der Vereinigten Staaten von Amerika, am 19. November 1863 mitten im zwei Jahre zuvor ausgebrochenen Amerikanischen Bürgerkrieg seine kurze und berühmte Rede zum Gedenken der Gefallenen der Schlacht von Gettysburg.

In Lincolns Amtszeit kommt der Gründungsfehler der USA endgültig zum Tragen. Zwar sagt die Verfassung, dass alle Menschen gleich seien, Sklaven aber werden nicht als Menschen, sondern als Besitz gesehen. Der Konflikt zwischen den agrarischen Staaten im Süden, die den arbeitsintensiven Baumwollanbau vor allem durch Sklaven aus Afrika betreiben, und den industriell geprägten Staaten im Norden, in denen die Sklaverei mehrheitlich abgelehnt wird, verschärft sich.

Der Farmerssohn Abraham Lincoln wird in Kentucky in einer kleinen Blockhütte geboren. Er wächst in der harten Welt der Siedler auf, seine Schulbildung ist gering. Viel von seinem bald umfangreichen Wissen bringt er sich selbst bei. Das vernarbte Gesicht ist nicht schön, weckt aber Vertrauen. Lincoln ist hochgewachsen, über 1,90 Meter groß. Als er zum Duell gefordert wird, demonstriert er kurz vor dem Kampf den überlegenen Radius, den er mit dem Degen hat. Sein Gegner ist daraufhin mit einer schriftlichen Einigung einverstanden.

Lincoln etabliert sich als Anwalt und macht mit seiner Rednergabe auf sich aufmerksam. 1834 wählt man ihn zum Abgeordneten im Repräsentantenhaus von Illinois. 1847 wird er Kongressabgeordneter in Washington und als Gegner der Sklaverei 1860 mit knapper und nur relativer Mehrheit zum US-Präsidenten gewählt. In keinem der Südstaaten erhält er nennenswerte Zustimmung.

Kurz nach der Wahl sagen sich die Südstaaten von der Union los und beschießen im April 1861 den Unionsstützpunkt Fort Sumter. Der Bürgerkrieg bricht aus. Nun geht es nicht mehr nur um die Abschaffung der Sklaverei, sondern um die Einheit der Union. Beides ist Lincoln wichtig. Durch die Emanzipationserklärung von 1862 wird er zum Befreier der Sklaven, durch den

Sieg der Unionstruppen drei Jahre später verteidigt er die Einheit der USA und ebnet zugleich den Weg für eine moderne Demokratie.

Als Lincoln im April 1865, wenige Tage nach der Kapitulation des Südstaatengenerals Robert E. Lee, eine Theatervorstellung besucht, schießt ihn ein fanatischer Südstaatler nieder. Einen Tag später stirbt er.

Die letzten Worte seiner Gettysburg-Rede waren: »auf dass die Regierung des Volkes durch das Volk und für das Volk nicht von der Erde verschwinden möge.«

Otto von Bismarck: Einigung Deutschlands

Die Sechzigerjahre des 19. Jahrhunderts: Während Giuseppe Garibaldi »von unten«, unterstützt durch die Volksbewegung des Risorgimento, Italien eint, Abraham Lincoln die Einheit der Vereinigten Staaten im Geiste einer Demokratie zusammenhält, gelingt Otto Fürst von Bismarck die Einigung Deutschlands unter der Vorherrschaft eines strengen Beamten- und Ständestaates, des Königreichs Preußen.

Otto von Bismarck lebt von 1815 bis 1898

Der hochgewachsene preußische Junker ist zunächst Gutsherr und Lebemann. Erst durch seine pietistische Frau wird er religiös. Bismarck, der seine Handlungen fortan als von Gott gewollt betrachtet, macht als Abgeordneter auf sich aufmerksam, ist ein hervorragender Redner, durchläuft mehrere politische Ämter und wird schließlich 1862 in einer Verfassungskrise preußischer Ministerpräsident. Er erkennt, dass Preußen im Europa der gerade entstehenden großen Nationalstaaten nur eine Rolle spielen wird, wenn es an der Spitze eines vereinten Deutschland steht. Mit »Blut und Eisen« wird er das herbeiführen.

Die drei Kriege, die auch Deutsche Einigungskriege genannt werden, beginnen mit dem Deutsch-Dänischen Krieg von 1864. Bereits hier gelingt Bismarck das, was auch die beiden nachfolgenden Waffengänge erreichen: Er eint die deutschen Fürstentümer und Königreiche im Innern und verschafft »Deutschland« Gebietsgewinne wie Schleswig-Holstein, das zu Preußen kommt. Durch den anschließenden Sieg im »deutschen Bruderkrieg« gegen Österreich von 1866 gewinnt Preußen endgültig die Hegemonie über den deutschsprachigen Raum. Die Auflösung des einst von Metternich im Wiener Kongress durchgesetzten losen Deutschen Bundes und die Gründung des preußisch beherrschten Norddeutschen Bundes sind die nächsten Schritte. Als dann die verbündeten deutschen Staaten (Norddeutscher Bund, Baden, Bayern und Württemberg) den Deutsch-Französischen Krieg von 1870/1871 für sich entscheiden, ist Bismarck am Ziel. Im Spiegelsaal des Schlosses von Versailles wird das Deutsche Kaiserreich proklamiert, der preußische König Wilhelm I. zum Kaiser erhoben.

Dem Reichskanzler des neuen Staates gelingt es mit einer abwägenden Ausgleichs- und Bündnispolitik, die Balance mit den europäischen Großmächten Frankreich, Großbritannien, Russland und Österreich-Ungarn zu erhalten. Doch innenpolitisch ist der »Eiserne Kanzler« nicht fähig, mit demokratischen Gepflogenheiten umzugehen. Im sogenannten Kulturkampf zieht Bismarck gegen die katholische Kirche zu Felde. Verbissen kämpft er gegen die immer stärker werdende Arbeiterbewegung und erlässt die Sozialistengesetze. Gleichzeitig aber initiiert er eine seinerzeit vorbildliche Sozialgesetzgebung.

1890 entlässt ihn der junge Kaiser Wilhelm II. und Bismarck prophezeit: »Zwanzig Jahre nach meinem Abgang wird wieder ein Niederbruch kommen, wenn so weiterregiert wird.« Der Erste Weltkrieg wird das bestätigen.

16. Die Moderne beginnt

Louis Daguerre und ein neues Bild der Welt

Vor allem die Fotografie verändert im 19. Jahrhundert im wahrsten Sinne des Wortes die Sicht des Menschen auf die Welt. Einer der Pioniere auf dem Weg dorthin, die Dinge nicht durch das Auge eines Malers oder Zeichners abzubilden, sondern das tatsächliche Bild durch die »objektive« Sicht eines Geräts einzufangen, ist Louis Daguerre.

Doch zunächst wird er, aus einfachen Verhältnissen kommend, Dekorationsmaler. 1822 gründet er mit einem Partner in Paris ein Diorama, bei dem durch Kombination von Bühnenelementen und bemaltem Hintergrundpanorama tatsächliche Landschaften simuliert werden. Bereits hier dient ihm die Camera Obscura, ein Projektionsapparat mit Objektiv, als technisches Hilfsmittel.

Daguerre versucht einen Weg zu finden, Bilder auf lichtempfindlichen Oberflächen festzuhalten, und tritt in Kontakt mit seinem Landsmann Joseph Nicéphore Nièpce. Dem gelingt 1826 mit dem selbst entwickelten Verfahren, das er Heliografie nennt, die erste erhaltene Fotografie. Es ist ein Blick aus dem Fenster seines Wohnhauses auf die Dächer der Nachbarschaft.

Per Brief tauschen sich Daguerre und Nièpce über die Verbesserung der Bildfixierung aus und nach Nièpces Tod arbeitet Daguerre mit dessen Sohn weiter an einer Lösung. Das von Daguerre letztendlich entwickelte Verfahren der Daguerreotypie bedient sich versilberter Kupferplatten und liefert nur ein Bild und sofort das Positiv. Die älteste noch erhaltene Daguerreotypie stammt von 1837. Im Jahr darauf gelingt Daguerre das vermutlich älteste Foto, auf dem Menschen abgebildet sind.

Louis Daguerre lebt von 1787 bis 1851

Vor allem die außerordentlich detaillierten Porträts, die mit der Daguerreotypie angefertigt werden, machen das Verfahren rasch populär. Doch auch alle anderen Genres entwickeln sich schnell, ob Akt-, Reportage- oder Landschaftsfotografie.

In Großbritannien erfährt William Henry Fox Talbot von Daguerres Erfindung. Er hat unabhängig von ihm ab 1834 das Negativ-Positiv-Verfahren entwickelt, ist also in der Lage, ein Bild beliebig oft zu vervielfältigen. Vorerst aber bleibt die Daguerreotypie populärer, da sie die besseren Ergebnisse liefert. Erst später setzt sich Talbots Technik durch.

Arthur Schopenhauer: Erlösung durch Entsagung

Arthur Schopenhauer lebt von 1788 bis 1860

Daguerreotypien zeigen 1854 den Charakterkopf des 66-Jährigen mit zerklüftetem Gesicht, umrahmt von einem Backenbart und wallendem weißem Haupthaar hinter der hohen, kahlen Stirn. Die Technik der Daguerreotypie fasziniert Arthur Schopenhauer nicht zuletzt, weil er sich von ihr in seiner Ansicht der Subjektivität der Farbe bestätigt fühlt.

Dass Philosophen oft nicht gerade als fröhliche, sondern eher als mürrische Zeitgenossen gelten, lässt sich nach dem Griesgram Heraklit viele Jahrhunderte später mit Schopenhauer erneut bestätigen. Er ist einer der großen Pessimisten und sein Wesen lädt nicht ein, ihn ins Herz zu schließen. Mit seiner Mutter, der lebenslustigen Schriftstellerin Johanna Schopenhauer, ist er über Kreuz.

Nachdem der junge Schopenhauer seinen Vater, einen wohlhabenden Danziger Kaufmann, auf zahlreichen Reisen in Europa begleitet hat, beginnt er 1804 eine Handelslehre. Im Jahr darauf verunglückt der Vater tödlich. Nun wendet Schopenhauer sich dem Studium der Philosophie zu, nimmt Kontakt zum alternden Goethe auf und betreibt mit ihm Studien zur Farbenlehre. In jener Zeit verfasst er auch sein Hauptwerk *Die Welt als Wille und Vorstellung*, das 1818 erscheint.

Schopenhauer sagt – beeinflusst von Kant –, der Mensch nehme die Welt nur durch die Dinge und ihre Ausdehnung wahr, durch das Empfinden von Zeit und Raum. Auch das Leben selbst ist für Schopenhauer bloße Vorstellung, das keinerlei höherem Plan folgt, sondern bestimmt wird vom Willen und den

Trieben des Individuums, die das Leben zur Qual machen. Nur durch die Kunst kann der Wille ruhiggestellt werden. Der einzige Weg zur Erlösung sei die Entsagung und die Loslösung vom Verhaftetsein mit dem Irdischen. Hier ist Schopenhauer beeinflusst vom Buddhismus und vom Brahmanismus Indiens. Das Christentum lehnt er ab. Es ist kein Wunder, wenn der philosophische »Religionsstifter«, zu dem er sich selbst stilisiert, vor allem unter Künstlern wie Richard Wagner und Friedrich Nietzsche seine Bewunderer findet und so auf die Nachwelt wirkt.

1820 geht Schopenhauer als Philosophieprofessor nach Berlin. Die Studenten strömen in Scharen in die Vorlesungen Hegels, Schopenhauers Veranstaltungen sind kaum besucht. Das verkannte Genie nennt Hegel einen »Zusammenschmierer« und geht 1831 nach Frankfurt, wo er fortan als eigenbrötlerischer Privatgelehrter lebt. Schopenhauer heiratet nie. Das Verhältnis des Mannes zur Frau sei sowieso nur dem Sexualtrieb geschuldet.

Sören Kierkegaard: Freiheit und Glauben

Vergleicht man Kierkegaard mit Schopenhauer, erscheint der deutsche Grantler sogar noch als heiterer Lebenskünstler.

Sören Kierkegaard lebt von 1813 bis 1855

Kierkegaard kommt in Kopenhagen in einem streng pietistisch-protestantischen Elternhaus zur Welt. Der hochbegabte Junge studiert Theologie und Philosophie und ist durch das Erbe des Vaters, eines reichen Wollwarenhändlers, wirtschaftlich unabhängig. Trotzdem leidet Kierkegaard nahezu von Beginn an am Leben. Er verliebt und verlobt sich, kommt aber 1835, ausgelöst durch eine schwere innere Krise, zu dem Schluss, seine Verlobte verdiene ihn, den Grübler, nicht. Durch absichtlich schlechtes Betragen versucht er zu erreichen, dass sie ihn verlässt. 1835 löst er die Verlobung. Auch seine Pfarrstelle gibt er auf.

1843 macht das Buch *Entweder – Oder* Kierkegaard über Nacht berühmt. In Kopenhagen lebt er nun das Leben eines stadtbekannten Dandys. Er beschäftigt einen Diener und einen Sekretär und verfasst Manuskript um Manuskript. Die Redaktion des *Korsar*, einer liberalen Zeitung der Stadt, bewundert ihn, aber Kierkegaard erklärt, es wäre ihm lieber, die Zeitung greife ihn an. Der Wunsch wird ihm erfüllt. Fortan erscheinen Karikaturen über ihn. Kierkegaard ist früh gealtert, hat tief liegende

Augen, spindeldürre Beine. Die Kinder in der Stadt rufen »Herr Entweder-Oder« hinter ihm her. Die Druckkosten der Bücher, die er produziert, verschlingen sein ererbtes Vermögen.

Kierkegaard gilt als der erste Existenzphilosoph, als Stammvater des Existenzialismus. Seine zentrale Frage ist: »Was soll ich tun?«

Und die Antwort lautet: Wie man's macht, ist es falsch. Das könnte die vereinfachte Zusammenfassung seiner philosophischen Lehre sein.

Kierkegaard bietet nur einen schwachen Trost an: Über die drei Stadien seiner Existenz – vom ästhetischen über das ethische zum religiösen Stadium – könne der Mensch, der die Freiheit habe, sich entscheiden zu können, ein Verhältnis zu sich und seinem Dasein erreichen.

Der gläubige Christ Kierkegaard sucht die Hingabe zu einem gnädigen Gott, jedoch gegen die Christenheit. Mit Kierkegaard rückt der Mensch selbst als Wesen mit all seinen Mängeln in den Mittelpunkt des philosophischen Diskurses. Nach ihm wird Nietzsche diesen Ansatz vertiefen und erweitern. Doch vor allem finden sich bei ihm bereits die Motive der Existenzphilosophen des 20. Jahrhunderts: die Einsamkeit des Menschen in seiner Existenz (Heidegger) und das Absurde (Camus).

1855 bricht der erst 42-jährige Kierkegaard auf der Straße zusammen. Er stirbt kurz darauf. Die Sterbesakramente verweigert er.

Justus Justus Liebig: Chemie für die Menschheit

Liebig Ein Lehrer meint, der »Schafskopf« tauge noch nicht einmal zum
lebt von 1803 Apothekerlehrling. Dies ist die Ausbildung, die er bald darauf be-
bis 1873 ginnt. Zuvor, so will es die Überlieferung, ist er in der Schule gefragt worden, was er werden will. Er antwortet: »Chemiker!« Mitschüler und Lehrer brechen in Gelächter aus. Nach zehn Monaten muss Justus Liebig die Apothekerlehre abbrechen. Man wirft ihn raus. Er hat bei Experimenten einen Brand verursacht.

Justus Liebig, Sohn eines Drogisten und Farbenhändlers, kehrt ins Elternhaus zurück, beginnt sich im Selbststudium weiterzubilden und hilft dem Vater. Der vermittelt ihm schließlich ein Chemiestudium in Bonn, anschließend studiert Liebig in Er-

langen. 1822 nimmt er als Burschenschaftsmitglied an Freiheits-
demonstrationen gegen die Restauration teil und gerät ins Visier
der Polizei.

Sein Professor Johann Gottlob Kastner verhilft ihm zu einem
Stipendium an der Sorbonne in Paris. Dort findet Liebig in Alexander Humboldt einen Förderer, der ihm 1825 eine Professur
für Chemie an der Universität von Gießen ermöglicht, wo Liebig
unter Einsatz seiner eigenen Geldmittel ein Chemielaboratorium
errichtet, in dem er experimentiert und ausbildet. Die kleine Universität entwickelt sich in den drei Jahrzehnten, in denen Liebig
dort wirkt, zum Zentrum der europäischen Chemiewissenschaft.
Liebig gelingen zahlreiche Entwicklungen, zum Beispiel das
Chloroform. Seine *Chemischen Briefe*, die ab 1842 erscheinen,
finden durch ihren Sprachstil die Bewunderung Jakob Grimms.

Vor allem die organische Analyse bringt der unermüdlich ar-
beitende Wissenschaftler und Erfinder entscheidend voran, indem er den Einfluss der Stoffe – insbesondere des Kohlenstoffs
und des Stickstoffs – auf das Wachstum der Pflanzenwelt unter-
sucht. Liebig begründet die Agrarchemie und verleiht der chemischen Wissenschaft Methodik und Ordnung. Neben Friedrich Wöhler, der eng mit ihm zusammenarbeitet, gilt Liebig als
Begründer der Biochemie; so forscht er zum menschlichen und
tierischen Stoffwechsel. Mit der Entwicklung des Mineraldün-
gers und des Fleischextrakts leistet Liebig Revolutionäres für die
Nahrungsmittelherstellung. Und nicht nur das. Liebig vollbringt
auch Pioniertaten für die Kindernahrung, das Backpulver und
Medikamente.

William Thomas Green Morton und die Narkose

William Thomas Green Morton lebt von 1819 bis 1868

Leid und Schmerz bei Operationen werden erst allmählich gelin-
dert. Die Entwicklung der Narkose Mitte des 19. Jahrhunderts
ist eine der größten Erleichterungen für die Menschheit. Es ist
Justus Liebig, der 1831 (unabhängig von ihm Eugène Soubei-
ran) als erster Chloroform herstellt, das ab 1847 neben Äther als
Narkotikum eingesetzt wird.

Bereits 1842 benutzt Crawford Williamson Long in seiner
ländlichen Arztpraxis in Georgia Ätherdämpfe als Narkotikum
bei einer Tumorentfernung. Um jene Zeit macht Charles Thomas

Jackson, Chemieprofessor in Boston, seinen ehemaligen Studenten, den Zahnarzt William Thomas Green Morton, auf die benebelnde Wirkung von Äther aufmerksam, was bereits 1818 der britische Forscher Michael Faraday bemerkt hat. Äther, genauer Diethylether oder Schwefeläther, wird schon von Paracelsus als »Vitriolextrakt« beschrieben.

Morton beginnt zu experimentieren. Nach Versuchen, unter anderem an seinem eigenen Hund, probiert er die Wirkung auch im Selbstversuch aus. Am 30. September 1846 betäubt Morton erstmals einen Patienten bei einer Zahnbehandlung. Erfolgreich. Nun wendet sich der Arzt an John Collins Warren, den leitenden Chirurgen des Massachusetts General Hospital in Boston, und bittet ihn, seine neue Methode demonstrieren zu dürfen. Am 16. Oktober 1846 schlägt die Geburtsstunde der modernen Anästhesie. Morton narkotisiert einen Patienten mit Äther, woraufhin Warren dem Betäubten schmerzfrei einen oberflächlich liegenden Tumor am Hals entfernt.

Morton versucht zunächst geheim zu halten, dass sein mit Duftstoffen versetztes Narkotikum lediglich Äther ist. Unter Druck gesetzt, verrät er es schließlich doch. Daraufhin meldet sich sein alter Chemieprofessor Jackson und beansprucht den Verdienst der Entdeckung für sich. Der anschließende Rechtsstreit treibt Morton in den Ruin und Jackson in den Wahnsinn.

Trotz der Beiträge, die alle anderen Beteiligten zur Entwicklung der Narkose lieferten, gebührt Morton dank seiner ersten öffentlichen Vorführung des Äthers als Inhalationsnarkotikum die Anerkennung als Wegbereiter des Einsatzes der Narkose in Chirurgie und Zahnheilkunde.

Henry Henry Dunant und die Menschlichkeit

Dunant Der schweizerische Kaufmann Henry Dunant reist im Juni 1859
lebt von 1828 nach Solferino in der Lombardei, um Napoleon III. zu treffen,
bis 1910 der sich dort während des Zweiten Italienischen Unabhängigkeitskrieges an der Spitze seines Heeres aufhält. Eigentlich will er den Kaiser um Handelskonzessionen in den französischen Kolonien Afrikas bitten. Doch es kommt alles anders.

Dunant wird Zeuge der Schlacht von Solferino, in der die Truppen Frankreichs und des Königreichs Sardinien gegen die

Österreichs unter Kaiser Franz Joseph I. siegen und den Weg zur Einigung Italiens ebnen. Der Franzose Gaspar Felix Nadar fotografiert von einem Ballon aus mit den ersten Luftaufnahmen der Geschichte den Waffengang. Am Abend nach der Schlacht kommt Dunant am Schlachtfeld vorbei und ist schockiert vom Anblick Zehntausender Toter, Verwundeter und Sterbender, um die sich niemand kümmert. Sofort organisiert er mit Freiwilligen aus der örtlichen Bevölkerung, vor allem Frauen und Mädchen, eine notdürftige Versorgung, richtet Behelfskrankenhäuser ein, erwirkt die Freigabe gefangener österreichischer Militärärzte zur Unterstützung und lässt die Verletzten ohne Unterschied ihrer Herkunft behandeln.

Zurück in der Schweiz kann er die Eindrücke von Solferino nicht vergessen. 1862 veröffentlicht er auf eigene Kosten sein Buch *Eine Erinnerung an Solferino*. Darin regt er die Gründung einer internationalen und neutralen Hilfsorganisation zur Versorgung verwundeter Soldaten an. Dunant erhält nahezu durchweg positive Resonanz. Überraschenderweise gehört die im Krimkrieg für ihre Versorgung Verwundeter berühmt gewordene englische Krankenschwester Florence Nightingale zu den kritischen Stimmen. Sie meint, eine Organisation, wie Dunant sie anrege, sei Aufgabe von Regierungen.

In Genf greift Gustave Moynier Dunants Ideen auf. Am 17. Februar 1863 gründen beide mit einer Gruppe von Mitstreitern das Internationale Komitee der Hilfsgesellschaften für die Verwundetenpflege, das ab 1876 den Namen Internationales Komitee vom Roten Kreuz (IKRK) erhält. Auf einer Konferenz wird am 22. August 1863 die erste Genfer Konvention »betreffend die Linderung des Loses der im Felddienst verwundeten Militärpersonen« von zwölf Staaten unterzeichnet und in späteren Jahren auf den Schutz von Personen ausgedehnt, die nicht an Kämpfen teilnehmen. Man einigt sich auf ein gut identifizierbares Zeichen zum Schutz der Verletzten und der Helfer: ein rotes Kreuz auf weißem Grund, die Umkehrung der Nationalfahne der Schweiz.

Doch zwischen dem idealistischen Dunant und dem pragmatischen Moynier kommt es bald zum Zwist. Dunant wird aus dem Komitee verdrängt. Zwischenzeitlich fast vergessen, erfährt er im Alter große Anerkennung. 1901 erhält er den Friedensnobelpreis. Er hat die Mitmenschlichkeit universell gemacht und über die Interessen von Kriegsparteien erhoben.

Charles
Darwin
lebt von 1809
bis 1882

Charles Darwin verändert das Bild des Menschen von sich und der Welt

Charles Darwin steht für die Erkenntnis, dass das Leben im Wandel ist und sich beständig verändert. Die Arten der Lebewesen, erklärt er, sind nicht mit einem Male entstanden, wie es die biblische Schöpfungsgeschichte erzählt, sondern sie haben sich im Versuch, sich an die jeweiligen Lebensbedingungen anzupassen, in einer permanenten Evolution nach und nach entwickelt.

Als Sohn einer wohlhabenden Arztfamilie soll auch er diesen Beruf ergreifen, doch die Schrecken der medizinischen Praxis stoßen ihn ab. Darwin studiert Theologie. Nach Ende des Studiums bekommt er 1831 einen Platz als Forscher auf dem Schiff *Beagle*, das im Auftrag der britischen Admiralität weltweit Küsten vermessen soll. Auf der fünfjährigen Reise nach Südamerika, den Galapagosinseln, Tahiti, Australien, Mauritius und Südafrika beobachtet und sammelt er Fossilien, Tiere und Pflanzen. Zurück in England widmet er sich reich verheiratet als Privatgelehrter ganz der Auswertung seiner Beobachtungen und entwickelt in den nächsten Jahren seine bahnbrechenden Theorien.

1859, über zwei Jahrzehnte nach seiner Rückkehr, erscheint sein Buch *On the Origin of Species by Means of Natural Selection, Or the Preservation of Favoured Races in the Struggle of Life.* Am ersten Verkaufstag ist die Auflage vergriffen. Als »Kopernikus der Biologie« stellt Darwin mit der Negierung der Schöpfungsgeschichte, an die er einst selbst geglaubt hatte, nicht nur den gesamten christlichen Glauben infrage, er erschüttert auch den Glauben des Menschen, die »Krone der Schöpfung« zu sein, erst recht, als er 1871 *The Descent of Man and Selection in Relation to Sex* veröffentlicht. Darwin legt darin die Theorie dar, »dass der Mensch von einer weniger organisierten Form abstammt«.

Die gedankliche Übertragung von Darwins biologischen Erkenntnissen über Anpassung und Auslese auf menschliche Verhaltensweisen wird verhängnisvoll, vor allem durch die Übernahme im Rassismus und später dem Faschismus und Nationalsozialismus, wo *the survival of the fittest* zum »Recht des Stärkeren« pervertiert wird.

Darwin selbst ist Zeit seines Lebens weder Rassist noch Sozialdarwinist. Er hofft vielmehr, »dass die Menschheit eines Tages eine Stufe erreichen wird, in der wir auf uns selbst als unverfälschte Barbaren zurückblicken«.

Samuel Morse
und die Nachricht per Kabel im Jetzt

Samuel Morse lebt von 1791 bis 1872

Mit Positionsfeuern nutzt man schon im Altertum eine schnelle Nachrichtenübermittlung über kilometerweite Entfernungen. Doch abgesehen vom großen Aufwand ist das, was man mitteilen kann, sehr begrenzt. So bleibt bis zur Erfindung der Telegrafie eine übermittelte komplexe Nachricht nur so schnell wie der Bote, der sie bringt.

In der sich allein durch die Dampfkraft schon beschleunigenden Welt des 19. Jahrhunderts gelingt es durch mehrere Erfindungen, die Geschwindigkeit, mit der eine Nachricht ihren Empfänger erreicht, drastisch zu erhöhen.

Schon Carl Friedrich Gauß und Wilhelm Weber setzen 1833 in Göttingen eine erste benutzbare Telegrafenanlage ein. Wesentliche Voraussetzungen dafür sind die zuvor gemachte Entdeckung, dass elektrischer Strom durch eine Leitung weitergegeben werden kann, und die Erfindung der Batterie durch Alessandro Volta im Jahr 1800.

Der Deutsche Samuel Thomas Soemmerring entwickelt 1809 einen ersten, allerdings nicht praktikablen elektrischen Telegrafen, 1831 entdeckt der Brite Michael Faraday die elektromagnetische Induktion.

Es ist schließlich der Amerikaner Samuel Morse, der alle diese Erkenntnisse zusammenführt. Der Sohn eines calvinistischen Geistlichen wird als Maler und Bildhauer bekannt. Nebenbei experimentiert er und so gelingt es ihm, ab 1837 einen ersten brauchbaren Schreibtelegrafen zu konstruieren. Vor allem aber entwickelt er mit seinem Assistenten Alfred Vail ein Zeichensystem zur Übertragung von Nachrichten über weite Strecken.

Das Morseprinzip ist: Der Sender gibt einen Text über eine Taste in ein Morsegerät ein. Die elektrischen Impulse werden beim Empfänger an einen Stift weitergegeben, der sie als Punkte und Striche aufzeichnet. Da die Technik nur zwei verschiedene Zeichen, nämlich »kurz« und »lang« zulässt, besteht das Morsealphabet nur aus diesen zwei Zeichen, die sich kombiniert zu Entsprechungen von Buchstaben und damit zu Wörtern zusammensetzen lassen.

Am 6. Januar 1838 sendet Morse das erste Telegramm über die Strecke von drei Kilometern. Fünf Jahre später bewilligt der Kongress 30 000 US-Dollar für den Bau einer 60 Kilometer langen Telegrafenleitung von Baltimore nach Washington. Über diese telegrafiert Samuel Morse am 24. Mai 1844 die Nachricht: *What hath God wrought? (*»Was hat Gott bewirkt?«).

Es ist das Ende des Pony-Express und der Beginn des »Singenden Drahtes« in den Weiten Amerikas. Bis 1851 wird zwischen Dover und Calais das erste Kabel im Meer verlegt und 15 Jahre später sendet man Kabeltelegramme zwischen Europa und den Vereinigten Staaten, vor allem Börsenkurse. Vorher betrug die schnellste Nachrichtenverbindung auf dieser Strecke zwölf Tage. Doch das Zeitalter der schnellen Kommunikation beginnt erst: 1875 erhält der Schotte Alexander Graham Bell ein Patent auf ein Telefon, ein ähnliches Gerät hatte der Deutsche Philipp Reis 1860 konstruiert.

Richard Wagner: Erweiterung des Musiktheaters

Richard Wagner lebt von 1813 bis 1883

Mit seinen Innovationen setzt er neue Maßstäbe in der Harmonik und beeinflusst nicht nur die klassische Musik, sondern auch die Musik der Moderne. Richard Wagner kommt in jener Stadt zur Welt, vor deren Toren wenige Monate nach seiner Geburt mit der Völkerschlacht bei Leipzig die Entscheidungsschlacht der Napoleonischen Kriege tobt. Sein Vater, ein Polizeischreiber, stirbt kurz nach Wagners Geburt, die Mutter lässt den Sohn wenig Liebe spüren. Richard Wagner erhält eine gründliche kompositorische Ausbildung und beginnt in früher Jugend zu komponieren. Seine Vorbilder werden Carl Maria von Weber und Ludwig van Beethoven. Seit 1833 arbeitet er als Chordirigent in Würzburg, es folgen verschiedene Anstellungen als Musikdirektor. Nach rastlosen Jahren, immer über seine Verhältnisse lebend, immer in finanzieller Not, gelingt Wagner 1842 mit der Oper *Rienzi* endlich in Dresden der Durchbruch. Die erste Aufführung zwei Jahre zuvor war noch erfolglos gewesen. Nun wird auch die ebenfalls schon 1841 fertiggestellte Oper *Der Fliegende Holländer* ein Erfolg. Wagner wird in Dresden Hofkapellmeister und komponiert *Tannhäuser* (1845) und *Lohengrin* (1848).

Im europäischen Revolutionsjahr 1848 beteiligt sich der romantische Sozialist, den die Industrialisierung ästhetisch abstößt, am Dresdner Maiaufstand. Im Schweizer Exil verfasst er die Abhandlung *Das Kunstwerk der Zukunft*, in der er für die

Verschmelzung aller Kunstformen eintritt. Es entstehen die Opern *Das Rheingold, Die Walküre* und *Siegfried,* die er als Trilogie *Der Ring des Nibelungen* selbst nicht mehr als Opern, sondern als Bühnenfestspiele begreift. Wagner lässt in sein Werk Motive deutscher Romantik und Mystik ebenso einfließen wie effektvolle Neuerungen im dramaturgischen und kompositorischen Aufbau. Und er verändert den Einsatz von Gesangssolisten, Orchestern und Chor.

1864 ruft ihn der junge bayerische König Ludwig II. nach München, und drei Jahre später stellt Wagner sein volkstümlichstes Werk *Die Meistersinger von Nürnberg* vor. 1872 zieht er mit seiner Familie nach Bayreuth, wo man im selben Jahr den Grundstein für ein Festspielhaus legt. Durch Ludwig II. finanziert, wird es zu einer Art Ruhmeshalle des sich selbst stilisierenden Meisters. Die Eröffnung erfolgt 1876 feierlich mit der Erstaufführung des *Ring des Nibelungen.* Ein Jahr vor seinem Tod beendet Wagner, dessen Werk in der Reibung von Motiven der Moderne mit der menschlichen Seele und Empfindung die Umbrüche und Widersprüche seiner Zeit vereint, 1882 sein »Weltabschiedswerk« *Parsifal.*

Lew Tolstoi und die Blütezeit des Romans

Lew Tolstoi lebt von 1828 bis 1910

Der Roman mit seinem ersten großen Vertreter Miguel de Cervantes erreicht im 19. Jahrhundert einen Höhepunkt. Die großen Autoren sind Jane Austen und Charles Dickens in England, Emile Zola, Honoré de Balzac und Victor Hugo in Frankreich, Theodor Fontane in Deutschland und in Russland Fjodor Dostojewski und Lew Tolstoi.

Werden Literaten und Literaturwissenschaftler gefragt, wer unter diesen Größen der Allergrößte ist, wird meist Tolstoi genannt.

Dieser entstammt einem alten russischen Adelsgeschlecht, wird Artillerieoffizier und kämpft im Krimkrieg, in dem sich Frankreich und Großbritannien gemeinsam mit dem Königreich Sardinien erfolgreich dem Expansionsstreben Russlands widersetzen, das sein Gebiet auf Kosten des zerfallenden Osmanischen Reiches, des »kranken Mannes am Bosporus«, erweitern will. Tolstoi erlebt in diesem ersten modernen und verlustreichen

Stellungskrieg der Weltgeschichte die Belagerung von Sewasto-
pol. Dort wird auch die britische Krankenschwester Florence
Nightingale durch ihren Einsatz für die verbesserte Versorgung
Verletzter berühmt.

1852 hat Tolstoi mit seiner ersten Erzählung *Kindheit* un-
erwartet Erfolg, doch erst allmählich wendet er sich ganz der
Schriftstellerei zu. Zunächst setzt er sich nach Ende des Mili-
tärdienstes für Reformen im Schulwesen ein. Insbesondere Kindern aus armen Verhältnissen will er eine angemessene Bildung
verschaffen. 1857 und 1860 geht er auf Reisen durch Europa. Er
besucht Charles Dickens und Iwan Turgenew. 1862 heiratet er
die deutschstämmige Sofja und zieht mit ihr auf das Landgut der
Tolstois südlich von Moskau. Sie werden 13 Kinder bekommen.
Nun beginnt er mit der Niederschrift seines monumentalen Romans *Krieg und Frieden*, der 1868 erscheint und tiefe Einblicke
in die Welt des Adels von 1805 bis 1812 gewährt. Es ist eines der
bedeutendsten Werke der Weltliteratur.

1877 veröffentlicht Tolstoi mit *Anna Karenina* einen der
wichtigsten realistischen Romane. Die Geschichte einer Frau,
die, unglücklich in ihrer Ehe, schließlich Ehebruch begeht, verschafft ihm Weltruhm. Ähnliche Sujets finden sich in anderen
herausragenden Werken jener Zeit, in Fontanes *Effi Briest* und
Gustave Flauberts *Madame Bovary*.

Tolstoi durchlebt eine tiefe religiöse Krise, wendet sich immer offener gegen die Klassengesellschaft Russlands und wird
zu einem der geistigen Wegbereiter der Revolution von 1905. Ab
1883 steht er unter polizeilicher Überwachung. Weil er die christlichen Dogmen ablehnt, exkommuniziert ihn 1901 die russisch-
orthodoxe Kirche. 1910 bricht der 82-Jährige mit seiner Familie – vor allem mit seiner Frau entzweit er sich, weil er sein Werk
dem russischen Volk vermachen will – und stirbt, kurz nachdem
er sie verlassen hat.

Karl Marx und der Kampf der Klassen

Karl Marx
lebt von 1818
bis 1888

Der Unternehmersohn Friedrich Engels unterstützt Karl Marx
zeitlebens auf aufopferungsvolle Weise. Er ist nicht nur konge-
nialer Partner bei der Erarbeitung des Marx'schen Gedanken-
gebäudes, sondern auch Helfer in oft großer materieller Not

und selbstloser Freund, der, als Marx die eigene Haushälterin schwängert, die Vaterschaft übernimmt, um dessen Ehe nicht zu gefährden.

Marx' Eltern sind zum Christentum konvertierte Juden und leidenschaftliche Anhänger Preußens. Der Vater ist Justizrat. Der junge Marx studiert zuerst Rechtswissenschaften, dann Philosophie. Er reibt sich an den Ideen Hegels und promoviert über Demokrit und Epikur. 1842 wird er Redakteur in Köln. Als die Zeitung von der preußischen Zensur im Jahr darauf verboten wird, verschlägt es ihn nach Paris. Dort beginnt seine lebenslange Freundschaft mit Friedrich Engels.

Marx engagiert sich in oppositionellen Kreisen, veröffentlicht erste sozialistische Gedanken, wird aus Paris ausgewiesen und geht nach Brüssel, wo er zur Jahreswende 1847/1848 für den Bund der Kommunisten das *Kommunistische Manifest* verfasst. 1849 siedelt die Familie nach London über. In bitterer Armut und in strenger Arbeitsdisziplin lebend, Tage im Lesesaal des Britischen Museums verbringend, erarbeitet Marx dort sein monumentales ökonomisches und geschichtsphilosophisches Werk *Das Kapital*, dessen erster Band 1867 erscheint.

Anders als frühe sozialistische Theoretiker, wie der Engländer Robert Owen oder der Franzose Pierre Joseph Proudhon, fasst Marx sein Denken in ein großes philosophisches System. Anknüpfend an Hegels Thesen von einem fortschreitenden logischen Entwicklungsprozess, wendet er dessen dialektische Dynamik nicht auf Veränderungen der Ideen, sondern auf Veränderungen der materiellen Verhältnisse an. Für Marx ist die Geschichte eine Geschichte der Klassenkämpfe. Für seine Zeit bedeutet das: Die industriellen Verhältnisse vertiefen die Kluft der Klassen von Bürgertum und Arbeitern. Entfremdet durch stumpfe Arbeit und ausgebeutet durch beständige Abschöpfung des Mehrwerts würden die Arbeiter schließlich revoltieren. Das Privateigentum werde abgeschafft, es entstehe eine klassenlose kommunistische Gesellschaft.

Marx liefert das theoretische Fundament für die Arbeiterbewegung und wird selbst in der von ihm 1864 mitbegründeten sogenannten Ersten Internationalen aktiv. Sein Denken wird erst später durch Lenins Umdeutung und revolutionäre Umsetzung mit voller Wucht entfaltet. Marx stirbt arm und aufgerieben durch die Konflikte der sozialistischen Bewegung in London.

Claude Monet und der Impressionismus

Claude Monet lebt von 1840 bis 1926

Die Fotografie ist erfunden. Der Fotoapparat bildet das, was wir sehen, nun »objektiv« ab. Was ist fortan die Aufgabe der Malerei? Claude Monet und seine Gesinnungsgenossen geben Antwort.

Wie das Werk van Goghs werden seine Bilder im 20. Jahrhundert zu Kalender- und Postkartenmotiven. Nur wenige können heute das Verblüffende und Verstörende nachvollziehen, das Monets Kunst in jenen Tagen für seine Zeitgenossen darstellt.

Claude Monet beginnt als Karikaturist. Ein Marinemaler ermuntert den 17-Jährigen zum Malen im Freien. Zunächst malt er Bilder, die im Realismus verhaftet sind, geht nach Paris und darf im Pariser Salon mit den etablierten Malern ausstellen. Seit dem Ende der 1860er-Jahre wendet er sich der neuen Malrichtung zu, die ihren Namen einem seiner Bilder verdankt: Impressionismus. Namensgeber ist das Bild *Impression, soleil levant* (»Impression, aufgehende Sonne«) von 1872, das das neblige Zwielicht des anbrechenden Tages im Hafen von Monets Geburtsort Le Havre zeigt und Hafenanlagen und Schiffe im Blauviolett des Morgens nur als Schemen erkennen lässt.

Die Impressionisten wie Édouard Manet, Camille Pissarro, Auguste Renoir und Edgar Degas malen nicht mehr im Atelier und kaum Historisches oder Allegorisches. Sie malen in der Natur »vor dem Motiv« und geben ihren Eindruck des Gesehenen wieder.

Die Entwicklung beginnt bereits in der niederländischen Malerei des 17. Jahrhunderts mit der Hinwendung zum Alltag. Sie setzt sich im Jahrhundert darauf fort mit immer stärker individuell arbeitenden Künstlern wie dem französischen Genremaler Jean Siméon Chardin. Sie führt weiter zu den Maltechniken, dem Realismus und dem Selbstverständnis des Spaniers Francisco de Goya, der ins 19. Jahrhundert weist. Später setzen, noch vor den Impressionisten, die Franzosen Eugène Delacroix und Gustave Courbet wichtige Akzente.

Monet steht beispielhaft für die hellen und reinen Farben der Impressionisten, das Gegeneinandersetzen von Farbkontrasten, den Einsatz von Farbtupfern, die erst aus der Ferne im Auge zum Bild zusammengesetzt werden. Monet spürt der Farbigkeit des Lichts nach, besonders in seinen Serien von Ölgemälden mit verschiedenen Lichtstimmungen des gleichen Motivs und des gleichen Standpunkts wie denen von Pappeln, Heuschobern, der

Kathedrale von Reims. Später malt er in seinem Garten in Giverny monumentale Seerosenmotive, die bereits in die Abstraktion fließen.

Warum entsteht der Impressionismus in Frankreich? Seit der Französischen Revolution entwickelt sich dort eine selbstbewusste Bürgergesellschaft. Paris wird spätestens durch die von Napoleon geraubte Kunst, insbesondere von seinen Feldzügen in Ägypten und Italien, zum Mittelpunkt der Kunstwelt. Dass diese aus sich selbst nach und nach schöpferisch wird, bestätigt nicht zuletzt der Impressionismus.

Louis Pasteur und die Mikroorganismen

Louis Pasteur lebt von 1822 bis 1895

Der niederländische Tuchhändler Antoni van Leeuwenhoek baut Mitte des 17. Jahrhunderts Mikroskope und entdeckt als erster Mensch Einzeller und Bakterien. Doch dies hat noch keine Folgen für die Medizin.

Zwei Jahrhunderte später weiß man nach wie vor so gut wie nichts über die Ursachen von Infektionskrankheiten wie Pest, Cholera, Typhus, geschweige denn wie man ihren Ausbruch verhindern könnte. Nur die von Edward Jenner eingeführte Pockenimpfung bildet eine Ausnahme.

Vermutungen hat es schon vor ihm gegeben, aber es ist Louis Pasteur, der letztlich erkennt, dass Mikroorganismen wie Viren und Bakterien ansteckende Krankheiten übertragen und auslösen können. Der Sohn eines Gerbers erlangt 1847 einen Doktortitel sowohl in Physik als auch in Chemie.

Er wird Professor in Straßburg, dann in Lille. Dort bitten ihn Fabrikanten um Hilfe, da sie bei der verfehlten Gärung von Zuckerrüben, aus denen Spiritus hergestellt wird, empfindliche Verluste erleiden. Was unterscheidet Gärung von Fäulnis? Entsteht Gärung, wie seinerzeit allgemein angenommen, durch abgestorbene Enzyme in Organismen? Oder wird sie durch Hefepilze verursacht, wie Pasteurs Landsmann Charles Cagniard de la Tour beobachtet hat? Durch Experimente beweist Pasteur, dass nicht nur bei der alkoholischen Gärung, sondern auch bei dem Sauerwerden von Milch Kleinlebewesen wirken. Er widerlegt damit auch Justus Liebig, der allein an chemische Prozesse glaubt.

1857 entdeckt Pasteur das für die Milchsäuregärung verantwortliche Bakterium und sucht nun nach einem Weg, den Erreger unschädlich zu machen. Er findet ihn in dem nach ihm benannten Verfahren der Pasteurisierung, mit dem die meisten Keime in Lebensmitteln durch kurzzeitiges Erhitzen auf 60 bis 70 Grad Celsius abgetötet werden.

Bald hört Pasteur auch von dem deutschen Landarzt Robert Koch und dessen ersten Erfolgen in der bakteriologischen Forschung. Der Wettbewerb spornt beide Männer an, die gemeinsam als die Begründer der Mikrobiologie und der Bakteriologie gelten.

Pasteur reiht eine Großtat an die nächste. 1880 entwickelt er eine Impfung gegen Hühnercholera, danach gegen Milzbrand. 1885 kommt ein Junge zu ihm, der von einem erkrankten Hund gebissen wurde. Pasteur wagt eine von ihm entwickelte Tollwutimpfung. Nichts zu tun, hätte den sicheren Tod des Jungen bedeutet. Tatsächlich bricht die Tollwut bei dem Jungen nicht aus. Spätestens jetzt ist Pasteur weltberühmt. Sein von ihm 1888 in Paris gegründetes Pasteur-Institut wird zu einem wichtigen Zentrum im Kampf gegen Infektionskrankheiten.

Paul Cézanne, Vater der modernen Malerei

Paul Cézanne lebt von 1839 bis 1906

Auf die Impressionisten folgen – man kann es sich fast denken – die Postimpressionisten. Und da es sich in der Malerei nicht anders verhält als auf vielen anderen Gebieten, gilt auch hier: Grenzen sind dazu da, um überschritten zu werden.

Den Begriff Postimpressionismus prägt der Maler und Kunstkritiker Roger Fry für die von ihm 1910 in London organisierte Ausstellung »Manet And The Post Impressionists«. Dort sind Gemälde von Paul Cézanne, Paul Gauguin und Vincent van Gogh zu sehen. Cézanne, der oft auch noch den Impressionisten zugeordnet wird, wächst in Aix-en-Provence auf. In der Schule schließt er Freundschaft mit dem späteren Schriftsteller Émile Zola und wird 1870 dessen Trauzeuge. Die Freundschaft zerbricht an Zolas Erfolg und Cézannes Misserfolg.

Schon früh will Cézanne Maler werden, doch die Familie ist dagegen. Er soll die Nachfolge des Vaters antreten, dem Inhaber einer Bank. So studiert er zunächst Rechtswissenschaften, bricht das Studium ab und geht, nun endgültig mit dem Entschluss, sich nur noch der Malerei zu widmen, 1862 nach Paris. Dort lernt er andere junge Künstler kennen wie die späteren impressionistischen Maler Claude Monet, Édouard Manet, Alfred Sisley und Camille Pissarro.

In seiner ersten Schaffensperiode ist Cézanne noch in der Romantik verhaftet. Unter dem Einfluss seines Freundes Pissarro beginnt er sich jedoch davon zu lösen und geht ab 1880 vollkommen neue Wege. Mehr und mehr unterteilt er das Motiv in kleine Farbflächen, die noch immer sowohl Schattierungen als auch Linie und Form des Gegenstands beschreiben, so in seinen Früchtestillleben und insbesondere den zahlreichen Gemälden der Montagne Sainte Victoire in der Nähe seines Hauses in Aix-en-Provence. Pablo Picasso und Georges Braque lassen sich von dieser Zerlegung des Bildes in einzelne, nahezu autonome Formen später zum Kubismus inspirieren. Henri Matisse hingegen ist vor allem von der Auflösung des Raumes zugunsten der Farbkomposition fasziniert.

Nach dem Tode seines Vaters erbt Cézanne 1886 ein beachtliches Vermögen. Er malt von ständigen Selbstzweifeln verfolgt unermüdlich weiter. Vernichtende Kritiken führen dazu, dass er sich aus dem Kunstbetrieb zurückzieht. Erst 1895 hat er seine erste Einzelausstellung und allmählich erfährt er auch eine Anerkennung in der breiteren Öffentlichkeit. Zuvor schon hatten einige seiner Malerkollegen die Bedeutung seiner Arbeiten erkannt, die der klassischen Moderne den Weg bereiten werden.

Vincent van Gogh und das Bild des Fühlens

Vincent van Gogh lebt von 1853 bis 1890

»Es ist ihm unmöglich, mit jemandem auf eine gleichgültige Weise zu verkehren«, erklärt Theo van Gogh 1889 seiner künftigen Frau das Wesen des Bruders.

Das Bild des armen, gequälten, verkannten, mit sich hadernden Künstlers nimmt mit Vincent van Gogh seine berühmteste Gestalt an. Hochsensibel, auf der verzweifelten Suche nach dem Sinn des Lebens, scheitert der Sohn eines niederländischen Pfarrers durch sein selbstzerstörerisches Engagement als Lehrer und Hilfsprediger.

Erst vergleichsweise spät findet er zur Malerei. Um seine bisher nur autodidaktische künstlerische Ausbildung zu intensivieren, zieht van Gogh mit 27 Jahren nach Brüssel. Sein darauffolgendes Kunststudium in Antwerpen bricht er ab und geht nach Paris, wo sein Bruder Theo Kunsthändler ist, lebt auf dem Montmartre und freundet sich mit Henri de Toulouse-Lautrec und Paul Gauguin an. Seine Bilder, zuvor düster und erdig, hellen sich auf, als er in die südfranzösische Provence nach Arles zieht, um dort die reine Farbe zu finden.

Van Gogh malt schnell und spontan. Seine Gefühle sollen sich in den Bildern wiederfinden. Er vereinfacht die Form und intensiviert die Farben. So entstehen seine berühmtesten Gemälde, darunter *Das Nachtcafé* (1888), *Sternennacht* (1889), *Zypressen* (1889).

Van Goghs Versuch, in Arles eine Künstlerkolonie zu gründen, scheitert tragisch. Gauguin zieht zwar kurz zu ihm, doch es kommt zum Streit. Seine Wut richtet van Gogh gegen sich selbst. Er schneidet sich ein Ohr ab und wird in eine Heilanstalt eingewiesen. Noch einmal erholt er sich, malt wie besessen, aber schwere Anfälle suchen ihn heim. Der Arzt und Kunstliebhaber Paul Gachet in Auvers nimmt ihn bei sich auf und behandelt ihn. Van Gogh gerät in einen abermaligen Schaffensrausch: »Und meine eigene Arbeit, nun, ich setze mein Leben dabei aufs Spiel, und mein Verstand ist zur Hälfte dabei draufgegangen«, teilt er in seinem letzten Brief dem Bruder mit. Wenige Tage später, am 27. Juli 1890, schießt er sich im Freien eine Kugel in den Leib. Er stirbt zwei Tage später.

Sein Werk übt einen nicht zu überschätzenden Einfluss auf die moderne Malerei aus, insbesondere auf Henri Matisse, die Fauves und die Expressionisten.

Auguste **Auguste Rodin und die Skulptur in der neuen Zeit**
Rodin Nicht nur in der Malerei werden im Paris jener Jahre bedeu-
lebt von 1840 tende Schritte hin zur modernen Kunst und damit zur Kunst des
bis 1917 20. Jahrhunderts unternommen. Émile Zola bringt den Naturalis-
mus in den Roman, Claude Debussy setzt durch schwebende Melodienkreisel ab den 1890er-Jahren in der Musik neue Akzente. Man nennt seine Musik impressionistisch. Er wehrt sich dagegen.

In die Bildhauerei führt Auguste Rodin neue Maßstäbe ein. Schon früh zeichnet der Beamtensohn, interessiert sich dann aber immer stärker für die Bildhauerei. Wie einst Cézanne wird er an der École des Beaux-Arts abgelehnt, geht kurz in eine Bildhauerlehre bei Albert-Ernest Carrier-Belleuse, trennt sich aber von ihm im Streit.

1864 entsteht Rodins erstes bedeutendes bildhauerisches Werk: *Der Mann mit der gebrochenen Nase*, eine Kopfskulptur, die mit den Schönheitsidealen der Zeit bricht. Der Salon weist das Werk zurück. In den nächsten Jahren entwickelt Rodin seinen künstlerischen Ausdruck weiter, bildet sein Auge auf Reisen in Italien und Frankreich und wird zum Wegbereiter der modernen Bildhauerei. Mit ihm beginnt die moderne Plastik. Als Bewunderer der griechischen Antike und der Renaissance-Künstler Donatello und Michelangelo versteht er seine Kunst als »Brücke zwischen Gestern und Morgen«. Rodins »Kunst der Buckel und Höhlungen«, wie er sie selbst bezeichnet, bildet eine Schnittmenge von impressionistischen, naturalistischen und symbolistischen Einflüssen. Doch auch spätere Richtungen, wie Expressionismus und Kubismus, scheinen seine Plastiken vorwegzunehmen.

Zwischen 1880 und 1882 arbeitet er am *Denker*, einer Figur, die Dante Alighieri darstellen soll und für die ihm ein Boxer aus dem Rotlichtmilieu Modell sitzt. 1885 entsteht *Die Bürger von Calais*. 37 Jahre lang arbeitet Rodin bis kurz vor seinem Tod an dem Bronzeportal *Das Höllentor*.

Friedrich Nietzsche: Mensch, Moral und Wahrheit

Friedrich Nietzsche lebt von 1844 bis 1900

Der eigentliche Trieb im Menschen sei sein »Wille zur Macht«. Der müsse sich durchsetzen. Das Aussterben bestimmter Arten von Menschen, Völkern oder Kranken sei darüber hinaus wünschenswert, zum Beispiel Verbrecher und Behinderte sollten sich nicht fortpflanzen dürfen. In Turin umarmt Nietzsche schluchzend ein geschlagenes Pferd.

Von allen die dunklen Ecken der Seele und Psyche durchforstenden deutschen Denkern des 19. Jahrhunderts ist er der Abschluss und Höhepunkt.

Nach dem frühen Tod seines Vaters, einem Dorfpfarrer in Sachsen-Anhalt, wächst der sensible und hochbegabte Junge in einem ansonsten rein weiblichen Haushalt auf. Friedrich Nietzsche studiert Theologie und Philosophie und wird mit 24 Jahren Professor in Basel. Wenige Jahre später nimmt er am Deutsch-Französischen Krieg von 1870/1871 als freiwilliger Krankenpfleger teil. In dieser Zeit erkrankt er schwer an der Ruhr und wird niemals wieder richtig gesund. 1879 zieht er sich ins Privatgelehrtendasein zurück.

Der frühe Nietzsche ist ein Mensch auf der Suche der Deutung und Umdeutung der Werte, ein Skeptiker, ein Beobachter und Erforscher des menschlichen Daseins. Er schwärmt für das Werk Schopenhauers.

Seine Liebe zur Religion, die frühe Bewunderung für Richard Wagner, beides schlägt später in Hass um. Er propagiert das freie Denken. Die Werke *Menschliches, Allzumenschliches* (1878 bis 1880) und *Fröhliche Wissenschaft* (1880) entstehen.

Sein kunstvoller und pointierter Stil von hoher literarischer Güte bedient sich zunehmend des Aphorismus. In *Also sprach Zarathustra*, einem seiner wichtigsten Werke, verkündet Nietzsche Mitte der 1880er-Jahre den Tod Gottes und den Weg der Selbstfindung und Selbstbestimmung des »Übermenschen«, der sich in der Bejahung der »ewigen Wiederkunft« und im »Willen zur Macht« über die Masse erhebt. Nietzsches Nihilismus, sein Schlagwort der »Umwertung aller Werte«, obwohl nicht wortwörtlich im *Zarathustra* erscheinend, ist hier als Gedanke bereits ausgereift und zieht sich durch alle weiteren Werke wie *Jenseits von Gut und Böse*, *Der Antichrist* und das autobiografische *Ecce Homo*.

1889 folgt angesichts des geschlagenen Pferdes der geistige Zusammenbruch in Turin. Fortan dämmert Nietzsche in geistiger Umnachtung, von seiner Mutter und Schwester gepflegt.

Das Genie Nietzsche, dessen Werk sicher von seiner angeschlagenen Gesundheit und der zu Lebzeiten weitgehend ausbleibenden Anerkennung beeinflusst wird, weist der Existenzphilosophie und der Kulturkritik der Moderne den Weg. Eifrig gefördert von seiner Schwester, die das Erbe verwaltet, werden Nietzsches Ideen des »Übermenschen« später aber auch durch Adolf Hitler und die Nationalsozialisten vereinnahmt.

John Pierpont Morgan: Hasardeur, Bankier und Wirtschaftsretter

John Pierpont Morgan lebt von 1837 bis 1913

Es ist die goldene Epoche des Kapitalismus. Die Mitte des 19. Jahrhunderts sieht die reichsten Männer aller Zeiten: John D. Rockefeller, Andrew Carnegie, Cornelius Vanderbilt, John Jacob Astor, jeder von ihnen ist nach heutigem Wert seines Vermögens um ein Vielfaches reicher als Bill Gates.

Während der Reichste von ihnen, John D. Rockefeller, aussieht wie ein asketischer Buchhalter, wirkt einer der mächtigsten und für den Verlauf der Wirtschaftsgeschichte einflussreichsten Finanzmänner, John Pierpont Morgan, mit seiner wuchtigen Gestalt wie ein bedrohliches Schlachtross. Er ist groß gewachsen, breitschultrig und raucht Dutzende Zigarren am Tag. Eine Akne lässt seine Nase später knollenblättrig wuchern.

Sein Vater schickt ihn zum Studium nach Göttingen, seinerzeit eine der bedeutendsten Universitäten der Welt. Nach weiteren Studien in Boston gründet Morgan 1860 sein eigenes Finanzinstitut. An dem kurz darauf ausbrechenden Amerikanischen Bürgerkrieg, bei dem er sich vom Kriegsdienst freikauft, verdient er bestens. In der Finanzwelt exzellent vernetzt, kann Morgan danach auch das Kapital besorgen, das die beginnende sogenannte Zweite Industrielle Revolution, vor allem der Ausbau des Eisenbahnnetzes, benötigt. Es ist die Zeit der Räuberbarone, die zum Teil rücksichtslos mit Aktien und Unternehmen spekulieren. Morgan verdient kräftig mit.

1877 wird Morgan Partner im Bankhaus seines Vaters, das über zwei Jahrzehnte später unter seiner Ägide und unter dem Namen J. P. Morgan & Co. zu einem der größten Geldhäuser der Welt wird. In der mit schwarzem Mahagoni verkleideten Black Library seines Hauses in New York, dem ersten elektrifizierten der Stadt, werden einige der wichtigsten Wirtschaftsentscheidung des beginnenden 20. Jahrhunderts getroffen. Morgan investiert in den Schiffs- und Automobilbau und in die wachsende Stahl- und Elektrizitätsindustrie. 1892 arrangiert er die Fusion von Thomas Alva Edisons Unternehmen zur General Electric, dem größten Elektronikkonzern der Welt.

1895 tauschen plötzlich immer mehr Menschen ihr Papiergeld in Gold um. Die Goldreserven des Staates schwinden. Mit Morgans Hilfe gelingt es, eine Staatsanleihe zu platzieren und die USA vor dem Ruin zu retten. Morgan muss quasi anstelle der Zentralbank einspringen, die US-Präsident Andrew Jackson einst abgeschafft hatte, und dies nicht nur einmal: 1901 und 1907 stabilisiert er den amerikanischen Finanzmarkt aufs Neue.

1901 formt Morgan den Konzern US Steel. 112 Konzerne sind zeitweise unter seinem Einfluss, der größte Trust der Welt. Viele sagen, er und Rockefeller seien die eigentlichen Eigentümer der USA.

1912 will Morgan auf der Jungfernfahrt der Titanic mitfahren, annulliert aber seine Buchung in letzter Minute. Ein Jahr später stirbt er. Seine Kunst- und Buchsammlung geht in der heute berühmten Morgan Library auf.

John Davison Rockefeller: Konzern, Kartell und Reichtum

John Davison Rockefeller lebt von 1839 bis 1937

Der reichste Unternehmer, den die Welt je gesehen hat, ist John Davison Rockefeller. Sein Vermögen läge nach heutigem Wert bei etwa 320 Milliarden US-Dollar. Den immensen Reichtum erarbeitet er sich selbst.

Rockefeller beginnt als 16-Jähriger eine Lehre als Buchhalter, tief geprägt von der puritanischen Disziplin seiner Mutter. Der Vater arbeitet als Handlungsreisender. Nach drei Jahren wird Rockefeller Hilfsbuchhalter und entdeckt in den Büchern der Firma, dass sein Vorgänger das Vierfache an Lohn bekommen hat. Seine Forderung nach dem gleichen Lohn wird abgewiesen. Als junger Mann müsse man sich bescheiden.

Rockefeller kündigt und macht sich mit nur 19 Jahren selbstständig. Mit Handelsgeschäften aller Art erwirtschaften Clark & Rockefeller rasch Gewinn. In der aufsteigenden Erdölindustrie erkennt der Jungunternehmer das Geschäft der Zukunft, kauft Raffinerien und stellt Benzin, Heizöl und Petroleum her. Mit der 1870 gegründeten Standard Oil Company dehnt Rockefeller seine Geschäftätigkeit auf den gesamten Herstellungsprozess aus, kauft Pipelines und Ölhandelsgesellschaften. Dabei ist er nicht zimperlich. Mit Preisdumping, Kartellabsprachen und zweifelhaften Wettbewerbs- und Verhandlungsmethoden verschafft er sich eine Art Monopolstellung in der US-amerikanischen Erdölindustrie. 1883 liegt der Marktanteil des im Jahr zuvor gegründeten Standard Oil Trust im Raffinerie- und Transportbereich bei über 90 Prozent.

1892 beginnt die US-Regierung mit dem Sherman Antitrust Act, einem Gesetz zur Einschränkung von Monopolen und Kartellen, das Unternehmen in kleinere Zweige zu zersplittern, doch Rockefeller kann sein Firmenkonglomerat wieder neu aufbauen. Er besitzt schließlich 60 Prozent der Erdölproduktion weltweit, erwirbt Eisenerzbergwerke und fördert bald 60 Prozent des amerikanischen Eisenerzes.

1911 wird Rockefellers Trust endgültig per Gerichtsbeschluss zerschlagen. Aus den Aufspaltungen entstehen die heutigen großen amerikanischen Ölkonzerne Exxon, Mobile, Amoco und Chevron.

Thomas Alva Edison elektrifiziert den Alltag

Thomas Alva Edison lebt von 1847 bis 1931

Dass die Welt sich in den Jahrzehnten zur Wende zum 20. Jahrhundert so rasant verändert, ist auch Thomas Alva Edisons Verdienst.

Doch weil er als Junge in der Schule dem Unterricht kaum folgen kann, hält man ihn zunächst für geistig zurückgeblieben. Tatsächlich ist er hochbegabt, allerdings schwerhörig. Schon als Kind beginnt er zu experimentieren. Er arbeitet als Zeitungsjunge und dann als Telegrafist, während er in der Freizeit versucht, die Telegrafiertechnik zu verbessern. 1868 hat er den ersten Erfolg mit einem Registrierapparat für die New Yorker Börse.

In New Jersey baut er die Menlo Park Laboratories auf und erfindet dort 1877 den Phonographen, ein Gerät zur Aufnahme und Wiedergabe von Schall. Im gleichen Jahr gelingt ihm, der zunehmend sein Gehör verliert, die Verbesserung des Bell'schen Telefons durch das Kohlegrießmikrofon. Es ist der Durchbruch für die Telefonie, denn eine bessere Energiezufuhr ermöglicht fortan Telefongespräche über größere Entfernung mit ausreichender Klangqualität. Zwei Jahre später erfindet er die langlebige Kohlefaden-Glühbirne und 1882 errichtet er das erste Elektrizitätswerk der Welt, das 5000 Straßenlampen in New York mit Strom versorgt.

Ab 1887 arbeitet Edison mit seinem Team in dem neu eingerichteten Laboratorium in West Orange, New Jersey. Dort entwickelt sein Mitarbeiter William K. L. Dickson den Kinetographen und das Kinetoskop, die ersten brauchbaren Geräte zur Aufnahme und Betrachtung bewegter Bilder. In dem wenige Sekunden dauernden Streifen *Dicksons Greeting* hat Dickson selbst 1891 seinen ersten Filmauftritt.

Edison ist nicht nur vielseitiger und genialer Erfinder, sondern auch ein rücksichtsloser Unternehmer. In der jungen und rasch wachsenden Filmwirtschaft versucht er, eine beherrschende Stellung aufzubauen. Anders als etwa die Brüder Auguste und Louis Jean Lumière in Frankreich, die Filme vor großem Publikum auf Leinwände projizieren, setzt er auf das Betrachten der Filme durch Guckkästen, die sogenannten Nickelodeons. 1897 entsteht aus seiner Edison Electric Company unter Vermittlung John Pierpont Morgans die General Electric.

Wie kein anderer steht Edison für die Elektrifizierung des Alltags. An ihn heran reicht nur sein großer Konkurrent, der Deutsche Werner Siemens. Später entwickelt Edison noch Fertighäuser im Zementgussverfahren und arbeitet an der elektrischen Lokomotive. Über 1000 Patente meldet er während seines Lebens an.

Carl Benz und die Erfindung des Automobils

Carl Benz
lebt von 1844
bis 1929

»Eines Tages wird man Karren zu bauen vermögen, die sich bewegen und in Bewegung bleiben, ohne geschoben oder von irgendeinem Tier gezogen zu werden«, schrieb Roger Bacon im 13. Jahrhundert. Leonardo da Vinci sann Ende des 15. Jahrhunderts über selbstfahrende Panzerwagen nach.

Carl Benz' Vater ist Lokomotivführer, arbeitet also mit jenem Gefährt, das erst vor wenigen Jahren eine Transportrevolution ausgelöst hat. Mit der Erfindung des Automobils, an dem seit Jahren Tüftler in der ganzen Welt arbeiten, legt nun Carl Benz den Grundstein für eine weitere Revolution im Transportwesen. Am 29. Januar 1886 meldet er seinen Motorwagen zum Patent an, ein Gefährt mit drei Rädern. Dies gilt als die Geburtsstunde des modernen Automobils. Nikolaus Otto hat 1876 mit dem von ihm entwickelten Verbrennungsmotor die Voraussetzungen dafür geschaffen.

Nun, da ein alter Traum der Menschheit wahr geworden ist, sind alle von der Erfindung beeindruckt, doch keiner will dem stinkenden und lärmenden Vehikel trauen. Ist es zuverlässig? Carl Benz findet niemanden, der Geld in die Produktion stecken möchte. Er ist verzweifelt. Doch da hat seine Frau Bertha eine Idee.

Am Morgen des 5. August 1888 fährt sie mit ihren beiden Söhnen kurzerhand von Mannheim nach Pforzheim. Es ist die erste Fernfahrt eines Automobils und sie ist spektakulär. Die Welt ist verblüfft. »Sogar« eine Frau mit zwei Kindern kann mit dem Gefährt zuverlässig weite Strecken von über 100 Kilometern rasch überwinden.

Als Benz vier Jahre später seinen ersten vierrädrigen Wagen vorstellt – Gottlieb Daimler hat unabhängig von ihm kurz zuvor den ersten Wagen dieser Art gebaut –, gelingt ihm der Durchbruch. Um 1900 stellt er bereits eine breite Palette von Automobilmodellen her. Aus dem 1926 durch Fusion mit der Fabrik Gottlieb Daimlers entstandenen Werk geht einer der größten Automobilkonzerne der Welt hervor, die Daimler-Benz AG und heutige Daimler AG.

Mutsuhito und der Eintritt Japans in die Moderne

Mutsuhito lebt von 1852 bis 1912

Seine Mutter ist eine Konkubine. Sein Vater ist der Komei-Tenno, der 121. Kaiser von Japan seit dem legendären Jimmu.

Unter Mutsuhito, dem 122. Tenno, endet die Macht der Shogune und es endet die Edo-Zeit, benannt nach jenem Fischerdorf, das die Tokugawa-Shogune zur Residenz gemacht hatten. 1868, ein Jahr nach seiner Thronbesteigung, wird Edo in Tokio umbenannt. Mutsuhito verlegt seine Residenz von Kyoto hierher.

Noch unter Mutsuhitos Vater Kaiser Komei hatte es einen für Japan traumatischen Zwischenfall gegeben. Der US-amerikanische Commodore Matthew Perry war mit vier Kriegsschiffen in der Bucht von Tokio erschienen und hatte unter Androhung von Gewaltanwendung den Abschluss eines Handelsvertrages mit den USA erzwungen.

Dieser Vertrag von Kanagawa besiegelt das Ende der von den Shogunen verordneten Abschottung Japans und ist der Beginn des Endes der Shogunherrschaft.

Als Mutsuhito den japanischen Thron besteigt, ist er 14 Jahre alt. Seine Regierung stellt er unter das Motto Meiji, was »erleuchtete Herrschaft« bedeutet. In den 44 Jahren seiner Regierungszeit entwickelt sich der Staat allmählich zur konstitutionellen Monarchie. Als erster Premierminister Japans amtiert ab 1885 Ito Hirobumi, der Adoptivsohn eines Samurais, der bereits als junger Mann illegal nach London gereist ist, wo er den gesellschaftlichen und technischen Vorsprung Großbritanniens und des Westens beobachtet. Anfang der 1870er-Jahre gehört er zur berühmten Iwakura-Mission, einer Gruppe hochrangiger japanischer Politiker, die Amerika und Europa bereisen. Während seines Aufenthalts im Deutschen Reich im März 1872 machen das preußische Militärwesen und die autoritäre Staatsform einen tiefen Eindruck auf ihn. Er nimmt sie zum Vorbild für die weitere Modernisierung Japans. In Mutsuhito, der sich zu Beginn seiner Regentschaft noch wenig für Politik interessiert hat und sich lieber seinen musischen Interessen widmet – er soll im Laufe seines Lebens Tausende von Gedichten verfasst haben –, findet Hirobumi den Kaiser, der die Anstrengungen der nächsten Jahre unterstützt.

Japan wird zum Industriestaat, in dem viele der späteren japanischen Weltkonzerne ihren Aufstieg beginnen. Das Land erhält ein Parlament und eine von Mutsuhito 1889 in Kraft gesetzte Verfassung. Mit seiner modernisierten Armee gewinnt Japan zur Wende zum 20. Jahrhundert nacheinander den Ersten Chinesisch-Japanischen Krieg und den Japanisch-Russischen Krieg und wird zu einer Großmacht in Ostasien, die nach noch Höherem strebt.

Cecil Rhodes: Afrika den Briten!

Cecil Rhodes lebt von 1853 bis 1902

Das Weltreich der Briten, das unter Königin Victoria I. seine größte Ausdehnung erreicht, entsteht nicht in erster Linie aus dem politischen Weltmachtstreben von Monarchen oder einer Adelsschicht, es wächst vor allem durch den Ehrgeiz und das Aufstiegs- und Gewinnstreben einer breiten Mittelschicht. Freibeuter begründen die Seeherrschaft wie der Bauernsohn Francis Drake, Admirale festigen sie wie der Pfarrerssohn Horatio Nelson, Feldherren bauen die militärische Macht zu Lande aus wie die Soldatensöhne John Churchill, der spätere Duke of Marlborough, und Lord Kitchener und Kaufleute wie Cecil Rhodes erhöhen den Reichtum des Weltreichs.

Cecil Rhodes ist der wohl exponierteste der Männer, auf deren Wirken das britische Kolonialreich gründet. Dabei verbringt der lungenkranke Sohn eines Pfarrers die meiste Zeit seiner Kindheit zu Hause.

Mit 18 reist er zu einem seiner Brüder nach Südafrika, der dort eine Baumwollplantage besitzt. Gemeinsam packt sie das Diamantenfieber. In Kimberley, dem Zentrum des Diamantenabbaus, merkt Rhodes bald, dass man mehr damit verdient, die Ausrüstung für die Diamantensucher bereitzustellen, anstatt selbst in einzelnen Feldern zu schürfen. Nur mit mehreren Minen könnte man wirklich reich werden. Mit einer Wasserpumpe verdient Rhodes erstes Geld, dann beginnt er nach und nach, Diamantenfelder aufzukaufen. Schließlich gründet er das Unternehmen, das unter dem Namen De Beers das größte Diamantenunternehmen der Welt wird. Nicht nur die Diamantengewinnung, sondern auch die Weiterverarbeitung und den Verkauf nimmt er in die Hand.

1881 wird Rhodes Abgeordneter im Parlament der britischen Kapkolonie. Fest überzeugt von der Überlegenheit der britischen Gesellschaft und der britischen Menschen macht er es zu seinem Ziel, die Herrschaft Großbritanniens über Afrika von Nord nach Süd auszudehnen.

»Vom Kap bis Kairo!«, lautet das Schlagwort, mit dem er gegen konkurrierende Mächte antritt wie Frankreich, Portugal, Belgien und das neu hinzukommende Deutsche Reich. 1885 bewirkt Rhodes die britische Besetzung von Betschuanaland, das heutige Botswana, und 1889 erwirbt Großbritannien auf sein Betreiben hin das später nach ihm benannte Rhodesien, das heutige Simbabwe. Im Jahr darauf ist Rhodes Premierminister und Quasi-Diktator am Kap. Um diese Zeit kontrolliert er etwa 90 Prozent der weltweiten Diamantenproduktion.

Nun geht es ihm vor allem darum, die mittlerweile im Herzen Südafrikas entstandene Burenrepublik einzukreisen. Die Buren sind Siedler deutscher und holländischer Herkunft, die allmählich eine eigene Identität entwickelt haben. Doch nach dem von ihm unterstützten berühmt-berüchtigten Jameson Raid, einem Überfall auf die Burenrepublik, muss Rhodes 1896 zurücktreten.

Das von ihm gegründete Rhodes-Stipendium wird bedeutende Persönlichkeiten während ihres Studiums fördern, unter ihnen der spätere US-Präsident Bill Clinton.

17. Hoffnungen des 20. Jahrhunderts

Sigmund Freud:
Der Mensch entdeckt seine Psyche

Selbstbewusst nennt Sigmund Freud später die Folgen seiner Ideen die dritte Kränkung der Menschheit. Die erste sei Nikolaus Kopernikus' Feststellung gewesen, die Erde sei nicht der Mittelpunkt des Universums; die zweite Darwins Erkenntnis, der erklärte, der Mensch habe die gleichen Vorfahren wie die Affen.

Sigmund Freud lebt von 1856 bis 1939

Freud ist Sohn eines jüdischen Wollhändlers und studiert Medizin in Wien und Triest, später in Paris und Nancy. Als junger Mediziner in Wien widmet er sich in den 1880er-Jahren mit dem Arzt Josef Breuer Studien zu psychischen Störungen. Dabei kommt er zu dem Schluss, dass es ein Unterbewusstsein geben muss, das die Handlungen des Menschen entscheidend beeinflusst. 1889 entwirft Freud erstmals das Modell der Psyche, im Jahr darauf führt er den Begriff »Psychoanalyse« ein.

1899 erscheint die *Traumdeutung*, in der Freud seine Ansicht darlegt, dass unterdrückte Wünsche und Triebe des Menschen in seinen Träumen Wege ins Bewusstsein suchen. Er wird einer breiten Öffentlichkeit bekannt. Anhänger scharen sich um ihn. 1908 gründet er die Wiener Psychoanalytische Vereinigung.

Zu einem zentralen Element seines Ideengebäudes wird der Ödipuskonflikt, die sexuelle Hingezogenheit des Sohnes zur Mutter bei gleichzeitiger Rivalität mit dem Vater. Die gleiche sexuelle Rivalität sieht Freud zwischen Töchtern und ihren Müttern in der Konkurrenz um die Gunst des Vaters. Überhaupt: Der Sexualtrieb ist für Freud die Hauptantriebskraft des menschlichen Verhaltens, und mit seiner Arbeit trägt er entscheidend zur Enttabuisierung der Sexualität bei.

1923 erscheint das Buch *Das Ich und das Es*, in dem Freud das berühmte Drei-Instanzen-Modell der Psyche vorstellt mit dem Ich (Bewusstsein und Persönlichkeit des Menschen), dem Über-Ich (Gewissen und moralische Instanz) und dem Es (das Unbewusste, Hort der Triebe und Wünsche). Freud ist sicher: Das Es bestimmt im Wesentlichen Ich und Über-Ich.

Die Komplexität des Menschen, seine Empfindungen, Wünsche und Erfahrungen bekommen für die Begründung des menschlichen Handelns bei Freud eine neue Bedeutung. Diese Erkenntnisse wirken auf die Gesellschaft, Kunst und Philosophie des 20. Jahrhunderts.

Freud, der Religionen heftig angreift, macht aus seiner Lehre schließlich selbst eine Art Religion. Da er keine Methodologie liefert, die seine Thesen beweisbar oder widerlegbar macht, ist die Wissenschaftlichkeit seines Werkes begrenzt. Mit Anhängern, die in alternative Richtungen denken wie C. G. Jung und Alfred Adler, überwirft er sich.

1938 zwingt ihn die Angliederung Österreichs an das Deutsche Reich unter Adolf Hitler zur Emigration nach London. Dort stirbt er kurz darauf. Seine ebenfalls ins Exil fliehenden Anhänger tragen die Ideen der Psychoanalyse in die Welt.

Max Planck und die Quantenmechanik

Max Planck lebt von 1858 bis 1947

Während Freud an der »dritten Kränkung der Menschheit« arbeitet und das Bild der Psyche ändert, verändern zur Wende zum 20. Jahrhundert zwei Theorien die Physik: die Quantentheorie und die Relativitätstheorie. Letztgenannte entwickelt ab 1905 der junge Albert Einstein, die Erstgenannte begründet Max Planck. Beide Theorien stoßen bis zum eigentlichen Zusammenwirken aller Dinge vor. Sie beeinflussen das Verständnis des Menschen vom Entstehen und Zusammenhalt der Welt.

Max Planck stammt aus einer Gelehrtenfamilie. Er selbst lehrt die meiste Zeit seines Lebens an der Universität von Berlin. Seine Quantenphysik beschäftigt sich mit dem Verhalten und der Wechselwirkung kleinster Teilchen. Auch hier geht es wie später in der Relativitätstheorie um Unvereinbarkeiten mit den bis dahin noch immer gültigen Theorien Isaac Newtons.

Die Quantenphysik entsteht aus Plancks Berechnungen, bei

denen er als eine fundamentale Konstante in der Natur 1899 das Planck'sche Wirkungsquantum entdeckt und daraus im Jahr darauf das Planck'sche Strahlungsgesetz entwickelt, womit er entscheidend zur Erklärung des Aufbaus von Materie und der Abgabe elektromagnetischer Strahlung beiträgt. Nach dem Strahlungsgesetz erfolgt Strahlung von Energie, sei es Wärme, Licht oder Elektrizität, nicht kontinuierlich, wie in der klassischen Physik angenommen, sondern in Teilen oder Stößen. Der Strahlungsenergieaustausch findet mittels kleinster Energiepakete statt, die man dann Quanten nennt. Alle in den Jahrzehnten danach durchgeführten Experimente werden Plancks Beobachtung bestätigen.

Am 14. Dezember 1900 trägt Planck die Quantentheorie erstmals vor, zunächst in Form einer Hypothese, eines tastenden Erklärungsversuchs. Als der bis dahin völlig unbekannte Albert Einstein im Jahr 1905 seine drei berühmt werdenden Aufsätze zur Relativitätstheorie vorstellt, erkennt Planck sofort deren Bedeutung auch für die Quantentheorie.

Die zweite Stufe auf dem Weg von Plancks Quantenhypothese zur Wissenschaft der Quantenmechanik erklimmt der Däne Niels Bohr, der 1913, fünf Jahre bevor Planck den Nobelpreis für Physik erhält, die Quantentheorie auf das Atom anwendet. Die moderne Quantenmechanik beginnt schließlich mit der von Bohr und Werner Heisenberg formulierten berühmten Kopenhagener Deutung, nach der die Bewegung von Teilchen nur in Wahrscheinlichkeiten beschrieben werden kann.

Planck und Einstein sind entsetzt. Sind die Abläufe in der Natur in ihrem elementarsten Bereich unberechenbar? Einstein will es nicht wahrhaben und liefert den berühmten Satz: »Gott würfelt nicht.«

Marie Curie und die Radioaktivität

1895 eröffnet der Physiker Konrad Wilhelm Röntgen in Würzburg in einem Vortrag seinen wissenschaftlichen Kollegen, er habe eine neue Art von Strahlen entdeckt. Eine der ersten Aufnahmen, die er mithilfe der Strahlen macht, zeigt die Hand seiner Frau, wobei die Knochen und der Ehering genau zu erkennen sind. Röntgen, ein durch und durch bescheidener Mann, bezeichnet seine Entdeckung als X-Strahlen, seine begeister-

Marie Curie lebt von 1867 bis 1934

ten deutschen Kollegen beschließen, sie Röntgen-Strahlen zu nennen. Die Radioaktivität und ihre Gesundheitsschädlichkeit erkennt man zunächst nicht. Im Ausland setzt sich Röntgens Terminus durch. Sofort beginnt man nach weiteren Arten von Strahlen zu suchen. 1901 erhält Röntgen als Erster den neu gestifteten Nobelpreis für Physik.

1896 stößt Antoine Henri Becquerel auf die Strahlungseigenschaften von Uran, einem Element, das erst 1841 entdeckt wurde. Becquerel ist Freund und Lehrer der jungen polnischen Wissenschaftlerin Marie Skłodowska, Tochter einer hochgebildeten Lehrerfamilie in Warschau, die den französischen Professor Pierre Curie heiratet und dessen Namen annimmt.

Marie Curie bemerkt bei ihrer Arbeit an Mineralien in Becquerels Laboratorium radioaktive Strahlungen, die sie vermuten lassen, auf ein bisher noch nicht bekanntes chemisches Element gestoßen zu sein, das noch intensivere Strahlung hervorruft. In den nächsten Jahren konzentriert sie sich mit ihrem Mann, der seine eigenen Forschungen zurückstellt, auf die Entdeckung dieses Elements. Sie schaffen Tonnen des stark radioaktiven Minerals Uraninit (Pechblende) aus dem böhmischen Joachimsthal heran, arbeiten bis zur Erschöpfung in einem kleinen, schäbigen Schuppen und finanzieren alles durch die Auszahlung ihrer gemeinsamen Lebensversicherung. Im Juli 1898 entdecken sie zunächst, quasi als Nebenerfolg, einen besonders strahlenden Stoff, den Marie Curie zu Ehren ihrer Heimat Polonium nennt. Im Dezember stößt das Ehepaar schließlich auf das lange gesuchte Radium.

1903 erhalten Antoine Henri Becquerel, Pierre Curie und Marie Curie den Physik-Nobelpreis für ihre Versuche zur Radioaktivität, die man als den historischen Beginn der modernen Kernforschung bezeichnen kann. Marie Curie übernimmt – für eine Frau in jener Zeit eine nahezu unwahrscheinliche Auszeichnung – nach dem Unfalltod ihres Mannes dessen Professur für Physik an der Sorbonne. 1911 erhält sie einen weiteren Nobelpreis, dieses Mal für Chemie. Ihre Tochter Irène Curie wird 1935 mit ihrem Mann Frédéric Joliot ebenfalls den Nobelpreis für Chemie bekommen.

Marie Curie stirbt schließlich an den Folgen der Strahlung, der sie während ihrer jahrelangen wissenschaftlichen Arbeit ausgesetzt war.

Marcel Proust und die Suche nach dem Leben

Zur Jahrhundertwende, dem Fin de Siècle, streicht in Paris ein geistreicher kurzatmiger Nichtsnutz durch die Salons. Die Belle Époque geht zu Ende. Der Kapitalismus, das wachsende und wohlhabender werdende Bürgertum, die Technik verdrängen die Welt des Adels.

Marcel Proust lebt von 1871 bis 1922

Als Sohn eines wohlhabenden Arztes und der Tochter einer Bankiersfamilie wächst Marcel Proust behütet auf, Geld muss er nicht verdienen. Bereits als Kind leidet er an Asthma. Er verkehrt in der Pariser Gesellschaft, ist bekannt und beliebt. Proust liest begeistert das Werk des Philosophen und späteren Literaturnobelpreisträgers Henri Bergson. Dessen Gedanken zum Wesen von Raum und Zeit scheinen in Prousts Werk später immer wieder hervorzutreten.

Proust beginnt unsystematisch Material für ein durchkomponiertes Romanwerk zu sammeln. 1896 erscheint quasi als Fingerübung sein erstes Buch *Les plaisirs et les jours*. Es lässt noch wenig vom späteren Genie erahnen. Einen Kritiker fordert er zum Duell.

Als 1903 und 1905 nacheinander Vater und Mutter sterben, verfällt Proust in Depressionen. Seine Asthmaerkrankung verschlimmert sich, er zieht sich zurück und beginnt im Wettlauf mit dem Tod in einem verdunkelten, durch Gardinen schallgedämpften Raum und nur umsorgt von seiner Haushälterin Céleste Albaret, die auch seine literarische Assistentin wird, sein monumentales siebenbändiges Romanwerk *A la recherche du temps perdu (Auf der Suche nach der verlorenen Zeit)*. Einen Verleger findet er nicht; auch André Gide, der damalige Lektor von Gallimard, lehnt das Manuskript ab und sagt später, es sei der größte Fehler seines Lebens gewesen. Proust bezahlt den Druck des ersten Bandes selbst.

In Prousts Roman versucht ein Ich-Erzähler die Erinnerung an seine Kindheit und Jugend wachzurufen. Durch Assoziationen auslösende Sinneseindrücke wie das berühmt gewordene Schmecken einer in Tee getauchten Madeleine gelingt es ihm, Momente seines Lebens bis ins kleinste Detail des Empfindens lebendig werden zu lassen. Der Clou: Am Ende des mehrere Tausend Seiten langen Romantextes entschließt sich der Erzähler, das Erinnerte zum Inhalt eines Romans zu machen.

Nach außen beschreibt Proust die verfallende mondän-dekadente Gesellschaft der Jahrhundertwende. Im Grunde aber erzählt er in einem innerem Monolog die Lebenswahrnehmung des der modernen Zeit ausgesetzten Menschen und zeigt wie kein anderer, dass Leben vor allem inneres Erleben ist. Neben James Joyce gilt Proust als wichtigster Erneuerer des Romans im 20. Jahrhundert.

Henry Ford: Das Automobil verändert die Welt

Henry Ford
lebt von 1863
bis 1947

Nachdem Nikolaus Otto, Carl Benz, Wilhelm Maybach und Gottlieb Daimler nacheinander die entscheidenden Durchbrüche zur Entwicklung des Automobils gelungen sind, entstehen in Europa und in den USA die ersten Fabriken zur Herstellung des Gefährts.

Zunächst jedoch ist das Automobil nur für Reiche erschwinglich. Der Durchbruch zum Massenprodukt, zu jenem Transportmittel, das das Gesicht des 20. Jahrhunderts entscheidend mitprägen wird, gelingt dem Farmerssohn Henry Ford.

Mit 22 Jahren soll der Maschinist einen Ottomotor reparieren, wobei er dessen Aufbau gründlich studiert. Fortan beschäftigt sich Ford, ab 1891 als Ingenieur für eines von Thomas Alva Edisons zahlreichen Unternehmen arbeitend, in seiner Freizeit mit der Konstruktion von Motoren. 1896 baut er ein erstes eigenes Automobil. 1903 gründet er die Ford Motor Company.

Schon sechs Jahre später hat er seine bisherigen Partner ausgezahlt und das alleinige Sagen im Unternehmen. Anders als alle anderen Hersteller der Zeit geht er ungewöhnliche Wege und kündigt an, nicht mehrere, sondern nur ein Modell anzubieten: das Modell T. Es ist einfach, doch für nahezu jeden erschwinglich. Alles an dem Modell plant und kalkuliert er nach der Maxime »Qualität zu niedrigem Preis«. Für den Gewinn muss er hohe Stückzahlen produzieren. Ford hat das Fließband nicht erfunden, aber er popularisiert es und erhebt es zum Standard der Industriefertigung, als er es 1913 in seinem Werk in Highland Park einführt.

15 Millionen Stück werden vom Modell T gebaut. Nur der VW Käfer übertrifft es später an Verkaufszahlen. Indem Ford das Automobil zum Massenprodukt macht, verändert er die Alltagswelt und die Gesellschaft. Das Auto bestimmt das Gesicht der

Städte, Straßen verändern die Landschaften, verbinden Regionen und Länder, Menschen pendeln bald aus Vorstädten in die Zentren.

Fords Konzern wächst, er selbst wird zu einem der reichsten Männer der Welt. Doch der Erfolg des Modells T wird ihm fast zum Verhängnis. Fast zu spät erkennt er 1927, dass die Kundenwünsche sich geändert haben, und stellt dessen Produktion ein: Neue Erfolge feiert er mit dem Modell A.

Orville und Wilbur Wright: Der Traum vom Fliegen wird wahr

Orville und Wilbur Wright leben von 1871 bis 1948 und von 1867 bis 1912

Der Franzose Louis Mouillard und der Deutsche Otto Lilienthal sind die Flugpioniere, die Orville und Wilbur Wright in Ohio zu ihren Taten inspirieren, an deren Ende der erste Motorflug steht.

Zuerst betreiben die Brüder eine Druckerei, später geben sie eine Zeitung heraus, 1890 eröffnen sie eine Fahrrad-Reparatur-Werkstatt und konstruieren bald eigene Fahrräder. Die beiden gelten als zuverlässig und gründlich, sie zeichnen als »Wright Brothers« und heiraten nie.

In ihrer Freizeit verfolgen sie einen Traum: Vom Fesseldrachen arbeiten sie sich zum Gleitflugzeug vor. Sie analysieren den tödlichen Unfall Lilienthals, der 1896 mit seinem Hängegleiter abgestürzt war, und erkennen, dass er das Problem des dynamischen Auftriebs gelöst hat und daher Körper, die wesentlich schwerer als Luft sind, dennoch durch den Auftrieb fliegen können. Am 17. Dezember 1903 gelingt Orville Wright bei Kitty Hawk ein erfolgreicher Flug über 50 Meter mit einem selbst konstruierten Flugapparat. Die Reise dauert zwölf Sekunden.

Auch wenn es stimmt, dass andere schon vor ihnen eine Maschine mit einem Menschen in die Luft beförderten und wieder zur Landung brachten, ist die Leistung der Brüder die Initialzündung der modernen Luftfahrt. Anders als die meisten anderen Luftfahrtpioniere haben die Brüder Wright ihre Flüge sorgfältig fotografisch und schriftlich dokumentiert, sodass keine Zweifel an ihrer Darstellung bestehen.

Ihre Neuerungen werden zu Standards des Flugzeugbaus. Die Brüder haben unter anderem das Steuerungssystem über Längs- und Querachse eingeführt und so den kontrollierten Motorflug ermöglicht. Auch Höhenruder, Seitenruder und den Vorläufer des späteren Querruders zur Kontrolle der waagerechten Lage des Flugzeugs haben sie etabliert.

1904 fliegen die Wrights mit einem Flugzeug eine erste Kurve, im Jahr darauf den ersten geschlossenen Kreis, außerdem legen sie bei ihren Flügen nun Entfernungen von bis zu 45 Kilometern zurück. Sie bilden Piloten aus, forschen weiter. Die moderne Luftfahrt hat begonnen.

Guglielmo Marconi und die kabellose Nachricht im Jetzt

Guglielmo Marconi
lebt von 1874 bis 1937

Samuel Morse und Alexander Graham Bell bringen mit der Telegrafie und dem Telefon den Austausch von Informationen um entscheidende Schritte voran. Doch zur Übermittlung der Nachrichten brauchen sie Kabel. Bei Guglielmo Marconi ist das anders.

Dem Sohn eines wohlhabenden italienischen Gutsbesitzers gelingt es, Kommunikation kabellos durchzuführen. Er entwickelt die drahtlose Telegrafie und legt so die Basis für den späteren Rundfunk.

Die Voraussetzungen für Marconis Erfolge hat der Deutsche Heinrich Hertz 1888 geschaffen, als er experimentell elektromagnetische Wellen nachweist. Sieben Jahre später beginnt Marconi darauf aufbauend auf dem Landgut seiner Eltern mit Experimenten. Schließlich baut er ein Gerät des Russen Alexander Stepanowitsch Popow nach, das dieser im Januar 1896 in einem Artikel mit dem Titel »Gerät zur Aufspürung und Registrierung elektrischer Schwingungen« beschrieben hat. Marconi erhält im Juni des Jahres das Patent und gilt fortan als »Vater der drahtlosen Kommunikation«.

Popow protestiert. Marconi hingegen beginnt seinen Siegeszug als technischer und unternehmerischer Pionier der Funkübertragung. Er geht nach England, gründet 1897 eine »drahtlose Telegrafengesellschaft« und errichtet eine erste Produktionsstätte für Funkgeräte. Spektakuläre Tests wie die erste drahtlose Nachrichtenübermittlung über den Ärmelkanal im Jahr 1899 und die erste transatlantische Funkübertragung 1901 machen ihn berühmt. 1907 richtet er den ersten kommerziellen transatlantischen Funkdienst ein. Zusammen mit Karl Ferdinand Braun erhält er 1909 den Nobelpreis für Physik.

Nach dem Ende des Ersten Weltkriegs nimmt er 1919 als Delegierter an der Friedenskonferenz in Paris teil. In jener Zeit wird mit den Patenten von Marconi und Thomas Alva Edison die Radio Corporation of America (RCA) gegründet.

Marconi, 1929 in Italien zum Marchese geadelt, verdient gut mit dem Senden von Station zu Station. Daher hat er nicht viel übrig für die Ideen des jungen RCA-Managers David Sarnoff, der, aufbauend auf einer Erfindung des Amerikaners Edwin H. Armstrong, nicht nur von einem Sender zu einem Empfänger senden will, sondern gleich zu mehreren Empfängern. Sarnoff will den Rundfunk einführen, und dies gelingt ihm schließlich. Das Radio ist geboren und wird die Gesellschaft des 20. Jahrhunderts entscheidend mitprägen.

Einen vermutlich noch größeren gesellschaftlichen Einfluss wird das Fernsehen gewinnen. 1925 stellt der schottische Erfinder John Logie Baird in einem Londoner Kaufhaus einen Fernsehapparat vor, 1928 gelingt ihm die erste transatlantische Übertragung eines Fernsehbildes von London nach New York.

Roald Amundsen und das Ende der Entdecker

Schon als Kind interessiert sich Roald Amundsen leidenschaftlich für Polarreisen. Der Sohn eines wohlhabenden norwegischen Reeders verschlingt die Bücher des Polarforschers John Franklin, der 1847 ums Leben kam, als er versuchte, die Nordwestpassage zu entdecken. Der junge Roald will auch Polarforscher werden, aber die Mutter ist dagegen. Ihr zuliebe studiert er Zoologie, Philosophie und mehrere Sprachen. Doch er bleibt ein mäßiger Student, und als die Mutter stirbt, heuert Amundsen sofort als Matrose an. Fortan bereist er auf verschiedenen Schiffen die Welt. 1895 erwirbt er das Steuermannspatent.

1896 bis 1899 nimmt Amundsen auf der *Belgica* unter der Leitung von Adrien de Gerlache de Gomery an einer belgischen Expedition in die Antarktis teil. Erstmals stellt man fest, dass die Antarktis ein von Eis überzogener eigenständiger Kontinent ist. Spätere Expeditionen werden von dieser Erkenntnis profitieren.

Roald Amundsen lebt von 1872 bis 1928

Von 1903 bis 1906 fährt Amundsen mit dem Schiff *Gjøa* als Erster durch die Nordwestpassage und wird zurück in Norwegen, das gerade erst seine Unabhängigkeit gewonnen hat, als Nationalheld gefeiert.

Endgültig weltberühmt aber wird er, als er im Wettlauf mit dem britischen Polarforscher Robert Falcon Scott am 14. Dezember 1911 als Erster den Südpol erreicht. Amundsen ist während der ganzen Strecke mit Schlittenhunden unterwegs, Scott und seine Begleiter bewältigen die Strecke fast ausschließlich zu Fuß. Sie erreichen erst über einen Monat nach Amundsen ihr Ziel und sterben auf dem Rückweg an Strapazen und Hunger.

Vielleicht ist Amundsen auch der Erste, der den Nordpol erreicht hat. Denn 1926 fliegt er mit dem Luftschiff *Norge* und dessen Erbauer, dem Italiener Umberto Nobile, und dem amerikanischen Forscher Lincoln Ellsworth über die Arktis. Ansprüche anderer, vor Amundsen am Nordpol gewesen zu sein, wie die Robert Pearys, Frederick Cooks oder Richard Byrds, von denen Letzterer mit dem Flugzeug drei Tage vor Amundsen über den Nordpol geflogen sein will, vermutlich aber den Nordpol um mehrere Hundert Kilometer verfehlt hat, werden heute meist nicht mehr anerkannt.

1928 macht sich Umberto Nobile mit dem Luftschiff *Italia* noch einmal auf den Weg, stürzt aber bei Spitzbergen ab und rettet sich mit einigen seiner Männer auf eine Eisscholle. Der russische Funkamateur Nikolai Reinhold Schmidt hört auf seinem selbst gebastelten Funkempfänger den Notruf. Eine Hilfsaktion wird in die Wege geleitet, an der sich auch Amundsen beteiligt. Mit einem geliehenen Flugzeug macht er sich auf eigene Faust auf den Weg. Auf den Tag genau 25 Jahre nachdem er einst auf dem Schiff *Gjøa* seine Tätigkeit als Polarforscher aufgenommen hat, verschwindet er. Das Flugzeug und er selbst bleiben verschollen.

Albert Einstein und die Relativität

Albert Einstein lebt von 1879 bis 1955

Das Jahr 1905 wird zum Triumph des erst 26-jährigen Albert Einstein. Nach und nach veröffentlicht er fünf Aufsätze. Jeder allein hätte ihm einen Platz in der Ruhmeshalle der Physik eingetragen.

Einstein wird in eine jüdische Familie in Ulm geboren und soll spät sprechen gelernt haben. Legende? Tatsache ist, dass er mit 16 versucht, zum Studium am Eidgenössischen Polytechnikum in Zürich aufgenommen zu werden, und das ohne Abitur. Er traut sich also was. Zunächst fällt er durch die Aufnahmeprüfung, ein Jahr später aber ist er dabei. 1900 macht er sein Examen mit keineswegs schlechten Noten, doch eine Assistentenstelle wird ihm verwehrt. Einstein muss sich als Hauslehrer durchschlagen. In der Freizeit beginnt er wissenschaftlich zu arbeiten, bis er zum »Assistenten dritter Klasse« im Berner Patentamt berufen wird.

Dann die Aufsätze von 1905: Im Ersten bestätigt Einstein das von Max Planck aufgestellte Gesetz vom Strahlungsverhalten glühender Körper, das von einem Energieaustausch mittels kleinster Energiepakete ausgeht, den Quanten. Für diese Arbeit erhält Einstein 1921 den Nobelpreis. Dann liefert Einstein als zweite Arbeit des Jahres seine Dissertation zu den Moleküldimensionen ab. Sein nächster Aufsatz behandelt die Brown'sche Molekularbewegung, womit er beweist, dass es Moleküle tatsächlich gibt. Als vierter Aufsatz erscheint eine Abhandlung zur Elektrodynamik bewegter Körper, zu der er einen Tag später einen Nachtrag liefert. Diese letzten Arbeiten enthalten die spezielle Relativitätstheorie, wovon im Nachtrag erstmals die Formel $E=mc^2$ zu lesen ist.

Mit der speziellen Relativitätstheorie relativiert Einstein Newtons seit 1687 als unverrückbar angenommene Ansicht, dass der Raum einen festen, unveränderlichen Rahmen bilde und die Zeit kontinuierlich fließe. Einstein sagt nun, Raum und Zeit stehen in Beziehung zueinander. An einem Ort, der sich schnell bewegt (etwa in einem Raumschiff), vergeht die Zeit langsamer als an einem statischen Ort. Mit seiner berühmten Formel erklärt Einstein, wie sich Materie in Zeit und Raum verhält. Masse erhöht sich mit der ihr zugeführten Energie exponentiell (im Quadrat).

1915 liefert Einstein die allgemeine Relativitätstheorie nach, in der er die Gravitation als eine Krümmung von Raum und Zeit in Wechselwirkung mit der Materie beschreibt.

Seit 1913 an der Akademie der Wissenschaften in Berlin, emigriert der leidenschaftliche Segler und Geigenspieler nach der Machtübernahme der Nationalsozialisten 1933 in die USA.

Sein Denken, das alle bisherigen Grenzen gesprengt hat, will den
Wegen, die er aufgezeigt hat, schließlich selbst nicht mehr folgen. Mittlerweile weltweit populär – mit seinem zerzausten Haar,
dem gutmütig wirkenden Blick ist er das Sinnbild des genialen
Gelehrten –, setzt Einstein sich für atomare Abrüstung und den
Weltfrieden ein. Doch an Schwarze Löcher und die Unberechen-
barkeit der Quantenphysik mag er nicht glauben.

Igor Igor Strawinski: »Neue Musik«

Strawinski Von der immer unbegreiflicher werdenden Welt wird auch die
lebt von 1882 Musik erfasst. Die Töne, die Igor Strawinski seinem Publikum
bis 1971 zu Gehör bringt, sind verstörend. Der Takt wechselt ständig, und
die Melodie? Von Melodie wagt mancher gar nicht mehr zu reden.

Igor Strawinski wird als Sohn eines Opernsängers bei Sankt
Petersburg geboren und soll Jurist werden. Doch nach dem Examen verschreibt er sich ganz dem Komponieren. Er studiert
bei Nikolai Rimski-Korsakow, der für ihn zu einer Art Vaterfigur
wird, ist fasziniert und beeinflusst von dem französischen Komponisten Claude Debussy, dessen Musik mit eng gesetzten Me-
lodienzirkeln die Wahrnehmung und Zerlegung der Zeit einfängt
und zwischen Romantik und Moderne schwebt.

Strawinski macht Sergej Diaghilew auf sich aufmerksam. Für
dessen avantgardistisches Russisches Ballett in Paris verfasst er
ab 1909 mehrere Werke. 1913 wird das Ballett *Le sacre du prin-
temps* aufgeführt, das mit seiner außergewöhnlichen Rhythmik
und Struktur der Klänge als eines der Schlüsselwerke der Musik des 20. Jahrhunderts gilt. Strawinski sagt später:»Ich war das
Gefäß, durch das der ,Sacre' hindurchging.« Das Publikum ist
schockiert. Die Uraufführung in der Pariser Oper, begleitet von
Gelächter und Tumult, wird zu einem der größten Skandale der
Musikgeschichte.

Während des Ersten Weltkriegs komponiert Strawinski in der
Schweiz *Die Geschichte vom Soldaten*, eines der einflussreichsten
Werke des Musiktheaters der Moderne. Strawinski wird zum
Weltreisenden und interpretiert als Dirigent seine Werke. Seine
Musik, die um keinerlei Publikumsgeschmack buhlt, jedoch um
jedes neu zu entdeckende Terrain der Melodie und Rhythmik

kämpft, fasziniert die einen und stößt die anderen ab. Er stirbt, seit 1939 in den USA lebend, im hohen Alter von fast 90 Jahren in New York. Bis zuletzt mit allen Genres experimentierend, hat er wie kaum ein anderer die Musik des 20. Jahrhunderts beeinflusst.

Franz Kafka: Entfremdung des Menschen

Franz Kafka lebt von 1883 bis 1924

In einer Nacht schreibt er in acht Stunden die Erzählung *Das Urteil*. Es ist sein Erweckungserlebnis als Schriftsteller. Doch Franz Kafka wird dem bürgerlichen Beruf treu bleiben und arbeitet als Beamter in einer halbstaatlichen Versicherung. Er lebt in Prag, ist deutschsprachiger Jude, seinen Vater, einen Kaufmann, nimmt er als übermächtig wahr. An ihn schreibt er 1919 den nie abgeschickten *Brief an den Vater*. Zwei Jahre zuvor ist Kafka an Tuberkulose erkrankt. Als er 1922 vorzeitig pensioniert wird, hat er nur noch zwei Jahre zu leben.

Seinem engsten Freund und Nachlassverwalter Max Brod trägt er zwar auf, alle seine unveröffentlichten Texte zu vernichten, doch dieser widersetzt sich und publiziert das hinterlassene Werk. Berühmt werden neben Erzählungen wie *Die Verwandlung* und *Ein Hungerkünstler* vor allem die Romane *Das Schloss* und *Der Prozess*.

Als Kafka stirbt, ist er weitgehend unbekannt. Erst nach dem Zweiten Weltkrieg wird man auf sein Werk aufmerksam und bald sagt der Engländer *kafkaesque*, der Deutsche »kafkaesk« und der Italiener kennt die *situazione kafkiana*. Benannt wird so die von Kafka meisterhaft beschriebene Situation des Einzelnen, der seine Umwelt trotz größter Anstrengungen nicht zu durchschauen vermag und zudem Machtstrukturen und deren Mechanismen, trotz aller Bemühungen, ihnen zu entkommen, hilflos ausgesetzt ist.

Kafkas Szenarien wirken selbstverständlich und realistisch. Seine Wortwahl ist einfach und genau und entwickelt einen eigentümlichen Sog. Im Kopf des Lesers entsteht ein Bild, dass ihn in eine intensive, traumartige Realität versetzt. Die aber wird zu einem Albtraum. Seine klare, nüchterne Sprache packt den Leser zunächst kaum merkbar an der Kehle und drückt sie ihm allmählich zu.

Kafkas Werk zeigt den Menschen allein, ausgesetzt, beziehungslos, gottverlassen. Es hat nicht nur die Literatur, sondern die gesamte Kultur tief greifend beeinflusst und für Elias Canetti das 20. Jahrhundert »am reinsten ausgedrückt«.

Pablo Picasso
Pablo Picasso
bringt die moderne Malerei zu den Menschen

lebt von 1881 bis 1973

»Ich suche nicht, ich finde.« Diese berühmten Worte Picassos beschreiben den Künstler. Während seines gesamten langen Lebens – er wird fast 92 – findet er unaufhörlich neue Bildsprachen. Picasso steht nahezu bei jeder Stilentwicklung der Kunst der ersten Hälfte des 20. Jahrhunderts in erster Reihe, nicht nur als Maler, sondern auch als Bildhauer, Keramiker, Grafiker. Für den Dramatiker Heiner Müller war Picasso der letzte Künstler, der noch Hunger hatte: »Danach hatte jeder nur seinen speziellen Appetit.«

Mit sieben Jahren beginnt der kleine Pablo unter Anleitung des Vaters, eines freischaffenden Malers und Kunstlehrers im spanischen Málaga, zu zeichnen und zu malen. Mit neun Jahren vollendet er sein erstes Ölgemälde. Als junger Mann besucht er eine Akademie in Madrid und reist ab 1900 immer wieder nach Paris. Bald stellt er in beiden Metropolen Bilder aus, in Paris bei Ambroise Vollard.

Als Picassos Freund Casagemas sich aus Liebeskummer das Leben nimmt, ist Picasso tief erschüttert. Das Gemälde, das er 1901 vom Begräbnis des Freundes malt, ist der Beginn der sogenannten Blauen Periode. Erst 1905 hellen sich seine Bilder wieder auf, die sogenannte Rosa Periode beginnt. Der Einfluss afrikanischer Plastiken und des Werkes von Paul Cézanne löst in Picasso einen radikalen Wandel aus, der sich in dem 1907 entstandenen Ölgemälde *Les Demoiselles d'Avignon* zeigt. Das seinerzeit verstörende Bild begründet zusammen mit den Arbeiten Georges Braques den Kubismus, einen Stil, der die dargestellten Objekte zerlegt und sie von allen Seiten, aus allen Perspektiven zu zeigen scheint. Picasso sagt dazu, es sei eine Kunst, »der es vor allem um die Form geht«.

Mitte der Zwanzigerjahre werden Picassos Bilder extrem abstrakt, gleichzeitig verhilft er dem Surrealismus zum Durchbruch.

Mit dem monumentalen Gemälde *Guernica* von 1937 bezieht der Pazifist Stellung gegen die faschistische Gewalt im Spanischen Bürgerkrieg. Er wird Kommunist. 1949 liefert er mit dem Motiv der *Friedenstaube* ein bald weltweit aufgegriffenes Friedenssymbol.

Seinen Lebensweg kommentiert er so: »Als ich noch ein Kind war, sagte meine Mutter zu mir: Wenn du Soldat wirst, wirst du General werden. Wenn du ein Mönch wirst, wirst du schließlich Papst werden. Stattdessen habe ich es als Maler versucht und bin Picasso geworden.«

Henri Matisse
und die Freuden von Farbe und Linie

Henri Matisse lebt von 1869 bis 1954

Gibt es unter den Malern seiner Zeit einen, den Picasso verehrt und fürchtet? Ja, es gibt ihn. Von Picasso selbst stammt der Satz: »Im Grunde gibt es nur Matisse.«

Während Picasso, drahtig, lebhaft, mit glühenden schwarzen Augen, das Bild des lebenshungrigen Künstlers verkörpert, wirkt Henri Matisse mit runder Hornbrille und zuweilen bekleidet mit einem weißen Kittel wie ein Wissenschaftler im Labor. Legt man Fotos von ihm und Sigmund Freud nebeneinander, könnte man sie verwechseln.

Das verbindende Element zwischen Matisse und Picasso bildet die analytisch Farbe und Linie zerlegende Kunst Paul Cézannes. Picasso unterwirft das Motiv, Matisse nimmt es auf und umarmt es. Für Picasso muss Kunst reden, schreien, verändern. Matisse stößt sich keineswegs daran, wenn sie »lediglich« dekoriert. Obwohl ein solches Selbstbild der Offenbarungseid eines modernen Künstlers sein könnte und er damit bei seinen Kollegen auf viel Ablehnung stößt, ist Matisse vielleicht der Maler der Maler.

Henri Matisse kommt aus dem Norden Frankreichs, wo sein Vater eine Drogerie besitzt. Er studiert Rechtswissenschaften, wird Anwaltsgehilfe und besucht in seiner Freizeit Zeichenkurse. Nach einer Blinddarmoperation, die ihn ein Jahr ans Bett fesselt, beginnt er zu malen. Ab 1893 studiert er an der École des Beaux-Arts in Paris bei Gustave Moreau, der ihn zur Suche nach einem eigenen individuellen Malstil ermutigt.

Mit André Derain wird Matisse zum Wegbereiter und Begründer des Fauvismus. Ein Journalist prägt diesen Ausdruck, als er sich 1905 in einer Ausstellung an die Bilder von Wilden (*fauves*) erinnert fühlt, einer Malerei, die sich vom Impressionismus löst, indem sie die Farbe noch konsequenter zum dramaturgischen Träger des Bildes erhebt. Das Denken von Nietzsche (Individuum und Leben) und Bergson (Raum und Zeit) fließt in die neue Bilderwelt der Fauves ebenso ein wie die Kritik an einer starren Gesellschaft voller Normen.

Matisse beschwört die reine Farbe und setzt sie in einen subjektiv empfundenen Raum. Die leichte, skizzenhaft anmutende Linienführung ist Ergebnis langer Studien und zahlreicher Zeichnungen. Die Sujets und Titel spiegeln die Zeit und den weiten Horizont des Künstlers: *Lebensfreude* (1907), *Luxus I, Luxus II* (1907), *Der Tanz, Die Musik* (1909/1910). Eine Synthese des reinen Farbeinsatzes und der klaren Linien gelingt ihm in seinem Spätwerk, vor allem in den großformatigen farbenfrohen Scherenschnitten wie *Die Schnecke* von 1953.

Matisse beeinflusst die Maler des Abstrakten Expressionismus. Wie Robert Motherwell, Ellsworth Kelly und Mark Rothko, der nach eigenen Worten Stunden vor Matisses Bild *Das Rote Atelier* (1911) verbrachte.

Louis Armstrong: Botschafter der neuen Töne

Louis Armstrong lebt von 1901 bis 1971

Schon in den frühen Hochkulturen wird Musik nicht nur bei religiösen Riten, sondern auch zur Freude in den Mußestunden eingesetzt. Vermutlich haben bereits die Vormenschen vor vielleicht zwei Millionen Jahren zur eigenen Freude gemeinsam musiziert. Die Musik des Volkes wird im Mittelalter bei Festen und dem Werben um Frauen eingesetzt. Bänkelsang, Moritat und Volkslied schaffen musikalische Traditionen. Im 19. Jahrhundert entstehen Vergnügungshallen mit Ausschank und Bühnenprogramm. In Paris heißen sie Vaudeville-Theater und bringen das Chanson hervor, in London sind die Music Halls die ersten Auftrittsorte von später berühmten Komikern wie Charlie Chaplin und Stan Laurel.

Zur Wende zum 20. Jahrhundert entwickelt sich in den USA aus der Verschmelzung afrikanischer Musik und weißer europäischer Musik der Jazz. Rhythmik, Call und Response (ein Sänger singt vor, ein Chor antwortet) kommen aus der afrikanischen Musik, Instrumente, Melodik und Harmonik zu großen Teilen aus der europäischen Musik. Als erster Stil der neuen Musik gilt der New Orleans Jazz. Mit ihm wächst der junge Louis Armstrong auf.

Sein Vater ist Fabrikarbeiter, seine Mutter Putzfrau, die Großeltern waren noch Sklaven. Als Jugendlicher lernt Louis das Kornettspiel und spielt schon früh in verschiedenen Orchestern in New Orleans. 1922 folgt er seinem Mentor und Vaterersatz King Oliver nach Chicago, spielt dort in dessen Combo und entwickelt mit ihm zweistimmige Improvisationen, die als bahnbrechend gelten. Kurz darauf wechselt Armstrong zum Orchester von Fletcher Henderson und zur Trompete.

1925 geht er mit eigenen Bands – Louis Armstrong and his Hot Five und den Hot Seven – ins Studio. Es entstehen Aufnahmen, mit denen Armstrong dem gesamten Jazz neue Wege öffnet. Der Vortrag eines Ensembles wird nun durch den des Solisten erweitert. Armstrong, auch ein herausragender Bühnenkünstler mit einer Ausstrahlung tiefer menschlicher Wärme, wird zudem einer der wichtigsten Sänger des Jazz und der bedeutendste Botschafter dieser Musik. Ab 1932 führen ihn Tourneen nach Europa. Satchmo, so sein Spitzname, eine Verkürzung von *satchel mouth* (»Taschenmund«), ist Weltstar.

Die jungen Künstler des seit den Vierzigerjahren entstehenden neuen Stils des Bebop, dessen bedeutendster Vertreter Charlie Parker ist und aus dem der Modern Jazz, angeführt von Miles Davis, entstehen wird, lehnen Armstrong als »Onkel Tom« ab. Sie werfen ihm vor, sich den Weißen anzubiedern. Auf seinen musikalischen Fundamenten bauen sie trotzdem alle auf.

Pierre de Coubertin und die olympische Idee

Am 6. April 1896 eröffnet der griechische König Georg I. in Athen vor 60 000 Zuschauern die ersten Olympischen Spiele der Neuzeit. 295 Männer aus 13 Nationen nehmen teil. Pierre de Coubertin ist am Ziel.

Obwohl er aus alter Adelsfamilie stammt, schlägt er nicht die Offizierslaufbahn ein, sondern studiert an der Pariser Sorbonne

Pierre de Coubertin lebt von 1863 bis 1937

und widmet sich der Pädagogik, in der für ihn der Sport eine zentrale Rolle spielt. Anfangs geht es Coubertin noch allein um die mangelnde körperliche Fitness, die in seinen Augen auch zur französischen Niederlage im Deutsch-Französischen Krieg von 1870/1871 beigetragen hat. Dann aber kommt er zu der Ansicht, dass Sport wesentlich dazu beiträgt, im Menschen eine Einheit aus Körper, Geist und Seele zu formen.

Die Ausgrabungen deutscher Archäologen in Olympia inspirieren ihn, ab 1880 für eine Wiederbelebung der Olympischen Spiele einzutreten: Frankreich soll den von Deutschen ausgegrabenen Geist der Antike wieder lebendig werden lassen.

1894 gründet er das Internationale Olympische Komitee (IOK) und wird selbst dessen Generalsekretär. »Markt oder Tempel!«, lautet Pierre de Coubertins Maxime für die neuen Olympischen Spiele: »Sportsleute haben zu wählen.« Nur Amateure dürfen teilnehmen, lediglich Fechter bilden eine Ausnahme. Die Aufforderung »Höher, schneller, weiter!« spiegelt auch den Fortschrittsoptimismus der Gesellschaft jener Tage wider. Die Olympischen Spiele sollen eine die Völker in friedlichem Wettkampf verbindende »Athletenreligion« sein. Daher will Coubertin wie einst bei den antiken Spielen das Ruhen der Waffen während der Kriege erreichen. Darüber hinaus führt er neue Disziplinen wie den Marathonlauf und den Modernen Fünfkampf ein. 1913 entwirft Coubertin die Olympischen Ringe als Symbol. Ein Jahr zuvor hat er unter Pseudonym bei den Spielen in Stockholm die Goldmedaille für Literatur gewonnen, in jenen Tagen tatsächlich eine Disziplin.

Später ist Coubertin tief enttäuscht von der Entwicklung seiner Olympischen Bewegung. Je populärer die Spiele werden, desto stärker werden sie von der Politik vereinnahmt. Das krasseste Beispiel sind die Olympischen Spiele 1936 in Berlin, die Adolf Hitler nutzt, um der Welt das Bild eines friedlichen Deutschen Reiches vorzugaukeln.

18. Die zwei Weltkriege und die Zwischenzeit

Wilhelm II.: Der Kaiser als Zauberlehrling

Wilhelm II. lebt von 1859 bis 1941

Von Geburt an ist er beeinträchtigt, hat einen verkrüppelten linken Arm, die Kindheit ist lieblos bis grausam, verdüstert von Drill und harten Leibesübungen. Ungeliebt, zurückgesetzt fühlt Wilhelm sich auch in seiner erweiterten Familie. Er ist der Enkel von Königin Victoria I. von Großbritannien und der Cousin von Zar Nikolaus II. von Russland. Seine Großmutter Victoria liebt er, doch den Engländern fühlt er sich fremd und sein Cousin, der englische König, scheint ihn nicht zu respektieren.

1888 wird Wilhelm mit 29 Jahren deutscher Kaiser. Zwei Jahre später entlässt er Reichskanzler Otto von Bismarck. Die Zeiten der Verständigung mit den anderen europäischen Mächten sind vorbei. Dem Deutschen Reich geht es gut und die Wilhelminische Zeit wird zu einer Epoche der aufstrebenden Industrie und des Wohlstands. Doch die Deutschen und ihr Kaiser kämpfen mit Gefühlen, die auch Neureiche oder Emporkömmlinge überfallen. Und Wilhelm ist mit seinem Drang zur Selbstdarstellung, der Liebe zu Pomp, Paraden und operettenhaften Uniformen der Exponent.

Wie soll man mit der Macht umgehen? Ist der Respekt ehrlich, wenn er den Deutschen entgegengebracht wird? So ist die Wilhelminische Zeit auch eine Zeit, in der die deutsche Gesellschaft und ihre Regierung zunehmend in eifersüchtiges Konkurrenzdenken mit den anderen Großmächten verfällt.

Deutschland wolle auch einen »Platz an der Sonne«, lässt der junge Kaiser beispielsweise von seinem Staatssekretär Bernhard von Bülow verkünden. Also erteilt er 1898 Großadmiral Tirpitz den Auftrag, die Flotte aufzurüsten. Spannungen mit Großbritannien, auch mit Frankreich nimmt Wilhelm dafür in Kauf. Seine Kanonenbootpolitik, das Hegemoniestreben in Nordafrika führen zur Ersten und zur Zweiten Marokko-Krise.

1914 erschießt ein serbischer Terrorist den österreichischen Thronfolger Erzherzog Franz Ferdinand und dessen Frau in Sarajevo. Deutschlands Verbündeter Österreich-Ungarn erklärt Serbien den Krieg, gestützt vom Deutschen Reich. Serbiens Verbündeter Russland macht mobil. Deutschland ebenfalls. Am 1. August 1914 erklärt Deutschland Russland den Krieg, zwei Tage später auch dem mit Russland verbündeten Frankreich. Beide Länder sind wiederum mit Großbritannien verbündet. Dessen Kriegserklärung an Deutschland folgt noch in der gleichen Nacht. Der Erste Weltkrieg ist ausgebrochen.

Deutsche Truppen fallen in Belgien ein. An der Westfront schwindet bald die Illusion vom schnellen Krieg. Ein grausamer und verlustreicher Stellungskrieg mit Millionen gefallenen Soldaten nimmt seinen Lauf. An manchen Tagen sterben 50 000 Soldaten. Auch im Osten gegen Russland blutet das deutsche Heer trotz erheblicher Gebietsgewinne aus. Dann tritt die USA in den Krieg ein, der für Deutschland und Österreich-Ungarn schon verloren ist. 1918 geht Wilhelm in die Niederlande ins Exil.

Wladimir Iljitsch Lenin: Revolution!

Wladimir Iljitsch Lenin lebt von 1870 bis 1924

Wäre er ohne den Ersten Weltkrieg an die Macht gekommen? Zar Nikolaus II. überschätzt die Kräfte Russlands, als er sich in die Kriegshandlungen verwickeln lässt. Lenin sagt, es sei jener Fehler, von dem er nicht glaubte, dass der Zar so dumm sei, ihn zu begehen.

Russland scheint in jenen Jahren an der rasanten Fahrt in die Moderne, auf der sich die meisten europäischen Staaten und die USA befinden, nicht teilzunehmen. Der russische Ministerpräsident Sergej Juljewitsch Witte hat zwar mit einem Verfassungsmanifest für Zar Nikolaus II. beherzte Reformen in Angriff genommen, muss aber unter dem Einfluss konservativer Kräfte 1906 zurücktreten.

Lenins Vater ist ein treuer, später für seine Dienste geadelter Beamter des Zarenreichs. Der Sohn dagegen, geboren als Wladimir Iljitsch Uljanow, entwickelt sich wie sein älterer Bruder zum Rebellen. Als der Bruder als Beteiligter an einem Mordanschlag an Zar Alexander III. hingerichtet wird, steht für den späteren Lenin fest: Es muss zum Umsturz kommen.

Der angehende Berufsrevolutionär geht ins Exil nach London, wo er sich den Namen Lenin zulegt und die zersplitterte linke russische Opposition um sich zu sammeln beginnt. Lenin bedient sich der Ideen von Karl Marx, beschließt aber, anders als der deutsche Denker, nicht auf die Revolution zu warten, sondern sie selbst zu initiieren. In dem von ihm entwickelten Ideengebäude des Marxismus-Leninismus propagiert er die Konzentration der Macht in einem kommunistischen Staat auf eine kleine Führungselite von Berufsrevolutionären. In der europäischen Emigration der nächsten Jahre spaltet Lenin seine Anhänger, die radikalen *Bolschewiki* (sinngemäß: »Mehrheit«), von den gemäßigten *Menschewiki* (»Minderheit«) ab. Ein erster Versuch, die Revolution zu führen, scheitert 1905. Doch als mitten im Ersten Weltkrieg 1917 die Februarrevolution ausbricht und die Zarenherrschaft endet, wird Lenin in einem Sonderzug von den Deutschen, die ihren russischen Kriegsgegner schwächen wollen, nach Sankt Petersburg gefahren.

Lenin arbeitet sofort mit ganzer Kraft am Sturz der provisorischen Regierung unter Alexander Kerenski. Vor allem dank des Organisationstalents von Leo Trotzki, der noch im gleichen Jahr den gewaltsamen Aufstand der Oktoberrevolution organisiert, kann Lenin die Macht in Russland an sich reißen. Mit der im Januar des Jahres gegründeten Roten Armee setzen sich die Bolschewiki in einem grausamen Bürgerkrieg gegen die Weiße Armee der nichtkommunistischen Kräfte durch. Unter Lenins Führung schaffen sie mit unnachgiebiger Härte das neue Staatswesen, das ab 1922 Sowjetunion heißt. Noch im gleichen Jahr erleidet er die ersten mehrerer Schlaganfälle. Schwer krank kann Lenin den Aufstieg Stalins nicht mehr stoppen.

Paul von **Paul von Hindenburg:**
Hindenburg **General an den Scheidewegen der Geschichte**
lebt von 1847 In vielleicht kaum einer anderen Figur spiegeln sich die Um-
bis 1934 brüche, die Tragik und das Versagen der deutschen Eliten in den
Jahrzehnten nach der Jahrhundertwende so eindeutig wie in der
des Paul von Hindenburg.

Mit 19 Jahren kämpft er in der Schlacht von Königgrätz, mit
fast 67 Jahren wird der Pensionär bei Ausbruch des Ersten Weltkriegs reaktiviert. Gemeinsam mit dem Strategen Erich von Ludendorff gelingt es Hindenburg, die russischen Truppen in einer
Umfassungsschlacht vernichtend zu besiegen. Er nennt den Waffengang, in Anspielung an eine Schlacht, bei der im Jahr 1410 der
Deutsche Orden gegen ein vereintes polnisches und litauisches
Heer verlor, die Schlacht von Tannenberg. Die Schmach von damals sei nun getilgt worden, meint Hindenburg. Auch durch sein
kräftiges Zutun wird er zum Helden stilisiert und zum General-
feldmarschall und Oberkommandeur über alle deutschen Truppen der Ostfront befördert.

1916 übergibt man ihm und Ludendorff den Befehl über
die Oberste Heeresleitung. Die beiden erzkonservativen und
deutschnationalen Generäle werden zu einer Art Schattenregie-
rung und halten hartnäckig am Ziel des »Siegfriedens« fest.

Erst als Hindenburg die Aussichtslosigkeit der militärischen
Lage erkennt, drängt er auf die Unterzeichnung eines Waffenstill-
standsvertrags und schickt den Zentrumspolitiker Matthias Erz-
berger vor. Obwohl er die deutsche Niederlage gegenüber Kaiser
Wilhelm II. mit der militärischen und wirtschaftlichen Überlegenheit der Gegner begründet, gibt Hindenburg später in der
Öffentlichkeit die »planmäßige Zersetzung von Flotte und Heer«
als Ursache an und popularisiert damit die berühmt-berüchtigte
Mär von der von hinten erdolchten deutschen Armee: die Dolch-
stoßlegende.

1925 drängen die Rechtsparteien der jungen Weimarer Republik den 77-Jährigen, der sich nach dem verlorenen Krieg ins
Privatleben zurückgezogen hat, zur Kandidatur für die Reichs-
präsidentschaft. Obwohl Anhänger der Monarchie und innerlich
die Republik ablehnend, tritt er an und gewinnt. 1932 wird er
mit den Stimmen der Sozialdemokraten gegen Adolf Hitler, den
er geringschätzig den »böhmischen Gefreiten« nennt, wiedergewählt.

Die Weimarer Republik hat in der Bevölkerung wenig Rückhalt. Von links- und rechtsextremen Kräften vehement bekämpft, wird sie zusätzlich durch die hohen Reparationsforderungen des Versailler Vertrags und die Auswirkungen des Börsenkrachs von 1929 geschwächt. Alt und politisch in die Enge getrieben, erfolgt im Januar 1933 Hindenburgs letzte und verhängnisvollste Tat. Er ernennt Adolf Hitler zum Reichskanzler.

Woodrow Wilson und der Beginn des amerikanischen Jahrhunderts

Woodrow Wilson lebt von 1856 bis 1924

Als der Erste Weltkrieg ausbricht, erklären die Vereinigten Staaten zunächst ihre Neutralität. Die Bevölkerung ist gegen einen Kriegseintritt, das Militär nicht vorbereitet. Erst als die deutsche Marine ab Februar 1915 den U-Boot-Krieg verschärft, beginnt ein Umdenken, auch bei Präsident Woodrow Wilson. Bei den Wahlen 1916 kandidiert er erneut und gewinnt, auch durch den Nimbus des Präsidenten, der die USA aus dem Krieg herausgehalten hat.

Als im März 1917 Wilsons zweite Amtszeit beginnt, stimmt der US-Kongress wenige Wochen später dem Kriegseintritt der USA zu. Vorausgegangen sind die Verschärfung des U-Boot-Kriegs der deutschen Marine und die abgefangene sogenannte Zimmermann-Depesche, nach der das Deutsche Reich ein Bündnis mit Mexiko bei Eintritt der USA in den Krieg anstrebe. Außerdem hat in Russland der Zar abdanken müssen. Der Kommunismus droht.

Thomas Woodrow Wilson, Sohn eines Sklaven haltenden Pfarrers in Virginia, hat als Kind noch die Schrecken des Amerikanischen Bürgerkriegs erlebt. Er wird Professor für Rechtswissenschaften, schließlich Präsident der renommierten Universität von Princeton, 1910 wählt man ihn in New Jersey zum Gouverneur. Der zupackende Reformer wird 1912 Präsidentschaftskandidat der Demokraten. Nach dem Wahlsieg bleibt er seinem Reformeifer auch im neuen Amt treu. Er errichtet mit dem Federal Reserve Act von 1913 wieder ein amerikanisches Zentralbanksystem und geht gegen die Monopolbildung in der Industrie, auch gegen die Trusts von John Davison Rockefeller und John Pierpont Morgan, vor. In Wilsons Amtszeit fällt der Beginn der

Prohibition, die den Transport, die Herstellung und den Verkauf von Alkohol verbietet.

Im Ersten Weltkrieg greifen amerikanische Truppen an der Westfront ein. Im Januar 1918 stellt Wilson sein 14-Punkte-Programm für eine Friedensordnung in Europa vor, unter anderem mit einem Selbstbestimmungsrecht der Völker und der Gründung eines Verbundes von Nationen. Aus dieser Idee entsteht der Völkerbund.

»Die Welt muss sicher gemacht werden für die Demokratie!«, lautet Wilsons Maxime, mit der er den Beginn des amerikanisch dominierten Jahrhunderts einläutet und dessen Begründung gleich mitliefert.

Bei den Friedensverhandlungen in Versailles nach Kriegsende ist Wilson bereits gesundheitlich geschwächt und kann sich mit seinem 14-Punkte-Programm nicht gegen die harte Haltung des französischen Ministerpräsidenten Georges Clemenceau gegenüber Deutschland durchsetzen. 1919 erhält er den Friedensnobelpreis.

John Maynard Keynes John Maynard Keynes öffnet dem Kapitalismus neue Perspektiven

John Maynard Keynes lebt von 1883 bis 1946

John Maynard Keynes nimmt zu Beginn des Jahres 1919 als Delegierter der britischen Regierung an der Friedenskonferenz von Versailles teil. Entsetzt über die Politik der Sieger, die hohen Reparationen, die man Deutschland aufzwingen will, und den in seinen Augen naiven Woodrow Wilson reist er ab. Zurück in England verfasst Keynes seine prophetische Schrift *Die wirtschaftlichen Folgen des Friedensvertrages*. Er wird damit nahezu über Nacht weltweit bekannt.

Der hochbegabte Sohn eines renommierten Ökonomieprofessors und der späteren ersten Bürgermeisterin von Cambridge studiert an der berühmten Universität der Stadt, arbeitet danach in London im Indien-Ministerium und kehrt 1908 nach Cambridge zurück, wo er Ökonomie lehrt. Bald hat er einen Namen in der Fachwelt und arbeitet beratend für die Regierung. Durch Investitionen an der Börse, um die er sich nach eigener Aussage pro Tag eine halbe Stunde kümmert, wird er reich.

Als Ökonom wachsen in Keynes Zweifel, ob die Lehren der

vorherrschenden neoklassischen Schule richtig sind, nach der die Marktkräfte auch in einer Krise langfristig den Markt immer wieder von selbst ins Lot bringen. »Langfristig sind wir alle tot«, kommentiert Keynes sarkastisch.

Die Zwanzigerjahre sehen das kapitalistische System in der Krise. Nicht nur wirtschaftliche Schwankungen bedrohen es, wie beispielsweise die Hyperinflation im Deutschland der Weimarer Republik bis 1923, in der die Preise sich in mancher Woche vervierfachen; auch der Aufstieg des Kommunismus durch die Oktoberrevolution in Russland und der des Faschismus in Italien lassen viele Menschen an Alternativen zum Kapitalismus denken. »Das politische Problem der Menschheit ist die Kombination von ökonomischer Effizienz, sozialer Gerechtigkeit und individueller Freiheit«, stellt Keynes 1926 fest. 1929 kommt es in New York zum Börsenkrach, der kurz darauf nicht nur die USA, sondern die ganze Welt in eine Wirtschaftskrise reißt.

Keynes veröffentlicht 1936 sein Buch *The General Theory of Employment, Interest and Money*. Es wird eines der einflussreichsten Werke des 20. Jahrhunderts und gilt als Bibel der nach seinem Verfasser benannten Denkschule des Keynesianismus. Der Staat, so Keynes, müsse in Zeiten der Krise investieren, um die Marktteilnehmer wieder zu ermuntern. Die Idee, dass freie Märkte politisch zu steuern sind, ist geboren.

Die Schöpfer der sogenannten Wohlfahrtsstaaten nach dem Zweiten Weltkrieg in Schweden oder in Großbritannien werden sich auf Keynes berufen. Staatsdefizite werden angehäuft, in guten Zeiten aber nicht wieder abgebaut wie von Keynes angemahnt.

Emmeline Pankhurst und die Rechte der Frau

Seit Jahrhunderten kämpfen Frauen für die Gleichberechtigung. Während der Französischen Revolution unternimmt Olympe de Gouges den Versuch, das Motto »Freiheit, Gleichheit, Brüderlichkeit« auch für das Verhältnis der Frau gegenüber dem Mann durchzusetzen, und verfasst 1791 die *Erklärung der Rechte der Frau und Bürgerin*. Sie stirbt durch die Guillotine. Zur Wende zum 20. Jahrhundert versuchen die Sufragetten um Emmeline Pankhurst das Wahlrecht für die Frauen zu erstreiten.

Emmeline Pankhurst lebt von 1858 bis 1928

Pankhurst wird als Emmeline Goulden geboren und entstammt einer radikalliberalen englischen Mittelklassefamilie. Die
Familie kämpft gegen Sklaverei, die Getreidezölle und für das
Frauenwahlrecht. Emmeline wird schon in ihrer Jugend politisch
aktiv und heiratet den 24 Jahre älteren Anwalt Richard Pankhurst, mit dem sie fünf Kinder bekommt. Als ihr Mann 1898
stirbt, muss sie sich und die vier überlebenden Kinder mit dem
kärglichen Lohn einer Standesbeamtin durchbringen.

Mit ihrer Tochter Christabel gründet Emmeline Pankhurst
1903 die Women's Social and Political Union. Zunächst orien-
tiert sich die Bewegung in ihren Aktionen an einer von Pankhurst
entwickelten Theorie des gewaltlosen Widerstands. Schließlich
aber gehen die Suffragetten (von dem englischen und französischen Wort *suffrage*, »Wahl«, so genannt wegen ihres Kampfes
für das Wahlrecht der Frau) doch zur Gewalt über. Aktivistinnen
verüben Brand- und Bombenanschläge. 1913 muss sich Pankhurst wegen eines Bombenanschlags auf das Haus des britischen
Premierministers David Lloyd George verantworten und wird zu
dreieinhalb Jahren Haft verurteilt. Es kommt zu Straßenschlach-
ten, die Aktivistin Emily Davison wirft sich beim Pferderennen in
Ascot vor ein Pferd und stirbt.

Bei Ausbruch des Ersten Weltkriegs stellt Pankhurst sich in
den Dienst der britischen Landesverteidigung. Die Bewegung
der Suffragetten verliert an Bedeutung. Als deren Begründerin
1928 stirbt, tritt im selben Jahr in Großbritannien das allgemeine
Wahlrecht für Frauen in Kraft.

Erst nach dem Zweiten Weltkrieg entsteht eine weitere Welle
der Frauenbewegung, unter anderem beeinflusst von dem Welterfolg des 1949 veröffentlichten Buches *Das andere Geschlecht* der
französischen Philosophin Simone de Beauvoir, das die Sicht-
weise und den Standpunkt der Frau in den gesellschaftlichen
Diskurs einbringt, und dem 1963 erschienenen Buch *The Femi-
nine Mystique* der Amerikanerin Betty Friedan, das sich gegen
die reduzierte Rolle der Frau als Hausfrau und Mutter stemmt.
Die Frauenbewegung wird zu einem wichtigen Bestandteil der
Bürgerrechtsbewegung und erreicht ab Mitte der Sechzigerjahre
die Durchsetzung fundamentaler bisher noch nicht gewährter
Bürgerrechte wie neben dem Wahlrecht das Recht auf Bildung,
das Recht auf Privateigentum und Erwerbsarbeit. Damit einher
geht eine allmähliche Aufweichung der patriarchalischen Struk-

turen. Die Einführung der Antibabypille im gleichen Jahrzehnt trägt schließlich wesentlich zur sexuellen Selbstbestimmung der Frauen bei.

Sun Yat-sen: Vater des modernen China

Sun Yat-sen

Sun Yat-sen ist der Sohn eines chinesischen Bauern. Er selbst *lebt von 1866* sagt: »Ich bin ein Kuli und der Sohn eines Kulis. Ich habe immer *bis 1925* mit dem Kampf des Volkes sympathisiert.«

Früh, noch bevor er mit dem Medizinstudium beginnt, begehrt er gegen das verkrustete Kaiserreich auf. Bei Auslandsaufenthalten, so bei seinem auf Hawaii reich gewordenen Bruder, erkennt er die Rückständigkeit seines Heimatlandes. 1894 gründet Sun Yat-sen die Vereinigung zur Wiederherstellung Chinas, um die Ausbeutung des geschwächten Landes durch die europäischen Kolonialmächte zu stoppen, die Monarchie abzuschaffen und eine moderne, an den westlichen Staaten orientierte Gesellschaft aufzubauen. Ein im nachfolgenden Jahr von ihm mitorganisierter Aufstand schlägt fehl. Sun Yat-sen flieht und verbringt die nächsten 16 Jahre im Exil. In Japan gründet er 1905 die Vorgängerorganisation der späteren Chinesischen Nationalpartei (Kuomintang), wird ausgewiesen, geht in die USA, lässt sich seinen Zopf abschneiden und beginnt, westliche Anzüge zu tragen.

Dann endet im Herbst 1911 mit der republikanischen Xinhai-Revolution nach weit über zwei Jahrtausenden das chinesische Kaiserreich. Der letzte Kaiser der Qin-Dynastie, Pu Yi, ist noch ein Kind. Sun Yat-sen, zum Übergangspräsidenten der neu entstandenen Republik China gewählt, muss die Unterstützung des mächtigen kaiserlichen Militärführers Yuan Shikai gewinnen und überlässt ihm das Amt des ersten offiziellen Präsidenten. Doch Yuan lässt die Kuomintang verbieten, Sun Yat-sen wird 1913 erneut ins Exil gedrängt.

Yuan aber kann sich nicht an der Macht halten. Nach seinem Rücktritt zersplittert das Land und versinkt im Bürgerkrieg, während Sun Yat-sen sich 1917 mit der Kuomintang im Süden etabliert. Enttäuscht durch mangelhafte Unterstützung aus dem Westen öffnet er sich den Kommunisten in Russland, die ihm Hilfe gewähren, und propagiert die Drei Prinzipien des Volkes: Nationalismus, Demokratie, Staats-Sozialismus.

Sun Yat-sen gelingt es, linke und rechte Kräfte in der Kuomintang zu vereinen, und er wird so zum einzigen chinesischen Staatsmann des 20. Jahrhunderts, der sowohl in der Volksrepublik China als auch in Taiwan hohes Ansehen genießt. Er gilt als Vater des modernen China. Doch bevor er sein Ziel erreichen kann, stirbt er nach langer Krankheit.

Die Kuomintang spaltet sich, das Bündnis mit den Kommunisten zerbricht. General Chiang Kai-shek, Führer des rechten Flügels, kann den nachfolgenden Bürgerkrieg zunächst für sich entscheiden, aber bald erheben sich die Kommunisten unter Mao Zedong.

Charlie Chaplin, der erste Weltstar

Charlie Chaplin lebt von 1889 bis 1977

Er wird nur vier Tage vor Adolf Hitler geboren. Beide tragen später den gleichen Schnurrbart. Beide wollen sie Künstler werden, doch nur Chaplin schafft es.

Seine Eltern treten in den britischen Music Halls auf, den Spielstätten mit Bar für allerlei Spektakel, Gesang, Clownerie, Zauberei und Sensationen für die breite Bevölkerung. Dort beginnt auch er seine Karriere. Die Kindheit ist hart und von bitterer Armut geprägt, was sich in den Themen seiner Filme später widerspiegelt. Der junge Chaplin macht sich als aufstrebender komischer Schauspieler rasch einen Namen. 1913 unterschreibt er in Hollywood einen Vertrag mit den Keystone Studios des Produzenten Mack Sennett.

Im neuen Medium Film wird Chaplin schnell zum Star. Noch sind die Filme meist kurz, stumm und erzählen ihre einfachen Geschichten über das Bild und Zwischentitel. Erst allmählich entwickelt sich der abendfüllende und komplexere Langfilm.

Chaplin gelingt es meisterhaft, Humor, drastische Komik und Gefühl auf die Leinwand zu bringen, und er ist neben seinem Komikerrivalen Buster Keaton und dem Regisseur David Wark Griffiths der bedeutendste Protagonist des frühen Films. Weil Menschen aller Schichten überall in der Welt seine Sprache und seine Geschichten verstehen, avanciert Chaplin zum ersten Weltstar.

In das Gedächtnis der Menschheit prägt sich besonders seine Figur des Vagabunden ein, des kleinen, gewitzten Mannes mit Melone, enger Jacke, dem quadratischen Schnurrbart, den übergroßen Schuhen und dem Spazierstock, so 1915 in dem Film *Der Tramp*. 1919 gründet Chaplin mit den Leinwandstars Douglas Fairbanks und Mary Pickford die Produktionsgesellschaft United Artists. In den nächsten Jahren dreht er als Autor, Hauptdarsteller und Regisseur Stummfilmklassiker wie *Goldrausch* (1925), *Lichter der Großstadt* (1931) und *Moderne Zeiten* (1936), obwohl die Zeit des Tonfilms (1929) da schon begonnen hat. *Der große Diktator*, in dem er Adolf Hitler der Lächerlichkeit preisgibt, wird sein erstes abendfüllendes Werk mit Dialogen. Chaplin komponiert auch die Filmmusik.

In der antikommunistischen Hysterie der McCarthy-Ära in den USA nach dem Zweiten Weltkrieg wird Charlie Chaplin zunehmend angefeindet und 1947 vor das Komitee für unamerikanische Umtriebe zitiert. Als Chaplin im Herbst 1952 nach London zur dortigen Premiere seines Films *Rampenlicht* reist, verhindert der Chef des FBI, J. Edgar Hoover, Chaplins Rückkehr in die USA. Der Tramp lässt sich in der Schweiz nieder.

James Joyce: Odyssee des Menschen

James Joyce lebt von 1882 bis 1941

Der 16. Juli wird zum Bloomsday. An jenem Tag im Jahr 1904 führt James Joyce seine spätere Frau Nora Barnacle erstmals aus. Erst zwei Tage zuvor war er ihr auf der Straße zum ersten Mal begegnet.

Dieser Tag in Dublin wird zu jenem Tag im Leben des erdachten Anzeigenverkäufers Leopold Bloom, den James Joyce Jahre später in seinem Roman *Ulysses* beschreibt.

Trotz der finanziellen Schwierigkeiten seiner Familie erhält James, das älteste von zwölf Kindern, eine gute Ausbildung in einer Jesuitenschule. Der Vater hat in eine wohlhabende Familie eingeheiratet, scheitert aber als Unternehmer, er trinkt, die Familie verarmt. Der hochbegabte James leidet unter den Verhältnissen in Irland, dem Katholizismus, den Obrigkeiten. Im Oktober 1904, nur wenige Monate nachdem sie sich kennengelernt haben, verlassen er und Nora die Insel und gelangen über Zürich nach Triest, wo Joyce Englisch für Erwachsene unterrichtet. Sie bekommen Kinder, heiraten aber erst 1931.

In Triest veröffentlicht Joyce 1907 den Gedichtband *Kammermusik*. Dort gehört der wohlhabende Kaufmann Ettore

Schmitz zu seinen Schülern. Beide freunden sich an und Schmitz gibt Joyce das Manuskript seines Romans *Zeno Cosini* (*Zenos Gewissen*) zu lesen. Begeistert ermuntert dieser ihn, weiterzumachen. Schmitz wird als Italo Svevo in die Literaturgeschichte eingehen.

Während des Ersten Weltkriegs geht Joyce mit seiner Familie nach Zürich. Er veröffentlicht 1914 den Kurzgeschichtenband *Dubliners*, 1916 folgt der Roman *A Portrait of the Artist as a Young Man*. Nach Kriegsende lässt Joyce sich 1920 mit seiner Familie in Paris nieder, wo er in der Buchhändlerin Harriet Shaw Weaver eine Förderin findet. Sie verlegt 1922 das vier Jahre zuvor schon auszugsweise veröffentlichte Werk *Ulysses*.

Angelehnt an die Irrfahrten des Odysseus in Homers *Odyssee* beschreibt Joyce in 18 Episoden einen Tag in Dublin. Ausgehend von dieser Referenz an den »Dichter der Dichter« und die klassische Antike bedient er sich nahezu aller literarischen Formen des Erzählens, wechselt beständig die Erzählperspektive, erzählt in Vor- und Rückblenden und wendet wie zuvor schon Marcel Proust die neuen Techniken des Bewusstseinsstroms und des inneren Monologs an, etwa in dem berühmten Schlussteil des Monologs der Molly Bloom, der nahezu ohne Interpunktion erzählt wird. *Ulysses* gilt als richtungweisend für den modernen Roman im 20. Jahrhundert.

Mit dem Roman *Finnegans Wake* veröffentlicht Joyce schließlich zwei Jahre vor seinem Tod eines der vielleicht kompliziertesten Werke der Weltliteratur.

Arnold Schönberg und die neuen Töne

Arnold Schönberg lebt von 1874 bis 1951

Die Donaumonarchie steckt in ihm drin. Sein Vater, ein Schuhmacher, stammt aus Ungarn, die Mutter ist in Prag aufgewachsen. Arnold Schönberg wird in Wien geboren, jener Stadt, die Anfang des 20. Jahrhunderts so viele Beiträge zur Moderne liefert. Er selbst wird ein wichtiger Teil davon sein.

Schon als Kind spielt er Violine und komponiert erste Polkas und Märsche. Als sein Vater stirbt, muss Schönberg für das Auskommen der Familie sorgen und wird Bankangestellter. Nach Feierabend bringt er sich das Komponieren weitgehend selbst bei.

Schließlich kündigt Schönberg seine Anstellung bei der Bank und wird Chorleiter. 1901 zieht er nach Berlin, wo er Komposition und Harmonielehre unterrichtet, doch zwei Jahre später ist er wieder in Wien. Dort werden Alban Berg und Anton Webern seine Schüler. 1906 und 1907 entstehen erste Streichquartette und die 1. Kammersinfonie. Schönberg löst sich von spätromantischen Einflüssen, sucht eine neue Form des musikalischen Ausdrucks und leitet eine Phase der »freien Atonalität« ein. Seinen Bruch mit der klassischen Harmonik legt er in seiner Schrift *Harmonielehre* von 1910 dar. 1913 wird sein gewaltiges Tonmonument *Gurrelieder* aufgeführt. Im Jahr 1926 geht er erneut nach Berlin, bevor er 1933 als Jude in die USA emigriert.

Schönberg, dessen Aufführungen meist von Skandalen und Tumulten begleitet werden, gründet nach Kriegsende einen Verein für musikalische Privataufführungen. Zum Programm gehören Werke von Komponisten der Moderne wie Claude Debussy, Eric Satie, Erich Wolfgang Korngold, Igor Strawinski und Max Reger.

Schon der späte Franz Liszt und Alexander Skrjabin streifen die Atonalität, die Schönberg, um einem Chaos vorzubeugen, in die von ihm 1921 entwickelte Zwölftontechnik überführt. Fortan komponiert Schönberg, wie er schreibt, »mit zwölf nur aufeinander bezogenen Tönen«. Damit überwindet er auch die traditionelle Dur-Moll-Tonalität, in der ein Grundton das Zentrum einer Tonleiter bildet.

Die Zwölftontechnik entzweit die Welt der Musik. Kritiker wenden ein, die Atonalität berge die Gefahr, Töne eher sinnfrei aneinanderzureihen. Die Tonalität hingegen beruhe in ihrer Struktur auf den Grundprinzipien der Natur, wie es in der Naturtonreihe, der Intervallordnung mit ihren hörbaren Abständen der Tonhöhen, dokumentierbar sei, auch in den Schwingungsprinzipien einer Saite, die bereits Pythagoras beschrieb. Dennoch, die Zwölftontechnik wird zu einem fundamentalen Ordnungssystem der modernen Musik, auch der seriellen und der elektronischen, und findet später sogar Eingang in die Filmmusik. Die vielfältigen Richtungen der Neuen Musik des 20. und 21. Jahrhunderts bauen auf Schönbergs Arbeiten auf oder reiben sich daran, so die Arbeiten des Deutschen Karlheinz Stockhausen, des österreich-ungarischen Klangsetzers György Ligeti und des Amerikaners Philipp Glass.

Marcel Duchamp, Surrealismus und Dada

Marcel Duchamp lebt von 1887 bis 1968

Der Dadaismus, von Hugo Ball und Hans Arp in Zürich begründet, ist in der Kunst die Revolte gegen das Wertesystem der Gesellschaft, begreift sich als nicht definierbar, als Nichtideologie, als Befreiung von Korsetts. Marcel Duchamp steht ihm nahe.

Der Vater der Konzeptkunst und des Surrealismus wird im französischen Blainville bei Rouen als Sohn eines Notars und der Tochter eines Malers und Schiffsmaklers geboren. Wie drei seiner fünf Geschwister ist er musisch außergewöhnlich begabt. Der ältere Bruder macht sich als Maler unter dem Pseudonym Jacques Villon einen Namen, die Schwester Suzanne Duchamp reüssiert im gleichen Metier und sein Bruder Raymond Duchamp-Villon wird ein bedeutender Bildhauer des Kubismus.

Zunächst arbeitet Marcel als Bibliothekar und erlernt den Beruf des Druckers, doch schon bald macht er als Maler auf sich aufmerksam. Bis 1910 malt er im Stil des Fauvismus, dann wendet er sich dem Kubismus zu. 1912 entsteht das Ölgemälde *Akt, eine Treppe herabsteigend Nr. 2*, das ihn 1913 in der Armory Show in New York auf einen Schlag berühmt macht. Im gleichen Jahr beginnt Duchamp mit seinen Ready-mades: Er nimmt Gebrauchsgegenstände des Alltags und verleiht ihnen Titel, die sie in einen völlig anderen Bedeutungszusammenhang setzen. So wird Duchamp auch zum Meister des *Objet trouvé*, des »gefundenen« Objektes, wie *Fahrrad-Rad* (1913), *Der Flaschentrockner* (1914) oder *Fountain*, ein hingelegtes Urinal.

1915 geht er nach New York, wo er an seinem Hauptwerk *Die Neuvermählte, von ihren Junggesellen entkleidet* arbeitet, einer großen Glasfläche mit aufmontierten Blechgebilden. Als er 1919 nach Paris zurückkehrt, macht er die Bekanntschaft André Bretons, des Vordenkers des Surrealismus, und verkehrt mit den Schriftstellern Paul Éluard und Louis Aragon. Ab 1942 wieder in New York, gibt er mit Breton und Max Ernst die surrealistische Zeitschrift *VVV* heraus.

Marcel Duchamp, Wegbereiter von Dada, Surrealismus und eines erweiterten Kunstbegriffs, übt tiefen Einfluss auf die nach dem Zweiten Weltkrieg entstehende Pop-Art und die Fluxus- und Happeningkunst aus. 1964 führt Joseph Beuys in der ihm eigenen Ironie die Aktion *Das Schweigen von Marcel Duchamp wird überbewertet* durch.

Martin Heidegger und das Sein

Ein Jungstar der Philosophie. All seinen Vorgängern wirft er vor, nur nach dem Seienden gefragt zu haben, aber dabei das Sein selbst vergessen zu haben. Diese »Seinsvergessenheit« sei nur zu überwinden, indem man auch das Nichts bedenkt.

Martin Heidegger lebt von 1889 bis 1979

Geboren wird Martin Heidegger in der badischen Provinz. Sein Vater ist Küfermeister und Küster. Tief katholisch erzogen, studiert Heidegger zunächst Theologie und wendet sich erst dann der Philosophie zu. Der große Philosoph Edmund Husserl, Begründer der transzendentalen Phänomenologie, wird in Freiburg sein Lehrer, Heidegger sein Assistent und 1923 Philosophieprofessor in Marburg. Rasch genießt er den Ruf eines herausragenden jungen neuen Denkers. Sein 1927 erscheinendes Buch *Sein und Zeit* macht Epoche.

Für Heidegger ist es das Wissen um das Nichts, das dem Menschen den Weg zur Erkenntnis öffnet. Aristoteles und Kant haben die Welt der Dinge nach »Kategorien« geordnet, Heidegger nennt die Grundbestimmungen des Daseins »Existenzialien«, Begriffe wie »Verstehen«, »Rede«, »Befindlichkeit« vereinigen sich für ihn zur »Sorge«. Der »sorgende« Mensch, im Sinne von »versorgen« und »besorgen«, setzt sich auseinander mit der Vergangenheit, dem Jetzt, der Zukunft, mit anderen, dies tut er in der Zeit selbst.

Um seine Gedanken vom sorgenden Menschen darzulegen, bedient sich Heidegger einer einfachen Wortwahl. Doch aufgrund des neuen Sinns, den er manchen Begriffen gibt, ist die Lektüre seines Werkes oft sperrig, wirkt hermetisch. Heideggers Sprache entspricht seinem Geist. Das Ausufernde ist ihm zuwider, er sucht die Konzentration, verbringt viel Zeit im Schwarzwald, wandert. Er liebt das Landleben, verachtet die Stadt und hasst die Moderne. Der Alltag der modernen Gesellschaft, die Technik, Normen und der Zeitgeist halten nach seiner Ansicht den Menschen in der »Uneigentlichkeit«. Erst existenzielle Fragen, so Heidegger, stoßen den Menschen auf das »Eigentliche«.

Für Heidegger ist es nicht wichtig, wie der Mensch sich entscheidet, sondern *dass* sich der Mensch entscheidet. Er, der Antimodernist, sympathisiert anfangs mit dem Nationalsozialismus. Heidegger, der die Ideen von Kierkegaard und Nietzsche aufgreift, wird zu einem der wichtigen Philosophen der Existenzphilosophie, obwohl er diesen Begriff für seine eigene Philosophie ablehnt. Er beeinflusst Jean-Paul Sartre, der durch die Lektüre von *Sein und Zeit* den Ausgangspunkt des eigenen Denkens findet.

Alexander Fleming und die Rettung durch Schimmelpilze

Alexander Fleming lebt von 1881 bis 1955

Marie Curie betonte, welch wichtige Ergebnisse eine Forschung liefern kann, die nicht an irgendeinen Nutzen gebunden rein mit Wissensdurst arbeite. So stieß sie auf ihre bahnbrechenden Entdeckungen in der Chemie und Physik. Ein weiterer und oft übersehener Erfolgsfaktor der Wissenschaft ist der Zufall.

Es ist Zufall, als Alexander Fleming im September 1928 das Penicillin entdeckt, was fortan vermutlich Millionen Menschenleben retten wird. Bei seinen Experimenten mit Staphylokokken, Krankheitserregern, die etwa bei einer Lungenentzündung vorkommen, entdeckt er, dass sich auf einer der Proben Schimmelpilze ausgebreitet haben. Er will sie schon wegwerfen, doch plötzlich fällt ihm auf, dass überall dort, wo die Schimmelpilze sich festgesetzt haben, die Krankheitserreger verschwunden sind und sich auch nicht wieder ausbreiten. In einer Reihe weiterer Versuche findet Fleming heraus, was unter seinem Mikroskop vorgeht. Die Schimmelpilze töten verschiedene Bakterienarten, greifen aber weder die roten Blutkörperchen an noch sind sie giftig.

Der Sohn eines schottischen Farmers hat die Schule bereits mit 13 Jahren verlassen und zunächst als Büroangestellter in London gearbeitet, wo sein Stiefbruder als Arzt tätig ist. Als Fleming 1901 eine kleine Erbschaft macht, beginnt er mit einem Stipendium sein Medizinstudium an der St. Mary's Hospital Medical School in Paddington (London), schließt 1906 sein Studium ab, wird 1921 stellvertretender Leiter und ab 1946 Direktor des Instituts, das 1948 in Wright-Fleming-Institut umbenannt wird.

1921 isoliert er das Enzym Lysozym, das im Eiweiß des Hühnereis und in zahlreichen menschlichen Körpersekreten wie Tränen oder Speichel vorkommt und Bakterien zerstören kann. Dann die Zufallsentdeckung von 1928: Fleming gelingt es jedoch nicht, den entdeckten Wirkstoff – das Stoffwechselprodukt des Schimmelpilzes – zu isolieren.

Obwohl er seine Erkenntnisse veröffentlicht, finden diese zunächst kaum Resonanz. Erst als die Forscher Ernst B. Chain und Howard W. Florey in mehrjähriger Arbeit daraus bis 1940 das Medikament Penicillin und damit die Voraussetzung für die modernen Antibiotika entwickeln, wird die Tragweite von Flemings Arbeit erkannt. Mit dem neuen äußerst wirksamen Mittel können bis dahin unheilbare Krankheiten erfolgreich bekämpft werden. Gemeinsam mit Fleming erhalten Chain und Florey 1945 den Nobelpreis für Medizin.

Konrad Zuse: Vater des Computers

Konrad Zuse lebt von 1910 bis 1995

Weil ihn bei seiner Arbeit als Statiker bei den Henschel Flugzeugwerken die ewig gleichen Berechnungen langweilen, hat er die Idee, ein mechanisches Gehirn zu bauen. Es ist 1935 und der 25-jährige Konrad Zuse bittet seinen Vater, einen Postbeamten, für seine Arbeit auch das elterliche Wohnzimmer benutzen zu dürfen.

Der Vater ist wenig begeistert, stimmt aber zu. Bisher hat ihm der zweifelsohne aufgeweckte Sohn mit seinem unsteten Wesen immer wieder Sorgen bereitet. Konrad ist ein hervorragender Zeichner, will mal Reklamezeichner, mal Schauspieler, mal Filmregisseur werden, bricht ein Architekturstudium ab und entscheidet sich dann für ein Bauingenieursstudium, das er immerhin zu Ende bringt. Nun will er also ein »mechanisches Gehirn« bauen und kündigt dafür sogar bei Henschel. Immer wieder leiht sich Konrad Geld in seiner Familie, bis er 1938 den Prototyp Z1 fertigstellt.

Zuse greift auf die Vorarbeiten von Gottfried Wilhelm Leibniz zurück, der in seinem Dualsystem nur mit den Zahlen 0 und 1 rechnet. Die Überlegungen des Briten George Boole aus dem Jahr 1847, der mit den Operatoren »Und«, »Oder« und »Nicht« die für die spätere Computerprogrammierung wichtige Boole'sche Algebra begründet, kennt er noch nicht.

Mit Schaltern setzt Zuse nun das Leibniz'sche Prinzip in Rechenoperationen um. »Ja« ist eine 0 und ein offener Schalter, »Nein« bedeutet eine 1 und einen geschlossenen Schalter. Auf Lochkarten liest die Maschine, welche Rechenoperationen sie durchführen soll. Lochkarten hatte der deutschstämmige Herman Hollerith in den USA entwickelt und sie erstmals für die amerikanische Volkszählung von 1890/1891 eingesetzt. Holleriths Verfahren ist jedoch eher im statistisch-kaufmännischen Bereich hilfreich, Zuse hingegen sucht Hilfe für den Ingenieur. Seine erste Maschine kann schon binnen drei Sekunden addieren. Doch sie ist technisch anfällig.

Zuse entwickelt die Programmiersprache Plankalkül und baut die Maschine Z2. Mitten im Zweiten Weltkrieg folgt 1941 die Version Z3. Diese beherrscht neben den Grundrechenarten auch das Wurzelziehen und ist der erste funktionstüchtige Computer der Welt. In einem Pferdestall im Allgäu kann Zuse die Z4 über die Kriegswirren retten und er hält sich zunächst mit kitschigen selbst gemalten Ölbildern über Wasser, die er an amerikanische Besatzungssoldaten verkauft.

Z4 dient ab 1950 für mehrere Jahre an der ETH Zürich als Zentralrechner und ist der erste Computer weltweit, der zivil genutzt wird. Als Howard Aiken, der Konstrukteur des Computers Mark 1, Zuse 1962 als den eigentlichen Erfinder des Computers bezeichnet, wird ihm die späte Anerkennung zuteil.

Mustafa Kemal Atatürk: Vater der modernen Türkei

Mustafa Kemal Atatürk lebt von 1881 bis 1938 Das Osmanische Reich, nach der letzten Niederlage vor Wien 1683 im Norden von Russland bedrängt, im Westen von griechischen Unabhängigkeitsbestrebungen erschüttert, im Süden durch den Abfall Ägyptens geschwächt, bleibt bis zum Beginn des 20. Jahrhunderts eine Großmacht, ist aber nur noch als der »kranke Mann am Bosporus« bekannt.

Im Ersten Weltkrieg schlägt sich das Osmanische Reich, in dem die Jungtürkenbewegung 1908 die Macht gewonnen hat, auf Betreiben des mit quasi diktatorischen Vollmachten ausgestatteten Kriegsministers Enver Pascha auf die Seite des Deutschen Reiches und Österreich-Ungarns. Im Süden des Osmanischen Reiches erheben sich die Araber. Der britische Agent Thomas Edward Lawrence, besser bekannt als Lawrence von Arabien, forciert den Aufstand. Mustafa Kemal, Mitglied der Jungtürken, wird als junger General bei der über ein Jahr tobenden Schlacht von Gallipoli an der Westküste Kleinasiens berühmt, als er vor allem britische, australische und neuseeländische Truppen in einen Stellungskrieg und 1916 zum Abzug zwingt. Der junge britische Marineminister Winston Churchill muss zurücktreten, der britische Premierminister David Lloyd George nennt Kemal einen Soldat, wie »ihn die Geschichte alle Jahrhunderte nur einmal hervorbringt«.

Der spätere Mustafa Kemal Atatürk ist der Sohn eines Holzhändlers. Der Junge ist eigenwillig und durchsetzungsstark, bricht die Schule ab und wird mit zwölf Jahren an einer Militärschule angenommen. Ein Lehrer soll ihm dort den Beinamen Kemal gegeben haben (für »vollkommen«). Die Militärakademie schließt er mit Auszeichnung ab.

Als der Held von Gallipoli zur Jahreswende 1918 die deutschen Verbündeten an der Westfront besucht, sagt er zu Hindenburg: »Der Krieg ist bereits verloren.« Tatsächlich ist der Krieg bald zu Ende und das Osmanische Reich wird unter den Mächten der Entente aufgeteilt. Kemal führt seit 1920 die Widerstandsbewegung im türkischen Kernland, vertreibt 1922 die griechischen Besatzungstruppen, lässt 1923 die Republik ausrufen, beseitigt das Kalifat und damit die religiöse Säule des früheren Sultanats.

Obwohl das Land unter Kemal faktisch zu einer Art Militärdiktatur wird, setzt zugleich eine umfassende Modernisierung ein. Der reformfreudige Diktator trennt Staat und Religion, schafft das islamische Recht ab und führt ein dem westlichen ähnliches Rechtssystem ein, das die Gleichberechtigung der Frau vorsieht. Das Tragen des traditionellen Fez und jeglicher islamischer Tracht lässt Kemal entweder verbieten oder stark einschränken. 1928 wird zudem die arabische durch die lateinische Schrift ersetzt. 1934 bekommen die Frauen das Wahlrecht. Und als man die Familiennamen einführt, erhält Kemal den Namen Atatürk: Vater der Türken.

Benito Mussolini: Faschismus in Italien

Benito Mussolini lebt von 1883 bis 1945

Seine Eltern sind Sozialisten. Der Vater ist Schmied. Auch Benito Mussolini ist zunächst ein aktiver Sozialist, arbeitet als Lehrer und Gelegenheitsarbeiter in der Schweiz und Österreich und wird aus beiden Ländern ausgewiesen. In Italien übernimmt er die Leitung einer sozialistischen Wochenzeitung, dann die des Zentralorgans *Avanti!*. 1914 legt Mussolini sein Amt nieder, da er für den Kriegseintritt Italiens gegen Österreich-Ungarn ist. Als man ihn daraufhin aus der sozialistischen Partei ausschließt, beginnt er als Leiter einer von der Großindustrie finanzierten Zeitschrift für sein Anliegen zu werben und zieht als Soldat in den Ersten Weltkrieg. 1919 gründet er in Mailand den nationalistischen Kampfbund Fasci di Combattimento, aus dem 1921 die Faschistische Partei entsteht.

Der Faschismus ist wie der Kommunismus eine einfache Antwort auf die Zumutungen der Moderne. Beide Denkhaltungen sehen die Lösung in der autoritären Herrschaft. Im Kommunismus soll das Proletariat über alle herrschen, im Faschismus eine Elite oder ein Volk.

1922 droht Mussolini mit einem »Marsch auf Rom« und erreicht, dass ihm die Regierungsverantwortung übergeben wird. Fortan regiert er als *Duce* (»Führer«), ein Titel, den Adolf Hitler von ihm übernimmt. Nach außen wirkt Mussolini als uneingeschränkter Herrscher, tatsächlich aber muss er beständig die Balance zwischen den mächtigen Kräften der Industrie, Kirche, Verwaltung und Justiz halten. Auch der Faschistische Großrat ist kein immer verlässliches Instrument.

Mit Großprojekten und der Vision der Wiedergeburt des Römischen Reiches erreicht Mussolini zunächst eine Festigung seiner Macht und einen wirtschaftlichen Aufschwung, der auf Pump betrieben wird. Die Eroberung und Ausbeutung anderer Länder soll diesen später refinanzieren. 1926 lässt Mussolini Libyen besetzen, 1935 Äthiopien, das damalige Abessinien, vier Jahre später Albanien. Im gleichen Jahr schließt Mussolini mit Hitler den Stahlpakt, einen militärischen Bündnisvertrag.

Nach Beginn des Zweiten Weltkriegs 1939 zögert Mussolini zunächst, tritt dann aber doch 1940 aufseiten des Deutschen Reiches in den Krieg ein. Er will Beute machen. Doch das Kriegsglück wendet sich. In Nordafrika kann Hitlers Afrika-Korps unter Befehl des Generals Erwin Rommel das Desaster der italienischen Truppen und damit letztlich das der Achsenmächte gegen die Armeen der USA und Großbritanniens nicht abwenden.

Am 23. Juli 1943 setzen der italienische König und der Faschistische Großrat Mussolini ab. Der entmachtete Diktator wird verhaftet und interniert. Deutsche Fallschirmjäger befreien ihn. Kurze Zeit steht Mussolini noch an der Spitze eines von Hitler abhängigen Marionettenstaates im Norden Italiens. Im Land tobt der Bürgerkrieg. Mussolini muss fliehen, wird von Partisanen aufgegriffen und mit seiner Geliebten erschossen.

Francisco Franco: Spanischer Bürgerkrieg

Francisco Franco lebt von 1892 bis 1975

Der Spanische Bürgerkrieg, der im Juli 1936 ausbricht, ist das Fanal für den Kampf zwischen totalitären und demokratischen Ideen in den nächsten Jahren. Die totalitären Ideen stehen sich zudem als feindliche Lager gegenüber: Kommunismus und Faschismus.

Spanien steckt in einer tiefen Krise. Das Weltreich ist im 19. Jahrhundert endgültig verloren gegangen, zuletzt 1898 Kuba, Puerto Rico und die Philippinen nach dem Spanisch-Amerikanischen Krieg. Der König stimmt 1923 einer zeitweiligen Diktatur zu, die Lage beruhigt sich zunächst, dann aber gewinnen 1931 die republikanischen Kräfte vor allem in den großen Städten die Kommunalwahlen. Die Zweite Republik wird ausgerufen. In den Wahlen von 1936 siegt die Volksfront, ein Bündnis aus eher gemäßigten Republikanern mit Sozialisten, Kommunisten und Anarchisten. Die politische Gewalt nimmt zu.

Eine am 17. Juli 1936 ausbrechende Militärrevolte spanischer Truppen in Marokko wird rasch auf das Festland getragen. Der Initiator und Anführer des Putsches General Sanjurjo stürzt bei seinem Rückflug aus dem Exil tödlich ab. Ein Triumvirat aus drei Generälen füllt das Machtvakuum aus, unter ihnen Francisco Franco, Sohn eines Marineoffiziers, der schon 1926 mit nur 34 Jahren jüngster General Spaniens geworden ist. Bald steht er an der Spitze der nationalen und antirepublikanischen Kräfte: katholische Kirche, Großgrundbesitzer, Konservative, Faschisten. Aufseiten der Republikaner kämpfen Demokraten, Anarchisten, Kommunisten und Sozialisten.

Schnell gelingt es den Putschisten, denen sich die meisten Offiziere und Soldaten anschließen, weite Teile des Landesinnern unter ihre Kontrolle zu bringen. Städte wie Madrid und Barcelona, Regionen wie das Baskenland und Katalonien widersetzen sich.

Die demokratischen Staaten des Westens halten sich weitgehend aus dem Krieg heraus. Viele Freiwillige von dort schließen sich aber auf republikanischer Seite den Internationalen Brigaden an. Die Hauptunterstützung bekommen beide Seiten von den totalitären Mächten jener Tage. Den Faschisten springen Hitlers Deutsches Reich und Mussolinis Italien bei. Flugzeuge der deutschen Legion Condor bombardieren 1937 den baskischen Ort Guernica. 2000 Menschen sterben. Die Republikaner erhalten Hilfe von Stalins Sowjetunion, deren Kader erbarmungslos in den eigenen Reihen wüten.

1939 hat Franco den Bürgerkrieg gewonnen. Sein faschistisches Regime lässt zunächst Zehntausende der ehemaligen Gegner töten. Im Zweiten Weltkrieg widersteht er Hitlers Bitten, aufseiten der Achsenmächte in den Weltkrieg einzutreten.

Bis zu seinem Tod im Jahr 1975 bleibt Franco Diktator Spaniens. Erst unter König Juan Carlos I. gelingt danach der friedliche Übergang zur Demokratie.

Adolf Hitler und die dunkelsten Jahre der Welt

Adolf Hitler
lebt von 1889
bis 1945

Hitler, Sohn eines niederen Beamten der österreichischen Zollbehörde, will Kunstmaler werden, fällt jedoch mehrmals durch die Aufnahmeprüfung. Er schlägt sich in Wien durch, lebt zeitweise im Obdachlosenheim und geht 1913 nach München. Als im Jahr darauf der Erste Weltkrieg ausbricht, meldet er sich freiwillig und kämpft an der Westfront.

Nach dem Krieg tritt er einer zunächst kleinen rechtsradikalen Partei bei, die sich ab 1920 Nationalsozialistische Deutsche Arbeiterpartei (NSDAP) nennt. Er entdeckt sein Rednertalent, stellt sich an deren Spitze und beginnt sich als Führer zu stilisieren. Ein Staatsstreich in München scheitert 1923. Hitler kommt mit einer milden Haftstrafe davon und diktiert während der Haft das Buch *Mein Kampf*, in dem er die Ziele seiner Politik – Aufbau eines Führerstaates, Beseitigung der Juden, Eroberung von »Lebensraum« im Osten – so unumwunden umreißt, dass es kaum jemand ernst nimmt.

Trotz des Terrors der straff organisierten Parteikampfgruppe SA findet die NSDAP in der zunehmend politisch und wirtschaftlich zerrütteten Weimarer Republik immer stärkeren Zuspruch in der Bevölkerung. 1933 wird Hitler von Reichspräsident Hindenburg zum Reichskanzler ernannt. Mit Notverordnungen, Ermächtigungsgesetz, Gleichschaltung von Organisationen und Verbänden und dem Verbot anderer Parteien errichten Hitler und die Nationalsozialisten binnen weniger Monate einen alle Lebensbereiche erfassenden totalitären Staat. Die Juden werden aus der Gesellschaft rücksichtslos ausgeschlossen.

Hitler forciert die Aufrüstung, will bald schon einen Krieg führen, um den Deutschen als »Herrenvolk« die Vorherrschaft in Europa zu verschaffen. Die etablierten Mächte Europas halten zunächst still, als Hitlers Soldaten 1936 das entmilitarisierte Rheinland besetzen, auch als er 1938 Österreich und kurz darauf das Sudetenland annektiert und die Tschechoslowakei zerschlägt.

Als Hitler 1939 Polen überfallen lässt, bricht der Zweite Weltkrieg aus. Durch die teilweise atemberaubenden Erfolge der Blitzkriegstrategie gelingt ihm bis 1941 die fast vollständige Eroberung Kontinentaleuropas. Nur Großbritannien bleibt als Gegner. Die Vorbereitung einer Invasion misslingt in der sogenannten Luftschlacht um England.

Am 22. Juni fallen Hitlers Armeen in Russland ein und dringen in einem grausamen Vernichtungsfeldzug bis kurz vor Moskau vor. Dann kann Stalins Rote Armee sie stoppen und allmählich zurückdrängen. Nach der verlorenen Schlacht von Stalingrad im Winter 1942 auf 1943 und dem Eintritt der USA in den Zweiten Weltkrieg ist dieser im Grunde verloren. Dennoch befiehlt Hitler den Kampf bis zum letzten Mann. Verbrannte Erde sollen seine Truppen auf ihrem Rückzug hinterlassen. Als sowjetische Soldaten in Berlin eindringen, nimmt er sich das Leben. Der von Hitler und den Nationalsozialisten entfesselte Zweite Weltkrieg hat 60 Millionen Menschenleben gekostet.

Während des Hitler-Regimes verfielen die Deutschen in eine Barbarei wie kein anderes Kulturvolk zuvor. Den Höhepunkt der Grausamkeit, genährt aus dem Selbstverständnis, ein überlegenes Herrenvolk zu sein, bildet der industriell geplante und durchgeführte jahrelange Massenmord an nahezu sechs Millionen Juden und anderen als »minderwertig« deklarierten Menschen wie Homosexuellen, Behinderten, Sinti und Roma.

Anne Frank **Anne Frank:**

lebt von 1929 **Die Stimme eines Mädchens aus dem Dunkel**

bis 1945 »Glücklich das Volk, dessen Geschichte sich langweilig liest«, schrieb Montesquieu. Die Geschichte der Juden ist nicht langweilig und Anne Frank ist ein Kind unter vielen Kindern, die nur deshalb sterben müssen, weil sie Juden sind.

Ihr Vater, der Kaufmann Otto Frank, emigriert 1933 nach der Machtübernahme der Nationalsozialisten in Deutschland unter Adolf Hitler nach Amsterdam. Doch während des Zweiten Weltkriegs marschieren deutsche Truppen 1940 auch in die Niederlande ein. Menschenverachtende Gesetze, die im Deutschen Reich längst existieren, finden hier nun auch Anwendung: Alle Juden werden systematisch aus der Gesellschaft ausgeschlossen und müssen einen gelben Judenstern tragen. Ihnen drohen Deportation und Ermordung. Tausende von in den Niederlanden lebenden Juden finden den Tod, einigen gelingt die Flucht, andere, wie die Franks, versuchen unterzutauchen.

Im Sommer 1942 sucht die Familie Frank in einem Amsterdamer Hinterhaus Zuflucht. Kurz zuvor hat Anne, die jüngere der beiden Töchter Otto Franks, zu ihrem 13. Geburtstag ein rot-weiß kariertes Tagebuch geschenkt bekommen, dem sie sich noch am selben Tag anzuvertrauen beginnt. In niederländischer Sprache offenbart sie ihrer imaginären Freundin Kitty ihre Gefühle und Gedanken.

1944 wird das Versteck der Franks verraten. Die deutsche Gestapo (Geheime Staatspolizei) verhaftet die Familie. Otto Frank überlebt als Einziger. Er übersteht das Vernichtungslager Auschwitz, jene Tötungsfabrik, in der die deutschen Nationalsozialisten Hunderttausende von Menschen planmäßig ermorden. Seine Frau stirbt dort, seine Töchter im Konzentrationslager Bergen-Belsen.

Das Tagebuch, das Anne im Versteck schrieb, nimmt nach der Verhaftung der Familie und weiterer im Hinterhaus versteckter Juden die Helferin Miep Gies in Verwahrung. Nach Kriegsende übergibt sie es Otto Frank. Der veröffentlicht dessen Inhalt, auch weil er weiß, dass es der Wunsch Annes war, Schriftstellerin zu werden. *Das Tagebuch der Anne Frank* wird zu einem Welterfolg. Die präzisen Betrachtungen und Charakterstudien des heranwachsenden Mädchens, die Schilderung der beklemmenden Atmosphäre im engen Versteck, Anne Franks Auseinandersetzung mit sich und den oft widerstreitenden Gefühlen und letztlich das Schicksal dieses einzelnen, unschuldigen Menschen steht beispielhaft für die vielen Menschen, die starben, weil die Angehörigen einer Nation sich in ihrer großen Mehrheit zu Vollstreckern der vermutlich barbarischsten Ideologie gemacht haben, die Menschen je ersonnen haben: des Nationalsozialismus.

Winston Churchill und der Widerstand der freien Welt

»Ich hasse niemand. Außer Hitler. Und das hat professionelle Gründe«, sagt er einmal. Als der Zweite Weltkrieg ausbricht, beginnt das nicht mehr für möglich gehaltene Comeback des Winston Churchill.

Winston Churchill lebt von 1874 bis 1965

Er stammt aus einer der großen Familien Englands. Sein Vorfahr John Churchill, der berühmte Herzog von Marlborough, kämpft im 18. Jahrhundert gegen den Expansionsdrang des Sonnenkönigs Ludwig XIV. Sein Vater ist zwischenzeitlich britischer Schatzkanzler. Der Sohn allerdings ist ein meist schwacher Schüler, der nicht studiert, sondern erst beim Militär auflebt. Churchill will dorthin, wo gekämpft wird. Er macht sich einen Namen als Kriegskorrespondent und geht jung in die Politik. Schon bald gilt er als aufgehender Stern am Politikhimmel, wird Abgeordneter der Konservativen, wechselt zu den Liberalen und leitet bis zum Ersten Weltkrieg mehrere Fachministerien. Während des Krieges Marineminister, muss er wegen des Desasters von Gallipoli sein Amt abgeben. Doch noch vor Kriegsende ist er bereits wieder Munitionsminister. Weitere Aufgaben im Kabinett David Lloyd Georges folgen, dann schließt er sich erneut den Konservativen an und wird 1924 Schatzkanzler.

Als er 1929 aus diesem Amt ausscheidet, beginnen Jahre der politischen Isolation, in denen Churchill als historischer Autor erfolgreich ist, auch wenn seine Warnungen vor Hitler ungehört bleiben. 1939 schließlich, bei Ausbruch des Zweiten Weltkriegs, schlägt die große Stunde des Gegners jeglicher Beschwichtigungspolitik von Premierminister Neville Chamberlain, der immer wieder den Ausgleich mit Hitler gesucht hatte.

Churchill wird erst Marineminister, dann am 10. Mai 1940, dem Tag, als Hitlers Truppen in Frankreich einfielen, britischer

Premierminister. Drei Tage nach Amtsantritt hält er seine berühmte Rede, in der er den Briten sagt, er habe nichts anzubieten außer »Blut, Schweiß, Mühsal und Tränen«. Man werde nicht kapitulieren, sondern kämpfen bis zum Sieg: »Sieg! Egal, was es kostet!«

Großbritannien widersteht dem Invasionsversuch des Deutschen Reiches. Hitler lässt ab und überfällt die Sowjetunion. Churchill hat erheblichen Anteil am Zustandekommen des Bündnisses Großbritanniens, der USA und der Sowjetunion. Als dieses schließlich Hitler und seine Armeen besiegt, ist seine Karriere – wieder einmal – beendet. 1945 wird er von den Briten nicht wiedergewählt, die sich nun einen »Friedenspremier« wünschen.

Im beginnenden Kalten Krieg warnt Churchill vor der Sowjetunion, tritt aber auch für Entspannung ein und für die Einheit Europas. Von 1951 bis 1955 wird er noch einmal Premierminister. 1953 erhält er für seine *Geschichte des Zweiten Weltkriegs* den Nobelpreis für Literatur.

Josef Stalin Josef Stalin: Das andere Gesicht des Totalitären

lebt von 1878 Geboren wird er im georgischen Gori. Er ist das einzige Kind
bis 1953 der Eltern, das die frühe Kindheit überlebt. Sein Vater, ein ehemaliger Leibeigener, brutal und trunksüchtig, schlägt ihn erbarmungslos.

Iosseb Dschughaschwili, der sich später den Namen Stalin (»der Stählerne«) gibt, wird hart, misstrauisch, gefühllos, doch er ist in der Schule Klassenbester und darf daher ein orthodoxes Priesterseminar in Tiflis besuchen. Mit 18 Jahren schließt sich Iosseb einer sozialistischen Organisation an. Er ist nun Berufsrevolutionär, organisiert Streiks und Demonstrationen. Man verhaftet ihn und schickt ihn in die Verbannung.

Als sich die russische Linke spaltet, schließt er sich den radikalen Bolschewiki unter Lenins Führung an und wird dessen Mann fürs Grobe. 1912 steigt er ins Zentralkomitee der Bolschewiki auf und nennt sich fortan Stalin. Nach der Februarrevolution von 1917 geht er nach Sankt Petersburg, arbeitet für die Parteizeitung *Prawda* und wird 1922 Generalsekretär der Kommunistischen Partei. Stalin ist einer der Hauptprotagonisten des bereits von Lenin propagierten Roten Terrors. Nach Lenins Tod ist es Stalin, der sich – gegen dessen letzten Willen – durchsetzt. Als neuer Machthaber der jungen Sowjetunion, die bereits unter Lenin zu einem brutalen Unterdrückungsstaat degeneriert war, geht Stalin zum hemmungslosen Terror über. Er baut das bereits unter Lenin begonnene Lagersystem des Gulag konsequent aus. Zeitweise sind dort über zwei Millionen Menschen inhaftiert. Die Zwangskollektivierung von Bauernhöfen, auch der kleinen Bauern, kostet zwischen 1927 und 1934 Millionen von Menschen das Leben. Die Große Säuberung von 1936 bis 1939 mit den berüchtigten Moskauer Schauprozessen, die den gesamten Staatsapparat erfasst, fordert vermutlich noch einmal eine Million Tote.

1939 schließt Stalin mit Adolf Hitler einen Nichtangriffspakt. Sie teilen Polen untereinander auf, das umgehend von Hitler überfallen wird, von Osten marschiert die Rote Armee ein. Als Hitlers Armeen 1941 ohne Vorwarnung den ehemaligen Bündnispartner Sowjetunion überfallen, hat sich die Führung der Roten Armee noch nicht von den stalinistischen »Säuberungen« erholt. Der sowjetische Diktator ist geschockt.

Hitlers Vernichtungsfeldzug gegen die Sowjetunion führt zu Millionen Toten auf sowjetischer Seite. Doch die Weite des Landes, der Winter und der Kampfeswille der Soldaten wenden das Blatt. Stalins Rote Armee besiegt Hitlers Wehrmacht. Stalin hält nach Kriegsende weite Teile Osteuropas besetzt, schafft abhängige Staaten wie auch den östlichen verbliebenen Teil Deutschlands, der zur Deutschen Demokratischen Republik (DDR) wird, und gliedert sie in seine Machtsphäre ein. Stalin, der ähnlich wie Hitler, Mao Zedong, Kim Il-sung in China und Enver Hodscha in Albanien einen ausufernden Personenkult um sich aufbaut, führt nach dem Zweiten Weltkrieg erneut »Säuberungen« gegen Juden und Intellektuelle durch. Der Schrecken im Namen des Kommunismus bleibt bis zu seinem Tod sowjetischer Alltag.

Franklin D. Roosevelt und die Führung der freien Welt

Franklin D. Roosevelt
lebt von 1882 bis 1945

Als er amerikanischer Präsident wird, steckt das Land in einer schweren Krise. Nach dem großen Börsenkrach des Jahres 1929 versagen die »Selbstheilungskräfte des Marktes«, auf die Roosevelts Vorgänger Hoover vertraute. Eine tiefe Wirtschaftskrise, die Große Depression, beginnt.

Schon als Präsidentschaftskandidat verspricht Roosevelt einen *new deal for the american people*. Als Gouverneur von New York hat er sich, der aus einer wohlhabenden alteingesessenen Ostküstenfamilie stammt, ab 1929 den Ruf eines Reformers erworben. Zuvor war er 1921 mit 39 Jahren schwer an Kinderlähmung erkrankt. Mit außergewöhnlicher Selbstdisziplin hatte er sich in die Politik zurück gekämpft. Doch ist er fortan auf Beinschienen und Rollstuhl angewiesen.

1933 kaum im Amt als Präsident, beginnt Roosevelt gemeinsam mit seinem Team von Experten, dem sogenannten Brain Trust, sein Versprechen des New Deal in die Tat umzusetzen. Die Große Depression erreicht in diesen Monaten ihren Höhepunkt. Zeitweise sind in den USA 15 Millionen Menschen arbeitslos, ein Viertel der arbeitsfähigen Bevölkerung. Roosevelt legt Beschäftigungsprogramme auf, lässt die Preise regulieren und führt die 40-Stunden-Woche und Mindestlöhne ein. Die Maßnahmen beginnen zu greifen und Roosevelt wird 1936 triumphal wiedergewählt. Die außergewöhnlichen politischen Umstände jener Zeit ermöglichen ihm letztlich vier Amtszeiten, trotz des seit George Washington geltenden ungeschriebenen Gesetzes, nach dem ein Präsident nach erneuter Wiederwahl nicht ein drittes Mal antreten darf. Erst 1951 wird diese Beschränkung gesetzlich festgelegt.

Roosevelt führt die USA aus der freiwilligen Isolation, in der sie nach Ende des Ersten Weltkriegs gefallen ist. Als der Zweite Weltkrieg ausbricht, unterstützt er Großbritannien mit der umfangreichen Lieferung von Kriegsmaterial. Berühmt wird Roosevelts am 6. Januar 1941 gehaltene Rede zur Lage der Nation. Vor dem Kongress skizziert er die vier Freiheiten, auf denen eine künftig sichere und friedliche Welt aufgebaut werden soll: Freiheit der Rede, Freiheit der Verehrung des eigenen Gottes, Freiheit von Not, Freiheit vor Furcht. Letztere bedeutet nachhaltige Abrüstung.

Nach dem Angriff der japanischen Luftwaffe auf den Flottenstützpunkt Pearl Harbour auf Hawaii tritt die USA Ende 1941 in den Krieg gegen die Achsenmächte Japan, Deutschland und Italien ein. Durch die von Roosevelt forcierte Mobilisierung aller Kräfte des Landes gelingt es den USA, das bis dahin eher ver-

nachlässigte Militär zu einer gewaltigen Kriegsmaschine aufzubauen. Die Überlegenheit der Allianz wird erdrückend. Den Sieg
an allen Fronten ab Mai 1945 erlebt Roosevelt nicht mehr. Er
stirbt wenige Wochen vor der Kapitulation des Deutschen Reiches.

Hirohito und die japanische Expansion

Hirohito lebt von 1901 bis 1989

Kokutai meint die absolute Loyalität gegenüber dem Kaiser und
sie begründet die Harmonie der Gesellschaft. Jeder habe sich
dem unterzuordnen. Das erklärt 1929 sogar das oberste Gericht
Japans. Wächter des Kokutai ist die Armee.

Auf Mutsuhito, den Meiji-Tenno, der das Inselreich in der
zweiten Hälfte des 19. Jahrhunderts nach Generationen der Isolation in die Moderne geführt hat, folgt 1912 der geistig und kör-
perlich behinderte Kaiser Yoshihito. Die nationalistischen Kräfte
Japans, insbesondere die Militärs, gewinnen nun endgültig die
Oberhand. Unter dem Motto »Asien den Asiaten«, gemeint ist
aber eher »Asien den Japanern«, beginnt Japan die alten Kolonialmächte zu verdrängen, gleichzeitig aber sich selbst als He-
gemonialmacht zu etablieren. Dies geschieht mit skrupelloser
Waffengewalt. Bereits 1910 hat sich Japan Korea als Kolonie an-
geeignet. Nach dem Ersten Weltkrieg übernehmen die Japaner
auch die deutschen Gebiete in China.

Auf Yoshihito folgt 1926 Hirohito. Der 124. Tenno seit dem
legendären Jimmu stellt seine Regierung unter das Motto *Showa*
(»Erleuchteter Frieden«). Gerade davon aber ist von Anfang an
keine Rede. Die kaiserlichen Militärs haben seit 1900 ein Veto-
recht bei der Kabinettsbildung.

1937 marschieren japanische Truppen in China ein. Beim
Massaker in Nanking ermorden japanische Soldaten etwa
200 000 Zivilisten und Kriegsgefangene auf oft grausame Art.
Im Zweiten Weltkrieg schließt Japan im September 1940 den
Dreimächtepakt mit Italien und dem Deutschen Reich. Den
gefährlichsten Gegner will man überraschen. Und dies gelingt.
Am 7. Dezember 1941 greifen japanische Kampfflugzeuge den
US-amerikanischen Flottenstützpunkt Pearl Harbour an. Der
Krieg, der anschließend vor allem auf verschiedenen strategisch
wichtigen Inseln im Pazifik gegen die USA und ihre Verbündeten

geführt wird, bringt Japan gegen 1945 an den Rand der Niederlage. Doch die Japaner wollen den Kampf nicht verloren geben, sterben eher, als dass sie sich in Gefangenschaft begeben.

Sogar als im August 1945 die Amerikaner nacheinander mit zwei Atombomben die japanischen Städte Hiroshima und Nagasaki zerstören, wollen viele Militärs noch immer nicht kapitulieren. Aber Hirohito ordnet an, der Forderung der Alliierten nachzukommen. Über das Radio teilt er dies verklausuliert dem Volk mit.

Japan wird von den Amerikanern besetzt, doch Hirohito bleibt Kaiser. Am Neujahrstag 1946 verwirft er in einer Rundfunkrede den Anspruch, ein gottgleiches Wesen zu sein. Trägt er Verantwortung für die Eroberungspolitik Japans? Oder war er eine machtlose Marionette? Die Historiker streiten.

J. Robert Oppenheimer und die Atombombe

J. Robert Oppenheimer lebt von 1904 bis 1967

Als Franklin Delano Roosevelt kurz vor Kriegsende stirbt, folgt ihm Harry S. Truman im Präsidentenamt nach. Wenige Wochen später teilt man ihm mit, dass die Anstrengungen zum Bau einer Atombombe, die an Zerstörungskraft alles bisher Dagewesene in den Schatten stellt, zu einem erfolgreichen Test geführt hätten. Die Bombe ist bald einsatzbereit.

Leiter des Atombombenprogramms, das den Namen *Manhattan Project* erhält, ist der Physiker J. Robert Oppenheimer. Er steht für den Pakt mit dem Teufel, den die Wissenschaft im 20. Jahrhundert auf vielfältige Weise schließt. Den Anstoß zum Bau der Bombe gab der Physiker Leó Szilárd, ein aus Ungarn emigrierter Jude, in einem Brief an Roosevelt, den Albert Einstein mitunterzeichnete. Hauptantriebskraft ist letztlich die Sorge, das nationalsozialistische Deutschland könnte zuerst eine Atombombe bauen. Tatsächlich betreibt das Deutsche Reich ein Uranprojekt, dem die Wissenschaftler Carl Friedrich von Weizsäcker, Otto Hahn und Werner Heisenberg angehören.

Julius Robert Oppenheimer ist der Sohn einer deutsch-jüdischen Familie in New York. Der hochbegabte Junge wächst behütet auf, studiert in Harvard und wendet sich schließlich der experimentellen Physik zu. 1942 übernimmt er die wissenschaftliche Leitung des *Manhattan Project*. Direkt oder indirekt sind an dem gigantischen Unternehmen über 100 000 Menschen beteiligt. Als am 16. Juli 1945 der Trinity-Test den Sand der Wüste von Nevada zum Schmelzen bringt, besitzen die USA eine Waffe bisher ungeahnter Zerstörungskraft.

Präsident Harry S. Truman entschließt sich, die Atombombe gegen die auch nach der Kapitulation Deutschlands verbissen weiterkämpfenden Japaner einzusetzen. Die amerikanischen Befehlshaber fürchten die Invasion Japans und rechnen mit extrem hohen Verlusten. Am 26. Juli 1945 fordern die USA und ihre Verbündeten in der Erklärung von Potsdam Japan auf, bedingungslos zu kapitulieren, andernfalls drohe die »sofortige und völlige Vernichtung«. Die Atombombe wird nicht erwähnt. Japan reagiert nicht.

Am 6. August 1945 startet ein Bomber und klinkt die Bombe über der japanischen Stadt Hiroshima aus. Mindestens 90 000 Menschen sind sofort tot. Doch noch immer kapituliert Japan nicht. Am 9. August trifft eine weitere Atombombe Nagasaki. 36 000 Menschen sind sofort tot. In den nächsten Jahrzehnten sterben weitere Zehntausende an den Strahlungsfolgen.

Entsetzt von dem Leid, das seine Entwicklung verursacht hat, spricht Oppenheimer sich gegen den Bau der noch zerstörerischeren Wasserstoffbombe aus. Damit gerät er nach dem Zweiten Weltkrieg ins Visier der Kommunistenhatz des US-Senators McCarthy. Oppenheimer wird Kontakt zu Kommunisten und sogar Spionage für die Sowjetunion vorgeworfen. Erst 1963 wird er rehabilitiert.

Karl Popper und die offene Gesellschaft

In der ersten Hälfte des 20. Jahrhunderts, einer Zeit, in der die Welt in den Würgegriff der Weltanschauungen des Marxismus und des Faschismus gerät, greift ein in Großbritannien später geadelter Österreicher die Heilsversprechungen beider Ideologien an und warnt vor deren unvermeidlichem Abdriften in das Totalitäre. Er ist überzeugt: »Der Versuch, den Himmel auf Erden einzurichten, produziert stets die Hölle.« Dagegen setzt Karl Raimund Popper die Idee der offenen Gesellschaft, die durch gelebte Meinungsvielfalt ständig daran arbeitet, Fehler in der staatlichen und gesellschaftlichen Ordnung zu berichten. Die

Karl Popper lebt von 1902 bis 1994

offene Gesellschaft – ein Begriff, den Popper von dem französischen Philosophen Henri Bergson entlehnt – verändert sich evolutionär, nicht revolutionär. Anders als die Staatsentwürfe des Faschismus und des Marxismus gibt sie allen Bürgern die Möglichkeit, den Staat öffentlich zu kritisieren und an seiner permanenten Verbesserung mitzuwirken.

Popper wendet sich gegen die Auffassung, Geschichte geschehe nach immer wiederkehrenden Abläufen, sei daher mehr oder minder vorhersehbar und diene einer Vorherbestimmung (so wie es Marxisten mit der unausweichlich eintretenden kommunistischen Gesellschaft und Faschisten mit dem Sieg einer Elite oder einer Rasse vorherzusehen meinen). Als frühe Feinde der offenen Gesellschaft macht Popper die Philosophen Marx, Hegel und Platon aus, da sie alle ein deterministisches (auf ein angebliches Ziel hinauslaufendes) Geschichtsbild verfolgen und die Idee eines von Eliten geführten geschlossenen Staatssystems stützen.

Als junger Mann ist Karl Popper selbst Kommunist. Doch als bei einer Demonstration mehrere Männer erschossen werden und kommunistische Funktionäre sagen, sie seien für die baldige Weltrevolution gestorben, fällt Popper vom »Glauben« an den Kommunismus und jegliche Ideologien ab.

Karl Popper studiert in seiner Geburtsstadt Wien und widmet sich danach als Philosoph zunächst Fragen der Logik und der Wissenschaftstheorie. Doch es ist vor allem Poppers Staatsphilosophie, die seine Bedeutung als Denker ausmacht. 1937 nimmt er eine Dozentenstelle im neuseeländischen Christchurch an, denn für ihn als Juden ist es in Österreich längst zu gefährlich geworden. Im Jahr darauf marschieren Hitlers Truppen ein.

In Neuseeland verfasst Popper sein epochemachendes Buch *Die offene Gesellschaft und ihre Feinde.* Den ersten Band beendet er 1942 mitten im Zweiten Weltkrieg. Das Werk ist prägend in der politischen Landschaft des 20. Jahrhunderts und liefert die gedankliche Basis für die westlichen Demokratien nach Kriegsende, unter anderem mit Bemerkungen wie: »Die Frage, wer an die Macht kommen soll, ist falsch gestellt. Es genügt, wenn eine schlechte Regierung wieder abgewählt werden kann.«

19. Nachkrieg

Mahatma Gandhi und der gewaltlose Widerstand

Mohandas Karamchand Gandhi ist der Sohn des Premierminis-
ters einer Provinz in Indien, das seinerzeit noch immer von der
Kolonialmacht Großbritannien beherrscht wird. Er studiert in
London und geht 1893 nach Südafrika in einen anderen Teil des
Britischen Weltreichs, um sich als Anwalt niederzulassen. Dort
bleibt er 20 Jahre und nimmt den Kampf gegen die Diskriminie-
rung der Inder und der Schwarzen durch die Weißen auf. Seine
Ethik ist vom Hinduismus, aber auch vom Christentum und vom
Buddhismus beeinflusst. Sein Konzept des gewaltfreien Wider-
stands sieht er als Waffe des geistig und moralisch Stärkeren.

Mahatma Gandhi lebt von 1869 bis 1948

1915 kehrt Gandhi nach Indien zurück, wo ihn der Philosoph
und Nobelpreisträger für Literatur Rabindranath Tagore mit der
Anrede *Mahatma* (»große Seele«) begrüßt. Gandhi baut ein spiri-
tuelles Zentrum auf und steht bald an der Spitze der wachsenden
indischen Unabhängigkeitsbewegung, die 1919 mit der Strategie
der Nichtkooperation und des zivilen Ungehorsams ihren Kampf
aufnimmt. 1920 überträgt man ihm die Führung der wichtigsten Organisation, des 1885 gegründeten Indischen Nationalkon-
gresses (INC), in dem Muslime und Hindus zusammenarbeiten.
Trotz vielfacher Verhaftungen hält Gandhi hartnäckig an seinem
Konzept des gewaltlosen Widerstands fest. Um das britische
Salzmonopol zu brechen, wandert er 1930 mit seinen Anhängern
in einem 350 Kilometer langen Marsch zum Arabischen Meer
und fordert dort seine Landsleute auf, ihr Salz künftig selbst
zu gewinnen. Der »große Salzmarsch« sorgt für weltweites Auf-
sehen. Im gleichen Jahr übernimmt Jawaharlal Nehru, der seit
1917 Gandhis Privatsekretär war, die Spitze des INC.

Der asketische, nur in einen weißen Baumwollstoff gehüllte
Gandhi und der weltläufige intellektuelle Nehru bilden nun eine

kongeniale doppelte Führungsspitze. Der Kampf der beiden und die Schwächung Großbritanniens durch den Zweiten Weltkrieg bringen Indien 1947 die Unabhängigkeit, aber nicht den inneren Frieden. Gandhis Ausgleichsversuche zwischen Indien und dem sich abspaltenden muslimischen Pakistan kosten ihn schließlich das Leben. Ein fanatischer Hindu erschießt ihn am 23. Januar 1948. Der Welt aber hat Gandhi vor Augen geführt, dass Gewaltlosigkeit gegen Aggressivität und Gewalt bestehen und siegen kann.

Charles de Gaulle: Einigung Europas

Charles de Gaulle lebt von 1890 bis 1970

Als deutsche Panzerverbände im Mai 1940 in Frankreich einrücken und die französische Armee auf breiter Front zurückweichen muss, ist es General Charles de Gaulle, der mit Teilen der schwachen französischen Panzertruppe kurzzeitig die Deutschen an einem Frontabschnitt zurückdrängen kann. Aber schließlich muss Frankreich kapitulieren. Charles de Gaulle flüchtet nach England und beginnt von dort den Widerstand gegen die Besatzer zu organisieren.

De Gaulle, von hochgewachsener, imponierender Gestalt, stammt aus einer hochgebildeten katholisch-konservativen Familie. Er tritt ins Militär ein, beginnt eine Offizierskarriere, kämpft im Ersten Weltkrieg, danach im Polnisch-Sowjetischen Krieg von 1919, ein Jahr später ist er Militärausbilder für die polnischen Streitkräfte. De Gaulle sieht die wachsende Bedeutung der Panzerwaffe und dringt auf den Aufbau französischer Divisionen. Er findet kein Gehör.

Nach der französischen Kapitulation erkennt er den Waffenstillstand und die von Deutschland abhängige Regierung in Vichy unter Marschall Pétain nicht an, fliegt am 17. Juni 1940 nach London und einen Tag später hören die Franzosen im Radio seinen Widerstandsappell. Frankreichs Niederlage sei keinesfalls endgültig!

De Gaulle gründet das Komitee Freies Frankreich, setzt sich an die Spitze des Widerstands gegen die deutsche Besatzung und behauptet als zentrale Führungsfigur in den nächsten Jahren die französischen Interessen hartnäckig gegen den weit stärkeren Verbündeten Großbritannien. Am 25. August 1944, wenige Wochen nach der Landung der Alliierten in der Normandie, zieht er als Befreier in Paris ein. Die Nationalversammlung bestätigt ihn Ende 1945 als Premierminister und ernennt ihn zum Staatsoberhaupt. Doch weil er die neue Verfassung Frankreichs ablehnt, tritt er 1946 zurück und verlässt 1953 die Politik.

Frankreich möchte seinen Einfluss in der Welt zurückgewinnen, verliert den Ersten Indochinakrieg (1946 bis 1954), in dem das heutige Vietnam um seine Unabhängigkeit kämpft, und gerät durch den Ende 1954 beginnenden Algerienkrieg – Algerien will die Unabhängigkeit von der Kolonialmacht Frankreich erreichen – in eine Krise. 1958 beauftragt man de Gaulle mit der Bildung einer Regierung. Er setzt eine Verfassungsreform durch und begründet damit die Fünfte Republik, deren Präsident er von 1959 bis 1969 ist.

De Gaulles Ziel ist es, Frankreichs Stellung in Europa zu behaupten, und betreibt die Aussöhnung mit Deutschland, was sich in einer engen Zusammenarbeit mit dem deutschen Kanzler Konrad Adenauer und dem 1962 geschlossenen Deutsch-Französischen Vertrag niederschlägt. Gleichzeitig versucht er Großbritanniens Einfluss in Europa zurückzudrängen und verhindert mit seinem Widerstand dessen Beitritt zur Europäischen Wirtschaftsgemeinschaft (EWG), dem Vorläufer der EU. Aus der Kommandostruktur des nach dem Zweiten Weltkrieg geschmiedeten westlichen Militärbündnisses NATO scheidet Frankreich unter seiner Führung aus und baut eine eigene Atomstreitmacht auf. Nach den Maiunruhen von 1968, ausgelöst durch die Studentenbewegung, tritt de Gaulle zurück.

Konrad Adenauer und das neue Deutschland

Nach der Niederlage des Nationalsozialismus verliert Deutschland Gebiete an die Sowjetunion und Polen, der Rest des Landes wird in vier Besatzungszonen der Sowjetunion, Großbritanniens, Frankreichs und den USA aufgeteilt. Schließlich entstehen zwei neue deutsche Staaten. Sie sind das Ergebnis des beginnenden Kalten Krieges, in dem sich die westlichen Demokratien unter der Führung der USA und die kommunistische Sowjetunion mitsamt der unter ihrem Einfluss befindlichen osteuropäischen »Bruderstaaten« gegenüberstehen.

Konrad Adenauer lebt von 1876 bis 1967

Die Besatzungszone der Sowjetunion steuert auf eine kommunistisch geprägte Staatlichkeit zu, während die übrigen drei Westmächte in ihren Zonen demokratische und parlamentarische Strukturen aufbauen. Auch unter dem Eindruck der Blockade Berlins, bei der die Sowjetunion vom 24. Juni 1948 bis 12. Mai 1949 alle Zufahrtswege zur Stadt sperrt und diese nur durch Hilfe der Westalliierten über eine Luftbrücke versorgt werden kann, beginnen im Sommer 1949 in den drei Westzonen deutsche Vertreter mit der Ausarbeitung eines Grundgesetzes für einen künftigen deutschen Staat. Am 24. Mai 1949 wird die Bundesrepublik Deutschland gegründet und am 7. Oktober in der sowjetischen Besatzungszone die Deutsche Demokratische Republik (DDR).

Erster Bundeskanzler und damit Regierungschef der Bundesrepublik Deutschland wird Konrad Adenauer. Er ist bereits 73 Jahre alt, als er das Amt übernimmt. 1917, mitten im Ersten Weltkrieg, war er in Köln als Vertreter der katholisch geprägten Zentrumspartei zum damals jüngsten Oberbürgermeister einer deutschen Großstadt gewählt worden. Nach der Machtübernahme der Nationalsozialisten 1933 wurde er seines Amtes enthoben. Über das deutsche Volk und die Kirche schreibt er 1946 in einem Brief: »Es hat sich fast widerstandslos, ja zum Teil mit Begeisterung gleichschalten lassen. Darin liegt seine Schuld.«

Die Amerikaner setzen ihn nach Ende des Zweiten Weltkriegs wieder als Oberbürgermeister Kölns ein. Anfang 1946 wird er zum Landesvorsitzenden der neu gegründeten Christlich Demokratischen Union gewählt, und als ein Jahr später auf Bundesebene die CDU gegründet wird, wird er ihr Vorsitzender. Durch den Vorsitz im Parlamentarischen Rat, der die neue Verfassung ausarbeiten soll, erhält Adenauer weiteres politisches Gewicht.

Als Bundeskanzler betreibt er die Anbindung der jungen Bundesrepublik an den Westen, fördert die Aussöhnung mit Frankreich, gliedert die Bundesrepublik in das Militärbündnis NATO ein und setzt auch gegen zum Teil erheblichen Widerstand in seiner Partei das System der sozialen Marktwirtschaft durch, was eine wichtige Voraussetzung für das beginnende Wirtschaftswunder Anfang der Fünfzigerjahre schafft.

Der erste deutsche Bundeskanzler ist ein Realpolitiker, der durchaus auch die Einbindung ehemaliger Nationalsozialisten in zum Teil hohe staatliche Ämter toleriert. Mit der Sowjetunion nimmt Adenauer diplomatische Beziehungen auf. Jahre nach Kriegsende gelingt ihm die Rückführung zahlreicher deutscher Kriegsgefangener. Mehrfach wiedergewählt, tritt er 1962 im Alter von 87 Jahren zurück.

David Ben Gurion: Gründung Israels

David Ben Gurion lebt von 1886 bis 1973

David Ben Gurion wird als David Grün in Polen geboren. Er ist ein Träumer, schreibt Gedichte und schließt sich der zionistischen Bewegung an.

Seit Jahrhunderten müssen die Juden, die verstreut in der Welt leben und in jedem Land eine Minderheit bilden, Pogrome und alltägliche Diskriminierung ertragen. Der Nationalismus zur Wende zum 20. Jahrhundert bringt ihnen weitere Demütigungen. Nun wächst unter ihnen der Traum von einem eigenen Staat, einer Heimat. Um diesen zu verwirklichen, gründet der österreichische Jude Theodor Herzl 1897 die zionistische Bewegung. »Wenn ihr wollt, ist es kein Märchen!«, lässt er die Juden wissen.

Einen der ersten konkreten Schritte liefert 1917 der britische Außenminister James Balfour, der in seiner Balfour-Erklärung die Gründung eines jüdischen Staates in Palästina unterstützt. Nach dem Ersten Weltkrieg haben Frankreich und Großbritannien den Nahen Osten aus den Teilen des zerbrochenen Osmanischen Reiches in ihre Interessengebiete aufgeteilt. Großbritannien wurde das Mandat über Palästina zugeschlagen.

David Ben Gurion – den Namen Ben Gurion, »junger Löwe«, benutzt er ab 1910 als Autor einer zionistischen Zeitung – kommt 1906 nach Palästina. Zwischenzeitlich studiert er in Istanbul, der Hauptstadt des Osmanischen Reiches, zu dem Palästina seinerzeit noch gehört, geht nach New York und kommt dort zu der Überzeugung, dass ein eigener jüdischer Staat aufgebaut werden muss. Zurück in Palästina arbeitet er in verschiedenen zionistischen Organisationen und unterstützt militante Gruppierungen. Immer mehr Juden wandern nach Palästina ein. Insbesondere die Verfolgung durch das nationalsozialistische Deutschland bringt einen neuen Schub. Nach Ende des Zweiten Weltkriegs und dem von den Nationalsozialisten verübten millionenfachen Mord an Juden in ganz Europa stimmt die Generalversammlung der UNO 1947 für den Teilungsplan in einen jüdischen und einen palästinensischen Staat.

Am 14. Mai 1948 verliest David Ben Gurion die israelische Unabhängigkeitserklärung. In der Nacht darauf greifen arabische Verbände aus Ägypten, Syrien, Jordanien, Libanon, Saudi-Arabien und dem Irak den jungen Staat an. Es ist der erste von zahlreichen bewaffneten Konflikten in den nächsten Jahrzehnten. Die jungen Streitkräfte Israels können sich behaupten.

Am 25. Februar 1949 wird David Ben Gurion erster Premierminister Israels und regiert mit kurzer Unterbrechung bis 1963. 1970 zieht er sich endgültig in einen Kibbuz in der Negev-Wüste zurück.

Dwight D. Eisenhower und der Kalte Krieg

Dwight D. Eisenhower lebt von 1890 bis 1969

Er hält sich selbst für unpolitisch, wird aber einer der politischsten Generale des 20. Jahrhunderts.

Sein Vater ist Mechaniker, seine Mutter eine streng religiöse Christin, die entsetzt ist, als der junge Dwight sich für eine Offizierslaufbahn entscheidet. 1911 tritt er in die Militärakademie von West Point ein. Neben dem militärischen Verstand sind es besonders die Organisationsfähigkeit und das Geschick im Umgang mit Menschen, die seine Vorgesetzten für ihn einnehmen. Mitten im Zweiten Weltkrieg setzt ihn der neue Stabschef der Armee, General Marshall, 1942 als Oberbefehlshaber der Landungstruppen in Nordafrika gegen Hitlers Afrika-Korps unter Erwin Rommel durch. Im Jahr darauf erhält er den Oberbefehl über die alliierten Truppen, die im Juni 1944 in der Normandie landen. Von Westen über Frankreich vorstoßend, besiegen sie in den nächsten Monaten das Deutsche Reich. Nach Kriegsende wird Eisenhower Oberbefehlshaber der alliierten Besatzungstruppen in Deutschland und gleichzeitig Militärgouverneur der amerikanischen Besatzungszone.

Ab 1950 Oberkommandierender der NATO-Streitkräfte, lässt er sich nach langem Zögern zur Präsidentschaftskandidatur für die Republikanische Partei überreden. Eisenhower gewinnt die Wahl und regiert von 1953 bis 1961 über zwei Amtszeiten.

Seine Präsidentschaft ist geprägt vom Kalten Krieg zwischen den westlichen Demokratien und den kommunistischen Staaten

Osteuropas, der schon unter seinem Vorgänger Truman begonnen hat. Eisenhower erweitert dessen Containment-Politik um das Element des sogenannten Rollback: Statt einer Eindämmung der kommunistischen Bedrohung geht es nun dezidiert um deren Zurückdrängung. 1952 beendet Eisenhower den seit 1950 tobenden Koreakrieg, der durch den Überfall des kommunistischen Nordens auf den westlich orientierten Süden der asiatischen Halbinsel ausgelöst wurde. Amerikanische Truppen waren dem Süden zu Hilfe gekommen. Den Norden unterstützten chinesische Verbände.

Im eigenen Land stellt sich der gemäßigte Konservative Eisenhower nicht entschieden genug gegen die Ultrakonservativen. Der ausufernden antikommunistischen Hysterie um den Senator Joseph McCarthy bietet er keinen Einhalt, aber er beschreitet erste Wege zur Gleichberechtigung der Schwarzen im Süden der USA. Der Präsident initiiert den Bau des 42 000 Meilen umfassenden Interstate Highway Systems und gründet die Weltraumbehörde NASA, nachdem die Sowjetunion das Überlegenheitsgefühl des Westens mit der Nachricht erschüttert hatte, den ersten Satelliten Sputnik ins All geschossen zu haben.

Walt Disney: Eine Ente und eine Maus erobern die Herzen der Welt

Walt Disney lebt von 1901 bis 1966

Unterhaltung in Film und Bild für die ganze Familie, Figuren, die jeder kennt, dies alles kulminiert in der Person des Amerikaners Walt Disney. Die von ihm geschaffene Welt ist beispielhaft für den Eroberungszug der amerikanischen Kultur im 20. Jahrhundert.

Disney wächst auf einer Farm auf und interessiert sich bereits als Kind für das Zeichnen. Nach seinem Einsatz im Ersten Weltkrieg als Ambulanzfahrer an der Front in Frankreich beginnt er mit Ub Iwerks, Sohn eines ostfriesischen Einwanderers, Werbefilme zu zeichnen. Mit seinem Bruder Roy produziert er Kurzfilme. 1923 geht er nach Los Angeles und startet dort mit der Produktion eigener Trickfilme.

Viele der entscheidenden Beiträge zur Massenkultur des 20. Jahrhunderts kommen aus den USA. Dies gilt für das Automobil (durch Henry Ford), den Film (in Hollywood) und das

Fernsehen. Diese Nation, geformt aus Einwanderern verschiedener Völker und Kulturen, ist trotz gesellschaftlicher und politischer Defizite eine erfolgreiche Blaupause für die Überwindung des europäischen Nationalstaatgedankens. Die USA ist nicht Staat einer einzigen Volksgruppe, sondern aufgebaut auf der Idee, dass alle Menschen gleich sind. Ihre Dynamik schöpft sie aus dem Traum, dass jeder in diesem Land und in diesem Staat sein Glück machen kann: dem amerikanischen Traum.

Die amerikanische Kultur ist optimistisch, kreativ, anpackend. Zudem ist sie eine Kultur der Kommunikation. Da ursprünglich viele Menschen in den USA als Einwanderer Englisch nicht als Muttersprache mitbrachten, bediente man sich schon früh besonders stark visueller Mittel. Es ist kein Wunder, dass die Bildergeschichten der Comics ihren Siegeszug vor allem in den USA beginnen und von dort in die Welt ausstrahlen.

1927 erschafft Disneys Zeichner Iwerks eine Mäusefigur, der laut Überlieferung Disneys Ehefrau den Namen Mickey Mouse gibt. 1928 tritt Mickey Mouse in dem Trickfilm *Steamboat Willie* zum ersten Mal auf, 1934 bekommt sie Gesellschaft durch die Comic-Ente Donald Duck.

Disney experimentiert unermüdlich mit neuen Techniken, so entsteht der erste Technicolor-Trickfilm. 1937 erscheint sein abendfüllender farbiger Zeichentrickfilm *Schneewittchen und die sieben Zwerge* und 1940 mit *Fantasia* ein Zeichentrickfilm, der in zahlreichen Episoden mit Animation, Musik und Farbe spielt. Bald produziert Disney auch Spielfilme und Dokumentarfilme.

Walt Disney, dessen Erfolg 1955 einen vorläufigen Höhepunkt mit der Eröffnung des Vergnügungsparks Disneyland in Anaheim erreicht, steht weltweit für die integrierende Macht fantastischer Welten. Die Figuren, die in seiner Fantasiefabrik erschaffen werden, berühren die Menschen aller Kulturkreise.

Le Corbusier
lebt von 1887
bis 1965

Le Corbusier:
Magier und Reizfigur der modernen Architektur

Eine Architektur, die der Ästhetik und dem Ziel einer besseren Gesellschaft verpflichtet ist, will Le Corbusier in die Tat umsetzen. Dabei triumphiert und scheitert er zugleich.

Neue Techniken revolutionieren die Gestaltung von Gebäuden: In Frankreich entwickelt Joseph Monier in der zweiten
Hälfte des 19. Jahrhunderts das Stahlbetonbauverfahren, der Architekt William Le Baron Jenney baut 1885 in Chicago das erste
Hochhaus in Stahlskelettbauweise. Es beginnt die Ära der Wol-
kenkratzer, die das Stadtbild der Weltmetropolen im 20. Jahrhundert zunehmend prägen.

Gleichzeitig entwickelt sich das Selbstverständnis vieler Architekten nicht nur zu dem eines Künstlers, sondern auch zu dem
eines Gestalters des öffentlichen Raumes, der auf die Gesellschaft
wirkt. Denn Architektur, das wird vor allem das 20. Jahrhundert
zeigen, dient nicht nur der Machtdemonstration, sondern ist zugleich Instrument gesellschaftlicher Gestaltung.

Geboren wird Le Corbusier als Charles Jeanneret. Ab 1900
absolviert er eine Lehre als Graveur und Ziselier, mit 18 Jahren
baut er bei Neuchâtel bereits die Villa Fallet. Studienreisen führen ihn nach Italien, Budapest und Wien. Die großen Wegbereiter
der Moderne in der Architektur prägen ihn. Le Corbusier lernt
die Theorien von Adolf Loos kennen, dem strengen Verfechter einer geradlinigen, schnörkellosen Architektur. 1908 geht er nach
Paris und arbeitet im Jahr darauf bei Auguste Perret, einem Pionier des Bauens mit Stahlbeton, anschließend bei Peter Behrens
in Berlin.

1917 zieht Le Corbusier endgültig nach Paris, wo er 1922 mit
seinem Vetter Pierre Jeanneret ein Architekturbüro gründet. In
jener Zeit formuliert er seine »fünf Punkte zu einer neuen Architektur«, wozu Stützen als tragende Elemente, ein Dachgar-
ten, Fensterbänder und eine freie Grundriss- und Fassadenge-
staltung gehören. Konsequent setzt er dies 1931 beim Bau der
Villa Savoye bei Paris um. Das Haus gilt vielen in Anlehnung an
das epochale Werk Andrea Palladios, als die Villa Rotonda des
20. Jahrhunderts.

Der revolutionäre Architekt propagiert das funktionale Wohnen, will klare, einfache Formen ohne jeglichen Zierrat und
versucht dies konsequent und radikal umzusetzen. Le Corbusier baut Teile der berühmten Weißenhofsiedlung in Stuttgart
und entwickelt die »Wohnmaschine«, ein Mehrfamilienhaus,
das schließlich als Unité d'Habitation in verschiedenen Städten
verwirklicht wird, so in Marseille und Berlin. Seine Vision eines
modernen Paris, das einen großräumigen Abriss der historischen

Gebäude und eine breite Fläche mit regelmäßig angeordneten Hochhäusern vorsieht, stößt auf Ablehnung. Ab 1951 baut Le Corbusier mit Chandigarh die neue Hauptstadt der indischen Bundesstaaten Punjab und Haryana. Der Stadtplan ist streng in Sektoren nach Funktionen aufgeteilt.

Mao Zedong: Chinas Einheit zu einem hohen Preis

Mao Zedong
lebt von 1889 bis 1976

Nach dem Tod Sun Yat-sens im Jahr 1925 brechen die mühsam gekitteten Gegensätze zwischen den chinesischen Nationalisten, der Kuomintang und den Kommunisten wieder auf.

Der neue Kuomintang-Anführer Chiang Kai-shek beginnt 1927 gegen die Kommunisten vorzugehen. Mao Zedong, Sohn eines wohlhabenden Bauern, organisiert daraufhin im zentralchinesischen Bergland eine revolutionäre Bauernbewegung. Er hat ein Lehrerseminar besucht und anschließend als Hilfsbibliothekar in Peking gearbeitet und in dieser Zeit die Werke von Karl Marx studiert. 1921 ist er einer der Mitbegründer der Kommunistischen Partei Chinas.

Während des Langen Marsches, bei dem 1935 Zehntausende Soldaten der Kommunistischen Partei auf der Flucht vor den Truppen Chiang Kai-sheks 12000 Kilometer durch China ziehen, etabliert er sich, nachdem er zwischenzeitlich verdrängt worden war, an der Spitze der Partei und kann sich bis 1940 endgültig durchsetzen. In dieser Zeit verfasst er seine wichtigsten theoretischen Schriften.

Zwischenzeitlich kämpfen Kommunisten und Kuomintang gemeinsam gegen die japanischen Besatzungstruppen. Doch nach Japans Niederlage im Zweiten Weltkrieg wenden sie sich im Bürgerkrieg von 1945 bis 1949 wieder gegeneinander. Maos Truppen siegen und Chiang Kai-shek flieht nach Taiwan, wo er die Nationalchinesische Republik ausruft. Mao gründet auf dem chinesischen Festland die Volksrepublik China.

»Der Tod eines einzelnen Mannes ist ein Tragödie, aber der Tod von Millionen ist nur eine Statistik.« Im Geiste dieses Stalin zugeschriebenen Satzes versucht Mao in den nächsten Jahrzehnten den Kommunismus zu zementieren und in dem rückständigen Land um jeden Preis eine industrielle Entwicklung durchzusetzen. Die Verfolgung beider Ziele nutzt er zur Festigung seiner persönlichen Macht.

1958 ruft Mao die Kampagne »Der große Sprung nach vorn« aus, mit der er China binnen fünf Jahren in die Moderne führen will. Schlechte und überhastete Planung führt zu Versorgungsmängeln. Nach Schätzungen sterben 20 bis 40 Millionen Menschen den Hungertod. Der danach beginnende Kampf in der Partei um die Macht und die Linie der Wirtschaftspolitik gipfelt 1966 in der von Mao initiierten Kulturrevolution. »Der große Steuermann« will die Mobilisierung der Massen. Die aus Jugendlichen rekrutierten Roten Garden überziehen das Land mit Terror und Gewalt und führen einen Feldzug gegen die gesamte jahrhundertealte chinesische Kultur. Der Personenkult um Mao steigert sich wie bei Stalin ins Bizarre. Erst als Mao 1976 stirbt, findet die Kulturrevolution ihr offizielles Ende. 70 Millionen Tote in Friedenszeiten hat er mit der Umsetzung des Maoismus zu verantworten, seiner Variante von Lenins Marxismus-Leninismus mit chinesischen Einflüssen.

Alfred Hitchcock und die Sprache des Films

Alfred Hitchcock lebt von 1899 bis 1980

Anfangs ist der erzählende Film nicht mehr als das Abfilmen von Schauspielern in Theaterkulissen mit unbeweglicher Kamera und nahezu ohne Schnitt. Doch bald bereichern Regisseure wie David Wark Griffith und Sergej Eisenstein die Grammatik der Filmsprache. Erzählelemente, die heute jedem, der Filme sieht, selbstverständlich sind, kommen hinzu: Nahaufnahme, Parallelschnitt, Kamerafahrt. Schließlich erweitert der Tonfilm die cineastischen Möglichkeiten noch einmal revolutionär.

Alfred Hitchcock wächst mit dem Stummfilm auf. Immer dem breiten Publikum verpflichtet, bereichert er den Film in einem Maße, das ihn im Vergleich mit anderen nicht minder bedeutenden Erneuerern wie Orson Welles, Ingmar Bergman, Michelangelo Antonioni oder Jean-Luc Godard zu einem *Primus inter Pares* erhebt.

Der Sohn eines Londoner Gemüsehändlers beginnt 1920 als Zeichner von Zwischentiteln im Paramount Produktionsstudio in London. Bald macht er durch Nachbearbeitungen von Drehbüchern auf seine umfangreichen Talente aufmerksam und erhält erste Aufgaben als Regisseur. Sein Durchbruch gelingt ihm mit dem Stummfilm *Der Mieter* von 1927, durch den er sein lebenslanges Thema, den Thriller, findet. 1939 siedelt Hitchcock in die USA über.

Ausgangspunkt vieler seiner Filme ist der »Durchschnittsmensch«, der durch Zufall in haarsträubende Ereignisse verwickelt wird, wie etwa Cary Grant in *Der unsichtbare Dritte* von 1959. Hitchcock verfolgt in seinen Filmen eine neue Art der Dramaturgie, den sogenannten *Suspense*. Er »überfüttert« den Zuschauer mit Informationen, die ihn mehr wissen lassen als der Protagonist, lässt ihn mitfiebern und führt ihn elegant in die Irre. Mit Licht- und Farbsymbolik, Kamerafahrten und Schnitttechnik spielt er mit der Vorstellungskraft des Publikums, zum Beispiel in der legendären Schnittfolge des Mordes unter der Dusche in *Psycho* von 1960.

Hitchcocks durch und durch filmische Erzählweise findet Bewunderer in der französischen Nouvelle Vague. Auch als Genie der Selbstvermarktung ist er Mitte des 20. Jahrhunderts vermutlich der bekannteste Filmregisseur weltweit.

Albert Albert Camus und die Moral im Kampf

Camus Die verzweifelte Suche nach Sinn in einer Welt, die gar keinen
lebt von 1913 Sinn hat, ist für den Atheisten Camus das Schicksal aller Men-
bis 1960 schen. Befreien könne sich der Mensch nur, indem er diese Absurdität annimmt und dennoch weitermacht, vorwärtsdrängt, in einer permanenten Revolte, die nie Selbstzweck werden darf. Revolte sei Leben, nicht Gewalt. Dies sind die Botschaften seiner berühmten Abhandlungen *Der Mythos des Sisyphos* und *Der Mensch in der Revolte*. Sisyphos, der mythische griechische Held, der unablässig einen Stein einen Berg hinaufwuchtet, obwohl dieser immer wieder hinabrollt, ist für Camus ein Held der Hoffnung. Er nehme sein Los an. Dies sollten alle Menschen tun: »Wir müssen uns Sisyphos als einen glücklichen Menschen vorstellen.«

Camus ist Algerienfranzose, der Vater kurz nach Camus' Geburt im Ersten Weltkrieg gefallen, die Mutter Analphabetin, fast sprachlos mit einem Wortschatz von kaum 400 Worten. Camus' Jugendzimmer ist der Schmelztiegel Algier. Der Junge ist ein guter Schüler und studiert später Philosophie. Da er an Tuberkulose erkrankt, darf er nicht Lehrer werden, arbeitet als Journalist, schreibt bald Theaterstücke und Erzählungen und geht nach Paris. Während der deutschen Besatzung im Zweiten Weltkrieg ist er Redakteur einer Zeitschrift des Widerstands.

Camus, nun Schriftsteller und Philosoph zugleich, ist entsetzt über den Abwurf der Atombombe auf Hiroshima. Er bricht mit der Philosophie des Existenzialismus und mit deren Wortführer, seinem Weggefährten Jean-Paul Sartre, der die unmenschlichen Straflager Stalins hinnimmt, da er die kommunistische Idee für wichtiger hält. Im Lagerdenken des Kalten Krieges steht Camus zwischen den Fronten. Moral darf für ihn keinem Zweck geopfert werden. Seine Hartleibigkeit in diesem Punkt hebt ihn in seiner Zeit heraus und macht ihn einsam. »Für den Künstler gibt es keinen privilegierten Henker«, bekräftigt er in seiner Rede, als er 1957 den Nobelpreis für Literatur erhält, der ihm nicht zuletzt auch für seine Romane *Der Fremde* und *Die Pest* zugesprochen wird.

In Algerien ist drei Jahre zuvor der Unabhängigkeitskrieg ausgebrochen. Camus setzt sich für die Gleichberechtigung der arabischen Algerier ein, will aber, dass das Land Teil Frankreichs bleibt. Die arabischen Algerier werfen ihm Verrat vor.

Mit nur 46 Jahren stirbt Camus Anfang 1960 bei einem Autounfall. Mehrfach hatte er, der »Philosoph des Absurden«, betont, es gäbe nichts Absurderes, als bei einem Autounfall ums Leben zu kommen.

Gamal Abdel Nasser: Weckruf für Arabien

1954, in dem Jahr, in dem der Algerienkrieg beginnt, verdrängt in Ägypten der 36-jährige Oberst Gamal Abdel Nasser seinen Weggefährten General Ali Mohammed Nagib von der Macht. Zwei Jahre zuvor hat er mit ihm an der Spitze der Vereinigung der »Freien Offiziere« König Faruk gestürzt.

Nasser ist Nationalist und Hauptkämpfer für die panarabische Idee. Sein Ziel: Die Vereinigten Staaten von Arabien unter der Führung eines modernisierten Ägypten. Und damit nicht genug: Unter dem Schlagwort des Panafrikanismus will Nasser ganz Afrika einen.

Gamal Abdel Nasser lebt von 1918 bis 1970

Er beginnt die feudalen Strukturen seiner Heimat einzurei-
ßen, leitet eine Landreform in die Wege, verstaatlicht Banken
und Versicherungen, führt Mindestlöhne ein und erlegt der Wirtschaft einen Fünfjahresplan auf. Den Kalten Krieg zwischen den
USA und der Sowjetunion versucht Nasser zu nutzen, indem er
beide Mächte gegeneinander ausspielt. 1955 treffen erste sowjetische Waffen im Hafen von Alexandria ein. Den Briten ringt er
die Zusage ab, ihre Truppen bis 1956 vom Suezkanal abzuzie-
hen. Als ihm die Sowjetunion anbietet, beim Bau des Assuanstaudamms zu helfen, versuchen die USA und Großbritannien
dies mit der Zusage von Finanzierungshilfen zu verhindern. Als
sie diese jedoch zurückziehen, verstaatlicht Nasser den Suezkanal. Großbritannien, Frankreich und Israel senden Truppen,
doch der gemeinsame Einspruch der USA und der Sowjetunion
stoppt sie.

Damit ist Nasser endgültig zur Lichtgestalt der arabischen
Welt und weltweiten Symbolfigur für die Befreiung von europäi-
scher Bevormundung geworden. Die panarabische Idee des »ara-
bischen Bismarck«, wie Arnold Toynbee ihn nennt, ergreift den
Nahen Osten. 1958 gründen Ägypten und Syrien die kurzlebige
Vereinigte Arabische Republik.

1960 beginnt der Bau des Assuanstaudamms. Nasser setzt
nun vollkommen auf die permanente Revolution eines »arabischen Sozialismus«. Doch in seiner antiisraelischen Politik über-
spannt er den Bogen. Im Sechstagekrieg von 1967 unternimmt
Israel einen militärischen Präventivschlag und vernichtet Ägyptens Armee. Nassers Stern sinkt, er ist gesundheitlich angeschlagen. 1970 stirbt er 52-jährig an Herzversagen. Über fünf Millionen Menschen sollen seinen Sarg durch Kairo begleitet haben.

Kwame Nkrumah und die Unabhängigkeit Afrikas

Kwame
Nkrumah
lebt von 1909
bis 1972

Kwame Nkrumah ist der bekannteste Vertreter des Panafrikanismus, der schwarzafrikanischen Entsprechung zu Gamal Abdel
Nassers panarabischer Idee. Nur durch Einigkeit, so Nkrumah,
könne Afrika im Spiel der weltweiten Mächte zur Selbstbehauptung finden. Er wird zum Hoffnungsträger des Kontinents.

Afrika ist im Laufe der Weltgeschichte in der Wahrnehmung
und Wertschätzung fast durchgehend zu kurz gekommen. Än-

dern wird dies vielleicht zu Beginn des 21. Jahrhunderts die Rohstoffabhängigkeit der wachsenden Weltbevölkerung und ein zunehmendes kulturelles und gesellschaftliches (Selbst-)Bewusstsein der Afrikaner.

Eine erste neue Stufe nach langer Unterdrückung erklimmt der Kontinent in den Fünfzigerjahren. Die Ära des Kolonialismus nähert sich dem Ende. Vor allem die Kolonialmächte Frankreich, Belgien und Großbritannien sind nach dem Zweiten Weltkrieg geschwächt und ziehen sich zurück.

Am 6. März 1957 entlässt Großbritannien die britische Kolonie Goldküste als erstes Land Schwarzafrikas in die Unabhängigkeit. Kwameh Nkrumah, seit 1951 Premierminister, benennt das Land in Ghana um.

Geboren wird er als Sohn eines Goldschmieds in einem Dorf im Südwesten. Er besucht eine Missionsschule, danach ermöglicht ihm ein im Gold- und Diamantenhandel reich gewordener Verwandter das Studium in den USA und in London. In dieser Zeit organisiert Nkrumah als Generalsekretär von W. E. B. Du Bois – einem der Begründer der panafrikanischen Bewegung – den 5. Panafrikanischen Kongress von 1945 in Manchester. Zurück in der Goldküste engagiert sich Nkrumah in der Unabhängigkeitsbewegung.

Als Premierminister Ghanas betreibt der erklärte Sozialist zunächst eine liberale Wirtschaftspolitik, verbessert die Infrastruktur und gründet zwei neue Universitäten. Ghana wird zunächst zu einem weltweiten Vorbild gelingender Entkolonialisierung. Doch Nkrumah geht zunehmend autoritär gegen separatistische und oppositionelle Kräfte vor und lässt sich 1960 zum Staatspräsidenten mit uneingeschränkten diktatorischen Vollmachten ernennen. Er baut einen Personenkult um sich auf, lässt sich als »Führer« und »Messias« verehren, ein Spitzelsystem und Repressalien unterdrücken die Meinungsfreiheit. Verstaatlichung, Steuererhöhungen, Versorgungsmängel, Korruption und schließlich eine Wirtschaftskrise wegen gefallener Kaffeepreise führen 1966 zum Militärputsch. Kwame Nkrumah geht nach Guinea ins Exil und stirbt 1972 in Bukarest. Ein Hoffnungsträger erlag den Verlockungen der Macht.

Julius Nyerere: Afrikanischer Sozialismus

Afrikas Aufbruch in die staatliche Unabhängigkeit fällt in eine Zeit, in der die Welt vom Kalten Krieg überschattet wird, mit dem auch die frühen afrikanischen Führungsfiguren konfrontiert werden wie Kwame Nkrumah in Ghana, Patrice Lumumba im Kongo oder Julius Nyerere in Tansania.

Die jungen afrikanischen Staaten stehen vor der Wahl, dem Westen oder dem kommunistischen Warschauer Pakt unter dem Einfluss der Sowjetunion zu folgen. Für den Westen stehen meist die alten Kolonialherren, die ihren Einfluss und ihre Besitzstände rücksichtslos zu verteidigen versuchen. Ein afrikanischer Sozialismus und die Anlehnung an die Sowjetunion scheinen reizvoll.

Egal welcher Weg beschritten wird, im Endeffekt entwickeln sich in allen ehemaligen afrikanischen Kolonien nun Diktaturen. Nur die Ausprägung ist verschieden. In den prowestlichen Diktaturen dulden die ehemaligen Kolonialmächte aus geopolitischen und wirtschaftlichen Gründen grausame Unterdrückungsregimes wie in Zaire, dem ehemaligen Belgisch-Kongo (heute Demokratische Republik Kongo) unter Mobutu Sese Seko. In den sozialistisch orientierten Staaten setzen sich Diktatoren an die Spitze von Einheitsparteien. Die Gesellschaften leiden in beiden Fällen unter korrupten Machteliten. Da die Menschen an das Überleben der eigenen Familie denken müssen, entsteht keinerlei Bürgersinn.

In diesem Spannungsfeld steht Julius Nyerere für die Idee eines eigenständigen afrikanischen Sozialismus. Nyerere ist eines von 26 Kindern eines Stammesführers, den einst noch die deutschen Kolonialherren in der nun britischen Kolonie Tanganjika eingesetzt haben. Der gläubige Katholik wird Lehrer und studiert später in Großbritannien an der Universität von Edinburgh Wirtschaft und Geschichte. 1954 gründet Julius Nyerere die tansanische Nationalpartei TANU. 1960 wird er Premierminister Tanganjikas und 1962 Staatspräsident der Vereinigten Republik Tansania.

In der Deklaration von Arusha von 1967 formuliert Julius Nyerere seine Ideen eines afrikanischen Sozialismus. Schlagworte sind *ujamaa* (sinngemäß: »Gemeinschaftssinn«) und *self-reliance* (»Selbstverantwortung«, »Eigenständigkeit«). Gegenseitige Achtung, gemeinsames Eigentum und die Verpflichtung zur Arbeit sieht er als die drei Eckpfeiler des Ujamaa-Prinzips, das weitgehend auf Tansania beschränkt bleibt. Das Konzept der *self-reliance* findet hingegen über Tansania hinaus Resonanz in Ostafrika und über Jahre hinweg in den Zielvorstellungen der Entwicklungspolitik.

Nach einer verheerenden Wirtschaftskrise tritt Nyerere 1985 zurück. Sein vielleicht größter Erfolg ist, dass das Land Fortschritte in der Bildungspolitik verzeichnen kann und nicht wie fast alle anderen ehemaligen afrikanischen Kolonien in Bürgerkriege und andere Waffengänge verstrickt wird. Doch letztlich scheitert Nyereres Politik. Tansania gehört zu Beginn des 21. Jahrhunderts zu den ärmsten Ländern der Welt.

Juscelino Kubitschek de Oliveira und der Aufbruch Brasiliens

Juscelino Kubitschek de Oliveira lebt von 1902 bis 1976

Das multiethnische Brasilien hat seit jeher einen besonderen Blick für die Moderne, was der Wahlspruch *ordem e progresso* (»Ordnung und Fortschritt«) unterstreicht, der die Nationalfahne ziert. Wichtige Weichen stellt in den Fünfzigerjahren Juscelino Kubitschek de Oliveira.

Sein Vater ist Handlungsreisender, Juscelinos Mutter erzieht den Sohn alleine. Sie ist gebürtige Tschechin, daher auch der in Brasilien ungewöhnliche Nachname Kubitschek. Juscelino studiert Medizin, wird später Bürgermeister der Stadt Belo Horizonte und 1955 Gouverneur des Bundesstaates Minas Gerais. Im gleichen Jahr kandidiert er für das Amt des Staatspräsidenten von Brasilien und gewinnt die Wahl mit dem Slogan »Fünfzig Jahre Fortschritt in fünf Jahren«.

Kubitschek umgibt sich mit den Intellektuellen des Landes und versucht Brasilien von einer ländlichen Gesellschaft zu einer urbanen zu transformieren. Ihm gelingt es, Vertreter aller politischen Lager an einen Tisch zu bringen. Mit einer Mischung aus Nationalismus, Populismus und Wirtschaftslenkung versucht er den Einfluss der USA zurückzudrängen. Kubitschek fördert den Aufbau der Autoindustrie und lässt das brasilianische Straßennetz ausbauen. Seine größte und richtungweisende Leistung ist der Bau der Hauptstadt Brasília im Herzen des Landes.

Der Architekt Oscar Niemeyer und der Stadtplaner Lúcio Costa übernehmen die Umsetzung. Niemeyer will eine Architektur, die, beeinflusst von Le Corbusier, als Kunst die Gesellschaft formen soll. Atemberaubende Gebäude stehen in weiter, flacher Parklandschaft, wie die Residenz des Präsidenten, die über dem Boden zu schweben scheint.

Im April 1960 wird die neue Hauptstadt von Kubitschek eingeweiht. Anders als gewollt, spaltet sich die Stadt sozial. In den von Niemeyer großzügig gestalteten Wohnblocks leben bald nur noch wohlhabende Menschen. Ärmere können sich die Mieten nicht leisten. Niemeyer später: »Das Experiment war nicht erfolgreich.«

Doch die Stadt ist die Hoffnung auf eine eigenständige, selbst geprägte Zukunft eines Landes. Ihre Fertigstellung ist nur eines der Zeichen für den Aufbruch Brasiliens in jener Zeit: João Gilberto popularisiert mit seiner Aufnahme des Lieds *Chega de Saudade* den brasilianischen Musikstil Bossa Nova, Brasilien wird 1958 zum ersten Mal Fußballweltmeister und kann den Erfolg vier Jahre später wiederholen.

Doch als Kubitschek 1961 aus dem Amt scheidet, sind die Staatsfinanzen zerrüttet. 1963 putscht das Militär. Kubitschek muss zwischenzeitlich ins Exil. Jahre später stirbt er bei einem Autounfall.

Fidel Castro: Revolution in Kuba

Fidel Castro wird 1926 geboren

In den Fünfzigerjahren steht Kuba seit Jahrzehnten unter amerikanischem Einfluss und der junge Fidel Castro, aufmüpfiger Sohn eines reichen Zuckerrohrfabrikanten und Plantagenbesitzers, wettert dagegen. Er studiert Rechtswissenschaften, wird Studentenführer, versucht zwischenzeitlich erfolglos mit anderen Kämpfern die Diktatur in der benachbarten Dominikanischen Republik zu stürzen und will gegen den korrupten kubanischen Präsidenten bei der nächsten Wahl antreten. Doch ein Putsch, der General Batista 1952 an die Macht bringt, lässt diese Pläne hinfällig werden.

Unter Batista steigert sich der amerikanische Einfluss. Die Menschen auf dem Land sind arm, in der Hauptstadt Havanna tummelt sich die amerikanische Mafia. Die zahlreichen Kasinos und Bordelle sind in ihrer Hand und wegen der strengen Gesetze in den USA beliebtes Reiseziel des amerikanischen Jetsets.

Castro versucht 1953 mit Gefährten die Moncada-Kaserne zu stürmen, um einen Aufstand zu entfachen. Das Unternehmen scheitert blutig. Vor Gericht ruft Castro trotzig: »Die Geschichte wird mich freisprechen!« Seine einflussreiche Familie erreicht die Haftentlassung. Von Mexiko aus plant er nun den Umsturz, wobei ein junger argentinischer Arzt namens Che Guevara sich ihm anschließt. 80 Kämpfer landen Anfang Dezember 1956 an der kubanischen Küste. Trotz anfänglicher Misserfolge erhalten sie bald Zulauf, reihen Erfolg an Erfolg, und in der Neujahrsnacht des Jahres 1959 übernehmen Castro und seine Anhänger die Macht. Batista flieht.

Mit Landreformen und Enteignungen machen sich die Revolutionäre die USA rasch zum Gegner; Kubas Aufnahme von Handelsbeziehungen zur Sowjetunion provoziert 1960 zusätzlich. Anfang 1961 bricht US-Präsident Eisenhower die Beziehung zu Kuba ab. Als John F. Kennedy ihm im Amt nachfolgt, »erbt« er die Pläne des US-Geheimdienstes CIA, mit Exil-Kubanern in der Schweinebucht zu landen und einen Umsturz herbeizuführen. Die Aktion misslingt im April 1961. Castro erklärt Kuba zur sozialistischen Republik, und im Herbst stationiert die nunmehr verbündete Sowjetunion auf Kuba Mittelstreckenraketen, die mit atomaren Sprengköpfen bestückt werden können. Kennedy reagiert mit einer Seeblockade, die Welt steht kurze Zeit vor einem Atomkrieg.

Fortan verwandelt Castro Kuba zu einem kommunistischen Staat, er selbst wird zu dessen uneingeschränkt herrschender Führungsfigur. Nach dem Zusammenbruch der Sowjetunion ab Mitte der Achtzigerjahre verliert Kuba seinen wichtigsten Unterstützer und Wirtschaftspartner. Das Land, in dem die Menschen eine vergleichsweise gute Ausbildung erhalten und das ein außergewöhnlich gutes Gesundheitssystem hat, ist Anfang des 21. Jahrhunderts marode und arm. Fidel Castro erkrankt 2006 und übergibt seine Ämter an seinen Bruder Raúl.

Elvis Presley: Der Rock'n'Roll verändert die Kultur

Elvis Presley lebt von 1935 bis 1977

Er ist das Glück seiner Eltern. Sein Vater arbeitet als Landarbeiter, die Mutter im Akkord in einer Fabrik. Oft singt man gemein-

sam mit Freunden und Familienmitgliedern, wobei das Gesangs-
talent des behüteten Jungen auffällt, der von seiner Mutter die
erste Gitarre erhält. Elvis ist 13 Jahre alt, als die Familie aus dem
kleinen, selbst gebauten Holzhaus in Tupelo, Mississippi, nach
Memphis in Tennessee zieht.

Die Jugend der Nachkriegszeit findet vielleicht als erste
Generation der Weltgeschichte zu einer eigenständigen Kultur.
Allen Ginsberg mit seinem Gedicht *Howl* und Jack Kerouac
mit seinem Roman *On The Road* stehen für die Literatur der
Beat-Generation, *Der Fänger im Roggen* von John D. Salinger
wird zum Kultbuch, junge Schauspieler wie James Dean und
Marlon Brando stehen für das neue Lebensgefühl einer indivi-
duellen Selbstfindung fern von etablierten gesellschaftlichen
Normen. Und in der Musik entsteht zu Beginn der Fünfziger-
jahre der im ¼-Takt geschlagene Rock'n'Roll, der sich aus dem
Rhythm'n'Blues der Schwarzen und der weißen Folkmusik entwickelt.

Der Diskjockey Alan Freed – er fördert frühe Musiker des
Rock'n'Roll wie Chuck Berry und Gene Vincent – macht den
Begriff in seiner Radiosendung populär. Elvis Presley wird zur
weltweiten Identifikations- und Leitfigur, zum ersten großen
Star der neuen Musik, aus der schließlich die verschiedenen Va-
rianten der Rock- und Popmusik hervorgehen. Ersten Platten-
aufnahmen 1954 folgt im Jahr darauf der Durchbruch mit der
Single *Heartbreak Hotel*. Presleys Ausstrahlung und seine laszi-
ven, aufputschenden Auftritte elektrisieren Heerscharen Jugendlicher. John Lennon sagt später: »Ohne Elvis hätte es die Beatles
nie gegeben.«

Von 1958 bis 1960 absolviert der Frauenschwarm seinen
Militärdienst vor allem in Deutschland, dreht danach zahlreiche
Filme, präsentiert sich zunehmend als Entertainer, nicht als Re-
bell, nimmt auch Gospel-Platten und Country-Musik auf und
öffnet sich so einem breiteren Publikum. 1968 kehrt Elvis Presley auf die Bühne zurück, unternimmt große Konzerttourneen
und stilisiert sich mit einer regelmäßigen Show in Las Vegas als
»King«, pompös mit opulenten Bühnenkostümen, aber nicht
ohne Selbstironie.

Elvis Presley, der die Tür für die Rock- und Beatmusik der
Sechzigerjahre und sich mit seiner Vielseitigkeit auch für die
Popmusik geöffnet hat, stirbt übergewichtig und tablettensüch-

tig, bis zuletzt erfolgreich auftretend, im Alter von nur 42 Jahren. Mit über einer Milliarde verkauften Tonträgern ist er der erfolgreichste Solomusiker der Geschichte.

Andy Warhol: Jeder kann berühmt sein

Andy Warhol gelingt es, als Künstler die radikalen Veränderungen, die im Alltag des 20. Jahrhunderts stattfinden, aufzugreifen und ironisch zu filtern.

Andy Warhol lebt von 1928 bis 1987

Geboren ist er als Andrew Warhola in Pittsburgh, Pennsylvania. Seine Eltern sind Farmer. Vermutlich die Folgen einer Scharlacherkrankung machen den Jungen nervös und hypochondrisch. Er verbringt viel Zeit im Bett, wird ein Außenseiter, hat Pigmentstörungen, sodass mancher ihn für einen Albino hält.

Warhol studiert Gebrauchsgrafik und geht 1949 nach New York. Gelegenheitsjobs können seine bittere Armut kaum lindern. Doch als Illustrator und Grafiker in der Werbung hat er schließlich Erfolg. Sein Ehrgeiz allerdings gilt der Kunst.

Aber was ist Kunst? »Alles ist Kunst«, lautet seine Antwort und er wird nicht müde, sie zu wiederholen. Sein Freund Joseph Beuys sieht das genauso.

Warhol bildet Gegenstände und Themen des Alltags ab, fertigt Nachbildungen von Waschmittelkisten (die *Brillo Boxes*) oder malt Comicfiguren. Als er entdeckt, dass Roy Lichtenstein, neben ihm einer der großen Künstler der Pop-Art, unabhängig von ihm die Comics als Vorlagen für Ölgemälde nutzt, wendet Warhol sich der konsequenten seriellen Fertigung zu und verändert dadurch die Malerei. Das fabrikartig Industrielle seiner Siebdrucke auf großen Leinwänden imitiert die üblich gewordenen Fertigungsprozesse in der Alltagsarbeit. Die Motive sind aus der Massenkultur gegriffen: Campbel-Suppendosen, Elvis Presley, Marilyn Monroe, elektrische Stühle.

An die fabrikartige Fertigung von Kunst erinnert auch die Bezeichnung »Factory« für seine Wohn- und Arbeitsstätte in New York ab 1963. Hier veranstaltet er Happenings und dreht Experimentalfilme. Sich selbst inszeniert Warhol geschminkt mit Perücke aus wasserblondem, langem, zerzaustem Haar. Er beobachtet, gibt sich als Sphinx und kommentiert die eigene Kunst widersprüchlich. So wird er zur zentralen Figur der Pop-Art, einer der wichtigsten Kunstrichtungen in der Mitte des 20. Jahrhunderts. Er erweitert die Kunst, ironisiert aber gleichzeitig die von ihm eröffneten Wege.

Bedeutende Vertreter der Jahrtausendwende wie der deutsche Maler Gerhard Richter berufen sich auf Warhol, der amerikanische Konzeptkünstler Bruce Nauman und der Videokünstler Bill Viola arbeiten mit Medien, die Warhol als Pionier nutzte.

John F. Kennedy und die neue Gesellschaft

John F. Kennedy lebt von 1917 bis 1963

Nach einem denkbar knappen Wahlsieg gegen den Republikaner Richard Nixon folgt 1961 der Demokrat John F. Kennedy auf Dwight D. Eisenhower als US-Präsident. Der Vater Joseph, ein irischstämmiger Katholik, ist als knallharter Geschäftsmann mit zum Teil dubiosen Praktiken reich geworden. Sein Ehrgeiz war es, einen seiner Söhne zum US-Präsidenten zu machen. Es ist ihm gelungen.

Mit Kennedys Wahlsieg verknüpfen viele Menschen in den USA die Hoffnung auf eine Modernisierung der Gesellschaft. Kennedy ist jung, gut aussehend wie seine Frau Jacqueline, genannt Jacky, die rasch zur Stilikone aufsteigt. Seine Ausstrahlung und seine dem Bürgersinn verpflichteten Reden wecken weltweit Hoffnung auf eine neue Zeit, in der Verkrustungen aufbrechen und die Menschen aller Schichten Solidarität und Verantwortung leben. Berühmt werden Worte wie die aus seiner Amtseinführungsrede im Januar 1961: »Frag nicht, was dein Land für dich tun kann, sondern was du für dein Land tun kannst.« Kennedy ist ein Polit-Star.

Tatsächlich verbindet er seine Präsidentschaft unter dem Schlagwort *New Frontier* mit dem Ziel, eine neue Gesellschaft zu formen. Doch der Aufbruch zu den neuen Grenzen wird ihm schwer gemacht. Vor allem prägen dramatische Ereignisse in der Weltpolitik seine nur kurze Amtszeit.

Zunächst muss sich Kennedy mit der noch unter Eisenhower von der CIA geplanten und im April 1961 schließlich missglückten Invasion Kubas auseinandersetzen. Dann errichtet die DDR unter Walter Ulbricht im August des Jahres die Berliner Mauer. Amerikanische und sowjetische Panzer stehen sich in Berlin gegenüber. Mitte 1962 folgt die Kuba-Krise: Die Sowjetunion stationiert Raketen auf der Karibikinsel. Ein neuer – atomarer – Weltkrieg scheint kaum noch abwendbar. Aber Kennedy kann sich nach Drohungen und zähen Verhandlungen durchsetzen. Die Sowjets ziehen die Raketen wieder ab.

In Vietnam versucht Kennedy den Nimbus der USA als Schutzmacht gegen den Kommunismus zu festigen, schlittert aber immer tiefer in den Konflikt hinein. Bald kämpfen dort die ersten amerikanischen Soldaten. Innenpolitisch unterstützt er die Bürgerrechtsbewegung um Martin Luther King, der die Aufhebung der Rassentrennung fordert, muss aber aufgrund der politischen Macht konservativer Kräfte lavieren.

Als er im Wahlkampf für eine zweite Amtszeit am 22. November 1963 die texanische Stadt Dallas besucht, wird er bei einem Attentat durch zwei Schüsse getötet. Kurz darauf wird Lee Harvey Oswald als mutmaßlicher Attentäter verhaftet und am nächsten Tag selbst von einem Attentäter erschossen.

The Beatles: Töne einer einigen Welt

The Beatles arbeiten im Studio von 1962 bis 1970

Nach der Ermordung John F. Kennedys sind die USA traumatisiert. Ein wenig Linderung, vor allem aber neuen Optimismus bringt die vielleicht sympathischste Invasion der Geschichte, die sogenannte *British Invasion*. Ausgelöst und angeführt wird diese von vier jungen Männern aus der Arbeiter- und Mittelschicht der britischen Hafenstadt Liverpool. Der scharfzüngig-rebellische John Lennon (1940–1980), der freundlich-fantasievolle Paul McCartney (geb. 1942), der still-tiefgründige George Harrison (1943–2001) und der leutselig-bodenständige Ringo Starr (geb. 1940) bilden nicht die erste Rockband, doch werden die Beatles zum Urbild aller Rockbands und der damit verbundenen Verheißung, dass man gemeinsam Besonderes schaffen kann. Tausende werden ihnen nacheifern.

Die Beatles sind zunächst eine unverbrüchliche Einheit, in der jeder eine eigene Persönlichkeit bleibt. Ihre Musik ist der Beat, eine Variante des Rock'n'Roll, vornehmlich gespielt von Bands, die mit Schlagzeug, Rhythmus-, Lead- und Bassgitarre besetzt sind. 1963 haben die Beatles ihren ersten Nummer-1-Hit in Großbritannien. Die Beatlemania bricht aus. Jugendliche Fans schreien während der Konzerte so laut, dass die Musik nicht mehr zu hören ist. Mit *She Loves You* klettern die Beatles im Herbst 1963 auch auf die Nr. 1 in den USA. Im Jahr darauf gehen sie auf ihre erste US-Tournee. Die *British Invasion* hat begonnen. Bands wie die Rolling Stones oder The Who werden ihnen folgen und in den USA ebenfalls große Erfolge feiern. Doch an die Beatles heranreichen werden sie nicht. Anfang April 1964 belegen Beatles-Songs die ersten fünf Plätze der amerikanischen Hitlisten, vermutlich ein Rekord für die Ewigkeit.

Zwei Jahre später geben die wegen ihrer anfänglichen Frisuren auch Pilzköpfe genannten vier ihr letztes Konzert. Fortan konzentrieren sie sich auf die Weiterentwicklung ihrer Musik im Plattenstudio. Mit Alben wie dem klangsatten *Rubber Soul* (1965), dem Ideenuniversum *Revolver* (1966) und schließlich dem zirzensischen und epochalen *Sgt. Pepper's Lonely Hearts Club Band* (1967) entstehen Alben, die nicht nur große Verkaufserfolge sind, sondern die Grenzen der Rockmusik entscheidend erweitern. Durch die neuen Wege, die sie auf ihren Alben gehen, sei es Melodik, Dynamik oder Komposition, und durch den enormen weltweiten Erfolg in den Jahren 1963 bis 1970 sind die Beatles wie keine andere Band Avantgarde und Mainstream zugleich. Ihr Einfluss auf nahezu alle Spielarten der populären Musik ist unerreicht.

Oft heißt es in Lexikon-Einträgen, die Beatles seien die erfolgreichste Rockband des 20. Jahrhunderts. Sie haben es geschafft, in nur sieben Jahren, in denen sie Platten aufnahmen, die erfolgreichste Band überhaupt zu werden. 1,3 Milliarden Tonträger haben sie verkauft. 1970 trennen sie sich.

Martin Luther King: Der Traum von der Gleichheit der Menschen

Martin Luther King lebt von 1929 bis 1968

200 Jahre sind vergangen seit der Rede Abraham Lincolns auf dem Schlachtfeld von Gettysburg, in der er betont, dass alle Menschen gleich seien. Trotz des Sieges dieser Idee im Amerikanischen Bürgerkrieg sieht der Alltag der USA Mitte des 20. Jahrhunderts anders aus. Schwarze sind keineswegs gleichberechtigt und in den Südstaaten der USA herrscht Rassentrennung.

Ende 1955 wird in Montgomery, Alabama eine schwarze Frau namens Rosa Parks verhaftet, weil sie sich geweigert hat, in einem öffentlichen Bus einem Weißen den Sitzplatz zu überlassen. Durch die anschließende Organisation eines Boykotts der Busse durch Schwarze wird der junge schwarze Baptistenpfarrer Martin Luther King Jr. bekannt. Erst als das Oberste Gericht der USA 1956 in letzter Instanz die Rassentrennung in Bussen und Schulen für verfassungswidrig erklärt, wird der Boykott eingestellt.

Die Ereignisse von Montgomery markieren den Beginn der Bürgerrechtsbewegung (*Civil Rights Movement*) in den USA. Die Bewegung ist breit und vielschichtig. Es geht um Stolz, Würde, Stärke und die Emanzipation der Afroamerikaner: Black Pride, Black Power werden zu Schlagworten.

Martin Luther King, der beeinflusst von der Lehre des friedlichen Ungehorsams Mahatma Gandhis auf Massenproteste setzt und für gewaltlose Mittel eintritt, wird zur Integrationsfigur. Doch es gibt Schwarze, denen er nicht radikal genug ist. Malcolm X, Anführer der radikalen Nation of Islam, bezeichnet ihn als »Onkel Tom«.

Höhepunkt von Kings Wirken ist der sogenannte Marsch auf Washington vom 28. August 1963. An diesem Tag hält er vor 250 000 Menschen vor dem Lincoln Memorial, darunter auch 60 000 Weiße, seine berühmte Rede »Ich habe einen Traum!«. Es sei sein Traum, ruft er in die Menge, dass seine »vier Kinder eines Tages in einer Nation leben werden, in der sie nicht nach ihrer Hautfarbe, sondern nach ihrem Charakter beurteilt werden«.

1964 erhält Martin Luther King den Friedensnobelpreis. Am 4. April 1968 wird er von einem Attentäter erschossen, nachdem er tags zuvor noch in einer Rede gesagt hat, er würde gerne ein langes Leben führen, mache sich aber keine Sorgen darüber, da Gott ihn auf die Spitze eines Berges geführt und ihm das gelobte Land gezeigt habe.

Christiaan Barnard: Verpflanzung des Herzens

Christiaan Barnard lebt von 1922 bis 2001

In der Medizin entsteht im 20. Jahrhundert ein völlig neuer Zweig, der Leben rettet: die Transplantationschirurgie.

Die erste erfolgreiche Nierentransplantation gelingt 1953. Der Patient überlebt nur kurz, doch im Laufe der zweiten Hälfte des Jahrhunderts wird die Lebenserwartung von Patienten mit neuer Niere steigen. 1963 folgt die erste Lebertransplantation.

Seit Jahren forscht man auch an der Möglichkeit, ein Herz zu verpflanzen. Entscheidende Fortschritte erreicht der US-Amerikaner Norman Shumway. Er verbessert die Gefäßchirurgie, übt an Hunden und steht bereits in den Startlöchern, die erste Transplantation eines Herzens zu versuchen.

Doch es ist der Südafrikaner Christiaan Barnard, der am 3. Dezember 1967 im Groote Schuur Hospital in Kapstadt in einer fünfstündigen Operation erstmals ein Herz in einen menschlichen Körper transplantiert. Eine junge Frau ist direkt vor dem Krankenhaus überfahren worden. Barnard erhält die Erlaubnis des Vaters, ihr Herz zu verpflanzen.

Der Patient überlebt die Operation 18 Tage. Barnards zweiter Patient überlebt schon 19 Monate. In den ersten Jahren danach ist die rasche Sterblichkeitsrate weiterhin sehr hoch und die Anzahl der Operationen bleibt relativ gering. Bis 1980 sind es weltweit nur wenige Dutzend jährlich. Erst in den Neunzigerjahren steigt die Zahl bei erhöhter Überlebensrate auf über 4000 weltweit pro Jahr. Es würden noch mehr Transplantationen durchgeführt, gäbe es mehr Spenderherzen.

Barnard hat wie Shumway bereits große Erfahrung gehabt und Versuche an Hunden unternommen. Einen wesentlichen Beitrag zu seinem Erfolg leistet der schwarzafrikanische Assistent Hamilton Naki, insbesondere bei der Weiterentwicklung der Operationstechniken, was aufgrund der herrschenden Apartheid zunächst verschwiegen, später aber von Barnard gewürdigt wird. Naki arbeitet für das Gehalt eines Gärtners.

Barnard, Sohn eines burischen Pfarrers, genießt nach seiner Leistung, die ihn weltweit berühmt macht, das Leben als Medienstar. Er stürzt sich in das Jetset-Leben und hat unter anderen eine Affäre mit der Filmschauspielerin Gina Lollobrigida. Insgesamt verpflanzt er über 400 Herzen, 1971 in einer Operation sowohl ein Herz als auch eine Lunge. 2001 stirbt Barnard an den Folgen eines asthmatischen Anfalls.

Wernher von Braun und die Erkundung des Weltalls

*Wernher
von Braun*
*lebt von 1912
bis 1977*

Schon nach dem Ersten Weltkrieg liefert der deutsche Raumfahrtpionier Hermann Oberth wesentliche Beiträge zur Theorie einer möglichen Raumfahrt und beschreibt wichtige Details zum Bau von Raketen. Doch dann ist es der Zweite Weltkrieg, der die Raketentechnik entscheidend voranbringt. In der Sowjetunion gelingen Sergej Koroljow große Fortschritte, bevor er dem stalinistischen Terror zum Opfer fällt.

In Deutschland und später auch in den USA ist Wernher von Braun einer der entscheidenden Pioniere. Der Sohn eines Gutsbesitzers und Ernährungsministers in der Weimarer Republik verschlingt schon als Junge die utopischen Romane von Jules Verne. Nach der Lektüre von Oberths Buch *Die Rakete zu den Planetenräumen* glaubt er, sein Traum von einer Reise zum Mond könne wahr werden. Braun wird Oberths Assistent, ab 1931 arbeitet er für die Reichswehr.

Als das Deutsche Reich unter Adolf Hitler 1937 eine gigantische Raketenversuchsanlage in Peenemünde auf der Insel Usedom errichtet, beginnt von Braun dort mit der Entwicklung der späteren V2. Das V steht für Vergeltungswaffe, eine Idee von Propagandaminister Joseph Goebbels, der sie als eine der Wunderwaffen preist, mit denen das schwindende Kriegsglück doch noch gewendet werden könne. Zehntausende KZ-Gefangene des Lagers Dora-Mittelbau werden für die Raketenproduktion eingesetzt. Etwa 20 000 von ihnen sterben aufgrund der unmenschlichen Bedingungen. 1942 erreicht eine Rakete, noch mit der Bezeichnung A4, fünffache Schallgeschwindigkeit und fast den Weltraum. Zwei Jahre später dann setzen die Deutschen die V2, versehen mit Sprengstoff, gegen alliierte Großstädte ein.

Wernher von Braun wird nach Kriegsende mit Hunderten weiterer deutscher Wissenschaftlern in die USA geholt, um dort das militärische Raketenprogramm voranzutreiben. Als es der Sowjetunion 1957 mit dem Sputnik gelingt, einen ersten Satelliten ins Weltall zu schießen, beginnt der Wettlauf ins All und Wernher von Brauns große Zeit. Eine aus der V2 entwickelte Jupiter-Rakete trägt Anfang 1958 den Satelliten Explorer ins All. Als die Sowjetunion 1961 mit Juri Gagarin den ersten Menschen in den Weltraum befördert, gibt John F. Kennedy wenige Wochen später das Ziel aus, bis spätestens 1970 Menschen zum Mond zu schicken und sie wohlbehalten wieder zurückzuholen.

Fernsehproduktionen Walt Disneys haben derweil den charismatischen von Braun bekannt gemacht. Er erscheint als »Raketenmann« auf dem Titelbild des *TIME Magazine*. Im Herbst

1959 geht er zur neu gegründeten Weltraumbehörde NASA und entwickelt mit seinem Team die Trägerrakete Saturn V, die später für die Mondmission Apollo 11 eingesetzt wird. Schließlich betritt 1969 Neil Armstrong als erster Mensch den Mond. In späteren Jahren entwickelt Braun, ab 1970 stellvertretender Direktor der NASA, Satelliten für den wirtschaftlichen und wissenschaftlichen Einsatz.

20. Umbruch und Jahrtausendwende

Ayatollah Khomeini und der islamische Gottesstaat

Ayatollah Khomeini lebt von 1902 bis 1989

Nach der demütigenden Niederlage im Sechstagekrieg gegen Israel ist die von Gamal Abdel Nasser propagierte panarabische Idee passé. Nun entdecken viele Araber die einigende Kraft des Islam.

In Khomeinis Heimat Iran wird im April 1951 Mohammad Mossadegh Premierminister. Der Schah Mohammad Reza Pahlavi verliert an Macht, während Mossadegh die iranische Erdölindustrie verstaatlicht, die sich bislang in britischer Hand befand. Großbritannien regiert mit wirtschaftlichen Sanktionen. 1953 wird Mossadegh von der Armee mithilfe des amerikanischen Geheimdienstes CIA gestürzt, worauf der Iran ein neues Abkommen mit den Ölkonzernen des Westens schließt. Der wieder an Macht gewinnende Schah ruft 1963 die Weiße Revolution aus, die das Land in die Moderne führen soll. Frauen erhalten das Wahlrecht.

Ayatollah Rouholla Mousavi Khomeini fordert zum Widerstand gegen die Weiße Revolution auf. Er gehört einer alten islamischen Gelehrtenfamilie an und ist ein Sayyid, ein direkter Nachkomme des islamischen Propheten Mohammed. Khomeini, benannt nach seinem Geburtsort, ist in der islamischen Religion und der Rechtslehre ausgebildet worden. Bis 1963 unterrichtet er islamisches Recht in Qom und trägt den in der schiitischen Religion hohen Titel eines Ayatollah.

Schon früh hat Khomeini sich für die Abschaffung der Monarchie und die Errichtung eines islamischen Staates ausgesprochen. Wegen seines Widerstandes gegen die Weiße Revolution muss er ins Exil, zuerst nach Bursa in der Türkei, dann in den Irak. Über Bagdad kommt er nach Nadschaf, wo 1970 Abhandlungen über den islamischen Staat entstehen. Schließlich geht er nach Paris.

Seit 1978 unterliegt das Schahregime, das die Bevölkerung bislang mithilfe des Geheimdienstes SAVAK rücksichtslos unterdrückt, einem weiteren rapiden Machtverfall. In der zunächst heterogenen Oppositionsbewegung gewinnt die religiöse Seite schnell die Oberhand. Als der Schah Anfang 1979 ins Exil geht und Khomeini nach Teheran zurückkehrt, ruft dieser im April die islamische Republik aus. Verfolgung und Massenhinrichtungen von alten Schahanhängern und linken Regimegegnern fordern rund 30 000 Opfer. Geflohene Regimegegner werden durch Auftragsmorde im Ausland getötet, im Land selbst die Universitäten islamisiert, der gesamte Staat und das Rechtswesen auf den Koran ausgerichtet, Frauen müssen sich einer strengen Kleiderordnung unterordnen. Milizen, die Revolutionswächter, verfolgen jede Zuwiderhandlung.

Der irakische Diktator Saddam Hussein versucht im Ersten Golfkrieg 1980 seit dem Ende des Osmanischen Reiches schwelende Grenzkonflikte zu seinen Gunsten zu lösen, tritt aber auch den Drohungen Khomeinis entgegen, die islamische Revolution weiter in die Region zu tragen. Der bis 1988 dauernde Krieg mit hohen Verlusten auf beiden Seiten hat keinen Sieger. Der Gottesstaat im Iran bleibt bestehen.

Ronald Reagan: Mit den Waffen der Konservativen

Ronald Reagan
lebt von 1911 bis 2004

Der Republikaner Ronald Reagan, der Anfang 1981 als 40. Präsident der Vereinigten Staaten vereidigt wird, stammt aus ärmlichen Verhältnissen. Er war Sportkommentator, ging nach Hollywood, drehte zahlreiche Filme und wendet sich in den Sechzigerjahren der Politik zu. Als der Filmstudioboss Jack Warner hört, Reagan bewerbe sich in Kalifornien um das Amt des Gouverneurs, rät er, lieber solle James Stewart Gouverneur werden, Reagan sei allenfalls als bester Freund geeignet. Reagan aber wird 1967 tatsächlich republikanischer Gouverneur von Kalifornien und kann dessen wirtschaftliche Erholung einleiten. Seine erste Kandidatur zur US-Präsidentschaft scheitert, doch vier Jahre später setzt er sich parteiintern durch und besiegt danach den demokratischen Amtsinhaber Jimmy Carter.

Reagan, von freundlicher und zuversichtlicher Ausstrahlung, löst in den USA Optimismus aus. Das Land ist in den Siebzigern durch eine Phase tiefer Verunsicherung gegangen. Der Vietnamkrieg endete in einem Desaster, der republikanische Präsident Richard Nixon ließ politische Gegner bespitzeln und musste nach der Aufdeckung seiner Machenschaften in der Watergate-Affäre 1974 als erster amerikanischer Präsident wegen Verfehlungen im Amt zurücktreten. Zwar gab danach die kurze Präsidentschaft von Gerald Ford dem Land neuen Halt, doch die Amtszeit seines Nachfolgers Jimmy Carter bringt weitere Verunsicherung.

Die Wahl Ronald Reagans demonstriert das Wiedererstarken der konservativen Kräfte. Amerikanische Werte werden wieder als universelle Werte gesehen, die es zu exportieren gilt. Seine Präsidentschaft tritt er mit der Absicht an, die Wirtschaft zu liberalisieren. Die USA hat Jahre der wirtschaftlichen Stagnation und die Ölkrise von 1973 hinter sich, und die zweite Ölkrise von 1979 bis 1980 ist noch nicht ausgestanden. Seine Wirtschaftspolitik, bald Reagonomics genannt, ist die erklärte Abkehr von der seit Ende des Zweiten Weltkriegs in den westlichen Industriestaaten weithin propagierten Politik des Keynesianismus. Reagan verkündet in seiner Antrittsrede, der Staat sei nicht die Lösung der Probleme: »Er ist das Problem!«

Es folgen massive Steuersenkungen, die Staatstätigkeit auch im sozialen Sektor wird reduziert. In den acht Jahren seiner Regierung entstehen 17 Millionen Arbeitsplätze, die Wirtschaft wächst durchschnittlich um über vier Prozent pro Jahr, dies aber auch mit dem Preis hoher Haushaltsdefizite. Fast zeitgleich beginnt in Großbritannien die konservative Premierministerin Margaret Thatcher mit einer vergleichbaren Wirtschafts- und Sozialpolitik.

Reagan setzt auf eine Politik der Stärke gegenüber der Sowjetunion und erhöht die Rüstungsausgaben. Die Sowjetunion versucht mitzuhalten, gerät aber allmählich an die Grenzen ihrer wirtschaftlichen Kraft.

Lech Wałęsa
wird 1943 ge-
boren

Lech Wałęsa
und die Sprengung des eisernen Griffs

1980 brodelt es in Polen. Das geschundene Volk, seit Jahrhunderten zwischen den Interessen der benachbarten Großmächte im wahrsten Sinne des Wortes zerrissen, will nicht mehr.

Nach dem Zweiten Weltkrieg geriet Polen wie die DDR, Ungarn, Rumänien, Bulgarien und die Tschechoslowakei in den eisernen Griff des Stalinismus. Lech Wałęsa ist seit 1967 Elektriker auf der Danziger Lenin-Werft und dort seit 1970 Mitglied des illegalen Streikkomitees. Die Polen sind gravierende Versorgungsmängel aufgrund der Planwirtschaft gewohnt. Angebot und Nachfrage wird nicht auf Märkten geregelt, sondern in Fünfjahresplänen, die festlegen, was produziert wird. Und das mit meist sehr unbefriedigenden Ergebnissen. Nun empören zusätzliche Preiserhöhungen für viele wichtige Güter des täglichen Bedarfs wenige Wochen vor Weihnachten die Arbeiter und das ganze Land. Es kommt zu Streiks und Massendemonstrationen. Die Regierung schlägt den Protest mit Gewalt nieder: 80 Tote, weit über 1000 Verletzte.

Zehn Jahre später provozieren im Sommer 1980 Preiserhöhungen für Fleisch erneut einen Streik. Als die Werftleitung am 7. August die Kranführerin Anna Walentynowicz entlässt, ist das der Funke, der das Feuer entfacht. Die streikenden Arbeiter gründen die freie Gewerkschaft Solidarność, Lech Wałęsa wird ihr Vorsitzender.

Unterstützung erhält die Gewerkschaft von Beginn an von wichtigen polnischen Intellektuellen und der katholischen Kirche. Das Regime schlägt zurück. Ende 1981 wird von General Jaruzelski der Kriegszustand ausgerufen, die Solidarność verboten, ihre Anführer, auch Wałęsa, verhaftet. Er bleibt fast ein Jahr im Gefängnis, während Papst Johannes Paul II. in sein Heimatland reist und Reformen für Polen fordert.

1983 bekommt Wałęsa den Friedensnobelpreis zugesprochen. Sechs Jahre darauf finden in Polen die ersten halbfreien Wahlen statt. Die Solidarność kandidiert und gewinnt mit großer Mehrheit. Mit Tadeusz Mazowiecki stellt Solidarność den ersten nichtkommunistischen Ministerpräsidenten nach dem Zweiten Weltkrieg. 1990 wird Lech Wałęsa zum polnischen Staatspräsidenten gewählt. »Ich will nicht, aber ich muss«, sagt er beim Amtsantritt.

Es bleibt seine Leistung des erfolgreichen friedlichen
Kampfes gegen das kommunistische Regime und für die Freiheit, der zu einer Initialzündung für die Menschen in den anderen Staaten des Ostblocks wird.

Michail Gorbatschow:
Der Überbringer der Nachricht als Buhmann

Michail Gorbatschow wird 1931 geboren

Nikita Chruschtschow, Nachfolger Stalins als starker Mann der
Sowjetunion, bricht Mitte der Fünfzigerjahre mit der Stalinzeit.
Doch der Aufbruch ist nur kurz, denn die diktatorische Einpartei-
enherrschaft folgt dem Machterhalt und der Ideologie. Das Land
verkrustet gesellschaftlich und wirtschaftlich. Als Chruscht-
schows Nachfolger Leonid Breschnew 1982 stirbt, folgen schnell
aufeinander Juri Andropow und Konstantin Tschernenko, bis im
März 1985 Michail Gorbatschow mit 54 Jahren neuer Parteichef
wird. Er ist, anders als seine Vorgänger, jung und dynamisch und
äußerst mediengewandt, weil eloquent und charmant.

Der Sohn eines Mähdrescherfahrers hat Rechts- und Ag-
rarwissenschaften studiert. Im Februar 1986 leitet er auf dem
27. Parteitag der KPdSU entlang seiner bald weltweit populär
werdenden Schlagworte *Glasnost* (»Offenheit«) und *Perestroika*
(»Umgestaltung«) den Prozess weitreichender Reformen ein.

In der durch US-Präsident Ronald Reagan in Gang gesetzten Spirale des Wettrüstens, die ihre Ursachen auch in der Rüs-
tungspolitik der alten sowjetischen Machthaber hat, kann die
Sowjetunion nicht mehr mithalten. Auch die Kernschmelze am
26. April 1986 in der Atomanlage von Tschernobyl und die nachfolgende zunächst vertuschende Informationspolitik der Sowjetunion zeigen kurz darauf zusätzlich, wie reformbedürftig das
Land ist.

Gorbatschow glaubt, er könne den von ihm initiierten Wandel steuern. Doch nun beginnen die Fliehkräfte der Befreiung zu
wirken. Regionen der Sowjetunion fordern mehr Autonomie, abhängige Staaten in Osteuropa mehr Eigenständigkeit und Selbstbestimmung. Überall setzt eine Erosion der Macht der kommunistischen Parteien ein.

Dem 1989 beginnenden Umbruch in den kommunistischen
Staaten des Warschauer Paktes stellt sich Gorbatschow nicht ent-

gegen, worauf sich in der Sowjetunion die Auseinandersetzung zwischen Radikalreformern wie Boris Jelzin und den konservativen Kräften der kommunistischen Partei zuspitzt. Sie alle bedrohen Gorbatschows Macht, und so duldet er schließlich Jelzins Ausschluss aus der Partei.

Um den im internen Parteikampf wieder mächtiger werdenden Konservativen entgegenzutreten, gründet Gorbatschow den Kongress der Volksdeputierten, dessen geheim gewählte Abgeordnete ihn 1990 zum Präsidenten der Sowjetunion wählen. Sein Rivale Jelzin wird im gleichen Jahr in das neue Amt des Präsidenten Russlands gewählt, der größten sowjetischen Teilrepublik.

Als Gorbatschow im August 1991 Urlaub auf der Krim macht, unternehmen konservative Kräfte in Moskau einen Putschversuch. Der scheitert vor allem dank des beherzten Eingreifens von Boris Jelzin. Gorbatschow jedoch ist politisch am Ende. Am 25. Dezember 1991 tritt er zurück. Am 1. Januar 1992 existiert die Sowjetunion nicht mehr.

Deng Deng Xiaoping: Aufstieg Chinas

Xiaoping
lebt von 1904
bis 1997
»Vom Westen lernen, um China zu retten«, lautet das Motto der Reise, die der junge Deng Xiaoping 1920 mit seinem nur wenig älteren Onkel antritt. Sie brechen nach Marseille auf. Dengs Vater, ein wohlhabender Bauer, hatte davon gehört, dass chinesische Jungen eine Ausbildung in Frankreich machen können. Der Stiftung, die die Reise organisiert, geht jedoch das Geld aus und der kleine und schmal gebaute Deng muss sich zu harter Arbeit in französischen Fabriken verdingen. In dieser Zeit lernt er Zhou Enlai kennen, den er sehr verehrt. Deng schließt sich der kommunistischen Bewegung an, studiert in Moskau, kehrt zurück in das vom Bürgerkrieg beherrschte China und nimmt 1934 am Langen Marsch teil.

Nach Ausrufung der Volksrepublik 1949 durch Mao Zedong wird Deng Bürgermeister der Stadt Chongqing, ist aber de facto Regent von fünf Provinzen. Er lässt Fabriken, Stahlwerke und Raffinerien bauen und wird 1955 ins Politbüro berufen. Nach der verheerenden Hungersnot, die Maos »Großer Sprung nach vorn« auslöst, propagiert Deng die »drei Freiheiten«, die den

Bauern eigenständige Viehzucht, Handwerk und Handel erlauben sollen. Auch in der Industrie setzt er auf Anreize für die Arbeiter.

Um 1962, in einer Phase der Erholung, prägt der Pragmatiker Deng den berühmten Satz: »Es spielt keine Rolle, ob die Katze schwarz oder weiß ist, solange sie Mäuse fängt, ist sie bereits eine gute Katze.« Der Ideologe Mao wird das nicht vergessen. Seine Vergeltung trifft Deng in der ab 1966 von Mao initiierten Kulturrevolution. Deng wird 1967 unter Hausarrest gestellt, dann in die Provinz verbannt, wo er als Fabrikarbeiter und seine Frau als Putzkraft arbeiten muss.

Premierminister Zhou Enlai holt Deng 1973 wieder zurück. Gemeinsam entwickeln sie bis 1975 das »Programm der vier Modernisierungen« in Landwirtschaft, Industrie, Wissenschaft und Armee. Als Anfang 1976 zuerst Zhou Enlai und wenige Monate später Mao stirbt, gerät Deng zwischen die Fronten des Machtkampfes zwischen dem konservativen Kommunisten Hua Guofeng und der linken fanatischen Viererbande, zu der Maos Ehefrau Jiang Qing gehört. Hua Guofeng setzt sich durch und holt Deng, den er zwischenzeitlich abgesetzt hatte, 1977 wieder ins Politbüro.

Nun wird Deng zum starken Mann Chinas. Mit seinen wirtschaftspolitischen Reformen, die die Planwirtschaft in einen nur in den Rahmenbedingungen geplanten, letztlich aber ungezügelten Kapitalismus überführen, schafft er die Voraussetzungen für den atemberaubenden Aufstieg Chinas zu Beginn des 21. Jahrhunderts.

An der Macht der kommunistischen Partei lässt er nicht rütteln. Hunderte Demonstranten auf dem Platz des Himmlischen Friedens werden 1989 durch die Armee getötet.

Bill Gates und das Zeitalter des Computers

Bill Gates wird 1955 geboren

Selbst die Pioniere und Vorreiter werden zuweilen von der Schnelligkeit des Informationszeitalters überrollt. Auch Bill Gates bleibt zuweilen nicht verschont, trotzdem steigt er zum vielleicht wichtigsten Unternehmer des beginnenden Computerzeitalters auf. Reichster Mann der Welt wird er fast nebenbei.

Hochintelligent und eigenwillig macht Bill Gates bereits als

13-Jähriger Erfahrungen in der seinerzeit außerhalb der Geschäftswelt kaum verbreiteten Computertechnik. Er experimentiert mit seinem Freund Paul Allen am Schulcomputer und bringt sich selbst das Programmieren bei. 1969 gründen die Freunde ihr erstes Unternehmen, Gates beginnt zwischenzeitlich ein Studium in Harvard, bricht es aber 1975 ab und ruft mit Allen das Unternehmen Microsoft ins Leben. Aus einer bereits bestehenden Software entwickelt Gates 1980 das Betriebssystem MS-DOS, das mit Heimcomputern von IBM, dem damaligen Marktführer, ausgeliefert wird. Gates erkennt, es ist die Software, nicht die Hardware, die die Nutzer bindet. Daher sichert er sich das Recht für den Vertrieb von MS-DOS auf anderen Computern. Auf dem neuen und rasch wachsenden Markt werden Gates und Microsoft beherrschend, und diese Stellung baut Microsoft noch aus, als das von Steve Jobs und dessen Computerfirma Apple inspirierte Windows auf den Markt kommt, bei dem mit der Computer-Maus in Fenstern auf der Bildschirmoberfläche gearbeitet wird. Computer erobern nun die Arbeitswelt. Obwohl Gates' Microsoft seinen Firmensitz bei Seattle hat, wird das sogenannte Silicon Valley südlich von San Francisco mit seinen zahlreichen jungen und innovativen Hardware- und Software-Unternehmen (Apple, Oracle, Sun) zum Synonym eines neuen Unternehmertums und eines neuen Zeitalters.

Den Anschluss an das zu Beginn der Neunzigerjahre einbrechende Internetzeitalter verpasst Bill Gates zunächst. Doch mit der Markteinführung des Browsers Microsoft Internet Explorer und dessen aggressiver Vermarktung erobert Microsoft seine Marktmacht zurück. 2000 gibt Bill Gates die Führung ab. Mit der Bill & Melinda Gates Foundation, der größten Privatstiftung der Welt, engagiert sich das Ehepaar Gates im Kampf gegen Krankheit und Seuchen vor allem in ärmeren Ländern, insbesondere in Afrika.

Tim Berners-Lee und das Internet

Tim Berners-Lee wird 1955 geboren

Das Internet, auch World Wide Web, das nicht nur die Kommunikation und die Arbeitswelt global verändern wird, entsteht 1989 als Projekt am CERN, der Europäischen Organisation für Kernforschung in Genf. Dort baut Tim Berners-Lee seinerzeit ein System auf, dessen eigentliches Ziel es anfangs ist, auf Rechnern Forschungsergebnisse auf einfache Art und Weise mit Kollegen auszutauschen.

Vernetzung von Computern gibt es bereits seit einigen Jahren. In den USA wurde 1962 das Arpanet gegründet, das den Datenaustausch von Forschungseinrichtungen, die für das amerikanische Verteidigungsministerium arbeiten, gewährleisten soll. Das Arpanet gilt als Vorläufer des späteren Internets.

Tim Berners-Lee ist der Sohn eines britischen Mathematikerpaares, der sich schon früh mit Computern beschäftigt. In Oxford studiert er Physik und nimmt nach mehreren Stellen als Software-Entwickler und Ingenieur seine Arbeit am CERN auf. Berners-Lee versucht die Computer des Instituts, die sich teils in Frankreich, teils in der Schweiz befinden, zu vernetzen. Auf einem Computer der Firma NeXT, die der Apple-Gründer Steve Jobs nach seinem zwischenzeitlichen Ausscheiden bei Apple gegründet hatte, entwickelt Berners-Lee den ersten Webbrowser, den er WorldWideWeb nennt, und er erfindet HTML (Hypertext Markup Language), eine Auszeichnungssprache, die Daten assoziativ verbindet.

In den nächsten Jahren arbeiten nicht kommerzielle Institutionen, vor allem Universitäten und Forschungsinstitute, am Ausbau des Netzwerks, doch zunehmend erkennen auch kommerzielle Anbieter die Chancen der neuen Technik.

1990, im Jahr nach Tim Berners-Lees Entwicklung, beschließt die National Science Foundation, eine Agentur der US-Regierung, das Internet über Universitäten und Forschungseinrichtungen hinaus kommerziell nutzbar zu machen. Im Jahr darauf wird seine Entwicklung freigegeben. Internetpioniere wie Vint G. Cerf und David D. Clark leisten entscheidende Beiträge zum Aufbau der Infrastruktur und stellen vor allem sicher, dass sich das Internet vergleichsweise unabhängig von Staaten in offenem Dialog der Nutzer entwickelt. In den USA fördert Präsident Bill Clinton ab 1993 massiv den Ausbau des Internets, unterstützt von seinem Vize-Präsidenten Al Gore. Es entsteht ein neuer Wirtschaftszweig, die New Economy. An der Börse, an die immer mehr Unternehmen der jungen Branche gehen, steigen die Aktienkurse ins Astronomische, bis im Jahr 2000 die sogenannte Dotcom-Blase platzt, da der Wert vieler Unternehmen an der Börse ein Vielfaches höher ist als ihr tatsächlicher.

Tim Berners-Lee gründet 1994 das World Wide Web Consortium zur Standardisierung des Internets. Mittlerweile lehrt er als Professor am Massachussetts Institute for Technology (MIT) in Boston.

Nelson Nelson Mandela: Kampf, Freiheit und Versöhnung

Mandela Das 20. Jahrhundert ist in Südafrika die Epoche der Apartheid,
wird 1918 was auf Afrikaans »Trennung« bedeutet. Die Regierungsmacht
geboren und alle Privilegien liegen uneingeschränkt bei den Weißen. Schwarzen, Coloureds (Mischlingen) und Asiaten ist der Zugang zu bestimmten Stränden verboten, sie dürfen in Parks bestimmte Abschnitte nicht betreten, dürfen nicht auf gemeinsame Schulen mit den Weißen gehen und nur in abgetrennten Gebieten wohnen.

Doch gegen das menschenunwürdige System regt sich Widerstand. Der junge indische Anwalt Mohandas Karamchand Gandhi entwickelt während seiner Zeit in Südafrika zur Wende zum 20. Jahrhundert gegen die Unterdrückung sein Konzept des gewaltlosen Widerstands, mit dem er später die Unabhängigkeit Indiens erreicht. 1912 wird der African National Congress (ANC) gegründet, eine Organisation, die für die Rechte der Schwarzen kämpft und rasch breite Massenwirkung erzielt. 1955 hält der ANC in seiner Charta fest:»Südafrika gehört allen, die darin leben, Schwarzen und Weißen«, und er propagiert den Ausgleich zwischen den Volksgruppen in Südafrika.

1942 gründet Nelson Mandela mit Walter Sisulu und Oliver Tambo die Jugendorganisation des ANC. Mandela gehört dem Volk der Xhosa an und entstammt dort einem einflussreichen Clan. Eigentlich heißt er Rolihlahla Dalibhunga Mandela, den Vornamen Nelson gibt man ihm auf der Missionsschule.

Am 21. März 1960 tötet die Polizei beim Massaker von Sharpeville 69 Schwarze, woraufhin landesweit Unruhen ausbrechen. Der ANC wird verboten. Mandela, eigentlich Befürworter des friedlichen Widerstands, gründet nun mit Mitstreitern einen bewaffneten Flügel. 1962 wird er verhaftet und schließlich zu lebenslanger Haft verurteilt. Bis zum März 1982 sitzt er 18 Jahre lang im berüchtigten Gefängnis auf Robben Island vor Kapstadt, dann weitere acht Jahre in einem Gefängnis auf dem Festland.

Im Jahr 1989 folgt der Konservative Frederik Willem de Klerk auf Pieter Willem Botha im Amt des südafrikanischen Staatspräsidenten. Er wagt nun umwälzende Reformen. Das Ende des Ost-West-Konflikts (der Westen braucht Südafrika nicht mehr als Bollwerk gegen den Kommunismus) und der Verfall des Goldpreises zwingen ihn und das Apartheid-Regime dazu.

De Klerk nimmt Verhandlungen mit der Symbolfigur des Widerstandes Nelson Mandela auf. 1990 kommt dieser nach jahrelanger Haft frei und predigt Versöhnung. Vier Jahre später finden die ersten freien und gleichen Wahlen von Schwarzen und Weißen statt, bei denen der ANC einen überwältigenden Sieg davonträgt. Mandela wird Staatspräsident. Als er 81-jährig im Jahr 1999 zurücktritt, ist es ihm gelungen, den Übergang vom Apartheidregime zu einer multiethnischen Republik friedlich zu meistern und die Aussöhnung zwischen den Volksgruppen voranzutreiben. 1993 erhält Nelson Mandela zusammen mit Frederik Willem de Klerk den Friedensnobelpreis.

George W. Bush und der Egoismus der Macht

George Bush Sr. begleitet von 1989 bis 1993 als Präsident der Vereinigten Staaten besonnen die dramatischen Veränderungen im Zuge des Zusammenbruchs der Ostblockstaaten und unterstützt die rasch vom deutschen Bundeskanzler Helmut Kohl in die Wege geleiteten Bemühungen um eine deutsche staatliche Einheit. Als der irakische Diktator Saddam Hussein mit seinen Truppen den Golfstaat Kuwait annektiert, schmiedet Bush senior unter Einbeziehung der UNO eine Koalition gegen den Irak und besiegt diesen im Zweiten Golfkrieg. Trotz seiner außenpolitischen Erfolge verliert er die Wiederwahl gegen den jungen und dynamischen Demokraten Bill Clinton, der gemäß dem Motto seines Wahlkampfmanagers – *It's the economy, stupid!* – auf ökonomische Themen setzt.

George W. Bush wird 1946 geboren

Als Bill Clinton nach zwei Amtszeiten nicht mehr antritt, folgt ihm Bushs Sohn George W. Bush im Jahr 2000 im Amt. Der Wahlausgang gegen Clintons Vize-Präsidenten Al Gore ist heftig umstritten. Bush junior ist ein erklärter Neokonservativer und bezeichnet sich selbst als wiedergeborener Christ.

Am Morgen des 11. September 2001 entführen Terroristen des islamistischen Terrornetzwerkes al-Qaida vier in New York gestartete Passagierflugzeuge. Zwei Maschinen steuern sie in die beiden Türme des World Trade Center und eine in das Gebäude des US-Verteidigungsministeriums. Die Türme des World Trade Center werden so stark beschädigt, dass sie einstürzen. Das vierte Flugzeug stürzt ab, als die Passagiere versuchen, die Entführer zu überwältigen. Bei den Terroranschlägen kommen an diesem Tag insgesamt fast 3000 Menschen ums Leben.

George W. Bush kündigt den Krieg gegen den Terror an. Unter Führung der USA marschiert eine Allianz westlicher Truppen noch 2001 in Afghanistan ein. In den USA beschneidet Bushs US Patriot Act die Bürgerrechte im Namen der Gefahrenabwehr. Mit der Behauptung, der Irak unter Saddam Hussein arbeite an der Entwicklung von Massenvernichtungswaffen, beginnt nun auch Bush junior einen Krieg zur Absetzung Saddam Husseins. In der »Koalition der Willigen«, zu der vor allem Großbritannien unter dessen Premierminister Tony Blair zählt, besetzen Truppen 2003 im Dritten Golfkrieg den Irak und beseitigen das Regime. Massenvernichtungswaffen werden nicht gefunden.

George W. Bushs Amtszeit endet während der größten Finanz- und Wirtschaftskrise seit 1929. Sie entsteht aus einer Lockerung der Finanzaufsicht unter seinem Vorgänger Bill Clinton und einer Politik der Geldvermehrung des US-Notenbankchefs Alan Greenspan zur Stützung der Wirtschaft nach den Anschlägen vom 11. September 2001. Die Geldmengen werden in Immobilen investiert und in neue Finanzprodukte. Die Finanzkrise beginnt mit der US-Immobilienkrise 2007 und führt auch aufgrund eines widersprüchlichen Krisenmanagements der Regierung Bushs zu weltweiten Wertpapierverlusten von geschätzten vier Billionen US-Dollar.

Barack Obama und die Hoffnungen der Welt von morgen

Barack Obama wird 1961 geboren

2004 hält Barack Obama bei der Democratic National Convention in Boston eine Grundsatzrede. Der 43-jährige Sohn eines Kenianers und einer Amerikanerin, die als Studenten auf Hawaii heirateten und sich drei Jahre nach Obamas Geburt scheiden ließen, ist in diesem Jahr erst überraschend zum Senator von Illinois gewählt worden. Er hat Politikwissenschaft studiert und später Rechtswissenschaften in Harvard.

Obama berichtet an jenem Tag von der Geschichte seiner Familie, die ihm den Glauben an den amerikanischen Traum gegeben habe, und beschwört bei allen Unterschieden der Menschen und ihrer Ansichten das, was alle eint: die Vereinigten Staaten von Amerika. Seine Rede macht ihn landesweit bekannt. 2007 kündigt er seine Kandidatur für die nächsten Präsidentschaftswahlen an.

Die Vereinigten Staaten von Amerika sind in jenen Tagen zerrissen durch die polarisierende Politik George W. Bushs. Die Kluft zwischen konservativen und christlichen Strömungen auf der einen Seite und weltoffenen, demokratischen, sozialen Strömungen auf der anderen Seite wird immer tiefer. In der Welt agiert die letzte verbliebene Supermacht zunehmend egoistisch und mit Alleingängen.

In einem langen und hart geführten Vorwahlkampf setzt sich Obama parteiintern gegen Hillary Clinton durch. Obama gelingt es durch sein Charisma, eine Kampagne, die sich stark auf das Internet stützt, und durch seine Reden, die an die Gemeinschaft und immer wieder an den amerikanischen Traum erinnern, die Menschen zu begeistern.

Erfüllt er die Träume, die Amerikaner mit den Ideen Lincolns, Roosevelts, Kennedys und Martin Luther Kings verbinden? Die US-Truppen will Obama aus dem Irak zurückholen und die Welt friedlicher machen. Er setzt auf weltweite Zusammenarbeit und Klimaschutz und will für die Amerikaner endlich eine staatliche Krankenversicherung schaffen. Obama mobilisiert und euphorisiert die Mittelschicht, Schwarze und Latinos und er gewinnt die Wahl gegen seinen republikanischen Mitbewerber John McCain. Seinen Wahlkampfslogan *Yes, we can!* kennt weltweit jedes Kind.

Im Januar 2009 wird er als erster Afroamerikaner zum Präsidenten der USA vereidigt. Der Vertrauensvorschuss, aber auch die Erwartungen, die die Menschen an seine Amtsübernahme knüpfen, sind weltweit gewaltig. In Prag hält Obama in seinem ersten Amtsjahr eine Rede, in der er für eine atomwaffenfreie Welt eintritt, und in einer ebenso beachteten Rede in Kairo wirbt er für einen Neuanfang der Beziehungen zur islamischen Welt. Noch 2009 erhält er den Friedensnobelpreis.

Kann ein Mensch diese Erwartungen erfüllen? Obama kämpft gegen starke Widerstände wie die Finanzkrise und die starke konservative Opposition.

Literatur

1. Die ersten Hochkulturen

Schlögl, Hermann A.: *Das Alte Ägypten*, München 2006; Schneider, Thomas: *Lexikon der Pharaonen*, Düsseldorf 2002; Stadelmann, Rainer: *Die ägyptischen Pyramiden*, Darmstadt 1997; Wildung, Dietrich: *Amenhotep und Imhotep – Gottwerdung im alten Ägypten*, München 1977; Gernet, Jacques, *Die chinesische Welt*, Frankfurt 1988; Goepper, Roger (Hrsg.): *Das alte China*, München 1988; Hrouda, Barthel: *Mesopotamien*, München 2008; Haarmann, Harald: *Geschichte der Sintflut*, München 2003; Wolfgang Röllig (Hrsg.): *Das Gilgamesch-Epos*, Stuttgart, 2009; Edzard, Dietz-Otto: *Geschichte Mesopotamiens. Von den Sumerern bis zu Alexander dem Großen.*, München 2004; Schmökel, Hartmut: *Hammurabi von Babylon*, Berlin 1979; Klengel, Horst: *Hammurapi und der Alltag Babylons*, Zürich 1999; Eilers, Wilhelm (Hrsg.): *Codex Hammurabi*, Wiesbaden 2009; Schlögl, Hermann A.: *Echnaton*, München 2008, Schlögl, Hermann A.: *Ramses II.*, Rowohlt, Reinbek 2000; Tyldesley, Joyce: *Ramses*, Berlin 2002; Clauss, Manfred: *Ramses der Große*, Darmstadt 2010; Otto, Edgar: *Mose*, München 2006; Assmann, Jan: *Moses der Ägypter*, Frankfurt 2004; Finkelstein, Israel; Silberman, Neil A.: *Keine Posaunen vor Jericho*, München 2009; Nitsche, Stefan Ark: *David*, Zürich 1994; McKenzie, David L.: *König David*, Berlin, New York 2002.

2. Das erwachende Griechenland und die Macht Persiens

Bannert, Herbert: *Homer*, Reinbek 2005; Heubeck, Alfred: *Die homerische Frage*, Darmstadt 1974; Gudopp-von Behm, Wolf-Dieter: *Solon von Athen und die Entdeckung des Rechts*, Würzburg 2009; Oliva, Pavel: *Solon*, Konstanz 1988; Russell, Bertrand: *Denker des Abendlandes*, Bindlach 2005; Diogenes Laertios: *Leben und Meinungen berühmter Philosophen*, Hamburg 1998; Gorman, Peter: *Pythagoras*, London 1979; Stausberg, Michael: *Zarathustra und seine Religion*, München 2005; Boyce, Mary: *Zoroastrians*, London 2007; Weissbach, F. H.: »kroisos«, in: *Paulys Realenzyklopädie der klassischen Altertumswissenschaft*, Band 5, 1931, Sp. 455–472; Herodot: *Historien*, Ditzingen 2002; Wiesehöfer, Josef: *Das antike Persien*, Düsseldorf 2005; Wiesehöfer, Josef: »Der über Helden herrscht. Xerxes I. (ca. 519–465 v. Chr.)«, in: Förster, Stig (Hrsg.): *Kriegsherren der Weltgeschichte*, München 2006; Green, Peter: *The Greco-Persian Wars*, Berkeley 1996.

3. Die große Zeit Griechenlands

Plutarch: *Große Griechen und Römer*, Köln 2009; Föllinger, Sabine: *Aischylos*, München 2009; Hommel, Hildebrecht (Hrsg.): *Wege zu Aischylos*, 2 Bände, Darmstadt 1974; Herodot: *Historien*, Ditzingen 2002; Will, Wolfgang: *Perikles*, Reinbek 1995; Schubert, Charlotte: *Perikles*, Darmstadt 1994; Lehmann, Gustav Adolf: *Perikles*, München 2008; Höcker, Christoph; Schneider, Lambert: *Phidias*, Reinbek 1993; Hölscher, Tonio: *Griechische Kunst*, München 2007; Bichler, Reinhold; Rollinger, Robert: *Herodot*, Hildesheim u. a. 2000; Schlögl, Albert: *Herodot*, Reinbek 1998; Diogenes Laertios: *Leben und Meinungen berühmter Philosophen*, Hamburg 1998; Taylor, C. C.W.: *Sokrates*, Freiburg 2000; Vernant, Jean-Pierre (Hrsg.): *Der Mensch der griechischen Antike*, Frankfurt 1996; Rapp, Christof: *Vorsokratiker*, München 2007; Weymayr, Christian: *Hippokrates, Dr. Röntgen & Co. Berühmte Pioniere der Medizin*, Berlin 2007; Golder, Werner: *Hippokrates und der Corpus Hippocraticum*, Würzburg 2007; Erler, Michael: *Platon*, München 2006; Bordt, Michael: *Platon*, Freiburg 1999; Neumann, Uwe: *Platon*, Reinbek 2001; Zehnpfennig, Barbara: *Platon zur Einführung*, Hamburg 2005; Höffe, Otfried: *Aristoteles*, München 1999; Barnes, Jonathan: *Aristoteles*, Ditzingen 1992.

4. Hellenismus und wichtige Weichen in Asien

Pohl, Manfred: *Geschichte Japans*, München 2002; Eintrag in http:// en.wikipedia.org/wiki/Emperor_Jimmu, abgerufen 14.3.2010; Lao Tse: *Tao Te King*, Ditzingen 1997; Kalinke, Viktor: *Studien zu Laozi, Daodejing*, 3 Bände, Leipzig 2000–2011; Kaltenmark, Max: *Lao-Tzu und der Taoismus*, Frankfurt 1981; Carrithers, Michael: *Der Buddha*, Ditzingen 1996; Schneider, Ulrich: *Der Buddhismus*, Darmstadt 1997; Hans Wolfgang Schumann: *Der historische Buddha*, München 2004; Thich Nhat Hanh: *Wie Siddharta zum Buddha wurde*, München 2006; Zotz, Volker: *Konfuzius*, Reinbek 2000; Xuewu Gu: *Konfuzius zur Einführung*, Hamburg 2002; Roetz, Heiner: *Konfuzius*, München 1995; Gehrke, Hans-Joachim: *Alexander der Große*, München 2008; Engels, Johannes: *Philipp II. und Alexander der Große*, Darmstadt 2006; Lauffer, Siegfried: *Alexander der Große*, München 2004; Euringer, Martin: *Epikur*, Stuttgart 2003; Hossenfelder, Malte: *Epikur*, München 2006; Boesche, Roger: *The First Great Political Realist: Kautilya and his Arthashastra*, Lanham 2002; Conermann, Stephan: *Das Mogulreich*, München 2006; Kulke, Hermann; Rothermund, Dietmar: *Geschichte Indiens*, München 2006; Witzel, Michael: *Das alte Indien*, München 2010; Caroli, Christian A.: *Ptolemaios I. Soter*, Konstanz 2007; Bengtson, H.: *Die Diadochen*, München 1987; Droysen, Johann G.: *Geschichte des Hellenismus*, Darmstadt 2008; Schmitt, Hatto H.; Vogt, Ernst (Hrsg.): *Lexikon des Hellenismus*, Wiesbaden 2005; Aumann, Günter: *Euklids Erbe*, Darmstadt 2008; Schneider, Ivo: *Archimedes*, Darmstadt 1979; Strathern, Paul: *Archimedes und der Hebel*, Frankfurt 2002; Gernet, Jacques: *Die chinesische Welt*, Frankfurt 1988; Goepper, Roger (Hrsg.): *Das alte China*, München 1988.

5. Das Römische Reich dehnt sich aus

Seibert, Jakob: *Hannibal*, Darmstadt 1993; Barceló, Pedro: *Hannibal*, München 2003; Christ, Karl: *Hannibal*, Darmstadt 2003; Rieger, Hermann: *Das Nachleben des Tiberius Gracchus in der lateinischen Literatur*, Bonn 1991; Bringmann, Klaus: *Die Agrarreform des Tiberius Gracchus*, Stuttgart 1985; Everitt, Anthony: *Cicero*, Köln 2003; Giebel, Marion: *Marcus Tullius Cicero*, Hamburg 1991; Habicht, Christian: *Cicero der Politiker*, München 1990; Fuhrmann, Manfred: *Cicero und die römische Republik*, München-Zürich 1989; Stroh, Wilfried: *Cicero*, München 2010; Baltrusch, Ernst (Hrsg.): *Caesar*, Darmstadt 2007; Christ, Karl: *Caesar*, München 1994; Jehne, Martin: *Caesar*, München 2008; Meier, Christian: *Caesar*, München 1997; Baumann, Uwe: *Kleopatra*, Reinbek 2003; Clauss, Manfred: *Kleopatra*, München 2000; Andreae, Bernard, u. a. (Hrsg.): *Kleopatra und die Caesaren*, München 2006; Bleicken, Jochen: *Augustus*, Berlin 1998; Dahlheim, Werner: *Augustus*, München 2010; Eck, Werner: *Augustus und seine Zeit*, München 2003; Knell, Heiner: *Vitruvs Architekturtheorie*, Darmstadt 2008; Vitruvius: *Zehn Bücher über Architektur*, Darmstadt 2008.

6. Stürme und Übergänge

Berger, Klaus: *Jesus*, München 2004; Gnilka, Joachim: *Jesus von Nazareth*, Freiburg 2000; Gnilka, Joachim: *Paulus von Tarsus*, Freiburg 1996; Wenham, David: *Paulus*, Paderborn 1999; Herrmann, Horst: *Nero*, Berlin 2005; Hafner, German: *Bildlexikon antiker Personen*, Düsseldorf 2001, S. 194, Heuss, Alfred: *Römische Geschichte*, Braunschweig 1976, S. 331–335; Sueton: *Das Leben der römischen Kaiser*, Düsseldorf 2001; Birley, Anthony R.: *Mark Aurel*, München 1977; Fündling, Jörg: *Marc Aurel*, Darmstadt 2008; Rosen, Klaus: *Marc Aurel*, Reinbek 2004; Demandt, Alexander; Goltz, Andreas; Schlange-Schöningen, Heinrich (Hrsg.): *Diokletian und die Tetrarchie*, Berlin u. a. 2004; Williams, Stephen: *Diocletian and the Roman Recovery*, New York 1985; Zander, Hans C.: *Als die Religion noch nicht langweilig war*, Köln 2002; Barnes, T. D.: »Angel of Light or Mystic Initiate? The Problem of the Life of Antony«, in: *Journal of Theological Studies 37*, 1986, S. 353–68; Clauss, Manfred: *Konstantin der Große und seine Zeit*, München 2010; Bleckmann, Bruno: *Konstantin der Große*, Reinbek 1996; Girardet, Klaus Martin: *Die konstantinische Wende*, Darmstadt 2006; Leppin, Hartmut: *Theodosius der Große*, Darmstadt 2003; Lippold, Adolf: *Theodosius der Große und seine Zeit*, München 1980; Brown, Peter: *Augustinus von Hippo*, München 2000; Horn, Christoph: *Augustinus*, München 1995; Geerlings, Wilhelm: *Augustinus*, Wiesbaden 2004; Fuhrer, Therese: *Augustinus*, Darmstadt 2004; Sauser, Ekkart: »Leo der Große«, in: *Biographisch-Bibliographisches Kirchenlexikon*, Band IV, Herzberg 1992, Sp. 1425–1435; *http://de.wikipedia.org/wiki/Leo_der_Große*, abgerufen 11.3.2011; Wirth, Gerhard: *Attila*, Stuttgart 1999; Maenchen-Helfen, Otto: *Die Welt der Hunnen*, Wiesbaden 1997; Goltz, Andreas: *Barbar – König – Tyrann*, Berlin-New York 2008; Ausbüttel, Frank M.: *Theoderich der Große*, Darmstadt 2004; Enßlin, Wilhelm: *Theoderich der Große*, München 1959;

Geary, Patrick J.: *Die Merowinger*, München 2004; Becher, Matthias: *Merowinger und Karolinger*, Darmstadt 2009; Bautz, Friedrich Wilhelm: »Benedikt von Nursia«, in: *Biographisch-Bibliographisches Kirchenlexikon*, Band I, Sp. 494–496, Nordhausen 1990; *Die Benediktusregel*, Beuron 1996; Bretone, Mario: *Geschichte des Römischen Rechts*, München, 1998; Bringmann, Klaus: »Justinian«, in: Manfred Clauss (Hrsg.): *Die römischen Kaiser*, München 2001; Meier, Mischa: *Justinian*, München 2004; Söllner, Alfred: *Einführung in die römische Rechtsgeschichte*, München 1996.

7. Das Frühmittelalter

Bobzin, Hartmut: *Mohammed*, München 2006; Jansen, Hans: *Mohammed*, München 2008; Nagel, Tilman: *Mohammed*, München 2008; Cahen, Claude (Hrsg.): *Der Islam 1:Vom Ursprung bis zu den Anfängen des Osmanenreiches*, Frankfurt 1991; Haarmann, Ulrich (Hrsg.): *Geschichte der arabischen Welt*, München 2001; Braunfels, Wolfgang, u. a. (Hrsg.): *Karl der Große*, 5 Bände, Düsseldorf 1967; Hägermann, Dieter: *Karl der Große*, Berlin 2000; Laudage, Johannes: *Otto der Große*, Regensburg 2001; Althoff, Gerd: *Die Ottonen*, Stuttgart 2005; Keller, Hagen: *Die Ottonen*, München 2001; Wikipedia: http://de.wikipedia.org/wiki/Ce_Acatl_Topiltzin_Quetzalcoatl, abgerufen 14.3.2011; Carrasco, David: *Quetzalcoatl and the Irony of Empire*, Boulder, 2000; Prem, Hanns J.: *Geschichte Altamerikas*, München 2007; Heller, Wolfgang: »Vladimir I.«, in: *Biographisch-Bibliographisches Kirchenlexikon*, Band XVII, Sp. 1506–1507, Nordhausen 2000; Nolte, Hans-Heinrich: *Kleine Geschichte Russlands*, Ditzingen 2008; Strohmaier, Gotthard: *Avicenna*, München 2006; Goodman, Lenn E.: *Avicenna*, London/New York 1992; Bautz, Friedrich Wilhelm: »Guido von Arezzo«, in: *Biographisch-Bibliographisches Kirchenlexikon*, Band II, Hamm 1990, Sp. 391–392; Wikipedia: http://de.wikipedia.org/wiki/Guido_von_Arezzo; abgerufen 1.3.2010; Bloom, Harold: *Genius*, München 2004; Auffermann, Verena; Kübler, Gunhild; März, Ursula; Schmitter, Elke: *Leidenschaften. 99 Autorinnen der Weltliteratur*, Gütersloh 2009; Mote, F.W.: *Imperial China: 900–1800, Cambridge/Mass. 1999;* Williamson H. R.: *Wang An Shih*, 2 Bände, London 1935–1937; Trauzettel, Rolf: »Wang An-shih« in: Fassmann, Kurt (Hrsg.): *Die Großen der Weltgeschichte*, 12 Bände, Band 2, Zürich 1975, S. 256–267.

8. Das Hochmittelalter

Douglas, David C.: *Wilhelm der Eroberer*, Kreuzlingen 2004; Bates, David: *William the Conqueror*, London 1989; Blumenthal, Uta-Renate: *Gregor VII.*, Darmstadt 2001; Englberger, Johann: *Gregor VII. und die Investiturfrage*, Köln 1996; Bautz, Friedrich Wilhelm: »Anselm von Canterbury«, in: *Biographisch-Bibliographisches Kirchenlexikon*, Band I, Sp. 182–184, Nordhausen 1990; Eadmer: *Das Leben des heiligen Anselm von Canterbury*, München 1923; Lutz, Bernd: »Anselm von Canterbury«, in: Lutz, Bernd (Hrsg.): *Metzler Philosophenlexikon*, Stuttgart 1989, Seite 28–30; Becker, Alfons: *Papst Urban II*, Stuttgart 1964; Kreuzer, Georg: »Urban II.«, in: *Biographisch-*

Bibliographisches Kirchenlexikon, Band XV, Herzberg 1999, Sp. 1391–1394; Ernst, Stephan: *Petrus Abaelardus*, Münster 2003; Clanchy, Michael T.: *Abaelard*, Darmstadt 2000; Niggli, Ursula (Hrsg.): *Peter Abaelard*, Freiburg u. a. 2003; Laudage, Johannes: *Friedrich Barbarossa*, Regensburg 2009; Opll, Ferdinand: *Friedrich Barbarossa*, Darmstadt 2009; Engel, Evamaria: *Kaiser Friedrich Barbarossa*, Weimar 1994; Khoury, Raif Georges: *Averroes*, Heidelberg 2002; Ben Abdeljelil, Jameleddine: *Ibn Ruschds Philosophie interkulturell gelesen*, Nordhausen 2005; Kügelgen, Anke von: *Averroes und die arabische Moderne*, Leiden 1994; Hasselhoff, Görge K.: *Dicit Rabbi Moyses*, Würzburg 2005; Niewöhner, Friedrich: *Maimonides*, Heidelberg 1988; Hasselhoff, Görge K.: *Moses Maimonides interkulturell gelesen*, Nordhausen 2009; Möhring, Hannes: *Saladin*, München 2005; Wieczorek, A.; Fansa, M.; Meller, H. (Hrsg.): *Saladin und die Kreuzfahrer*, Mainz 2005; Leicht, Hans: *Dschingis Khan*, Düsseldorf 2002; Neumann-Hoditz, Reinhold: *Dschingis Khan*, Reinbek 1985; Mackenzie, Franklin: *Dschingis Khan*, Darmstadt 1993; Engels, Odilo: *Die Staufer*, Stuttgart 2010; Rader, Olaf B.: *Friedrich der Zweite. Der Sizilianer auf dem Kaiserthron*, München 2010; Rotter, Eckehart: *Friedrich II. von Hohenstaufen*, München 2004; Gericke, Helmuth: *Mathematik im Abendland*, Berlin u. a. 1990, S. 96–104; Lüneburg, Heinz: *Liber Abbaci oder Lesevergnügen eines Mathematikers*, Mannheim u. a. 1999; Bösch, Paul: *Franz von Assisi*, Düsseldorf 2005; Feld, Helmut: *Franziskus von Assisi und seine Bewegung*, Darmstadt 1994; Dietrich, Veit-Jakobus: *Franz von Assisi*, Reinbek 1995; Nolte, Hans-Heinrich: *Kleine Geschichte Russlands*, Ditzingen 2008; Kappeler, Andreas: *Russland als Vielvölkerreich*, München 1992.

9. Das Spätmittelalter

Schönberger, Rolf: *Thomas von Aquin zur Einführung*, Hamburg 2006; Forschner, Maximilian: *Thomas von Aquin*, München 2006; Chenu, Marie-Dominique: *Thomas von Aquin*, Reinbek 1992; Rossabi, Morris: *Khubilai Khan*, Berkeley, London, New York 1988; Baum, Wilhelm: »Kublai Khan«, in: *Biographisch-Bibliographisches Kirchenlexikon*, Band XXX, Nordhausen 2009, Sp. 816–822; Man, John: *Kublai Khan*, London, New York 2007; Menard, Philippe: *Marco Polo*, Darmstadt 2009; Bergreen, Laurence: *Marco Polo*, New York 2007; Münkler, Marina: *Marco Polo*, München 1998; Matuz, Josef: *Das Osmanische Reich*, Darmstadt 2006; Majoros, Ferenc; Rill, Bernd: *Das Osmanische Reich 1300–1922*, Wiesbaden 2004; Werner, Ernst: *Die Geburt einer Großmacht – Die Osmanen*, Wien 1985; Leonhard, Kurt: *Dante*, Reinbek 1998; Bloom, Harold: *Genius*, München 2004; Duby, Georges: *Die Zeit der Kathedralen*, Frankfurt 1994; Schock-Werner, Barbara: »Parler, Peter«, in: *Neue Deutsche Biographie 20*, Berlin 2001, S. 72 f.; Cleugh, James: *Die Medici*, München 2002; Reinhardt, Volker: *Die Medici*, München 2004; Borchert, Till-Holger (Hrsg.): *Jan van Eyck und seine Zeit*, Stuttgart 2002; Shigeru Tsuji: »Brunelleschi And The Camera Obscura: The Discovery of Pictorial Perspective«, in: *Art History*, Vol. 13, 1990, S. 276–292; Max Dvorák: *Das Rätsel in der Kunst der Brüder van Eyck*, Wien 1999; Ketelsen,

Thomas; Neidhardt, Uta: *Das Geheimnis des Jan van Eyck*, München, Berlin 2005; Kroboth, Rudolf: *Heinrich der Seefahrer*, Wiesbaden 2002; Russell, Peter E.: *Prince Henry »the Navigator«*, New Haven 2000; Venzke, Andreas: *Johannes Gutenberg*, München 2000; Füssel, Stephan: *Johannes Gutenberg*, Reinbek 1999; Krumeich, Gerd: *Jeanne d'Arc*, München 2006; Lucie-Smith, Edward: *Johanna von Orleans*, Düsseldorf 1977; Thomas, Heinz: *Jeanne d'Arc*, Berlin 2000; Nolte, Hans-Heinrich: *Kleine Geschichte Russlands*, Ditzingen 2008; Kappeler, Andreas: *Russland als Vielvölkerreich*, München 1992; Kappeler, Andreas: *Russische Geschichte*, München 2008.

10. Wiedergeburt und neue Welten

Schumacher, Andreas (Hrsg.): *Botticelli*, (Ausstellungskatalog), Frankfurt 2009; Zöllner, Frank: *Botticelli. Toskanischer Frühling*, München 2005; Zöllner, Frank; Nathan, Johannes: *Leonardo da Vinci*, Köln 2007; Clark, Kenneth: *Leonardo da Vinci*, Reinbek 2000; Nicholl, Charles: *Leonardo da Vinci*, Frankfurt 2009; Kersting, Wolfgang: *Niccolò Machiavelli*, München, 2006; Zimmer, Robert: *Das Philosophenportal*, München 2004, Seite 37 ff.; Anzelewsky, Fedja: *Albrecht Dürer*, 2 Bde., Berlin 1991; Winzinger, Franz: *Albrecht Dürer*. Reinbek 1971; Wolf, Norbert: *Albrecht Dürer 1471–1528*, Köln 2006; Carrier, Martin: *Nikolaus Kopernikus*, München 2001; Hamel, Jürgen: *Nicolaus Copernicus*, Heidelberg 1994; Reinhardt, Volker: *Der Göttliche. Das Leben des Michelangelo*, München 2010; Forcellino, Antonio: *Michelangelo*, München 2006; Penck, Stefanie: *Michelangelo*, München 2005; Venzke, Andreas: *Der Entdecker Amerikas*, Berlin 2006; Kohler, Alfred: *Columbus und seine Zeit*, München 2006; Leicht, Hans: *Isabella von Kastilien*, Regensburg 1994; Pérez, Joseph: *Ferdinand und Isabella*, München 1996; Cortés, Hernando: *Die Eroberung Mexikos*, Frankfurt 1980; Hartau, Claudine: *Hernán Cortés*, Reinbek 1994; Thomas, Hugh: *Die Eroberung Mexikos*, Frankfurt 2000; Prem, Hanns J.: *Die Azteken*, München 2006; Grün, Robert (Hrsg.): *Die Eroberung von Peru*, Tübingen 1996; Hemming, John: *The Conquest of the Incas*, Carson 2003; Julien, Catherine: *Die Inka*, München 2007; Giertz, Gernot (Hrsg.): *Vasco da Gama*, Stuttgart 2002; Salentiny, Fernand: *Die Gewürzroute*, Köln 1991; Größing, Sigrid-Maria: *Maximilian I.*, Wien 2002; Hollegger, Manfred: *Maximilian I.*, Stuttgart 2005; Häberlein, Mark: *Die Fugger*, Stuttgart 2006; Kluger, Martin: *Die Fugger*, Augsburg 2006; Herre, Franz: *Die Fugger in ihrer Zeit*, Augsburg 2005; Pölnitz, Götz von: *Die Fugger*, Tübingen 1999; Joyner, Tim: *Magellan*, Camden 1992; Zweig, Stefan: *Magellan*, Frankfurt 1986.

11. Neue Zeiten

Herrmann, Horst: *Martin Luther*, Berlin 2003; Maurer, Ernstpeter: *Luther*, Freiburg 2000; Schulze, Manfred: »Martin Luther«, in: *Biographisch-Bibliographisches Kirchenlexikon*, Band V, Sp. 447–482, Nordhausen 1993; Ridley, Jasper: *Heinrich VIII.*, München 1993; Baumann, Uwe: *Heinrich VIII.*, Rein-

bek 1991; Marius, Richard: *Thomas Morus*, Zürich 1987; Heinrich, Hans
Peter: *Thomas Morus*, Reinbek 1991; Herz, Dietmar: *Thomas Morus zur Einführung*, Hamburg 1999; Beltramini, Guido: *Palladio*, Berlin 2009; Ackerman, James S.: *Palladio*, Stuttgart 1980; Kruft, Hanno-Walter: *Geschichte der Architekturtheorie*, München 1985; Wundram, Manfred: *Andrea Palladio*, Köln 2009; Benzenhöfer, Udo: *Paracelsus*, Reinbek 2003; Golowin, Sergius: *Paracelsus*, Darmstadt 2007; Kreiser, Klaus; Neumann, Christoph: *Kleine Geschichte der Türkei*, Ditzingen 2003; Josef Matuz: »Süleyman der Prächtige (Soliman)«, in: Kurt Fassmann (Hrsg.): *Die Großen der Weltgeschichte*, a. a. O.,
Bd. 4, S. 961–977; Matuz, Josef: *Das osmanische Reich*, Darmstadt 2006; Majoros, Ferenc; Rill, Bernd: *Das Osmanische Reich 1300–1922*, Wiesbaden 2004; Schulin, Ernst: *Kaiser Karl V.*, Stuttgart, Berlin, Köln 1999; Kohler, Alfred: *Karl V.*, München 2001; Schorn-Schütte, Luise: *Karl V.*, München 2000; Neuser, Wilhelm H.: *Johann Calvin*, Göttingen 2009; Strom, Christoph: *Johannes Calvin*, München 2009; Helm, Paul: *John Calvin's Ideas*, Oxford 2005; Dankbaar, Willem Frederik: *Calvin*, Hamburg 1976; Fernandy, Michael de: *Philipp II.*, Augsburg 1996; Vasold, Manfred: *Philipp II.*, Reinbek 2001; Klein, Jürgen: *Elisabeth I. und ihre Zeit*, München 2004; Nette, Herbert: *Elisabeth I.*, Reinbek 2003; Neale, John E.: *Elisabeth I. Königin von England*, München 1994; Grey, Ian: *Iwan der Schreckliche*, Düsseldorf 2002; Neumann-Hoditz, Reinhold: *Iwan der Schreckliche*, Reinbek 1990; Skrynnikov, Ruslan G.: *Iwan der Schreckliche und seine Zeit*, München 1992; Conermann, Stephan: *Das Mogulreich*, München 2006; Hottinger, Arnold: *Akbar der Große (1542–1605)*, München 1998; Gascoigne, Bamber: *Die Großmoguln*, Gütersloh 1987; Sadler, A. L.: *The Maker of Modern Japan: The Life of Tokugawa Ieyasu*, Rutland/Vermont 1981; McLynn, Frank: *Warriors*, Frankfurt 2008; Pohl, Manfred: *Geschichte Japans*, München 2002; Byron, William: *Cervantes*, Frankfurt 1984; Dieterich, Anton: *Miguel de Cervantes*, Reinbek 1984; Marlowe, Stephen: *Ritter des Zufalls: Tod und Leben des Miguel de Cervantes*, München 1992; Saint-René Taillandier, Madeleine M.: *Heinrich IV.*, München 2004; Adrieux, Maurice: *Heinrich IV.*, Frankfurt 1979; Krohn, Wolfgang: *Francis Bacon*, München 2006; Nieves, Mathews: *Francis Bacon*, New Haven-London 1996; Martin, Julian: *Francis Bacon*, Cambridge 1992; Honan, Park: *Shakespeare*, Zürich 2002; Gelfert, Hans-Dieter: *Shakespeare*, München 2000; Posener, Alan: *William Shakespeare*, Reinbek 2001.

12. Dunkelheit und Lichtstreifen
Leuchtmann, Horst: *Orlando di Lasso*, Wiesbaden 1976; Olszewsky, Hans-Josef: »Orlando di Lasso«, in: In: *Biographisch-Bibliographisches Kirchenlexikon*, Band XI, Herzberg 1993, Sp. 1205–1211; Bialas, Volker: *Johannes Kepler*, München 2004; Lemcke, Mechthild: *Johannes Kepler*, Reinbek 2002; Lombardi, Anna Maria: *Johannes Kepler*, Weinheim 2000; Fischer, Klaus: *Galileo Galilei*, München 1983; Drake, Stillman: *Galilei*, Freiburg 2000; Hemleben, Johannes: *Galilei*, Reinbek 2003; Mann, Golo: *Wallenstein*, Frankfurt 1971; Milger, Peter: *Der Dreißigjährige Krieg*, München 2001;

380

Polišenský, Josef; Kollmann, Josef: *Wallenstein*, Köln 1997; Findeisen, Jörg-Peter: *Gustav II. Adolf von Schweden*, Gernsbach 2005; Wesel, Uwe: »Die neue Weltordnung«, in: *Die Zeit*, 23. Juli 2009, S. 78; Mühlegger, Florian: *Hugo Grotius*, Berlin-New York 2007; Konegen, Norbert; Nitschke, Peter (Hrsg.): *Staat bei Hugo Grotius*, Baden-Baden 2005; Edwards, Charles S.: *Hugo Grotius*, Chicago 1981; Schultz, Uwe: *Richelieu. Der Kardinal des Königs*, München 2009; Bergin, Joseph: *Richelieu And His Age*, Oxford 1992; Sorell, Tom: *Descartes*, Freiburg 2000; Perler, Dominik: *René Descartes*, München 1998; Prechtl, Peter: *Descartes zur Einführung*, Hamburg 2004; Schultz, Uwe: *Descartes*, Hamburg 2001; Kathe, Heinz: *Oliver Cromwell*, Berlin 1984; Metz, Karl Heinz: *Oliver Cromwell*, Göttingen 1993; Howell, Roger: *Cromwell*, München 1981; Tuck, Richard: *Hobbes*, Freiburg 2002; Wolfgang Kersting: *Thomas Hobbes zur Einführung*, Hamburg 1992; Münkler, Herfried: *Thomas Hobbes*, Frankfurt u. a. 2001; Tümpel, Christian: *Rembrandt*, Reinbek 2006; Bahre, Kristin u. a. (Hrsg.): *Rembrandt*, Köln 2006; Alpers, Svetlana: *Rembrandt als Unternehmer*, Köln 2003.

13. Der absolute Staat und das heller werdende Licht

Malettke, Klaus: *Jean-Batiste Colbert*, Göttingen-Zürich-Frankfurt 1977; Sieburg, Friedrich: *Das Geld des Königs. Eine Studie über Colbert*, Stuttgart 1974; Hagenau, Gerda: *Jan Sobieski*, Wien 1983; Heyde, Jürgen: *Geschichte Polens*, München 2008; Euchner, Walter: *John Locke zur Einführung*, Hamburg 2004; Specht, Rainer: *John Locke*, München 1989; Rothermundt, Rainer: *Das Denken Lockes*, Frankfurt 1976; Vries, Theun de: *Baruch de Spinoza*, Reinbek 2004; Bartuschat, Wolfgang: *Baruch de Spinoza*, München 2006; Walther, Manfred; Czelinski, Michael (Hrsg.): *Die Lebensgeschichte Spinozas*, 2 Bde., Stuttgart-Bad Cannstatt 2006; Schneider, Ivo: *Isaac Newton*, München 1988; Wickert, Johannes: *Isaac Newton*, Reinbek 2001; Heuser, Harro: *Der Physiker Gottes: Isaac Newton oder die Revolution des Denkens*, Freiburg 2005; Liske, Michael-Thomas: *Gottfried Wilhelm Leibniz*, München 2000; Poser, Hans: *Gottfried Wilhelm Leibniz zur Einführung*, Hamburg 2005; Finster, Reinhard; Heuvel, Gerd van den: *Gottfried Wilhelm Leibniz*, Reinbek 1990; Gernet, Jacques: *Die chinesische Welt*, Frankfurt 1994; Franke, Herbert; Trauzettel, Rolf: *Fischer Weltgeschichte*, Band 19, *Das chinesische Kaiserreich*, Frankfurt 1993; Trauzettel, Rolf: »K'ang-Hsi«, in: Fassmann, Kurt (Hrsg.): *Die Großen der Weltgeschichte*, a. a. O., Band 3, S. 262–271; Bernier, Olivier: *Ludwig XIV.*, Düsseldorf 2003; Schwesig, Bernd-Rüdiger: *Ludwig XIV.*, Reinbek 2001; Erlanger, Philippe: *Ludwig XIV.*, Augsburg 1996; Schultz, Uwe: *Der Herrscher von Versailles. Ludwig XIV. und seine Zeit*, München 2006; Herre, Franz: *Prinz Eugen*, Stuttgart 1997; Mraz, Gottfried: *Prinz Eugen*, München 1985; Egghardt, Hanne: *Prinz Eugen*, Wien 2007; Murphy, Antoin E.: *John Law*, Düsseldorf 2002; Uchatius, Wolfgang: »Jetzt werden alle reich«, in: *Die Zeit*, 31.3.2010, Nr. 14; Neumann-Hoditz, Reinhold: *Peter der Große*, Reinbek 2000; Nolte, Hans-Heinrich: *Kleine Geschichte Rußlands*,

Ditzingen 2003; Massie, Robert K.: *Peter der Große*, Frankfurt 1992; Hereth, Michael: *Montesquieu zur Einführung*, Wiesbaden 2005; Bahners, Patrick: »Freiheit. Eine Temperaturfrage. Naturgeschichte der Gesellschaft. Montesquieus ‚Vom Geist der Gesetze'«, in: *Frankfurter Allgemeine Zeitung*, Nr. 265, 14. November 1998; Kondylis, Panajotis: *Montesquieu und der Geist der Gesetze*, Berlin 1996; Holmsten, Georg: *Voltaire*, Reinbek 2002; Jean Orieux: *Das Leben des Voltaire*. Frankfurt 1994; Ayer, Alfred J.: *Voltaire*, Frankfurt 1987; Gaines, James R.: *Das musikalische Opfer*, Frankfurt 2009; Eidam, Klaus: *Das wahre Leben des Johann Sebastian Bach*, München 2005; Wolff, Christoph: *Johann Sebastian Bach*, Frankfurt 2007; 't Hart, Maarten: *Bach und ich*, München 2003; Thiele, Rüdiger: *Leonhard Euler*, Leipzig 1982; Fellmann, Emil A.: *Leonhard Euler*, Reinbek 1995; Bled, Jean-Paul: *Friedrich der Große*, Düsseldorf 2006; Kunisch, Johannes: *Friedrich der Große*, München 2004; Krockow, Christian Graf von: *Friedrich der Große*, Bergisch Gladbach 2000; Duffy, Christopher: *Friedrich der Große*, Zürich 1986; Berglar, Peter: *Maria Theresia*, Rowohlt 2004; Herre, Franz: *Maria Theresia, die große Habsburgerin*, München 2004; Rieder, Heinz: *Maria Theresia*, München 1999; Klemme, Heiner F.: *David Hume zur Einführung*, Hamburg 2007; Streminger, Gerhard: »Ein Schotte am Rhein«, in: *Die Zeit*, Nr. 11, 2011, S.22; Kulenkampff, Jens: *David Hume*, München 1989; Streminger, Gerhard: *David Hume*, München 2011; Sturma, Dieter: *Jean-Jacques Rousseau*, München 2001; Pelz, Monika: *Der hellwache Träumer – Die Lebensgeschichte des Jean-Jacques Rousseau*, Weinheim 2005; Fetscher, Iring: *Rousseaus politische Philosophie*, Frankfurt 1993; Mensching, Günther: *Rousseau zur Einführung*, Hamburg 2003; Blom, Philipp: *Das vernünftige Ungeheuer*, Frankfurt 2005; Borek, Johanna: *Denis Diderot*, Reinbek 2000; Albert, Claudia: »Diderot, Denis«, in: *Metzler Philosophen Lexikon*, Stuttgart 1989, S. 189–193; Goncourt, Edmond u. Jules de: *Madame Pompadour*, München 2000; Hanken, Caroline: *Vom König geküsst. Das Leben der großen Mätressen*, Darmstadt 1997; Schultz, Uwe: *Madame de Pompadour*, München 2004; Höffe, Ottfried: *Immanuel Kant*, München 2004; Scruton, Roger: *Kant*, Freiburg 2000; Geier, Manfred: *Kants Welt*, Reinbek 2005; Horwitz, Tony: *Cook*, Hamburg 2004; Emersleben, Otto: *James Cook*, Reinbek 1998; Cronin, Vincent: *Katharina die Große*, München 2006; Neumann-Hoditz, Reinhold: *Katharina II. die Große*, Reinbek 2004; Kaus, Gina: *Katharina die Große*, München 2006.

14. Drei Revolutionen verändern die Welt

Sittauer, Hans L.: *James Watt*, Leipzig 1989; Rolt, Lionel Thomas Caswall: *James Watt*, London 1962; Fitton, R. S.: *The Arkwrights*, Manchester 1989; Hills, Richard Leslie: *Arkwright and Cotton Spinning*, London 1973; Piper, Nikolaus: *Geschichte der Wirtschaft*, Weinheim, Basel 2002; Elon, Amos: *Der erste Rothschild*, Reinbek 1999; Ferguson, Niall: *Die Geschichte der Rothschilds*, 2 Bände, München 2002; Aßländer, Michael S.: *Adam Smith zur Einführung*, Hamburg 2007; Ross, Ian Simpson: *Adam Smith*, Düsseldorf 1998; Raphael, D. D.: *Adam Smith*, Frankfurt 1991; Overhoff, Jürgen: *Benjamin*

Franklin, Stuttgart 2006; Morgan, Edmund S.: *Benjamin Franklin*, München 2006; Isaacson, Walter: *Benjamin Franklin*, New York 2003; Franklin, Benjamin: *Autobiographie*, München 2003; Ellis, Joseph J.: *Sie schufen Amerika*, München 2002; Ellis, Joseph J.: *Seine Exzellenz George Washington*, München 2005; Herre, Franz: *George Washington*, München 1999; Cronin, Vincent: *Ludwig XVI. und Marie Antoinette*, München 2005; Haslip, Joan: *Marie Antoinette*, München 2005; Kerstein, Günter: »Antonine Laurent Lavoisier«, in: Fassmann, Kurt (Hrsg.): *Die Großen der Weltgeschichte*, a. a. O., Band 6, S. 814–827; Störig, Hans Joachim: *Kleine Weltgeschichte der Wissenschaft*, Frankfurt 2007, S. 326 ff.; Sieburg, Friedrich: *Robespierre*, Stuttgart 1987; Gallo, Max: *Robespierre*, Stuttgart 2007.

15. Freiheit und Nation – Neue und alte Kräfte im Kampf

Koch, Siegfried: »Alessandro Volta«, in: Fassmann, Kurt (Hrsg.): *Die Großen der Weltgeschichte*, a. a. O., Band 6, S. 874–889; Störig, Hans Joachim: *Kleine Weltgeschichte der Wissenschaft*, Frankfurt 2007, S. 322f; Troyer, John (Hrsg.): *The Classical Utilitarians Bentham and Mill*, Indianapolis 2003, S. xi-xii; Hofmann, Wilhelm: *Politik des aufgeklärten Glücks. Jeremy Benthams philosophisch-politisches Denken*, Berlin 2002; Dinwiddy, John: *Bentham*, Oxford 1989; Boerner, Peter: *Johann Wolfgang von Goethe*, Reinbek 2004; Matussek, Peter: *Goethe zur Einführung*, Hamburg 2002; Friedenthal, Richard: *Goethe*, München 2005; Geck, Martin: *Mozart*, Reinbek 2005; Hamann, Brigitte: *Mozart*, Wien 2006; Korff, Malte: *Wolfgang Amadeus Mozart*, Frankfurt 2005; Safranski, Rüdiger: *Goethe und Schiller*, München 2009; Safranski, Rüdiger: *Friedrich Schiller*, München 2004; Damm, Sigrid: *Das Leben des Friedrich Schiller*, Frankfurt 2004; Forrer, Matthi: *Hokusai*, München 2010; Zacken, Wolfmar: *Hokusai und Zeitgenossen*, Wien 2009; Calza, Gian Carlo: *Hokusai*, Berlin 2006; Daebel, Nina: *Suche nach Vollkommenheit*; in: GEO Epoche Nr. 21 – *Das kaiserliche Japan*, 2006, S. 106–109; Fisher, Richard B.: *Edward Jenner 1749–1823*, London 1991; Störig, Hans Joachim: *Kleine Weltgeschichte der Wissenschaft*, Frankfurt 2007, S. 342 f.; Geier, Manfred: *Die Brüder Humboldt*, Rowohlt, Reinbek 2009; Richter, Thomas: *Alexander von Humboldt*, Rowohlt, Reinbek 2009; Biermann, Kurt-Reinhard: *Alexander von Humboldt*, Leipzig 1990; Geck, Martin: *Ludwig van Beethoven*, Reinbek 2001; Solomon, Maynard: *Beethoven*, Frankfurt 1990; Kinderman, William: *Beethoven*, Oxford 2009; Tulard, Jean: *Napoleon*, Berlin 1982; Kleßmann, Eckart: *Napoleon*, München 2002; Ulrich, Volker: *Napoleon*, Reinbek 2006; Duchhardt, Heinz: *Stein*, Aschendorff, Münster 2007; Hubatsch, Walther: *Die Stein-Hardenbergschen Reformen*, Darmstadt 1989; Siemann, Wolfram: *Metternich*, München 2010; Sauvigny, Guillaume de Bertier de: *Metternich*, München 1996; Hartau, Friedrich: *Clemens Fürst von Metternich*, Reinbek 1991; Fulda, Friedrich: *Georg Wilhelm Friedrich Hegel*, München 2003; Schnädelbach, Herbert: *G.W.F. Hegel zur Einführung*, Hamburg 2007; Taylor, Charles: *Hegel*, Frankfurt 1983; Busch, Werner: *Caspar David Friedrich*, München 2003; Hofmann, Werner: *Caspar David Friedrich. Naturwirklichkeit und Kunstwahrheit*, München 2000; Mania, Hubert: *Gauß*, Reinbek 2008; Kaufmann-Bühler, Walter: *Gauß*, Heidelberg 1987; Störig, Hans Joachim: *Kleine Weltgeschichte der Wissenschaft*, Frankfurt 2007, S. 326 ff; Rossberg, Ralf Roman: *Geschichte der Eisenbahn*, Künzelsau 1999; Klemm, Friedrich: »George und Robert Stephenson«, in: Fassmann, Kurt (Hrsg.): *Die Großen der Weltgeschichte*, a. a. O., Band 7, S. 416–429; Schmid, Thomas: »Das Herz des Befreiers«, in: *Die Zeit*, 28. Juni 2007, S. 80; Madariaga, Salvador de: *Simón Bolívar*, Zürich 1986; Rehrmann, Norbert: *Simón Bolívar*, Berlin 2009; Wylie, Dan: *Savage Delight: White Myths of Shaka*. Scottsville 2001; Knight, Ian: *The Anatomy of the Zulu Army: From Shaka to Cetshwayo 1818–1879*, London 1999; Lotz, Jürgen: *Victoria*, Reinbek 2000; Erickson, Carolly: *Königin Victoria*, München 2001; Wocker, Karl Heinz: *Königin Victoria*, München 1989; Bernecker, Walther L.; Pietschmann, Horst; Tobler, Hans W.: *Eine kleine Geschichte Mexikos*, Frankfurt 2007; Katz, Friedrich: »Benito Juárez«, in: Fassmann, Kurt (Hrsg.): *Die Großen der Weltgeschichte*, a. a. O., Band 7, S. 717–737; Riall, Lucy: *Garibaldi*, New Haven/Conn. 2007; Hausmann, Friederike: *Garibaldi*, Berlin 1999; Nagler, Jörg: *Abraham Lincoln*, München 2009; Schäfer, Peter: *Die Präsidenten der USA in Lebensbildern*, Köln 2005; Donald, David Herbert: *Lincoln*, New York 1995; Heidenreich, Frank-Lothar Kroll (Hrsg.): *Bismarck und die Deutschen*, Berlin 2005; Gall, Lothar: *Bismarck*, Berlin 2001; Augstein, Rudolf: *Otto von Bismarck*, Frankfurt 1990.

16. Die Moderne beginnt

Perret, René: *Kunst und Magie der Daguerreotypie*, Brugg 2008; Baier, Wolfgang: *Geschichte der Fotografie*, München 1980; Gernsheim, Helmut; Gernsheim, Alison: *L. J. M. Daguerre*, New York 1968; Spierling, Volker: *Arthur Schopenhauer zur Einführung*, Hamburg 2006; Appel, Sabine: *Arthur Schopenhauer*, Düsseldorf 2007; Abendroth, Walter: *Arthur Schopenhauer*, Reinbek 1967; Liessmann, Konrad Paul: *Sören Kierkegaard zur Einführung*, Hamburg 2006; Garff, Joakim: *Kierkegaard*, München 2004; Rohde, Peter R.: *Sören Kierkegaard*; Reinbek 1959; Brock, William H.: *Justus von Liebig*, Braunschweig 1999; Störig, Hans Joachim: *Kleine Weltgeschichte der Wissenschaft*, Frankfurt 2007, S. 459ff; Karger-Decker, Bernt: *Besiegter Schmerz. Geschichte der Narkose und der Lokalanästhesie*, Leipzig 1984; Schott, Heinz: *Die Chronik der Medizin*, Augsburg 1997; Heudtlass, Willy; Gruber, Walter: *J. Henry Dunant*, Stuttgart 1985; Descombes, Marc: *Henry Dunant*, Zürich 1988; Steiner, Yvonne: *Henry Dunant*, Herisau 2010; Voss, Julia: *Charles Darwin zur Einführung*, Hamburg 2008; Wuketits, Franz M.: *Darwin und der Darwinismus*, München 2005; Hemleben, Johannes: *Charles Darwin*, Reinbek 2004; Geck, Martin: *Richard Wagner*, Reinbek 2004; Köhler, Joachim: *Der letzte der Titanen*, München 2001; Gregor-Dellin, Martin: *Richard Wagner*, München 1980; Brauner, Christian (Hrsg.): *Samuel F. B. Morse*, Basel, Boston, Berlin 1991; Staiti, Paul J.: *Samuel F. B. Morse*, Cambridge 1989; Schmid, Ulrich:

Lew Tolstoi, München 2010; Keller, Ursula; Sharandak, Natalja: *Lew Tolstoj*, Reinbek 2010; Citati, Pietro: *Leo Tolstoi*, Reinbek 1994; Körner, Klaus: *Karl Marx*, München 2008; Blumenberg, Werner: *Karl Marx*, Reinbek 2004; Fetscher, Iring: *Marx*, Freiburg 2000; Friedenthal, Richard: *Karl Marx*, München 1981; Heinrich, Christoph: *Monet*, Köln 2006; Sagner-Düchting, Karin: *Claude Monet und die Moderne*, München 2001; Wildenstein, Daniel: *Monet*, 4 Bände, Köln 1996; Arnold, Matthias: *Claude Monet*, Reinbek 2003; Debré, P.; Forster, E.: *Louis Pasteur*, Baltimore 1998; Geison, Gerald L.: *The Private Science of Louis Pasteur*, Princeton 1995; Adriani, Götz: *Paul Cézanne*, München 2006; Düchting, Hajo: *Cézanne*, München 2004; Leonhard, Kurt: *Cézanne*, Reinbek 2003; Koldehoff, Stefan: *Vincent van Gogh*, Reinbek 2003; Schneede, Uwe M.: *Vincent van Gogh*, München 2003; Arnold, Matthias: *Vincent van Gogh*, München 1993; Jarrassé, Dominique: *Rodin*, Paris 1993; Keisch, Claude (Red.): *Auguste Rodin*, Berlin 1979; Niemeyer, Christian (Hrsg.): *Nietzsche-Lexikon*, Darmstadt 2009; Frenzel, Ivo: *Friedrich Nietzsche*, Reinbek 2000; Janz, Curt Paul: *Friedrich Nietzsche*, 3 Bände, München 1978–1979; Chernow, Ron: *John D. Rockefeller*, Rosenheim 2000; Hawke, David Freeman: *John D. Rockefeller*, München 1987; Stross, Randall E.: *The Wizard of Menlo Park*, New York 2007; Vögtle, Fritz: *Thomas Alva Edison*, Reinbek 2004; Jones, Jill: *Empires of Light*, New York 2003; Baldwin, Neil: *Edison*, Chicago 2001; Strouse, Jean: *Morgan*, New York 1999; Jackson, Stanley: *J. P. Morgan*, New York 1984; Seidel, Winfried A.: *Carl Benz*, Weinheim 2005; Müller, Fabian: *Daimler-Benz*, Berlin 2000; Keene, Donald: *Emperor of Japan: Meiji and his World*, New York 2002; Pohl, Manfred: *Geschichte Japans*, München 2002; Martin, Bernd: »›Erleuchtete Regierung‹ – Die Meijireformen in Japan 1868–1890«, in: *Brockhaus Weltgeschichte*, a. a. O., Bd. 5, S. 246–255; Piper, Annelotte: »Meiji Tenno«, in: Fassmann, Kurt: *Die Großen der Weltgeschichte*, a. a. O., Bd. 9, S. 172–189; Thomas, Anthony: *Rhodes: The Race for Africa*, London 1997; Flint, John: *Cecil Rhodes*, Toronto 1974; Lucius, Robert von: »Afrikas Held und Schurke«, in: *Frankfurter Allgemeine Zeitung*, 5.7.2003; Woodhouse, Christopher Montague: »Cecil Rhodes«, in: *Encyclopedia Britannica*, 2003; Roberts, Brian: *Cecil Rhodes*, New York 1988.

17. Hoffnungen des 20. Jahrhunderts

Lohmann, Hans-Martin: *Sigmund Freud zur Einführung*, Hamburg 2006; Markus, Georg: *Sigmund Freud*, München 2006; Lohmann, Hans-Martin: *Sigmund Freud*, Reinbek 1998; Clark, Ronald W.: *Sigmund Freud*, Frankfurt 1990; Hoffmann, Dieter: *Max Planck*, München 2008; Fischer, Ernst Peter: *Der Physiker. Max Planck und das Zerfallen der Welt*, München 2007; Hermann, Armin: *Max Planck*, Reinbek 2005; Curie, Eve: *Marie Curie*, Frankfurt 1980; Goldsmith, Barbara: *Marie Curie*, München 2011; Ksoll, Peter; Vögtle, Fritz: *Marie Curie*, Reinbek 1988; Quinn, Susan: *Marie Curie*, Frankfurt 1999; Heyman, Max: *Marcel Proust*, Frankfurt 2001; Michel-Thiriet, Philippe: *Das Marcel Proust Lexikon*, Frankfurt 1999; Tadié, Jean-Yves: *Marcel Proust*, Frankfurt 2008; Ford, Henry: *My Life and Work*, Garden City/

NewYork 1922; Hesse, Helge: *Ökonomen-Lexikon*, Düsseldorf 2003; Treue, Wilhelm: «Henry Ford», in: Fassmann, Kurt: *Die Großen der Weltgeschichte*, a. a. O., Bd. 9, S. 550–567; Garratt, Gerald R. M.: *The Early History of Radio: from Faraday to Marconi*, London 1994; Marconi, Degna: *My Father, Marconi*, Halifax 1982; Runge, Wilhelm T.: »Guglielmo Marconi«, in: Fassmann, Kurt: *Die Großen der Weltgeschichte*, a. a. O., Bd. 9, S. 852–863; Amundsen, Roald: *Wettlauf zum Südpol. Die norwegische Expedition 1910–1912*, München 2001; Bomann-Larsen, Tor: *Amundsen*, Hamburg 2007; Brennecke, Detlef: *Roald Amundsen*; Reinbek 1995; Bührke, Thomas: *Albert Einstein*, München 2004; Fischer, Klaus: *Albert Einstein*, Freiburg 2000; Fritzsch, Harald: *Eine Formel verändert die Welt*, München 1993; Neffe, Jürgen: *Einstein*, Reinbek 2005; Dömling, Wolfgang: *Igor Strawinski*, Reinbek 1982; Stravinsky Igor; Craft, Robert: *Expositions and Developments*, London 1962; Stravinsky, Igor: *An Autobiography*, NewYork 1936; Alt, Peter-André: *Franz Kafka: Der ewige Sohn*, München 2005; Anz, Thomas: *Franz Kafka*, München 1989; Wagenbach, Klaus: *Franz Kafka*, Reinbek 2002; Gohr, Siegfried: *Pablo Picasso*, Köln 2006; Walther, Ingo F.: *Picasso*, Köln 1999; Wiegand, Wilfried: *Picasso*, Reinbek 2002; Essers, Volkmar: *Matisse*, Köln 2006; Gowing, Lawrence: *Matisse*, München 1997; Spurling, Hilary: *Matisse*, Köln 2006; Behrendt, Joachim-Ernst; Huesmann, Günther: *Das Jazzbuch*, Frankfurt 1994; Storb, Ilse: *Louis Armstrong*, Reinbek 1989; Terkel, Studs: *Giganten des Jazz*, Frankfurt 2005; Eyquem, Marie-Thérèse: *Pierre de Coubertin*, Dortmund 1972; MacAloon, John: *This Great Symbol. Pierre de Coubertin and the Origins of the Modern Olympic Games*, Chicago 1981.

18. Die zwei Weltkriege und die Zwischenzeit

Clark, Christopher: *Kaiser Wilhelm II.*, München 2008; König, Wolfgang: *Wilhelm II. und die Moderne*, Paderborn u. a. 2007; Röhl, John C. G.: *Wilhelm II.*, 3 Bände, München 1993–2008; Carrère d'Encausse, Hélène: *Lenin*, München 2000; Service, Robert: *Lenin*, München 2000; Weber, Hermann: *Lenin*, Reinbek 1970; Goltz, Anna von der: *Hindenburg*, Oxford 2009; Rauscher, Walter: *Hindenburg*, Wien 1997; Pyta, Wolfram: *Hindenburg*, München, 2007; Ambrosius, Lloyd E.: *Wilsonianism*, New York 2002; Cooper, John M.: *Woodrow Wilson*, New York 2009; Schwabe, Klaus: *Woodrow Wilson*, Göttingen 1971; Blomert, Reinhard: *John Maynard Keynes*, Reinbek 2007; Fassmann, Kurt: »John Maynard Keynes, Joseph Alois Schumpeter«, in: Fassmann, Kurt: *Die Großen der Weltgeschichte*, a. a. O., Bd. 11, S. 682–711; Skidelsky, Robert: *John Maynard Keynes*, 3 Bände, London 1983–2000; Bartley, Paula: *Emmeline Pankhurst*, London 2002; Marcus, Jane (Hrsg.): *Suffrage and the Pankhursts*, London 1987; Pugh, Martin: *The Pankhursts*, London 2002; Gernet, Jacques: *Die chinesische Welt*, Frankfurt 1988; Schickel, Joachim: »Sun Yat-sen«, in: Fassmann, Kurt: *Die Großen der Weltgeschichte*, a. a. O., Bd. 11, S. 642–655; Wells, Audrey: *The Political Thought of Sun Yat-sen*, Basingstoke/Hampshire 2001; Hembus, Joe: *Charlie Chaplin*, München 1989; Kimmich, Dorothee (Hrsg.): *Charlie Chaplin*, Frankfurt 2003; Payne, Robert: *Der große*

Charlie, Frankfurt 1989; Ellmann, Richard: *James Joyce*, Frankfurt 1982; Power, Arthur: *Gespräche mit James Joyce*, Frankfurt 1996; Rathjen, Friedhelm: *James Joyce*, Reinbek 2004; Freitag, Eberhard: *Schönberg*, Reinbek 2000; Henke, Mathias: *Arnold Schönberg*, München 2001; Krones, Hartmut: *Arnold Schönberg*, Wien 2005; Molderings, Herbert: *Marcel Duchamp*, Frankfurt 1987; Tomkins, Calvin: *Marcel Duchamp*, München 1999; Figal, Günter: *Martin Heidegger zur Einführung*, Hamburg 2007; Gadamer, Hans Georg: *Heideggers Wege*, Tübingen 1983; Inwood, Michael: *Heidegger*, Freiburg 1999; MacFarlane, Gwyn: *Alexander Fleming*, Cambridge/Mass. 1984; Maurois, André: *Alexander Fleming*, München 1960; Alex, Jürgen: *Zur Entstehung des Computers*, Düsseldorf 2007; Rojas, Raul (Hrsg.): *Die Rechenmaschinen von Konrad Zuse*, Berlin 1998; Kreiser, Klaus: *Atatürk*, München 2008; Mango, Andrew: *Atatürk*, London 1999; Rill, Bernd: *Kemal Atatürk*, Reinbek 1985; DeLuna, Giovanni: *Benito Mussolini*, Reinbek 1978; Kirkpatrick, Yvonne: *Mussolini*, Berlin 1997; Mantelli, Brunello: *Kurze Geschichte des italienischen Faschismus*, Berlin 1999; Aizpurúa, Juan Pablo Fusi: *Franco*; München 1992; Preston, Paul: *Franco*, London 1993; Schmidt, Peer: *Kleine Geschichte Spaniens*, Ditzingen 2002; Fest, Joachim: *Hitler*, Hamburg 2007; Kershaw, Ian: *Hitler*, 2 Bände, Stuttgart/München 1998–2000; Maser, Werner: *Adolf Hitler*, München/Esslingen 2001; Frank, Anne, u. a.: *Geschichten und Ereignisse aus dem Hinterhaus*, Frankfurt 2002; Gies, Miep: *Meine Zeit mit Anne Frank*, Basel 1987; Lee, Carol Ann: *Anne Frank*, München 2000; Haffner, Sebastian: *Winston Churchill*, Berlin 2001; Jenkins, Roy: *Churchill*, London/Basingstoke/Oxford 2001; Krockow, Christian Graf von: *Churchill*, Hamburg 1999; Antonow-Owssejenko, Anton: *Stalin. Porträt einer Tyrannei*, München/Zürich 1983; Rubel, Maximilien: *Josef W. Stalin*, Reinbek 1975; Montefiore, Simon Sebag: *Stalin. Am Hof des roten Zaren*, Frankfurt 2005; Posener, Alan: *Franklin Delano Roosevelt*, Reinbek 1999; Edmonds, Robin: *Die großen Drei: Churchill, Roosevelt, Stalin*, Berlin 1999; Schäfer, Peter: *Die Präsidenten der USA in Lebensbildern*, Köln 2005; Schwarz, Hans-Peter: *Das Gesicht des Jahrhunderts*, Berlin 1998, S. 432–440; Behr, Edward: *Hirohito*, New York 1989; Bix, Herbert P.: *Hirohito and the Making of Modern Japan*, New York 2000; Pohl, Manfred: *Geschichte Japans*, München 2002; Bird, Kai; Sherwin, Martin J.: *J. Robert Oppenheimer*, Berlin 2009; Strathern, Paul: *Oppenheimer & die Bombe*, Frankfurt 1999; Szasz, Ferenc M: *The Day the Sun Rose Twice*, Albuquerque/New Mexico 1984; Watson, Peter: *Das Lächeln der Medusa*, München 2003; Edmonds, David J.; Eidinow, John A.: *Wie Ludwig Wittgenstein Karl Popper mit dem Feuerhaken drohte*, Frankfurt 2003; Magee, Bryan: *Karl Popper*, Tübingen 1986; Morgenstern, Martin; Zimmer, Robert: *Karl Popper*, München 2002; Schäfer, Lothar: *Karl R. Popper*, München 1988.

19. Nachkrieg

Fischer, Louis: *Gandhi*, München 1998; Grabner, Sigrid: *Mahatma Gandhi*, Leipzig 2002; Vanamali Gunturu: *Mahatma Gandhi*, München 1999; Rothermund, Dietmar: *Mahatma Gandhi*, München 1997; Nicklas, Thomas:

Charles de Gaulle, Göttingen 2000; Schunck, Peter: *Charles de Gaulle*, Berlin 1998; Weisenfeld, Ernst: *Die Geschichte Frankreichs seit 1945*, München 1997; Koch, Peter; Lörner, Klaus: *Adenauer*, Düsseldorf 2004; Uexküll, Gösta von: *Konrad Adenauer*, Reinbek 1998; Köhler, Henning: *Adenauer*, 2 Bände, Berlin 1994; Schwarz, Hans-Peter: *Adenauer*, 2 Bände, Stuttgart 1986 u. 1991; Ben Gurion, David: *Israel. Der Staatsgründer erinnert sich*, Frankfurt 1998; Brenner, Michael: *Geschichte des Zionismus*, München 2002; Maier, Johann: »David Ben Gurion«, in: *Die Großen der Weltgeschichte*, a. a. O., Bd. 11, S. 826–843; Schwarz, Hans-Peter: *Das Gesicht des Jahrhunderts*, Berlin 1998, S. 530 ff.; Brendon, Piers: *Eisenhower*, München 1988; Schäfer, Peter: *Die Präsidenten der USA in Lebensbildern*, Köln, 2005; Schwarz, Hans-Peter: *Das Gesicht des Jahrhunderts*, Berlin 1998; Wieker, Tom: *Dwight D. Eisenhower*, New York 2002; Gabler, Neal: *Walt Disney*, New York 2006; Platthaus, Andreas: *Von Mann und Maus. Die Welt des Walt Disney*, Berlin 2001; Schickel, Richard: *Disneys Welt*, Berlin 1997; Eliot, Marc: *Walt Disney*, New York 1993; Reitberger, Reinhold: *Walt Disney*, Reinbek 1987; Cohen, Jean-Louis: *Le Corbusier*, Köln 2004; Weber, Nicholas Fox: *Le Corbusier*, New York 2008; Huse, Norbert: *Le Corbusier*, Reinbek 1976; Chang, Jung; Halliday, Jon: *Mao*, München 2007; Grimm, Tilemann: *Mao Zedong*, Reinbek 1998; Osterhammel, Jürgen: »Der ‚Große Sprung nach vorn' – Die Volksrepublik China in der Ära Mao«, in: *Brockhaus Weltgeschichte, Die Bibliothek*, a. a. O., Bd. 6, S. 280–293; Bouzereau, Laurent: *Alfred Hitchcock*, München 2010; Spoto Donald: *Alfred Hitchcock*, München 1984; Truffaut, François: *Mr. Hitchcock, wie haben Sie das gemacht?*, München 2003; Wydra, Thilo: Alfred Hitchcock, Frankfurt 2010; Brée, Germaine: *Albert Camus*, Reinbek 1960; Todd, Olivier: *Albert Camus*, Reinbek 1999; Wieacker-Wolff, Marie-Laure: *Albert Camus*, München 2003; Aburish, Said K.: *Nasser, the Last Arab*, New York: 2004; Stephens, Robert Henry: *Nasser*, New York 1972; Schwarz, Hans-Peter: *Das Gesicht des Jahrhunderts*, Berlin 1998; Ki-Zerbo, Joseph: *Die Geschichte Schwarzafrikas*, Frankfurt 1993; Munnik, Victor: »Julius Nyerere – That Rare Phenomenon, a Sincere Politician with Integrity«, in: *Africa Insight* 16(2), 1986, S. 83–85; Alexander, Robert J.: *Juscelino Kubitschek and the Development of Brazil*, Athens/Ohio 1991; Bernecker, Walter R.; Pietschmann, Horst; Zoller, Rüdiger: *Eine kleine Geschichte Brasiliens*, Frankfurt 2000; Bourne, Peter G: *Fidel Castro*, München 1990; Coltman, Leycester: *Der wahre Fidel Castro*, Düsseldorf 2005; Skierka, Volker, *Fidel Castro*, Reinbek 2002; Gross, Thomas: »Noch immer ein Vorbild für alle«, in: *Die Zeit*, 9. August 2007, S. 35; Posener, Alan; Posener, Maria: *Elvis Presley*, Reinbek 1993; Rodger, Mike E.: *Elvis Presley*, Reinbek 1989; Bockris, Victor: *Andy Warhol*, München 1991; Honnef, Klaus: *Andy Warhol 1928–1987*, Köln 2008; Sabin, Stefana: *Andy Warhol*, Reinbek 1992; Dallek, Robert: *John F. Kennedy*, München 2003; Schild, Georg: *John F. Kennedy*, Göttingen 1997; *The Beatles Anthology*, Berlin 2000; Kemper, Peter: *The Beatles*, Ditzingen 2007; MacDonald, Ian: *The Revolution in the Head. The Beatles Records and the Sixties*, London 1995; Bahr, Hans-Eckehard: *Martin Luther King*, Berlin 2004; Presler, Gerd: *Martin Luther King jr.*, Reinbek 2005; Kirk, John

A.: *Martin Luther King Jr*, London 2005; Barnard, Christiaan: *Das zweite Leben*, München 1994; Logan, Chris: *Celebrity Surgeon: Christiaan Barnard*, Johannesburg 2003; Bankston, John: *Christiaan Barnard and the First Human Heart Transplant*, Bear/Delaware 2002; Brauburger, Stefan: *Wernher von Braun*, München 2009; Stuhlinger, Ernst; Ordway, Frederick I.: *Wernher von Braun*, Esslingen, München 1992; Weyer, Johannes: *Wernher von Braun*, Reinbek 1999.

20. Umbruch und Jahrtausendwende

Gronke, Monika: *Geschichte Irans*, München 2003; Nirumand, Bahman: *Mit Gott für die Macht. Eine politische Biographie des Ayatollah Chomeini*, Reinbek 1987; Taheri, Amir: *Chomeini und die islamische Revolution*, Hamburg 1985; Boyarsky, Bill: *Ronald Reagan*, New York 1981; Cannon, Lou: *President Reagan*, New York 1991; Dallek, Robert: *Ronald Reagan*, Cambridge/Massachusetts 1984; Schäfer, Peter: *Die Präsidenten der USA in Lebensbildern*, Köln 2005; Gatter-Klenk, Jule: *Vielleicht auf Knien, aber vorwärts!: Gespräche mit Lech Walesa*, Königstein/Ts. 1983; Rullmann, Hans Peter: *Lech Walesa*, München 1981; Vetter, Reinhold: *Polens eigensinniger Held*, Berlin 2010; Dalos, György: *Gorbatschow*, München 2011; Mai, Klaus-Rüdiger: *Michail Gorbatschow*, Frankfurt/New York 2005; Ruge, Gerd: *Michail Gorbatschow*, Frankfurt 1990; Yang, Benjamin: *Deng*, New York 1998; Evans, Richard: *Deng Xiaoping and the Making of Modern China*, New York 1994; Bank, David: *Microsoft Monopoly*, New York-München 2001; Dearlove, Des: *Die Bill Gates Methode*, München 2000; Goldman Rohm, Wendy: *Die Microsoft Akte*, 1998; Wallace, James; Erickson, Jim: *Mr. Microsoft*, Berlin 1993; Manes, Stephen; Andrews, Paul: *Gates*, New York 1993; Berners-Lee, Tim; Fischetti, Mark: *Der Web-Report*, München 1999; Naughton, John: *A Brief History of the Future: The Origins of the Internet*, London 2000; Mandela, Nelson: *Der lange Weg zur Freiheit*, Frankfurt 1997; Hagemann, Albrecht: *Nelson Mandela*, Reinbek 2000; Stengel, Richard: *Mandelas Weg*, Gütersloh 2010; Leyendecker, Hans: *Die Lügen des Weißen Hauses*, Reinbek 2004; Singer, Peter: *Der Präsident des Guten und Bösen*, Erlangen 2004; Woodward, Bob: *Bush at war*, München 2003; Marschall, Christoph von: *Barack Obama*, Zürich 2007; Remnick David: *Barack Obama*, Berlin 2010; Scheffer, Sabine: *Barack Obama*, München 2009.

Darüber hinaus genutzte Quellen

*Biographisch-bibliographisches Kirch*enlexikon: http://www.bautz.de/bbkl/; Encyclopedia Britannica: http://www.britannica.com; Historische Webseite der BBC: http://www.bbc.co.uk/history/; *Brockhaus. Die Bibliothek. Die Weltgeschichte*, Leipzig, Mannheim, 6 Bände, 1997–1999; Demandt, Alexander: *Sternstunden der Geschichte*, München 2004; Grosser, Alfred: *Geschichte Deutschlands seit 1945*, München 1980; Harenberg, Bodo (Hrsg.): *Das große Personenlexikon zur Weltgeschichte*, Dortmund 1983; Hirschberger, Johannes: *Geschichte der Philosophie*, Freiburg 1948; Kennedy, Paul: *Aufstieg und Fall* *der großen Mächte*, Frankfurt 2005; Landes, David: *Wohlstand und Armut der Nationen*, Berlin 2000; Lauxmann, Frieder: *Profile großer Denker*, Heidelberg 1990; *Lebendiges Museum Online des Deutschen Historischen Museums, Berlin*, Archiv Biographien: http://www.dhm.de/lemo/suche/biographien.html; Pleticha, Heinrich (Hrsg.): *Deutsche Geschichte*, 6 Bände, Gütersloh 1998; Sautter, Udo: *Die 101 wichtigsten Personen der Weltgeschichte*, München 2002; Seidel, Wolfgang: *Wann tranken die Türken ihren Kaffee vor Wien?*, Frankfurt 2010; Shirer, William Lawrence: *Aufstieg und Fall des Dritten Reiches*, Köln 1961; Ulke, Karl-Dieter: *Vorbilder im Denken*, Bindlach 1998; Watson, Peter: *Das Lächeln der Medusa*, München 2003; *Wikipedia – Die freie Enzyklopädie*: www.wikipedia.de; Weischedel, Wilhelm: *Die philosophische Hintertreppe*, München 1994.

Personenregister

Dank

Für ihre Hilfe bei der Arbeit an diesem Buch danke ich Carmen Kölz, Barbara Werner van Benthem, Simone Kreuzberger, Stefanie Klaus, Thorsten Hesse, Henning Hesse, Reiner und Rosemarie Hesse, Ralf Piolot, Thomas L. H. Schmidt, Frank Rachowiak, Michael Tochtermann und vor allem Josi Kemmann.